品牌最前线

1

品牌强盛基因

张　冰　著

南方日报出版社

图书在版编目（CIP）数据

品牌强盛基因 / 张冰著．—广州：南方日报出版社，2003
ISBN 7-80652-238-7

Ⅰ．品…　Ⅱ．张…　Ⅲ．企业管理：质量管理—研究—世界　Ⅳ．F279.1

中国版本图书馆 CIP 数据核字（2003）第 051298 号

品牌强盛基因　　张冰　著

出版发行：南方日报出版社
地　　址：广州市广州大道中 289 号
电　　话：（020）87373998-8502
经　　销：广东新华发行集团股份有限公司
印　　刷：广东邮电南方彩色印务有限公司
开　　本：16 开
印　　张：35
字　　数：450 千字
印　　数：1～6000 册
版　　次：2003 年 8 月第 1 版第 1 次印刷
定　　价：56.00 元

投稿热线：（020）87373998－8503　读者热线：（020）87373998－8502
网址：http：//www.nanfangdaily.com.cn/press　http：//www.southcn.com/ebook

总 序

本丛书基于中国品牌缺乏强劲品牌，基于中国品牌当前的迫切需求而写成。

中国品牌能存活下来的确不易，而能够过上“好日子”的更是凤毛麟角。诗经有云：“靡不有初，鲜克有终”，在中国企业刚步上全球品牌之路后，如何欣欣向荣，永续经营，是国内企业经营品牌的关键。令人扼腕的是，国外强劲品牌大举进攻中国市场，不少国产品牌从销售终端给挤下来，挤进仓库，最终消失。中国品牌的研究与实践运作的速度还十分缓慢，品牌经营还未能步上正确的轨道。虽然国内的众多报刊都在关注品牌话题，一些热血人士也纷纷加入品牌研究和推动的队列，但是真正能够具有实用和指导意义的思想和方法还为数不多。因此，笔者不揣才疏学浅，苦心尝试，继反驳美国营销鼻祖《品牌将死吗》专著问世后，现推出本套“品牌最前线”丛书，以探究打造强势品牌的具体策略和思路，希望有助于中国品牌尽快走向强盛。

本套丛书共分为五册：《品牌强盛基因》、《品牌命名攻略》、《品牌标志秘密》、《品牌包装内参》、《品牌成长捷径》，它们分别从品牌创建、维护、管理等各个角度来着手，取材与写作方针，正如本丛书的核心宗旨，即“以品牌强盛为经，以实操案例为纬”，将创建强劲品牌的知识介绍给有心的读者。

《品牌强盛基因》：每个品牌都有赋予它力量的核心本质，

有人称之为核心本质或“核心品牌价值”，笔者称之为“品牌基因结构”。企业欲打造全球性的大品牌，只有了解品牌的DNA，才能谈如何让它成长。在日趋变化的市场环境中，品牌随时可能被淘汰出局，而那些屹立不倒的成功品牌，为何能立下百年基业？与时俱进以及颠覆传统的创新变革之道，应是百年品牌的强盛基因。该用什么方法让商品基因产生变异，经受重重考验，锤炼出强盛基因，正是《品牌强盛基因》一书所要探究的方向。《品牌强盛基因》着重剖析打造强劲品牌的具体实操手法，在写作的过程中，目标主要针对国外强劲品牌，剖析和透视中国品牌当前运作的优势点和失控点。本书分为三大章节，第一部分注重在品牌强盛策略的运作上，并提供大量有代表性的详实案例；第二部分锁定中国焦点行业的品牌运作；本书的第三部分，透视当前中国品牌建设的敏感话题和品牌经营过程中的典型案例。在本章节中，也许笔锋较为尖锐，但前提是出于对中国品牌的热爱。中国品牌运作总要有人讲真话，而目前业界太缺少批评的声音。当然在这一部分也有赞美的声音，那是因为那些企业做得确实好，令笔者忍不住为它们鼓掌。在本书的最后一部分附录三篇广告文章。品牌运作离不开广告宣传，广告的重要性在品牌运作中不该忽视，它是品牌成功的加速器，尽管大家都在说广告、做广告、看广告，但要摸到广告真谛不易。综观中国广告运作，多年也未臻成熟，本书特把这三篇广告秘笈附录在后，以供各位参考。

《品牌命名攻略》：命名也是战略。好命名，可以立竿见影创造利润，从而传达出正面的企业形象。你的企业是否有让人迅速识别，以至产生喜好度的命名？无论是你的产品设计得多么好，或者是多么便宜，如果命名这关过不去的话，品牌魅力就会削减掉一半。新时代的商品命名已成为一门学问和艺术。给商品起一个好听的名字，可以缩短商品到强劲品牌的距离。好的命名，可以令商品复活或抢尽商机。我们已迎来一个“形象挂帅”的时代，正所谓“名不正则言不顺，言不顺则事不成”。品牌命名，已经成为企业获胜的头一关。今天，如果你还在为命名发愁，还怨市场不景气，不妨一读此书。

《品牌标志秘密》：品牌商标是企业身份的重要组成部分，是品牌最耀眼、最光荣的象征。它充当着无声推销员的重要角色，为树立企业形象立下汗马功劳，所以，企业应遵循品牌商标的设计规则。好的商标可宣传产品性能、特点，让接受者在视觉心理上产生特定的感受与联想。本书针对中国企业当前商标设计的薄弱环节，提出具体的策略方法，值得中国企业好好遵循。

《品牌包装内参》：包装是品牌的一张脸，好包装常常会给我们的消费强烈指引，肯定比广告还管用。“人要衣装，佛要金装”，商品更要有创意包装。有了好包装，商品才有可能在市场畅销，这是企业运作中的一张必胜“王牌”。中国企业在包装的理解与操作中，还存在着严重的不足。本书多展现成功品牌的内部套路，让你看清什么是真正的好包装。

《品牌成长捷径》：品牌化已经是当前的商业趋势，要成为市场领导品牌，完全取决于产品如何迎合消费者的需求。本书将告诉你全方位的品牌管理秘诀，针对千奇百怪的消费者怎样藉调查来了解市场？该花多少钱来进行产品推广？怎样来做品牌延伸？怎样检视产品是否符合国际化标准？以及卖相不佳的品牌从败落走向复活的完整研究过程，都在本书中有最详尽的文字，这中间的每一个捷径，对品牌的成长来说，都是重中之重。相信本书是企业推广产品、重建品牌时最佳的参考范本。

可以说，本套丛书写出了国内外品牌的成功实例和品牌创建的捷径，值得中国企业见贤思齐。

本套丛书现在终于与您见面了，写作此套书并不是一件容易的事情，一路走来，自己感觉很是艰辛，想想自己烈日下背着照相机四处抢镜头的劳累、夜深人静挑灯撰写到天明的辛苦……这一切的一切，在今天都化为一种欣慰。希望在不久的将来，本套书中的每一个字都会为中国企业带来惊人的盈利数字！想到此，自己的所有付出都会归到一个字上：值！

最后值得一提的是，本套丛书承蒙《南方日报》记者李喜智、《经理日报》记者杜高孝和袁红兵、《人民日报·市场报》记者苏南、《粤港信息日报》记者陈珊、《中国质量报》的段薇、《智囊》杂志社记者范亮、《中国改革报》记者邹洪、《21世纪人才报》记者蔡运彬、《中国经济日报》记者李芫、《中国企业报》陈昌成、《经理人》杂志社副主编杨俊杰、《中国品牌报》主编邵森等老师的支持与鼎力相助，以及赖红霏、喻祥、李大松、李海龙等人的厚爱和关心，使得本书顺利出版；更值得感谢的是，南方日报出版社领导对本书的高度重视、责任编辑陈微尘老师尽心尽职为本书的付出。这种种对笔者的鞭策与鼓励，谨此致以最诚挚的谢意！

张　冰

2003年7月23日于广州

目录

第一部分　策略篇

目录

目录

第二部分 焦点篇

目录

第三部分　透视篇

第一部分 策略篇

打造一个全球性的大品牌
品牌如何跨国界行销
如何应对品牌全球化
外商中国市场品牌战略
克服不景气品牌新的招数
品牌保鲜的 9 个必须
为品牌找个好靠山
品牌行销全攻略
品牌要学会给人便利
品牌要小心“偷袭行销”

一、得品牌得天下

打造一个全球性的大品牌

提示

全球化的大品牌，是指一个品牌在全世界的渗透力很强，当地人不视其为“舶来品”，反而把它当作本土品牌，对它不排斥，更多是拥有一份爱戴和极高的品牌忠诚度。综观当今全球化的市场，“品牌特快列车”已经开起来了，中国企业根本没有选择的余地。无论你融入与否，全球品牌发展都是一样的迅猛，不会因为你不加入而停止前进。企业行销专家李威特（Theodore Levitt）指出，剧烈竞争与科技发展将迫使企业走向全球化经营。很明显，“地球村”（Global Village）这个概念是必然结果。大家都在为品牌的明天，铺就一条更宽广的道路。

1. 品牌策略须围绕消费需求

消费者所感受到的产品品质，是品牌资产中非常重要的一个部分，品牌对消费者而言并非仅是商标和品牌名称，反倒是消费者与品牌接触的经验，奠定了消费者对品牌印象的最重要基础。

随着高科技速度的飞越，加速了产品的淘汰更新，特别是一些电器产

▲ 这样的品牌，相信全球的消费者都不会陌生。

品。比如电视机由原来的黑白发展到今天的“背投电视”，照相机由起先的手动黑白发展到现今的 50 多万像素的数码机，其次，还有摄影机、音响、MD 机等，都是与时代的发展、消费者的需求息息相关的。

通常，同样一件产品，在不同的国度所产生的销售结果是不一样的，有人会说这其中的差价只不过是多卖几个标签罢了。但是，要建立起全球性的大品牌，并说服位于金字塔顶端的消费者购买，绝非是一件容易的事情。在法国堪称重量级的品牌管理学教授 Jean-Noel Kapferer，对于管理奢侈品牌一直有特别深入的研究。数年前，Jean-Noel 对消费者购买奢侈品牌的动机做了一项调查。在这之中，参与研究的法国 HEC 高等商学院学生被要求从 16 种购买奢侈品牌的动机中，选出 5 种对自己最有吸引力的诉求。其调查结果具体如下表所示（见表 1）。

这份调查的结果让人意想不到，其产品的美感和优越性能以 79％和 75％雄霸一、二名，一般人以为最重要的品牌魔力，反而仅以 47％排行第三。很明显，表 1 的结果再次告诉我们：消费者所感受到的产品品质，是品牌资产中非常重要的一个部分，品牌对消费者而言并非仅是商标和品牌名称，反倒是消费者与品牌接触的经验，奠定了消费者对品牌印象的最重要基础。这也让我们认识到，不论是广告、公关还是直效行销传播活动，若没有能让品牌与产品本身有直接而准确的连接，一个缺少实体支持的品牌空壳，并不能在这全球市场占有一席之地。

当今时代，品牌能否在变迁中屹立不倒，品牌是否传达消费者利益、提供相对价值、与时代趋势紧紧相扣，是能否成为时代品牌的基本要素。品牌要在全球行销中获胜，对消费者的需求掌握，应是重中之重。很显然，未来品牌的竞争必将是一场全球化的竞争，中国品牌必须迎合全球趋势，打造出全球化的大品牌。

表 1：消费者为何购买奢侈品牌

排名	购买奢侈品牌的动机	百分比
1	产品的美感	79%
2	产品的优越性能	75%
3	产品本身的魔力	47%
4	产品的独特性	46%
5	了不起的创意	36%
6	产品带来的愉悦	34%
7	唯我独享的感觉	30%
8	机智能干和传统古典的象征	30%
9	永远与流行同步	28%
10	享誉全球的产品	23%
11	宛若工匠般仔细的制造	19%
12	产品已有悠久历史	14%
13	产品由天才的奇思狂想发展而来	11%
14	身为少数族群中一分子的满足感	10%
15	知道自己是仅能少数人独享中的一位	9%
16	身为流行时尚的最前锋	9%

案例：爱立信手机掌握时代消费导向

1996年，来自瑞典的爱立信手机在移动市场上遇到最大的问题，是消费者对品牌的认知有差异，而且爱立信的品牌形象一直无法得到提升。许多的消费者都把爱立信看作是本地OEM的代工产品，大家都不知道它原来是瑞典的高科技通讯领域的产品。然而，当时摩托罗拉占到70%的市场占有率，诺基亚占到9%，爱立信仅有4%的市场占有率。因此，对于爱立信来说，获得消费者心目中的国际化、高科技的品牌认知已经成为重中之重。

素以品牌管家著称的奥美广告公司承接了爱立信品牌的打造工程。经过一番整改，其第一步的广告策略特别强调以产品的品质和特色来进行诉求，从而提升品牌的认知度。于是，奥美广告针对这个品牌目标创意出第一条广告：《折磨试验篇》。片中以爱立信博士为题材，以西方人演出，强调爱立信具有“国际血统”。在一间很明亮的实验室里，对爱立信手机做了许多折磨试验后，爱立信手机仍然完好如初，强调该品牌的高品质。第二条广告片是：《恶犬咬手机篇》。该片是以恶犬咬手机来表现爱立信手机的耐摔、耐震的高品质。这两条广告表现手法都很有魄力，让人一看就是大品牌所为。有代表性的广告播出后，果然引起了广大消费者的共鸣，也提高了品牌在消费者心目中的认知。正因为爱立信的新款手机广告成

▲ 这款爱立信手机的所有海报皆被人偷走。

功，其销售占同期各品牌新款手机总销售量的42%，品牌价值也同时得到飞速提升。紧接着，为了让品牌具有时尚感、新鲜感，爱立信广告又以名人代言策略推出，选择金城武为品牌代言人。长达三分钟的广告以故事性为主，剧情以日本为背景，金城武与一个失聪的女孩在无法用正常的语言沟通的情况下，演绎出一段感人的故事。此广告在TVBS首播当日，便创下了收视率上升3倍的好成绩，收到观众60万份充满好评的的信函。在沿街的道路上，这款手机所有的海报都被人偷走。

2. 标准化是必走之路

企业采用国际标准，只有从长远的发展考虑，尽快建立自己较高水平的管理技术和系统，才能与全球标准靠近，才能确保产品质量的一致性。中国企业必须提升自己的竞争力，在各自不同的行业里，将标准随人们需求的变化和发展不断提升，而不仅是靠粗制滥造有名无实的低价商品参与品牌大战。

随着全球化市场的到来，世界性的一些大品牌在生产、采购、行销、服务与研发上都在走向标准化。中国品牌要建立全球化的品牌，首先必须让商品具有全球化的视野，并且能够建立全球性的规模；一定要清楚自身品牌在哪些方面具有标准化的条件，不合格的要提出整改方案，及时进行调整，产品与服务都必须在配合消费者的需求下予以标准化。

随着技术力量的不断增强，全球工业正在向标准化迈进。所谓国际标准通常是指国际标准化组织（ISO）和国际电工委员会（IEC），以及其他有权威的国际组织所制定与颁布的标准。当然，全球标准应该是相对而言的，人们的需求也在不断地发生着变化和发展，标准化也应该不断地随着变化而提升。唯有这样，才能满足广大消费群体的需求。我国企业必须采用标准的内控标准，以产品标准的超越来确保产品质量的领先，才能参与正面竞争。加入WTO后，品牌在一个村庄里经营已成为现实，因此，在国内市场也要努力达到全球标准，才有资格、有能力与国外的同行平起平坐，在竞争和合作中求得进一步发展。

哈佛大学的莱维特教授为全球标准化奠定了理论基础。他写道：世界日益成为一个共同的市场，世界各地的人们——不管他们身处何地——都渴望得到共同的产品，并寻求相同的生活方式。全球公司必须忘掉国家、文化间的个体差异，致力于满足人类社会共同的需要和欲望。莱维特相信，通讯与交通技术的进步，业已创造出了一个更具同质性的世界市场，世界各地的人们渴望得到同样的东西——那些能够使生活更为舒适，能够创造更多的闲暇与娱乐，以及能够增强购买力的东西。因此，需要与欲望的日益集中化已经为标准产品创造出了全球市场。按照莱维特的理论，传统的跨国公司着眼于特定市场之间的差别，迎合消费者表面的偏好差异，并生产极具特性的产品，其必然导致效率的低下以及较高的价格。有鉴于此，莱维特教授提出，企业通过生产、分销、管理的标准化，实现经营的持续经济性，通过向消费者提供低价格、高质量、高可靠性的产品，为消费者创造更大的价值。

企业采用国际标准，只有从长远的发展考虑，尽快建立自己有较高水平的管理技术和系统，才能向全球标准靠近，才能确保产品质量的一致性。中国企业必须提升自己的竞争力，在各自不同的行业里，将标准随人们需求的变化和发展不断提升，而不仅是靠粗制滥造有名无实的低价商品参与品牌这场战役。

目前，中国品牌普遍存在着管理技术和管理系统落后的现象，许多企业仍然没有意识到数据化管理的重要性，仍然沿用模糊的、无法量化的传统管理模式。再者就是人力资本的严重不足，具备国际化标准的人才严重缺乏；在商业信誉上也缺乏一个通用的标准，而失去信誉肯定进入不了市场体系。要满足企业全球标准，企业必须逐步提高自己的功力。就一般制造业的企业而言，企业要受到规模经济的制约，纯粹中国品牌需要经过国内市场大批量生产和销售以后，经过总结经验、杜绝薄弱环节，才容易进入国际市场。

中国企业达到全球标准的主要困难有两个方面：一是企业普遍存在着管理技术和管理系统落后的问题，二是人力资本的严重不足。我们许多企业还在追求一些空有的标准体系，比如，企业花钱，利用一切关系去获取ISO9002的国际认证，企业即使获得了这一殊荣，但其真正水平和标准都根本达不到。全球标准，是中国企业走向国际市场和国外企业进入中国市场的迫切需要，中国企业当前亟待在各个方面进行全面提升，以达到可以和国外企业竞争的水平。

由此看来，全球标准化对中国企业提出了一些新的要求，中国企业所生产的产品或服务，应该能够符合全球市场的国际通行规则，对产品的功能和产品的质量要求应该采取相应措施，再不能粗制滥造有名无实的低质产品。如果没有标准，中国品牌在进入国际贸易市场和产品市场方面，必将障碍重重。其次，中国企业的财务体系和准则必须符合全球通行的方法和基本的游戏规则，这意味着所有的投资人、债权人能够清楚地了解到公司的一切运营情况、财务情况。这样有助于中国品牌进入国际资本市场的障碍得到消除。再有，中国品牌在全球标准化的背景下，应该营造出以中国企业文化和经营管理、运营方面的概念。这些概念应该与市场经济通行的理念和哲学相对应，而不是一个分裂的、难以沟通的系统。如果能做到这些方面，中国品牌在技术、项目、贸易合作的障碍便可得到有效排除。凡此种种，都是我们达到国际标准化亟待突破的问题点。

综观世界强势品牌，可口可乐、麦当劳、万宝路便是全球标准化采用最好的范例。企业只有达到全球标准化，才有资格、有能力与国外的这些大品牌平起平坐，在正面竞争和合作中求得更大的发展。

案例：吉列品牌成功归功于标准化策略的运用

美国吉列公司属下的800多种产品行销全球200多个国家和地区，吉列品牌旗下的“感应刀片”正在全球市场风行，其势头如同一股旋风一样席卷全球。该品牌的成功主要归功于标准化策略的运用。在产品命名、包装策略、广告运动、终端促销，或者是推广主题方面，一律走标准化的路线。他们在运作的过程中，产品行销到任何一个国家，同一个产品在不同的国家都有完全不同的名称。加之当地的销售经理为了能够提高产品的销售额，总是提出自己认为重要的广告策略，并对其广告的语言作一些修改。因此，吉列公司的全球广告风格、广告文案均有很明显的差异。

为了降低成本，提高经营的规模效益，并且强化公司的全球品牌力，吉列公司便着手在全球范围内或者至少是地区范围内实施标准化的营销策略。无论在分销渠道的规划上，还是在价格策略的制定上，都采取全球统一的模式，这有利于吉列品牌规模化经营。事实证明，“感应刀片”在全球26个国家，都是采取标准化进行同步传播，品牌从而获得成功。

案例：小天鹅采取国际质量标准创品牌

90年代初，小天鹅全自动洗衣机在全国荣获同行业唯一的一块金牌。这都要归功于小天鹅公司的领导层及时将目标瞄准了全球同行业的最高质量标准。当时，我国对洗衣机的质量标准是4000次无故障运行。经过2年多的努力，对引进的大量国外先进技术进行消化、改进后，小天鹅终于成功地将无故障提高到5000次的国际最高标准。其后，该公司根据ISO9001国际质量标准，在每条流水线上建立工序流转卡制度，每道工序完成后，由操作人员签字盖章，一旦出现质量问题，就可以立即找到当事人。厂内实行员工的质量效益与工资进行挂钩，使每一次的装机合格率从原先的88%提高到99%。针对国内部分用户住房无地漏的情况，小天鹅开发了有上排水功能的洗衣机；针对一些电压不稳的问题，小天鹅在电脑控制板上配备了稳压装置；针对一些运输单位的不文明装卸，小天鹅洗衣机的抗撞击标准由30公斤提高到50公斤。凡此种种，小天鹅始终将客户的利益放到第一位，视用户的标准为最终标准。质量管理上，小天鹅从传统的事后检验向防患于未然的方式转变。小天鹅开始零缺陷管理，就是重新设计、重新安排流程，生产无缺陷产品或服务。该品牌从原材料进厂、加工到成品出厂全过程的防范，找出发生错误的每个机会，用科学的手段将其消除在每个段落或工序中。通过几年的实践，采用国际的标准，在预防上花费代价比支付过失成本合算，生产无缺陷产品比返工和保修都要合算。因此，小天鹅品牌深得消费者的好评。

▲ 小天鹅：我虽然小，但我一直在飞。

案例：联合利华品牌形象和包装均保持标准化

联合利华洗衣剂数年来对产品的形象，包装一直采取标准化作业，但是在品牌命名上、广告宣传策略、产品配方则因地制宜。例如，纺织洗涤产品在英国、法国、德国、意大利、西班牙、美国及日本，都是以拥抱的泰迪熊为标志。可爱的泰迪熊十分讨人喜爱，品牌形象也很鲜明，但品牌名称却是根据每一个国家的不同而采取因地制宜的策略。

3. 成功扩张品牌线

必须注意的是，各个国家消费者的消费模式的差异，将来的品牌扩张也会因此受到限制。

众多品牌拼命地设法延伸市场覆盖率，为日后全球市场铺平的道路而留下“伏笔”。例如在抢先进入新兴市场方面，可口可乐在柏林墙倒塌的第二天，就决定到原东德地区做生意；奥的斯电梯公司在美国解除对越南的贸易制裁后，就立即在该地成立合资公司。

毫无疑问，可口可乐、麦当劳、米其林这些大家耳熟能详的全球化大品牌，它们均将行销触角伸向全世界的每一个角落，并根据当地消费者不同的生活习惯，推出迎合需求的产品，当地人也视它们为生活的一部分。但必须注意的是，各个国家消费者的消费模式存在差异，将来的品牌扩张也会因此受到限制。

案例：雀巢品牌成功扩张品牌线

雀巢在全世界执婴儿奶粉、即溶咖啡、巧克力、罐头汤和矿泉水等产业之牛耳。雀巢始终相信“先入为主”的重要性，并以此去扩张品牌线。1985年，雀巢在美国强行收购知名奶品公司康乃馨（Carnation），作风虽然霸道，但从此在美国食品界抢占了一个“桥头堡”。雀巢先后又成功地吞并了英国Rowntree糕饼糖果公司及意大利的Buitoni-perugina通心面、巧克力公司，并且与美国食品业巨人General Mill合资，在欧洲早餐麦片市场，直接向家乐氏品牌宣战。这种花钱如流水，不惜工本去收购其他公司的做法相当令人侧目。雀巢最终在冰淇淋、早餐麦片、宠物饲料等相关产品上，一举成为全世界坐二望一的公司，这种收获来自于它有胆识去冒这种风险。

4. 培养国际化人才是当务之急

企业的战场日渐拓展到国际舞台上来，人才在国际间游走，已成为一种必然的趋势。因此，国际化人才的培养是不可避免的课题，这对任何一个企业都是一个重大的考验。

21世纪的企业竞争，胜败关键在于拥有多少专业人才；企业的战场

▲ 雀巢品牌即使稳执牛耳，仍然不忘扩张品牌线。

是无国界的，人才的舞台当然也不受限制。

人才的培养要靠自己，不能光靠挖墙脚。中国企业可以锁定专业知识、专业技能及向心力三方面的培养为主要核心内容。很明显，未来是一个适者生存的时代，所以对中国品牌来说，只有一边改造，一边培养自己的人才，才能在结构改变时，能够同时做好培养人才的工作。何况，这只是一个阶段的工作，在当地耕耘几年之后，品牌也就会慢慢地落地生根。

有位专家说得好，教育可以缩短品牌摸索的时间。现今，本土企业积极寻求国际化之路，而国外企业则意图切入我国市场竞争，可以看到，企业的战场正日渐拓展到国际舞台上来，人才在国际间游走，已成为一种必然的趋势。因此，国际化人才的培养是不可避免的课题，这对任何一个企业都是一个重大的考验。我们看到，诸多的跨国公司在人力资源上投入惊人，因为它们无不希望顺利打下全球江山。诸如，雀巢虽然是瑞士公司，但它接近客户，重用当地经理人的本土化政策运作得非常成功。如果你单从外表来看，雀巢并不给人是“异乡人”的感觉，而是“食客满天下，财源通四海”。今天从整个全球市场观察来看，我们可以这样断言：落地生根也成为“雀巢之道”的基本经营精神。

案例：宏碁斥资上亿元培养国际企业人

针对国际化人才的培养，宏碁成立专门的部门负责此计划，并且专门斥资1亿元基金用于人才的培养。在宏碁的人才培养体系里，总计有7大计划——国际化视野与认知养成、外派人员训练、海外工厂训练、海龙计划、金龙计划、土龙计划及群龙计划，不断加强各岗位人才的培训。其课程包括的范围相当广，从国际化与世界观、国外当地生活环境介绍、历史、文化与法律介绍、文化差异与压力调适、如何与外国人沟通、国际礼仪训练、驻外人员生活工作经验谈等，所有关系到驻外人员所将面对的问题，都包括在课程当中。

“吃当地的米，喝当地的水，总要有些贡献，也要有落地生根的打算”。宏碁不但整合当地资源，还用当地的人才，并吸引当地资金投入。

▲有效地培养和运用人力资源，让宏碁快速进入业界领导者的队列。

宏碁清楚地认识到，国际化的人才培养，不光只是在课堂上，还得让他们有实地见识的机会。因此宏碁就常利用短期的出差机会，让这些人员有机会先体验国际人的生活方式，以及如何沟通，才不至于在真正长期外派时候，显得手足无措。

5. 广告也要本土化

由于文化、生活习惯等方面的原因，广告也必须走本土化的传播路线，这样才能融入当地人的生活，被当地人所接受……

品牌步入一个新的国家，要想尽快打出牌子，还是要借助广告的力量与消费者进行沟通，它也是最有效果的传播方式之一。由于文化、生活习惯等方面的原因，广告也必须走本土化的传播路线，这样才能融入当地人的生活，被当地人所接受。就拿中国市场来说，P&G、麦当劳、雀巢等品牌的每条广告都是如此。比如 P&G 公司属下的一个叫“欧蕾”的品牌，在各地都很注重本土化动作，许多人都不会想到这是一个外来的品牌。这是因为欧蕾品牌一开始便刻意采用本地的广告模特儿，演出本地故事的方式，来拉近品牌与当地消费者之间的关系，再配搭上幽默的情节，因此欧蕾的广告一直让大家记忆深刻。其对白人人都会念，比如“你是我的高中同学?”、“不，我是你的高中老师”、“这里的女孩子都像你这么年轻吗?”、“那可不一定”等。该公司诸多品牌，如“帮宝适”纸尿裤、“好自在”卫生棉，都是在广告上大走本土化路线的典范。

麦当劳资深副总裁吴昕景提出，麦当劳总公司对该公司各地所拍的广告片内容呈现方式，有一定的原则指示。比方说，内容最好能真实呈现当地社会情况，情节是生活化的，此外，画面中以当地人为主，不宜出现外国面孔等等。多年来，麦当劳的广告打造了该品牌与中国消费者的友善关系，它已经成为中国老百姓生活中的一部分。

案例：雀巢推出十足的本土广告

前阵子，雀巢推出一个广告：现役军人要回部队报到前，在电话亭打电话给加班中的女友，结果女友端了两杯咖啡来到楼下的电话亭对他说，

▲ 麦当劳在中国发展至今可谓家喻户晓，现已成为人们生活的一部分。

“再忙，也要和你喝杯咖啡”。这个温馨的广告，牢牢地抓住人们对军人的情感生活关注，很容易打动人。兵役题材，在中国是一个十分引人关注的题材，让人对此都有一种亲切的感受。这个广告故事，看完似乎就像刚刚发生在我们身边一样，真实可信度极高，因此广告播出以后自然也收到了最佳的传播效果。

6. 进军全球市场五大关键要素

一个品牌要想在全球市场取得成功，仅此还远远不够，还要对品牌的系统经营和管理等方面有一个系统操作。

品牌国际化是一个必然的趋势，我国现阶段还有许多品牌都害怕跨出这一步，甚至还有一些品牌根本就不知怎么跨出这一步。若对国际市场进行一番了解之后，自然就会对此有一个认识。但是，一个品牌要想在全球市场取得成功，仅此还远远不够，还要对品牌的系统经营和管理等方面有一个系统操作。跨国品牌之所以能在全球市场获得成功，无非就是主要掌握好五大关键要素：

A. 具有品质优势与低成本的竞争能力。

B. 生产上推行本土化策略，并且致力于生产设备升级，确保产品稳定的品质。

C. 有能力开发当地人习惯的通路系统。

D. 善于运作广告和促销这些有力手段，克服当地人对外来者的偏见。

E. 对员工的行销培训一刻都不能停歇。

7. 品牌规划要先行

能在全球如鱼得水、畅通无阻的品牌，品牌规划工作一定做得很扎实，一般来说，这些品牌早已树立了全球观，并付诸实际行动。

(1) 策略分析，慎重又细致

顾客分析——

●主要的区隔在哪？

●当地人的消费动机有哪些？

●最能打动他们的卖点是什么？

●品牌与生活中的哪些要素相结合？

●他们的消费观念有什么变化？

●他们对品牌了解程度如何？

●他们知道该品牌的特性或属性吗？

●他们对当前的产品有什么要求？

●他们对公司现有的产品会有什么反应？

●他们对品牌是否有偏好？

●消费行为与购买决策影响因素，包括使用习惯、购买行为、购买决策影响因素、对新产品的态度等方面是否了解？

市场竞争分析——

●要了解这个国家的经济、人口与市场的差异性和复杂性。

●应扬弃将工业国家和发展中国家市场截然划分的传统思维（因为即使是发展中国家，其国内所得差距亦使奢侈品或高价格商品存在需求和脱销空间）。

●确认各国不同消费层的购买能力与市场潜能，以提供适当的产品或服务定位策略。

●确认各国人口结构，以区分以年轻人为主的国家（比如巴西、印尼、墨西哥）与人口高龄化国家。

●应该考虑各国未来市场机会与潜力增减趋势。

●品牌认知：第一提及、无提示认知、有提示认知、认知途径。

●品牌表现：知名度、品牌广告知名度、品牌占有率。

●品牌忠诚度：品牌的重复购买率、单一品牌的品类购买量。

●品牌渗透率：三个月内曾经购买的品牌。

●品牌熟悉度：对品牌的熟悉程度。

●品牌形象：对品牌描述的认同程度。

●品牌价格测试：对于不同品牌在不同价位和包装规格时的选择偏好及选择走向。

●品牌的消费者细分：对现有的消费群体再进行细化。

（2）品牌策略执行到位

●品牌策略与品牌组合是否全方位的融合？

●品牌核心识别是否十分鲜明？品牌有无中心思想？

●品牌有无鲜活的精神吗？

●品牌有无差异化的举措？其方式是什么？

●品牌的价值主张是什么？

图 1:用于量度品牌目前的市场地位

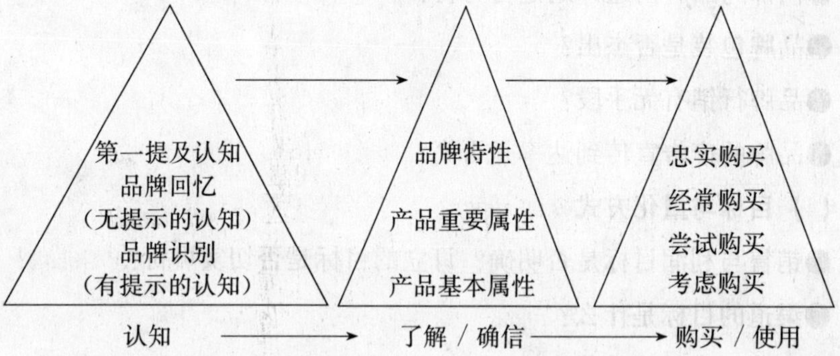

通过该模型,我们将可分析各种消费群体的真实比例及特征:

所处的群体	特征主诉
无认知 ↓	不知道该品牌
认知 ↓	认知该品牌
了解 ↓	知道该品牌的特征或属性
感兴趣 ↓	对品牌有偏好
产生意向 ↓	打算下一次购买
尝试购买 ↓	曾经购买
忠诚购买	经常购买

(3) **拟定品牌打造计划**

●品牌有长期的发展计划吗?

●品牌有效进行定位了吗?

●有哪些具体的策略?

●内部的品牌沟通计划是否可行?

●品牌包装是否杰出?

●品牌行销有无手段?

●品牌的广告宣传到达率是否高?

(4) 目标与量化方式

●销售与利润目标是否明确?订立的目标是否切实可行?

●渠道的目标是什么?

●品牌权益目标是什么?

●顾客

●视觉

●品牌形象与联想性:理性形象(质量、价格、性能、包装、企业规模等);感性形象(高档的、吸引人的、独特的、可爱的、家庭的、温暖的、可信赖的、优雅的等);品牌的拟人化联想。

●销售与利润

●品牌认知度(不提示第一提及率,不提示其他提及,提示知名度)

●终端

8. 兼并是实现品牌全球化的一条捷径

品牌购并是发展全球化品牌及让品牌快速成长的最快的方法。凭借着外部的力量为企业注入新鲜活力,以达到迅速扩张、快速发展,最终达到增加企业的财富与竞争力的目的。这种"一加一大于二"的策略,在西方国家已被中小企业广为运用并达至普及。

自中国加入 WTO 以后,商界最热门的话题是"品牌兼并",包括中国民航重组、中国石化继续巨资收购资产、阿尔卡特控股上海贝尔、首都机场收购股权等等并购事件轰动全国。显然，品牌兼并之风已在国内迅速刮起，并日益显得强劲。

也许有人会说，上述的这些兼并是一些大企业所为，与我们这些中小企业有何相关？大品牌才需要做全球市场，我们小品牌担心根本就是多余。因为中小企业一向就是市场追随者的角色，一直是在夹缝中寻找生存模式，至于兼并与否都不是大家所关心的。显然，这种想法和观念都已经无法适应这个时代的发展。

事实并非这样，中国加入 WTO 以后，自由化和国际化浪潮强烈推动中国企业，产业环境也逐渐导向了技术密集和资本密集转化的阶段。政府部门一系列的推动，市场也驱使中小企业必须向技术和资本密集方向发展，并加速了中小企业向国际化市场接轨的步伐。因此，中小企业再不能对“品牌兼并”掉以轻心了。

许多企业亦朝着这个目标前进，归纳起来，要达到此目标主要有三种策略可以运用（参照图 2）。

图 2：发展全球化及品牌策略

		速度	控制	投资
策略	区域延伸	慢	高	中
	品牌购并	快	中	高
	品牌联盟	中	低	低

A. 区域延伸：以现有的品牌切入区域市场。

B. 品牌购并：购买其他的品牌。

C. 品牌联盟：以合资和合伙方式在本国或其他国家进行品牌行销。

区域延伸策略渗透速度比较缓慢，除非公司原本就是全球型的领导品牌，并且拥有强大的行销资源为后备力量，否则要在一个新的国家或区域建立品牌其难度较大，绝非是一件简单的事情。

品牌联盟的市场渗透速度通常较为不急不躁。比如雀巢与美国通用食品的结盟，以通用雀巢为名，共同挺进欧洲的早餐麦片市场。

品牌购并是发展全球化品牌及让品牌快速成长的最快的方法。凭借着外部的力量为企业注入新鲜活力，以达到迅速扩张、快速发展，最终达到增加企业的财富与竞争力的目的。这种“一加一大于二”的策略，在西方国家已被中小企业广为运用并达至普及。例如，联合利华于 1989 年购并了法伯格（Faberge）、伊莉莎白雅登（Elizabeth Arden）及卡文克莱（Calvin Klein），一举成为香水、化妆品及肌肤保养品市场的主要品牌之一。

(1) 兼并策略对于企业的好处

——兼并有助于公司发展或多元化

比如你的公司想从本土化的公司发展成为国际化的公司，或想使地方性企业变成全国性企业者，就可以通过兼并的方式在短期内达成目的。此外，希望企业经营能多元化的企业，在多元化的过程中，不管是横向多元化还是纵向多元化，甚至是跨业多元化，都可以利用购并迅速达到目的。

案例：小美企业浴火重生不断成长

从事半导体生产的丽维企业，在半导体生产获利之后，为了分散风险，便想跨进食品业。当时正好遇上小美企业面临空前的财务危机，市场上对于小美企业生产的冰棒需求空前热烈，但是财务上的压力使得小美企业举步维艰，企业无资金正常运转，以致员工只好自己筹钱买原料来投产，赚得的利润仅够维持员工的薪资。丽维企业闻讯后，积极找小美企业洽谈，双方便达成兼并协议。此举实现了丽维走集团化之路的梦想，也解除了小美企业的危机，更是带动了小美企业浴火重生，不断成长。

——兼并可以募集资金并整合资源

企业也许出于财务上的考虑，积极运用此策略来达到资金运用上的优势。我们经常会看到一些中小企业要么是饿得眼冒金星，要么是一旦有了业务，突然胀得要命，甚至有时资金积压过多，不知如何去用，怎么办？聪明的企业就会积极寻找商机来投资，兼并也同样是条该走的路。花钱去买一些中小企业，一则可以逃避税收，二则可以分享新公司的研发成果，并为现有的企业注入新活力。另外，一些中小企业借壳上市，将资产转移到上市上柜公司，充分享受充沛的低成本资金，统筹运用各种资源，也避免了浪费。

——防卫性收购打击竞争对手

为防卫对手，增加竞争对手恶意兼并的困难度，中小企业也可采取技术性的并购，扩大资本额，使市场继续回到竞争的原有状态。例如，1987年，美国的媒体业者哈可公司，为摆脱来自英国的竞争者劳勃麦斯威尔，就从哥伦比亚广播公司旗下买下核特公司，成功地阻止了竞争对手的恶意并购。

(2) 兼并策略费思量

A. 动机要明确

中小企业在拟订兼并策略时，需要明了兼并的动机所在。纵观品牌兼并的动机，不外乎有以下几项：

——寻求规模经济；

——求取垂直整合的利益；

——提升管理绩效；

——税收的考虑；

——剩余资金的使用；

——兼并互补性的资源；

——分散风险之利益（多元化的经营）；

——提高每股盈利；

——得较低的融资成本；

——追求成长。

B. 兼并策略规划程序

设立出公司的目标或策略，让目的和手段配合。由图 3 可以看出，在策略规划阶段，兼并应列入企业目标的备选方案之一。

图 3:兼并策略规划程序

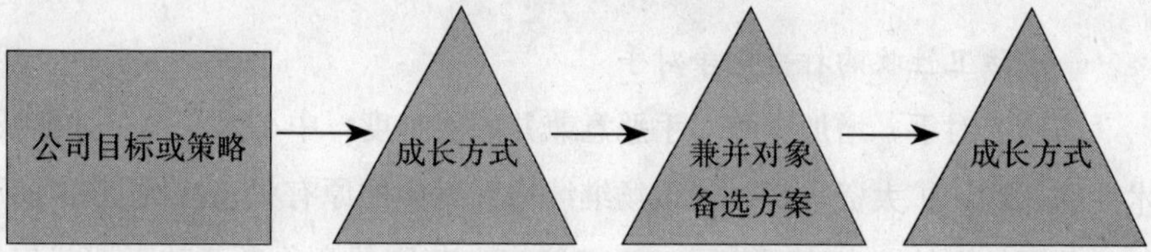

如何了解企业该往哪里去，这是一开始的重点；如何确保目的（企业目标、兼并动机）和手段（兼并类型）正确配合，以免弄巧成拙，这是接下来的重点。至于有哪些兼并的动机、类型可以满足企业目标，则是再下来的内容了。

C. 筛选接近对象

兼并不能草率行事。许多公司为了图省事，在选择上就放宽了尺度。你要找出能够与公司方向和目标共同一致，并一起能努力的公司，千万不要在一棵树上吊死！你可以事先列出 3 至 6 家比较接近你目标的公司，进行一番客观的评估，之后筛选出接近你的公司，这样才能确保兼并的成功率，减少盲目性。

D. 进行可行性分析

用兼并策略去寻找能与公司共同实现目标的公司，对于标的公司进行分析是缺省不了的。分析也要从客观角度展开，现给出四大分析方法：

——整体的状况分析：利率、汇率、通货膨胀率、失业率、产品市场

图 4:初步筛选兼并的程序

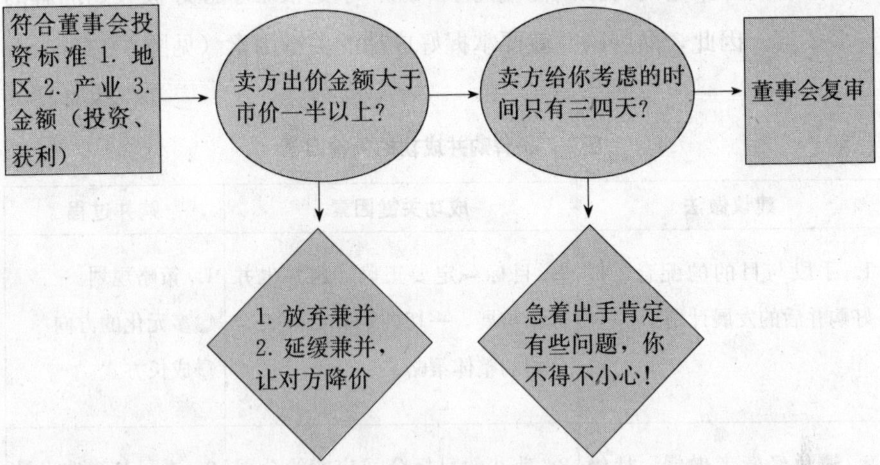

占有率等；

——行业的角度分析：产业生命周期分析、景气循环分析、环境因素分析、市场供需分析、获利率分析；

——对标的公司进行全面分析：

首先对该公司的经营策略进行分析，看看该公司的策略与合并公司本身的策略是否相辅相成；

了解标的公司产品及市场销售状况，分析该产品在市场是否具有竞争力，以及产品在市场是否有发展前景；

调查标的公司的竞争环境和主要的竞争者，借此评估出标的公司竞争策略的合理性及前瞻性；

从财务结构上进行分析，充分了解其财务、获利状况，以及是否具有举债的能力；

从人力资源方面分析，了解人力资源情况及结构，评估出合并后的局面是否可以有效执行公司的政策；

全方位综合分析，从标的公司的内部、外部进行分析与规划，其次，假设标的公司与之合并在一起来分析，从财务结构、经营结构两方面着手来展开，并拿出具体的数据来评定合并的成功得失。

(3) 品牌购并成功的关键因素

品牌购并策略的可控制性偏向于中间，于是很难掌握好被收购品牌的许多要素。因此，品牌购并就要掌握好成功的关键因素（见图 5）

图 5：品牌购并成功的关键因素

建议做法	成功关键因素	购并过程
1. 手段与目的的配合，拟好购并后的发展计划。	1. 目标一定要正确：购并也并非瞎扩展，一切的购并必须符合公司的整体策略。	1. 策略规划 ◎多元化的方向 ◎成长方式
2. 避免经营者傲慢，杜绝盛气凌人的态度。比如购并一个经营状态好的公司。	2. 兼并的目标公司应能给公司带来显著的策略和运营价值，而决非是随便去收拾“烂摊子”。	2. 查寻与筛选出最有优势的目标公司。
3. 顾问选择要小心翼翼，不能选那种光顾不问型的人。 4. 严守购并的秘密，不要“大雨未到就是雷声隆隆”。 5. 谈判也要准备一套充足的说明资料。	3. 有效、慎重的分析及有效的磋商必不可少。 4. 不要太多的竞标者，给出一个好的竞标环境，现场的竞标者越少越有利。	3. 评估目标公司的品牌价值及未来的前景，与之进行深入的协商。
6. 资产重置、股票上市等。 7. 快速有效整合。 8. 用诚意留下卖方公司的优秀人才，免得运作脱节。	5. 尽量减少购并的投入。 6. 兼并后的全面整合必须到位。 7. 设立管理层及员工的薪水与奖励制度。	4. 购并后双方都进入整合阶段，办理交接手续。

(4) 兼并不是一并了之

兼并程序的完成，是整个案子的正式开始，这时，企业在人力资源管理上，就要对薪资福利、留用、人员清退等方面作些努力了。毕竟是两家公司（或以上）合为一个整体，那么，团队整合的好与坏，必将直接涉及到兼并的成与败，因此，人力资源管理人员就必须在工作重点上做些改变。兼并以后，作为人力资源管理部门，先要安定人心，防止谣言四起；在职务安排上更要适才适用，主管们安抚员工在所难免；诚然，被购企业的员工，除了担心丢掉饭碗外，也会有害怕再被卖掉的恐惧心理。在这个时候，合并企业不妨采取目标管理，让他们有努力的方向。

另外，品牌兼并后更要注意的是，如何将两种企业的文化冲突化解。干戈不化解，便很难融为一体。其实，关于两种文化在一个整体中存在，这就好像是把油和水同时倒入一个锅里，你搅了一会儿，看起来好似是均匀，合二为一了，实际上却是油还是油，水仍还是水，很难逼迫他们立刻忘记或改变自己原先的属性。建议企业可以在这个阶段多搞一些活动，多开一些会议达到思想统一，在交流中来增进大家的情感和彼此的熟悉度。

理上，就要对[illegible]人员[illegible]努力了[illegible]
公司[illegible]一个整体。那么，[illegible]
[illegible]。因此，人力资源[illegible]
变。并购以后，[illegible]
在[illegible]
的员工[illegible]
时候，[illegible]努力的方向。

另外，[illegible]文化[illegible]
[illegible]
[illegible]
[illegible]
[illegible]
开一些[illegible]在交流中[illegible]

二、 走出去才是硬道理

品牌如何跨国界行销

提示

全球品牌行销时代的来临，国际行销伴随着多样化的需求与经营，让企业管理者的决策日益复杂。如今，市场不仅需要“消费至上”这一基本行销法则，更需要我们用具体的策略，参与这场全球品牌大战。作为一个全球经营的企业，要跨出母国，到别的战场上开疆辟地并不是一件容易的事情，首先在思维和视野上必须具有国际观，还要具有一定的攻占全球市场的策略。加入WTO后，全球品牌行销已从一个遥远的话题成为现实，中国品牌应逐一落实品牌经营与行销的能力，顺利进行品牌跨国界行销。

1. 把握好行销环境

企业唯有充分把握好行销环境的变化，才有底气去谈品牌全球化，否则企业连立足都会成问题，显然这也是企业所有行销管理层不可忽视的重点。

品牌要迈入全球市场，企业首先要对进入国的相关行销环境因素进行

▲商业无国界，品牌也同样无国界，及早建立国际观及各种国际化的能力，是中国企业亟待突破的重点。

深入了解，越细致越好，如果能用科学、适当的预测方法，探索市场的可变趋势及其影响更佳。这势必要求企业要了解不同国家的经济、人口与市场的差异性和复杂性，包括当地人的生活习俗和消费模式等，确认各国不同阶层的消费者的购买能力与市场潜力，以推出满足消费者所需的优质产品或定位策略。

当然，把握行销环境，还应考虑进入国未来市场机会与潜力增减趋势、进入国的人口结构比例、目标消费者的锁定等注意事项。面对全球一体化的市场，每天都有新的信息不断涌现，企业如果接收信息缓慢，缺乏敏锐的洞察力，不能充分把握好行销环境的变化，就没有底气去谈品牌全球化，甚至连立足都会成问题，显然这也是企业所有行销管理层不可忽视的重点。

案例：米其林把握环境占据替换市场最大份额

1995年至1997年，米其林与中国最大的轮胎生产厂之一的沈阳轮胎总厂达成协议，运用米其林的先进工艺，为国内及出口市场生产销售轿车与卡车子午线轮胎。2000 年 4 月，米其林又与上海轮胎橡胶集团开始其在中国的第二个合作项目。2001 年 4 月，米其林与上海轮胎集团联合组建了上海米其林回力轮胎股份有限公司，开始生产、销售回力品牌的优质子午胎。同年 12 月，米其林在上海成立了米其林（中国）投资有限公司。

▲ 米其林占据大众市场最大的一块市场份额，该品牌在中国已获得“先入为主”带来的利润空间。

这一切举动均说明了米其林对中国市场的把握得当。因为，在这个市场中，只有少量的高档车和私家车会选用高性能轮胎以追求更好的使用性能，一般的公司车辆和大部分的出租车一般都选用价格和质量适中的产品。而且有数据显示到 2005 年中国的公路总长将达到 160 万公里，但高速公路将只占公路总长的 1.5%。专门为高速公路和铺装路面所设计的高性能轿车轮胎在目前的中国市场并不适用。在大多数路况较差的区域，胎噪小、抓地性较好的高性能轮胎反而磨损得更快，换胎的次数也更为频繁。

另据预测，未来 8 年，中国轿车市场保有量会在目前基础上增加两倍，卡车会增加 3 倍。因此，米其林为了抓住市场商机，大胆采取联姻策略。对于米其林收购回力，有关人士作出了这样的评价：收编了大众市场上最强有力的品牌，使得米其林公司可以顺利占据大众市场最大的一块市场份额；同时又成功地建立起一个极高的进入障碍，成为狙击其他品牌进入这块市场的主要底牌。可以说回力品牌成功地填补了米其林品牌曾有的侧翼空白，使之进可攻，退可守，在市场上大占主动。事实也的确如此。

米其林对中国市场的充分把握，使得大连固特异的产品明显偏离了原先的高质高价定位，转向较低价格的中档大众市场；普利司通也推出了针对适应中国市场的批发价格，性能与新回力、韩泰和锦湖等产品都较为接近，而且它们都瞄准了这样一群主要消费者：出租车车队。由此可见，米其林完成其在中国的战略布阵：产业布局跨越南北，以克服地域辽阔带来的空间障碍；从轿车到卡车、从高档的米其林品牌到中档回力品牌的产品结构，以满足中国多层次的市场需求。

案例：科龙品牌对国际行销环境密切关注

科龙品牌对于国际讯息十分关注，在品牌迈向国际市场的同时，配备20多位博士、硕士等组成的营销人员，时刻从香港、日本等亚洲发达地区以及北美、欧洲等重点市场收取大量信息，深入研究海外的个性化市场动态，为自身商品寻求适销对路。他们曾经仅在1个月内就收取到颇有价值的20多条信息，当月促成空调、冷柜、冰箱等出口业务12宗，总额2000多万美元，平均每条信息，就带来100多万美元的价值。科龙2002年已在美国、欧洲增设了2个办事处，以方便与世界家电巨头、当地经销商建立更为密切的合作伙伴关系，与他们一起研究市场，开发适合当地人需求的产品。这种对行销环境的把握，让科龙品牌全球化迈上新的台阶，并且让品牌也有崭露头角的机会。如今，科龙生产的DH系列抽湿机，就是与美国某知名企业共同研究开发的，首宗业务就接到了5万台的订单。

目前中国迈向国际市场的品牌中，能像科龙品牌对国际市场如此关注的并不太多。虽然诸多品牌有市场调查的观念，但运作的过程中，大多数仍跟着感觉走，投入较少。在调研方面，有的还只是陷入形式主义，于是一大堆模棱两可的数据放在决策者面前，让其无从下手。行销环境的把握失控或薄弱，势必使中国品牌在国际市场失去应有的竞争优势。

2. 创造领导者品牌形象

品牌在研发与改良上力度是否加强？推出的形象又是否能被大众接受？品牌如果顺应不了这种消费需求，就不会有好形象可言，而没有形象的话，又怎能在全球市场参与正面竞争？

企业对于创新与需求变化之快的敏锐调整，是企业快速成功的要决。诸如耐克没有自己的工厂，没有自己一套完整的营销体系，但它的鞋却能持续在运动鞋市场独占鳌头，这与它不断推出的新款鞋有很大关系。

案例：耐克品牌独占鳌头成为领导品牌

1975年的某天清早，耐克品牌合伙人之一的比尔·包尔门（Bill Bowerman）意外想到了更好的点子，他把橡胶倒进松饼烤盘里，出炉了一个全新式样的鞋底，比当时市面上的任何运动鞋都具弹性、个性。产品推出后博得了长跑运动员的厚爱，当时引发了市场强烈骚动。从此，耐克意识到了研发新款的重要性。该品牌一向以创新与需求变化之快，以制造高品质的球鞋为组织目标，根据季节的变化，每一季不断推出数种新款鞋，且每一季都改一次样式，春季推出棒球鞋，夏季推出网球鞋，秋季推出登山鞋，冬季推出跑鞋和篮球鞋。每一次推出的鞋款，皆定位在30岁以下目标群。在一片追求“酷”的风潮下，耐克牢牢抓住品牌和技术，并把它们作为品牌最具竞争力的首要位置来参与竞争。品牌自20世纪70年代初期开始，在短短的10年内便一跃成为美国最大的鞋业品牌；1980年，耐克公司的年销售额一举超过了在美国市场领先多年的老牌子企业阿迪达斯公司。1980年，在全美15亿美元的高级运动鞋销售额中，耐克市场占有率已达30%；到80年代中叶，耐克的营业额已经超过37亿美元，占据美国运动鞋市场份额的一半以上。

▲ 耐克声名大振，在国内已成为“酷”的代名词。

品牌全球化，要求品牌必须走出去，无论是主动还是被动接受，中国品牌都没有选择权。在这个大趋势中，我们无法回避这一潮流中的产品技术研发与改良。因为，消费者为某种商品付高价，产生购买行为，必然有他们愿意付款的道理，为此企业就必须考虑这种购买是否物有所值。

如果企业总用低策略及挖空心思来应对，即使是阻止了对手的一时进攻，品牌的忠诚消费群体也很难建立起来。作为中国企业，走向全球市场，就更要好好反思一下，品牌在研发与改良上力度是否加强？推出的形象又是否能被大众接受？品牌如果顺应不了这种消费需求，就不会有好形象可言，而没有好形象的话，又怎能在全球市场参与正面竞争？

3. 追求高附加值

我国企业对于高附加值重视不够，企业仍处于一味“造名”阶段，认为打响知名度就是做品牌，无论大小企业皆卷入广告大战，企业对于品牌的系统建设十分欠缺。

兰德公司的创始人曾说“工厂制造产品，心灵创造品牌”。John Philip Jones 教授说：附加价值实际上是品牌购买者心理上的主观判断。可见，附加价值源于消费者的心理因素。准确地讲，是通过消费者的潜在意识创造出来的。它主要源自：消费者对品牌效用的信赖；所有大众群体对这个品牌的共同的看法；好包装所带来的好感和心理满足；功能价值与附加价值相得益彰。当企业拥有附加价值时，就很明确拥有更多的利润，它也是企业实现差异化战略的一个途径；再者，它也决定品牌的资产高低。

随着消费的日益成熟，高品质的商品只能是消费者选购产品的一个基础，而高附加值现已成为消费者真正的重要选择。加入 WTO 后，品牌面临的是一个全球化的市场，品牌如果在竞争中没有高附加值的话，便等于将应有的市场拱手相让，反之，价值附加得越多，自然就越能得到消费者的喜爱，这种强烈的吸引力更容易让消费者产生品牌忠诚度。

品牌的高附加值，已成为许多国际性强劲品牌共同的追求目标，为此都在做出积极的努力与尝试。我们熟悉的奔驰、劳力士、吉利等强劲品牌，都是高附加值的“产物”！关于品牌的高附加值，我国企业还普遍认识不够，John Philip Jones 教授说得好：“附加价值实际上是品牌购买者心理上的主观判断。”由此可见，高附加值来源于消费者的心理因素，它可以给企业带来更多的利润。

我国企业对于高附加值重视不够，企业仍处于一味“造名”阶段，认为打响知名度就是做品牌，无论大小企业皆卷入广告大战，不惜花大钱去打广告，而企业对于品牌的系统建设还十分欠缺和忽视，不注意提升品牌的功能性价值和附加价值。因此，造成中国品牌在行销上大起大落，品牌没有发挥出应有的魅力。可以说，在追求高附加值上，中国品牌对此重视的极少，中国品牌战略问题也显得日益严重。

今天，中国品牌已经迎来全球化的市场，中国品牌势必要把品牌的意识根植进消费者的思维里，并竭力拉近与消费者之间的距离，这当然就离不开给消费者更多的附加价值。看来，品牌全球行销的时代，给中国企业提出了新要求，亟待提升品牌的高附加值，对此绝不能再茫然无知了。

4. 塑造顾客导向文化

品牌一旦能把建立社区文化与创造顾客便利优势，作为一项长期而重要的工作来建设，品牌也就抢得了先机。

在品牌经营过程中，塑造顾客导向文化理应是第一位的，这也是一个品牌从诞生到长盛不衰的必由之路。品牌一旦能把建立社区文化与创造顾客便利优势，作为一项长期而重要的工作来建设，品牌也就抢得了先机。这也是当前中国品牌行销中的可乘之机。可以断言，谁能先将顾客导向文化做深、做透，谁就能占据优势，从而赢得消费者的良好信任。

快餐巨头麦当劳，与其说他们在经营品牌，还不如说是在充分经营和展示一种顾客导向的文化，从而塑造出麦当劳的品牌价值和信任内涵。该品牌时时完成以下四大法则：

●把握商圈

中国每一家的麦当劳餐厅的选址，都是处在黄金宝地，给顾客提供便利条件。

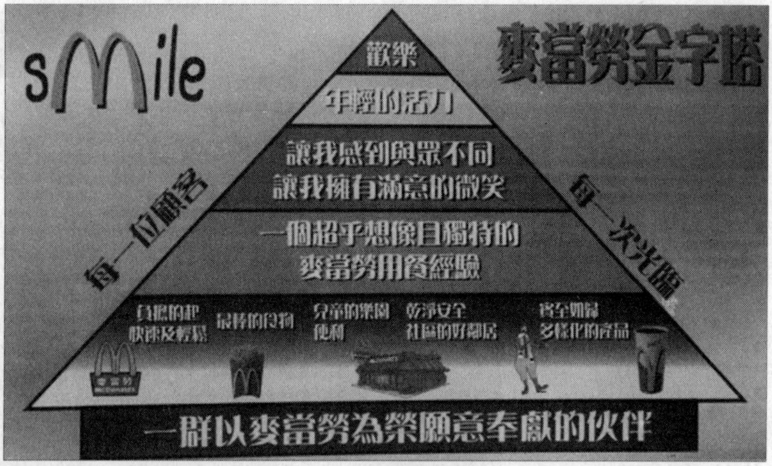

▲麦当劳金字塔从上到下，每一个环节的连接与结合，都是以顾客为中心，这形成了麦当劳品牌独特的文化魅力。

●了解消费心理

不断推出新的品种来满足顾客心理，特别是一元钱甜筒，讨得了消费者的心，以此带动了其他食品的销量；2003 年 5 月，麦当劳又推出“59 秒极速服务大挑战”活动，来满足许多人赶时间到麦当劳就餐的欲望。

●采用公关造势

借助巨大的社会效应，展示品牌的社会关系，博得消费者的认同。中国申奥期间，该品牌推出了“为中国喝彩”等活动。

●促销一刻不停歇

把优惠让出来给顾客，不断发一些优惠票，借助史努比、Hello kitty 等宠物，营造良好的文化形象。麦当劳可以让每一位顾客光临时，都能享受到美味食物，同时还有快速的服务、儿童乐园、干净安全的环境、社区的好邻居、轻松欢乐的工作场所、多样化的产品等，始终围绕着独特超乎想象的速食餐厅而设计，塑造以顾客为导向的文化，打造金字招牌。

显然，这是品牌建设的一条快速通道，中国企业很有必要驰上这条大道，从而让好品牌尽力缩小与强劲品牌之间的差距。

5. 走向市场细分

▲麦当劳不仅仅是满足“顾客需求”，而且还满足“顾客欲望”。

通过品牌策略的指引，对进入国的人口结构、消费习惯、文化等诸多方面进行深入了解和研究，杜绝从广告、促销、价格等方面来着手的传统策略手法，这样，市场细分才能发挥真正的威力。

品牌全球化的来临，企业的营销观念有待改变，即不是与别人一起瓜分市场，而是要学会通过市场细分创造一个庞大的市场。在竞争中，企业一旦寻找出市场的空隙，便可以减少来自外界的阻力，这远比与别人“争食夺羹”要强，其利益点也会更加丰厚。

案例：摩托罗拉靠市场细分抢占中国市场

摩托罗拉在市场细分方面做得十分完善，在一般的市场细分中，该公司又进一步分为初步市场细分和进一步细分市场。于是在广告的攻势中，寻呼机不仅是为了应付一些特殊的情况，而且在任何场合都是可以使用的产品，即使在当今寻呼机面临淘汰的市场中，公司的产品策略确立为鼓励消费者继续把寻呼机作为一种商业工具，另一方面又努力增长非商业用途市场，并积极开发新的市场空间。

▲好品牌总是将市场有效细分，摩拉罗拉对市场的细分在业界有口皆碑。

通过市场细分，该公司把中国消费群体分为三大类：第一类是替换市场。在寻呼机的消费者中，有28%～30%不是第一次购机。他们对产品服务的要求也有特别之处，往往更多的是理性和挑剔。为了应对这一类客户，摩托罗拉公司将现有的产品进行更新向高端产品迈进，推出高档次的寻呼机。第二类是年青的前卫一族。这一类消费群体叛逆心里很强烈，他们追求时尚，都喜欢拥有“酷”的一面，多数都是在校的学生。这一群人与第一类的消费者截然不同。摩托罗拉公司为了迎合他们，于是推出彩色凡星型中文寻呼机，颜色全部是金属色，外形很流畅，屏幕也很个性化。第三类是白领一族。摩托罗拉公司的调查显示，这一类客户对于高层信息有很大的需求，由于工作的压力和时间的紧张，他们没有时间去收集信息，于是摩托罗拉针对他们推出“智囊加强型股票信息机”，结果市场需求反应激烈，产品也十分畅销。

案例：资生堂靠市场细分制服竞争对手

日本的资生堂在女性保健品市场充分利用市场细分，将妇女和少女划分开来，推出一种适合少女体型的卫生巾，在产品结构和包装上都为少女们度身订造，改变了以往妈妈和女儿同用一种卫生巾的消费模式，从而使得资生堂在全球市场与竞争对手短时间内拉开距离。这无疑是市场细分所带来的结果。

案例：美国制罐公司市场细分创造新热潮

美国制罐公司数年前推出工业用的纸杯后，引起厂商在工业纸杯市场的激烈竞争。后来，聪明的商人改变思路，将纸杯应用于餐饮业和饮料市场上。通过市场细分，从而创造出了一个全球新的消费热潮。

在我们迎来全球品牌行销时代之际，市场细分要通过品牌策略的指引，对进入国的人口结构、消费习惯、文化等诸多方面进行深入了解和研究，杜绝从广告、促销、价格等方面来着手的传统策略手法。这样，市场细分才能发挥真正的威力。

6. 目标具有国际视野

一个企业如果要想永葆青春，就必须设立具体目标，它可以更加明确品牌在全球性市场的具体策略，但这个目标必须是站在一定的高度来进行制定的。

以全球市场为目标，是品牌全球化的战略之一，国际著名的营销大师考特勒在《新竞争》一书中指出："日本营销的最大特色，就是将全球视为一个潜在市场。在这种胸襟与眼光之下，日本制造的产品陆续出现在世界主要市场，并逐渐扩大市场占有率。"

自80年代中期开始，尤其是迈入90年代以来，大凡世界级的强劲品牌无不是在全球化的目标中，具有国际视野，日益将自身企业推向全球化发展的轨道。难怪90年代以后，全球市场呈现出前所未有的新局面，企业在研发、生产、销售、管理中，无不凭借着目标放在全球这个大环境中，最终品牌在全球扮演着重要的角色，诸如众所周知的摩托罗拉、可口可乐、西门子、艾克森等跨国巨头。可见，一个企业如果要想永葆青春，就必须设立具体目标，它可以更加明确品牌在全球性市场的具体策略，但这个目标必须是站在一定的高度来进行制定的。

当前，中国企业在目标的制定上还有待调整，决不能仅将目标定位局限于家门口。显然，此举无法迎合大势所趋，如果眼光不放远，必将制约品牌未来的发展。

7. 品牌全球化的思考

加入WTO后，国门大开，我们迎来全球品牌行销时代，中国仍还有太多的企业十分茫然。2003年，中国品牌将会面临更加激烈的竞争压力。

(1) 首先解决人的国际化

加入WTO，不仅是政府入世，中国品牌入世，笔者认为也应该是人的入世！我国企业界现今都在大谈国际市场，但是在思想素质、文化素质和科学素质等方面的提升与培训的欠缺，都将影响到品牌的兴衰成败。品牌行销要想国际性，首先要解决的是人的国际化，那么，观念就显得相当重要。倘若观念还没有国际化，光有产品和行销的竞争是短暂的，更不可能使品牌长盛不衰。

中国企业解决人的国际化问题，应该比解决任何问题都更迫切，中国企业不能仅在家门口转圈圈，何况，品牌全球化的到来，使全球已变成“一个村庄”。人的国际化，是中国品牌升级的阶梯，这个基石如果不稳固，企业根本无法永续经营。我们多数企业现还忽略这个问题，你问一些企业家，是否进行过人力资源的管理活动，他们常回答已有实践，但深究其具体内容，发现不外乎是传统的人事管理，他们甚至认为人的国际化管理就是打卡考绩、按时发薪和职位调整。至于实质性的人力开发、待遇福利制度规划等方面，往往是付之阙如。即使有也是家族式的人事结构，以老板的意愿为中心。此种故步自封排斥趋势的落伍做法，肯定会使品牌发展受阻。

放眼国际性的强势品牌，无一不注重人的国际化培养与经验的传承，充分发挥团队的力量，并强调自己的业务能力和技术能力，分工明确，因而品牌在市场极具战斗力。笔者建议中国品牌，在解决人的国际化这点上，不妨请一些“外脑”进行专业的提升，而不是为老板的思想所左右，并充分利用好人力资源的管理这个工具，选才、启发、栽培、领导各项专长的专业人员，使其发挥他们的才能和抱负，达至双赢的局面，并以人的国际化的管理来引领品牌全面升级。

(2) 为何伯权们喝彩

2001 年 8 月底，乐百氏组织结构调整完成之际，何伯权和他的 5 个创业伙伴在企业内部发生战略分歧的时候，何伯权等人“杯酒释兵权”，这也是王志东们所无法比拟的。何伯权的理智选择，让中国职业经理人集体觉醒!

当然，我们不提倡所有的老总都走下神坛，但可以看出一点，中国品牌之所以做成今天这个“模样”，在国际舞台上“无名无分”，至今没有一个制造业品牌迈入 500 强，这与中国的老板们有很大关系。可以说，中国品牌最大的障碍，就在老板身上！所谓“占茅坑”的人，现今还比比皆是，企业不换血，活力从何而来?

我们周围有太多的老板们，每天满脑子想的都是如何每天在歌舞升平中活得更舒服，沉浸在酒色贪欲中，哪还有心思去搞企业，品牌在这些人的手中，还谈何强劲？中国正是缺少像何伯权这样的企业家，更缺少这种大胆的举动，因而不由不让人为之佩服！中国能多出些像何伯权这样的人，中国品牌一定大有希望!

分析中引发我们思考，企业要走入国际行销，不称职的经理人即使不“下岗”，至少也要认识到自身的薄弱点，并予以突破，这样中国品牌才有可能飞速前进。

(3) 杜拉克、韦尔奇，我们久违了

品牌进入国际市场，特别是对于中小品牌来说，必须改变策略和思路，常规打法不灵了！企业在数字化生存中要尽快清醒，如今当通过

.com 一夜暴富的想法行不通时，我们又回过头来，再次亲近杜拉克、韦尔奇，我们久违了。

杜拉克的管理影响了全球的管理界和企业界，半世纪以来，他是最受推崇的管理大师，率先提出最多重要的管理理论，包括目标管理、民营化、顾客导向、资讯社会等，对于企业的管理产生深远影响；韦尔奇的领导精髓是让我们把事情简单化，打破官僚体系，效率用人，以及集中焦点在核心事业上，并提出"管理少就是管理得好"，这些都是值得我们学习的，但不是照搬。我们有许多企业家都把这两位老人的观点，当作是"圣经"，这显然是失策的，我绝不否认他们的管理观的超前，但我们必须提出疑问，如果中国品牌原本照搬这些思想结局如何？在西方，最近有两本书出版，讨论这两位企业领导人的做法。一本是《不计成本》（*At Any Cost*），书中就批判了韦尔奇的瘦身运动；而另一本《企业强权》（*Jack. Welch and the GE. Way*）则分析韦尔奇领导策略的成功之处。

中国企业界多读读这类书是件好事，今年我国许多企业家都在大谈杜拉克、韦尔奇，这至少说明了一点，中国企业家学会了寒冬中的生存模式，中国品牌大有希望。因为，品牌行销国际，将有大量的信息需要企业经理人来接收，经理人唯有通过学习，才能让品牌在海外大行其道，那么，学习也要讲些方法，而不是盲目推崇。

（4）不要怪罪于品牌

我们的企业常常会发生这样的现象，由于产品品质不佳，或内部管理不良，对顾客焦点模糊及忽略通路，产品投入市场反应不够好，所有的努力顿时化为乌有。这时，我们经理人总是会把责任怪罪于品牌身上。分析表明，企业家打造梦想的那种兴奋，往往让企业冲昏了头，忘记残酷的市场竞争现实，企业常常太过于乐观，难免会使企业盲目参与竞争而失败而归。

管理大师汉默（Gary Hamel，美国密西根大学教授、《竞争大未来》一书的作者）最近从众多大企业中，挑选包括耐克、微软、英特尔、甲骨文、哈雷机车等，17 家股东投资报酬率超过 35%的明星公司，进行深入的研究观察。他发现，这些企业成功的秘密在于“创新”——他们不仅突破自己长久以来的经营模式，更改写了产业的竞争基础。“他们要不就是创造全新的产业，要不就对现有产业进行重新塑造，而这种能力正是未来最重要的竞争优势。”

中国企业，应把着眼点放在“杀手策略”上，如果每一次推出的策略平平，品牌又怎么能旗开得胜呢？

(5) 走出知名度的迷局

知名度的建立，是品牌社会价值链中必不可少的一环。然而，国内企业在知名度的提升方面，不注重品牌认知与品牌认同，更忽略消费者对品牌的了解与认可。

企业家包装自己，多出于自己“出名”了，地位就会稳固，别人就不能“动”他了的动机。企业一提到知名度，首先看到的是包装老板形象，而不是包装公司和产品，使得宣传的重点集中在企业家个人身上，企业家个个如风云人物，被捧得如一尊“神”，而不是一个真实的“人”！由此，消费者看到的只是个人，而看不到来自品牌的力量。再不就是做些“王婆卖瓜”式的广告，让人生厌。这些失控造成品牌的社会价值链严重脱节。

(6) 铺一条成功的通路

宏碁科技总经理王振堂一针见血地指出：“没有足够的通路等于掐住企业的咽喉。”现今，国际性的大品牌普遍都对拥有通路即能主宰市场的认知，因而纷纷投入通路的争夺战。例如，震旦行品牌就计划投资新台币10亿元发展资讯超市。如今，这股风气也吹向五金、建材等传统行业。

国际化的竞争决不仅是从品牌一个角度的战争，同时也应是加强通路的战争。创建品牌，离不开媒体的拉力和通路的推力，通路不引爆，品牌是很难建立起来的。

在便利商与连锁超市兴起时，就有专家大胆预言：通路革命是大势已定。当时，我们都没有想到网络、型录、电视购物等发展之迅猛。今天，我们可以看出，一个品牌，如果能在通路上做得出色，即使没有广告的支持，产品一样会畅销。

中国品牌与国外强势品牌还有较大的差距，但我们的采购优势、产品的成本相对来说，就会比他们有空间和优势，我们应该把这笔节省的费用转放到通路的建设上来。企业一旦掌握通路，就有可能成为霸主。

国内企业对于通路的理解还很狭窄，殊不知，“只要能接近顾客，什么方式都是通路”，显然，便利优势的充分发挥，这是中国品牌赢取胜利的一大可乘之机！

三、披上铠甲去迎战

中国企业如何应对品牌全球化

提示

品牌全球一体化的到来，促使中国品牌必须融入这股大潮。世界需要的是全球性的品牌，而不是中国品牌。可以预言，未来的全球品牌，肯定要先从中国这块版图入手！那么，作为中国品牌，我们又该如何应对洋品牌？

1. 打好根基，稳扎稳打

没有在本土市场建立相当的影响力，没有扎扎实实打好根基，企业便不可能具备相当的规模。

迎战洋品牌，不能仅凭一腔热血，更不能鲁莽行事，必须打好根基，稳扎稳打。我们应该看到，“中国已是全球最大的待开发市场，她的人口占全球20%，消费支出的成长速度比任何一个发达国家都快”。中国的本土市场，才是民族品牌发展的真正机会，尤其是拥有9亿人口的农村市场。也正因为如此，许多国外强势品牌都在千方百计围绕中国农村市场大做文章。

我们许多企业只顾抢滩国际市场，迈向大都市，这看起来很风光，其实很不明智。放弃了真正的机会，产品市场的空间无疑狭窄，必将制约发展。没有在本土市场建立相当的影响力，没有扎扎实实打好根基，企业便不可能具备相当的规模。同世界名牌产品规模相比，中国品牌就显得微不足道，难以形成强大的竞争能力，即使在国外设立了生产基地，又能怎样？反观进入中国的国际强势品牌，有哪一个不是先在其本土稳扎稳打，积累了强大的基础才进行扩张的呢？又有谁在其本土属无名之辈结果却反而在国外光芒四射了呢？

面对农村这个现实的大市场，根基重于一切。坚持民族品牌的经营战略，树立乡土意识，抛弃片面的国际化观念，因地制宜寻求对策，才是明智之举。目前，我国还有许多品牌无法立足本土化，具体表现在品牌命名趋向“洋化”，包装一味追求高档化，广告宣传在自说自话，让消费者如入雾中等等现象，让品牌无法立足于国内大众市场，使得品牌这座大厦盖于无基之地。

当然，国际强势品牌有其不可比拟的优势，但中国农村毕竟是他们所陌生的，而我们无论在文化沟通，还是在营销手段上，都有极大的弹性及应变空间，完全可以更加切合本土市场的需求，更有成功把握。诸如海尔昨天曾是个亏损141万元的企业，可海尔人不服输，树立信心，坚持本土市场，励精图治，硬把两个小兄弟的商标从冰柜、食品柜飞向了彩电、洗衣机、微波炉、洗碗机、变频空调……稳扎稳打，终于使得海尔这个品牌家喻户晓。也让海尔曾应市场需求，推出可以洗地瓜的洗衣机故事，更是早已成为佳话。中国企业家们应尽快放下架子，树立品牌首先是“民牌”的意识。这是当前中国企业必须面对的问题。

2. 注重品质，塑造品牌

民族品牌在产品品质上普遍存在着管理技术与管理系统落后的现象，许多企业竟然没有意识到国际标准化与数据化管理的重要性，或者即使采用了国际标准，也只是流于形式而没有落到实处。

美国人以“卡迪拉克”为骄傲，日本人以“丰田”为骄傲，德国人以

▲ 品质是建立品牌的关键，如果这关过不去，一切都是空谈。

“奔驰”为骄傲，法国人以“雪铁龙”为骄傲，我们中国人呢？

中国还没有真正的世界级品牌。我们必须正视这样的现实，必须继续创好自己的牌子，确保品牌价值的不断提升，提高牌子在市场的领先地位，逐渐实现品牌扩张。

品质是品牌的生命。中国企业在品牌管理上缺乏系统操作，以致产品缺乏稳定性，忽上忽下，

国人难以建立信心，严重影响了品牌的塑造。消费者购买品牌，总是以上乘质量的产品为选择对象的。“奔驰－600型”汽车过人的品质保证，消费者不认同都不可能；日本电器之所以一时声名显赫，也无一不是以品质胜人一筹而建立起来的。这些例子充分说明了质量是塑造品牌的一大支撑力。因此，对于立志迎战洋品牌的民族品牌，当务之急就是提升自己的产品品质。企业必须清楚地认识到，产品1%的缺陷，对于买到产品的消费者来说，就是100%的损失。只有创造出超越洋品牌的产品品质，民族品牌才能在与之面对面的竞争中立于不败之地。

目前，民族品牌在产品品质上普遍存在着管理技术与管理系统落后的现象，许多企业竟然没有意识到国际标准化与数据化管理的重要性，或者即使采用了国际标准，也只是流于形式而没有落到实处。这些瓶颈严重制约了我们产品品质的提升，因而也就制约了品牌的健康成长。

3. 培养忠诚，从娃娃开始

忠诚度从娃娃开始，可以影响现有的消费，更可波及未来的消费。在忠诚度的培养上，中国企业普遍缺乏深入，因为急功近利的行为驱使谁都不愿那么深入。

中国许多企业纷纷关注的只是知名度，而对忠诚度的不断培养和投入却是欠缺的，很多企业以为只要有了知名度就有了一切，品牌经营无法深入，始终只停留在建立知名度的层面上。在营销推广方面，不惜花重金大做知名度文章，诸如无关联性的明星广告、策略完全错误的疯狂炒作、几乎失去理性的“标王”争夺等等。这些都造成了资源的巨大浪费，甚至完全走向另一个极端，使得想活的活不长，想死的死不了，知名度越高死得也就越快的现象频频发生。

▲蓝猫专卖店每天都吸引许多人光顾。

▲就连大人们也喜欢到麦当劳小朋友区域就餐。

知名度，是品牌塑造最基本的一个环节，而忠诚度才是形成强势品牌最关键的因素。凡是强劲品牌，对忠诚度的培养，总是不遗余力，从娃娃就开始着手培养。麦当劳是全球孩子欢乐的乐园，当你用手指着“M”去问一个幼儿园的孩子，这是何字？他告诉你的是麦当劳，而不说是“M”，可见品牌忠诚度之高。再如舒肤佳香皂，从娃娃一出世时就开始为其除菌与洁肤，伴随着他们一起成长。如此源源不断地投入与培养，必然要影响几代人的消费忠诚。

忠诚度从娃娃开始，可以影响现有的消费，更可波及未来的消费。在忠诚度的培养上，中国企业普遍缺乏深入，因为急功近利的行为驱使谁都不愿那么深入。WTO时代的到来，市场势必要求中国企业应从娃娃开始培养消费忠诚。

4. 破旧立新，长驱直入

民族品牌，要战胜洋品牌，就必须破旧立新，就必须学会在竞争中，用观念取代产品参与竞争。

奉劝喜欢“露风头”、耍“空手道”的企业家，还是少些歌功颂德式的宣传，而应将着眼点放在从心出发，真诚感动顾客，才能显现出你的品牌魅力。

品牌时刻要讲究文化，在文化的运作之中，品牌才会更具魅力。在品牌宣传中，加入文化因素，更要讲究宣传的适度性，有的放矢，切莫放任自由。分析中我们可以看到，各企业皆一窝蜂地说好的一面，故所提供的销售数据等资料难免会趋向于夸大，即使是提供出的一些数据，企业内部的说词亦常常与外界的看法不尽相同，让消费者不知所以然。

您如果有心翻看一下近日报刊，您就会发觉到大话、套话一篇篇地到处都是，简直是泛滥成灾。这些虚张的报道，写作者写起来东拼西凑不说，读者、消费者看来却有隔靴搔痒之嫌。其实，商品、员工、顾客都是最有影响力的宣传员，若能从经营理念入手一以贯之，日积月累，口碑卓著，绝对胜过浪费不断、自我吹擂的这种软性广告。

我们只能说，这些炒作，让内部员工的双眼看不清真相，给品牌、行销研究者以误导，由此很难直接据以作进一步研究、分析，这必将让整体环境处于极端不利的状况。无论最起码的商品销售统计，或是消费者行为态度、意向调查，还是资料的获取均没有准确提供。为了这些主观说词，研究者往往皆要以客观分析的角度去接触、论证。

中国企业的浮躁、急功近利的短视行为，严重制约了品牌的健康成长。我们的品牌缺乏人格魅力，多的是赤裸裸的商业关系。落后的观念，使得我们在营销推广方面失去竞争优势，劣质的产品四处横流，空口承诺的服务难以兑现，直白乏味的广告充满欺骗，种种不良现象皆成了制约我们品牌发展的阻碍。民族品牌要战胜洋品牌，就必须破旧立新，就必须学会在竞争中用观念取代产品参与竞争。笔者认为，加入 WTO 后，过去的“交差式”的上报风格必将遭到市场淘汰。消费的理性趋使顾客并不是看你说什么了，而是更喜好你的品牌所带来的感受及附加价值，这种摆地摊的经营模式已显得十分低档。因此，奉劝喜欢“露风头”、要“空手道”的企业家，还是少些歌功颂德式的宣传，而应将着眼点放在从心出发，真诚感动顾客，才能显现出你的品牌魅力。

振兴民族品牌，是每一个中国人的责任和使命。加入 WTO 后，洋品牌将大举入侵，愿所有的民族品牌团结起来，构筑我们新的长城！

四、 品牌大战手不软

外商中国市场品牌战略

提示

中国改革开放以来，外商大量涌入，在抢占中国市场中，除了雄厚的资本、先进的管理、成熟的经营技术外，主要依靠的杀手锏就是品牌战略。纵观当前全球市场，我国品牌国际化任重道远，却又大有希望，毕竟我们面临着一个更加国际化和商业化的市场。中国品牌已进入国际竞争的时代，面对无国界的竞争环境，任何企业都无法置之度外。要想成功实现中国品牌国际化，唯有发挥既有的优势，以应对复杂的变局，因此，“强档出击”成为决定全球市场胜负的关键。

1. 注重品牌翻译，消除沟通障碍

品牌翻译的过程中，既要注重保留原文的精华，又要符合当地消费者对品牌的期望和心理，融入当地人文化习惯和审美情趣……

外商进入中国市场，首先就要将产品的外文品牌转换为中文品牌，并要适应汉语语言，被消费者认同，这样才能在市场上站住脚，也才有可能逐渐扩展市场。因此，品牌翻译，对于开发全球市场的中国企业来说，也

▲ 洋品牌始终抓住正确的品牌策略和技术，大举抢滩市场。

是必须加强关注的重点之一。国内品牌步入国际市场，译成外文时，就必须兼顾外国消费者的文化、生活习惯和审美心理，注意进入国的民族顾忌。品牌翻译，既要注重保留原文的精华，又要符合当地消费者对品牌的期望和心理，融入当地人文化习惯和审美情趣。按照国际惯例，出口商品包装上的文字说明应使用销售国的语言，以使广大消费者能看懂说明。严格的国家，对于包装上应使用的文字都作出了法律规定。因此，我们在品牌翻译的过程中，可通过音译和意译相结合的方法，而不能简单地音译或是单一的意译了事。在翻译中，可采取的常用方法有：

直译法：

直接将外文品牌字面含义直接翻译成中文品牌名称：如 Nestle 译为“雀巢”；Bridgestone 译为“石桥”。这种译名可引起人们对产品的美好联想，反映出中外文化共同的语言背景。

谐音法：

根据外文品牌的读音，赋予谐音，转换成中文品牌名：如 Pepsi，译为“百事可乐”；Marlboro 译为“万宝路”。究其原因，若依原有外文品牌按语意转换难以适应中国文化的心理需要，故采用谐音转换，可尽量选用寓意美好、吉祥的中文品牌。

混合法：

将外文品牌名称的一部分直译，另一部分为谐音：如 New Zealand 译为“新西兰”；Beautifair 译为“比丽花”。在单一转换中有美中不足之感时，采用混合转换不失为一种明智的选择。

多重法：

为了适应国内不同的分众市场文化需要，一个品牌采取多重转换方式来满足不同市场实际需要：如 Mlid Seven 考虑华南地区消费者的心理因素和当地方言，翻译为“万事发”，在华南地区适应海派文化的浪漫和品位，直译为“柔和七星”；又如 Goodyear 轮胎，针对中国重型卡车市场，采用谐音转换译为“固特异”，暗示坚固异常之意，出现在轻型轿车市场就直译为“嘉年华”，赋予产品灵巧浪漫的情调。

独立法：

不考虑外文品牌的原来语义和谐音，另辟蹊径，完全从中国市场的传播需要出发，确定一个脱离母语的品牌名称：如 Citi Bank 译为“花旗银行”；再如，American Express Bank 译为“美国大通银行”。

当然，翻译的方法还有很多，如混合法、单一法等等，无论使用哪一种，都要考虑到目标市场，以消除沟通障碍为主。

案例：“芳芳”牌爽身粉译名成问题

我国生产的“芳芳”牌爽身粉，出口时用汉语拼音“FangFang”作商标品名。因为此拼音等同英文“Fang”一词，意思是“毒蛇牙、狗牙”，导致英国人对这种儿童爽身粉感到恐怖。

案例：“蓝天”牌牙膏因为名字在美国碰钉子

我国生产的“蓝天”牌牙膏在东南亚一带很受欢迎，但在美国却碰了钉子。因为“蓝天”的英译“BlueSky”是“不能兑现的证券”的意思，结果很不讨美国人的喜欢。

案例：“白象”牌电池为名大伤脑筋

我国某企业曾向意大利市场出口了一批“White Elephant（白象）”牌电池，结果久销不动。后来一咨询，方知“白象”一词虽然在泰国、印度等国被当作神物看待，但在西欧，“白象”却意味着累赘而无用的东西。

案例：“帆船”地毯译名失败

“帆船”地毯，起初译为“Junk”，产品在国外推向市场却无人问津，原因是Junk除了“帆船”的意思之外，还有“垃圾、破烂”的意思，最后又改译为“Junco”才幸免于难。

案例：“Mistatick”的发夹译名受冷落

“Mistatick”的发夹，在英国十分畅销，但在德国却受到冷落，原因是“Mist”在德语中是指“动物的粪便”。

品牌翻译，失败的例子可以说是随处可见。当然，将品牌从一种语言翻译成另外一种语言，成功的例子也不乏其例：

案例：“可口可乐”译名效果超过了原名

“可口可乐”就是最好的老师，CoCa CoLa保持了原词音节的重复和响亮，令人回味无穷，可以说译名的效果超过了原名。

案例：“耐克”译名与原品牌的意思吻合

著名的Nike，译者在翻译时把它译为“耐克”。这样的中文名，给人坚固耐穿的含义，又包含了克敌必胜的意思，与原品牌的意思不谋而合。

这些外国品牌译成中文，充满了智慧的结晶，相信中国品牌译成外文时，同样可以出类拔萃。

中国企业进军国际市场，要针对不同的语言背景和文化风俗来翻译品牌之名，而且翻译名不能仅仅局限于字数、音调、平仄上，还要在意义上狠下一番功夫，排除沟通障碍。这有利于在全球市场传播品牌形象，开拓广阔的市场。

2. 产品入乡随俗，融入百姓生活

企业在经营的过程中，思维一定要具有国际观，产品流通到任何一个国家，都必须将自己定位为当地的公司、当地的人，时刻拉近与消费者的距离。打破本位主义，品牌才会立于不败之地。

虽然产品标准化是进行全球化的必要条件，然而，世界各国和地区都有着各自的风俗民情与语言文字，因此，产品设计与服务方式就要顺应当地的实际情况来进行调整。首先有待整理的就是语言的一致性，不论你当时的说明书或产品介绍相关资料用何种文字，要进军特定国家和地区就必须整改，转化为当地的语言文字才能确保品牌正常运营。

其次，在满足当地消费者需求前提下，产品设计也要因地制宜，合乎当地特别的风俗民情。这样，可以使品牌全球化过程顺利进展，将因语言、文化、风俗习惯所产生的隔阂，降到最低点。如果忽视当地化原则，就算你的产品技术领先、品质优良，也无法占领市场。因为一个品牌的成功来源于各个不同的地区的消费者在不同的时段内的消费行为。许多跨国公司深谙这一道理，产品品质一定符合当地人的需求。

世界各地的消费者对产品实际及潜在需求都是不一样的，中国市场也不例外，许多跨国公司进入中国市场以后，都在想方设法让自己的产品融入当地生活，让当地人视为是自己的品牌。

企业在经营的过程中，思维一定要具有国际观，产品流通到任何一个国家，都必须将自己定位在当地的公司、当地的人，时刻拉近与消费者的距离。打破本位主义，品牌才会立于不败之地。外商进军中国市场，一般都十分关注中国消费者的消费特性，因此，取得了消费者欢迎而大举成功，成为中国消费者热衷的知名品牌。

案例：宝洁公司入乡随俗广受欢迎

宝洁公司做得十分出色，产品每跨一个地区，都要通过一系列严密的消费者测试调查研究，来确保产品对准消费者需求的焦点，看他们是否有相同的感受，而不是让消费产生被欺骗的感受。10 多年来，宝洁公司从不把产品勉强推入所在市场，仅在中国市场就推出 7 大类 17 个品牌的产品，诸如飘柔、海飞丝、潘婷、品客、沙宣、玉兰油等中国味十足的品牌命名，这些命名都是经过广泛的调研后产生的。

飘柔品牌能令头发柔软润滑，海飞丝能去除头皮屑，潘婷能令头发健康亮泽。这些均根据不同消费者个性而设计，此举拉近了与消费者的关系，提高了品牌形象。与此同时，宝洁公司有的放矢，入乡随俗，根据中国消费者消费层次和消费习惯，将技术创新不断持续，并根据市场而进行变革，取得了消费者广泛的欢迎，从而大举成功，成为中国市场消费者热衷的品牌。

▲ 宝洁的每一个子品牌都独具个性，品牌形象鲜明。

案例：肯德基巧打本土牌，拷贝北京烤鸭

2003 年 2 月 12 日，肯德基为了致力于本土化，为了满足不同年龄、不同地域消费者的不同口味的需求，先后在传统美食的基础上研发了适合

中国消费者的配餐，例如“维吾尔烤肉”风味的摇摇乐薯条、盐酥半翅、番茄蛋花汤等，最近有率先推出了新品——“老北京鸡肉卷”。在中式装修的肯德基前门，上演了别具一格的大规模活动，让顾客们在餐厅员工的指导下，戴上一次性的发罩，洗净双手，自己动手竞相制作“老北京鸡肉卷”。这种新品的制作方法就是用与墨西哥鸡肉卷同样的面饼、经过烹炸的鸡腿肉条，加上黄瓜条、京葱段，再浇上甜面酱和汉堡酱包裹而成，风味类似北京烤鸭。这样的配料，明眼人一看就知道是拷贝北京烤鸭，顾客普遍认为这种似曾相识又别具特色的口感更能触动北京人的味觉。北京烤鸭是北京享誉世界的特色食品。肯德基将其拷贝，改变原有的经营思路，达到“入乡随俗”，向消费者提供“软性”的内涵，如亲情等人性化的东西，从而找到自己的一种亲和力，让消费者的消费行为与消费心理达成和谐。

▲品牌“入乡随俗”，肯德基说到做到了。

3. 追求本土行销，杜绝文化隔阂

中国品牌只有摆脱根深蒂固的地方性价值观念，寻求其身份的新模式，追求行销本土化，重视文化需求的现实存在，才有可能跻身于世界大市场的前列。

国际化就是本土化。外商品牌在放眼全球之前，首先就考虑立足本土，推行行销本土化，以降低生产成本，缩短周期，也可以使沟通和双向反馈更为便利，同时也杜绝文化的隔阂。比如产品说明书、包装文字、使用手册等等都雇用当地人来处理文案，一个法文再好的中国人写出的文案，肯定也无法满足法国人的口味和习惯。

近年来，跨国公司在中国的本土化已从简单的技术转让转向研究开发的转变，重要的表现就是在中国设立众多技术开发中心。2001 年，跨国公司在中国设立的研发中心就近 100 家，涉及通信、化工、汽车、医药等众多领域。2001 年 2 月 6 日，松下电器森下会长在北京宣布，投资 600 万美元的松下电器研究开发（中国）有限公司成立，全面开展新一代数字网络技术的研究开发，未来 5 年内该公司的总投资额将达 4 亿美元。再如西门子公司 2001 年在中国原料采购的金额达到 130 亿元人民币，平均每天在中国采购的原材料金额超过 400 多万人民币。另外，诺基亚、柯达、爱普生、花王、IBM 等等公司都纷纷在国内设立原料采购和生产基地。

案例：可口可乐行销本土化取得成功

1979 年，可口可乐进入中国市场时，为了行销本土化，蹑手蹑脚、悄无声息地走进国门，一改往常在国外以广告铺天盖地策略入市的方式，在试探中稳步发展。迄今可口可乐在中国已投资了 23 家装瓶厂，其系列产品均已实现 98%国产化，每年在国内购买 70 亿人民币原材料。规模经营带动了相关行业的发展。可口可乐中国有限公司总裁陈奇伟先生说：“可口可乐一直有着一套本土化的政策。当然，这是一个过程，就是在其他国家，可口可乐也同样推行本土化政策，以求互惠互利。”

继 2002 年春节通过“阿福”形象亲昵中国消费者之后，北京可口可乐饮料有限公司在强化“本土化”方面仍连连出招儿：十二生肖、申奥金罐、中国之队足球版……直至 2003 年春节前将中国的传统民间艺术——剪纸印在了产品包装上，可以说，在推进本土化经营战略上。可口可乐可谓动足了脑筋。然而，当人们从产品外观上领略了这一洋饮料的“民族性”的同时，或许还不清楚可口可乐在营销运作上的一系列动作，而恰恰是在这些“台下”的运作上，实现着其“越是国际化就越应该本土化”的营销理念。

据北京可口可乐公司总经理宋泰山介绍，目前北京地区年人均可口可乐消费量已从10年前的6瓶发展到66瓶，增长了10倍。可口可乐总裁杜达夫2002年11月来华时曾透露了公司在中国的下一个五年计划：将设6家新厂，总投资额为1.5亿美元。届时，可口可乐在中国的灌装厂将超过30个，几乎覆盖整个中国，从而完成中国入世后的可口可乐新布局。

案例：摩托罗拉本土化战略运用出色

摩托罗拉公司，在本土化战略运用上也最为出色。自90年代进入中国以来，摩托罗拉投资已达20多亿美元，在中国的每一项投资都有一个战略性的本土化计划，在人才本土化战略的运用也取得了令人瞩目的成绩。该公司目前超过10%的“中国管理强训计划”的学员已进入公司高级管理层，取代了外籍员工的位置，本地经理人比例已达到85%以上。摩托罗拉在原料上也同样本土化，在2000年底，提供材料和服务的当地供应商已超过1000家。

▲本土化战略的成功运用，让摩托罗拉屹立不倒，在电子业界颇具名声。

行销本土化，不仅可口可乐和摩托罗拉如此，我们可以看到富士到目前为止，全部产品都已达到包装、说明书和液晶显示全中文化。其次还有百事可乐、雀巢等等强势品牌皆是概莫能外，这些品牌针对目标人群，塑造的形象都是属于中国本土的。在本土化经营的具体做法方面，这些跨国公司推出的都是多角度、多层次的，主要在于人才本土化、营销本土化、产品研发本土化、原料和生产本土化等等方面着手，对于中国经济的发展产生了深远的影响。他们行销上采取本土化，使其品牌针对中国市场，塑造一系列属于中国本土的形象，从而使其品牌深入人心。

案例：雀巢上山下乡收获颇大

2000 年，雀巢公司获得了可喜的增长业绩，销售额达到 47 亿元人民币。从 1990 年雀巢在双城建立了第一家合资厂运营开始，雀巢目前在中国已经有 18 家工厂、8000 名员工，利用中国本土原材料按照国际上最高质量标准制造的产品，包括奶粉、液体奶、糖果、婴儿配方奶粉、婴儿米、速溶咖啡、冰淇淋、巧克力、瓶装水等等，不仅在中国销售，而且已经销往亚洲及附近其他国家和地区，其中 99%的原材料都来源于中国市场。现在雀巢在双城每天收购 750 吨鲜奶，并每天将 100 万人民币装入农民口袋。当时的国务院副总理温家宝参观占地 1250 平方公里的双城产奶区时曾说，他印象最深的是农民每人每天 70 元的收入，如果全国农民们都这样那该多好！

▲ 面对跨国企业的压力，本土企业必须开发出适合于当地口味的产品与经营方式，才能幸存。像全福德北京冰糖葫芦这种本土化产品，就不是跨国企业可以模仿得来的。

我国企业迈向国际化市场的征途中，追求本土化也作出了大胆的尝试。海尔公司 1/3 海外设厂，当地销售；长虹为了加强与海外技术合作，建立了技术开发战略联盟；康佳将研究院直接设在了美国……我国企业已经清楚地看到了本土化的优势所在，正如海尔集团总裁张瑞敏所言："本土化可以缓解国内企业进入国际市场的三个难题——消费者对外来品牌的抵触心理、进入国的非关税贸易壁垒和国内企业国际商务人才的极度匮乏。"由此可见，中国品牌只有摆脱根深蒂固的地方性价值观念，寻求身份的新模式，追求行销本土化，重视文化需求的现实存在，这样，中国品牌才有可能跻身于世界大市场的前列。

4. 构筑销售网络，加强行销攻势

我们可以借助约请与外商共同担负开拓性营销重任，借助他们的关系和资源，建立网络体系，而不仅仅是派专人进驻海外市场设立专门机构。

构筑销售网络，是外商扩大产品出口的重要举措，也是迅速扩大品牌知名度，打通产品销售通路的有效策略。

中国品牌在构筑海外销售网络上，力度和广度现时还不够，还运用不好"借力使力"等方面的策略，一味地想靠其自身构筑网络，投入巨大，效果却甚微。事实上，我们可以借助约请与共同外商担负开拓性营销重任，借助他们的关系和资源，建立网络体系，而不仅仅是派专人进驻海外市场设立专门机构。除了经营阶层少数人外，在实际行销层和业务执行层，一定是由本地人来担任。

销售网络构筑得越强大，攻势才会越迅猛。其方法一般有两种：一是自建销售网络。如日本的三菱、三井、住友、东棉、日棉、日商、丸红、兼松江商、日商岩井等日本九大企业集团，他们在全球设有150多个分支机构和不计其数的代理商。在我国，九大集团也各有2～7个分支机构，在非洲一些不起眼的地方，都有他们的网络铺垫的身影。因此，才使得日本产品遍布世界各地。二是通过中外合资，直接利用中国企业当地品牌原有的销售网络。如德国的大众汽车公司采取与上海汽车公司合资经营方式，将其生产的"桑塔纳"轿车很快通过上海汽车公司原有的销售通路直接销往全国各地。外商企业销售网络一旦构筑起来，也就具有了强大的营销攻势，使产品迅速占领中国市场，直接与当地的用户接触，对于加快产品的销售起到了推动作用。

5. 大做公关文章，培育各方关系

公共关系，拥有广告无法比拟的优点，可以使得产品迅速成为大众瞩目的焦点和话题，从而建立知名度，同时，也可以赢得消费者的认同和忠诚。

公关成本是最便宜的投入。要让品牌迈向国际化，企业就必须打好“公关牌”，这是产品进入全球市场的重要手段之一。

中国的公关是由外商带入的。改革开放初期，深圳、珠海等地外商投资的饭店、酒店率先展开公关活动，随后美国传达公关公司在北京设立办事处，开展公关业务。公共关系，拥有广告无法比拟的优点，可以使得产品迅速成为大众瞩目的焦点和话题，从而建立知名度，同时，也可以赢得消费者的认同和忠诚。明眼人已经觉察到，“公关”式的经营普遍受到国内外企业的高度重视，许多企业都取得了相当的成就，但从全球市场来看，公共关系和产品行销并没有越走越近。然而，我国公关活动仍还局限于国内市场，也很少在国际市场见到芳踪。

作为中国企业，应清楚地认识到，有效的行销不仅仅包含广告，也包含了公关。只有充分运用公关的时效性、可靠性、方便性、适应性，通过公关功能，培养深化企业与各方的关系，才能协助品牌的资产增值。

在公关上大做文章的国外品牌比比皆是。进驻中国市场的外商企业的公关活动，主要是一方面对外搞好与中国政府关系，如波音飞机借着事故大力进行宣传，积极配合帮助中国加入世贸组织而深得好评；其次，搞好与供应商、经销商的关系，开展关系行销，如可口可乐率先利用公共活动扬名，在中国推行预售制，提高广告宣传支持和提供各个零售点冰柜等设施，很快将产品占领市场，并受到了广大零售商的好评，使得销售网络遍布中国农村市场，"劳力士"在我国珠穆朗玛峰顶上亮相造势，宝洁公司通过公关活动，不断搞好与供应商、经销商的关系，开展关系行销，再如摩托罗拉参与建立公益事业，帮助山区办学校，使许多中国贫困山区的孩子可以上学。另一方面开展内部公关，肯德基在公司内倡导"群策群力、同心同德"，实施各种激励方案，提出"信任员工，辅导支持"，执行完善升迁制和年轻人当家作主的主旨，吸引大批大学毕业年轻人到肯德基施展宏图。外商的公关活动为企业营造了良好的"内谋团结，外谋发展"的经营环境。

2002年世界杯赛中，许多知名企业大打体育赞助牌，不间断地进行公关造势。大企业融入整个世界杯赛程之中，将体育更快、更高、更强的精神归入自己的品牌资产名下，成功塑造了品牌美好的形象。

6. 做活产品广告，进而宣传造势

知名品牌的广告都十分注重幽默、亲切，多为启发式，将最复杂的问题简单化，从而赢得消费者的喜好度。他们从广告的创意到媒体的投放与监控，始终做到了有的放矢。

广告是品牌传播的手段与工具，是宣传品牌形象最有效的途径之一。因此，广告宣传要有的放矢，要针对锁定目标。进军中国的外商在推介产品的过程中，广告起到了相当重要的作用。

广告宣传的策略很有必要因地制宜，产品推向哪里，广告就做到哪里。显然，广告宣传定位于国际角度，策略首先要考虑各个国家文化背景之间的差异性，以及语言、广告媒介、政府控制等制约因素，同时，广告宣传也要考虑当地消费者的消费习惯、媒介的传播率等问题。比如说在非洲有19个国家没有日报，而报纸的发行范围只占人口的1%，居住在100个国家的20亿人口缺少通讯联络设施，这就势必要求我们广告在不同的

▲ 柯达广告的到达率总是很高，就连公园里的垃圾桶都不放过。

阶段、不同的市场背景下，要进行随机调整，有的放矢，在每一条广告片播出之前，都应找当地的一群消费者来测试观看，以此确认广告是否促进了销售，直到大多数人看了产生购买的冲动，才会大规模地投放媒体。纵观国外品牌的广告宣传，都极具震撼力和渗透力，主题突出，给人印象鲜明，且各具特色。每一个进驻中国市场的成功品牌，无不在广告宣传上表现过人。“柯达”、“雀巢”、“麦氏”等知名品牌的广告都十分注重幽默、亲切，多为启发式，将最复杂的问题简单化，从而赢得消费者的喜好度。他们从广告的创意到媒体的投放与监控，始终做到了有的放矢。

我们还是以可口可乐品牌为例。该品牌现已成了青春与欢乐的象征，这也是埃里克森公司引以自豪的一个事实。在过去的 20 年间，通过摄制全球通行的广告片，可口可乐公司因此节省了 9000 万美元的广告制作费用。

案例：可口可乐为做活广告不断调整策略

可口可乐（中国）饮料公司表示，2003年将是“可口可乐年”。据了解，可口可乐去年全球总收入195.6亿美元，利润为30亿美元，比前年增长了12%，中国地区则高达14%。而中国市场在这个公司的整体策略中是最重要的一个市场，该公司属下的碳酸饮料（可口可乐、芬达、雪碧、醒目）在中国碳酸饮料市场占50.5%，其中可口可乐这个单一品牌就占20%。目前中国地区已经成为可口可乐在全球的第六大市场，预计2003年的排名将会提升到第五位。然而，尽管业绩如此显赫，可口可乐品牌却面临着一个重大的危机：可口可乐品牌形象显得老态龙钟，品牌缺乏应有的青春活力。

据调查显示，现今许多年轻人都在将品牌偏好转移向百事可乐，另外一个最直接的证据就是全球的消费群体年龄逐渐偏大；再加上未来面临着更大的威胁，就是非碳酸饮料的盛行。随着人们的消费观改变，消费群体也在逐渐向绿色的非碳酸饮料、强调营养等方面迈进，如可口可乐仍然抱着原有的品牌观去发展，未来必将面临着市场巨大的压力。可口可乐公司方面表示，过去可口可乐在中国强调全方位的攻势，所有的子品牌饮料全面推向市场，分散了大量精力，火力不够集中。

可口可乐使大人、小孩都倾倒于“美国梦”的魔力之下，说穿了，可口可乐只是会冒泡泡的棕色糖水，但是这配方神秘的苏打水就是有本事纵横100多年，这与它的广告几经调整策略有很大关系，广告做活了，造势跟上了，产品也就畅销了。一开始，可口可乐是被当成神奇的药水做广告的，随着时间过去，信息经过再三的修改，他们不再宣传药效，却转向提神、欢乐或强调形象的其他特性。可口可乐最有力的广告诉求并不是性方面或是心理上的，而是它使消费者相信喝可口可乐，明天会更好，世界会大同。可口可乐善于找出人类经验的共同之处，而它的广告也以全人类为诉求，以电影的手法宣染其中心概念。

1929年可口可乐推出了“停下来，清凉一下”（The Pause that Refreshes .）的标语，确立“美味、清新、活力、畅快”成为广告中最主要的主张；

在1942年可口可乐广告又调整为“The only thing like Coca-Cola is Coca-Cola itself”；

在1952年的时候，可口可乐的广告宣传标语又更换为“What you want is a Coke.”；

在1970年时，又继续变为“It，s the Real Thing”；

在1971年的时候，可口可乐推出名为“山顶”的广告，仿佛抓住可口可乐，就抓住了全世界，这个概念，日后也一直出现于广告的信息中。

在1982年可口可乐广告再一次变化，“Coke Is It！就是可口可乐”；

1989年可口可乐广告又变化为“Can，t Beat the Feeling. 挡不住的感觉”；

在1990年可口可乐再一次变化，“Can，t Beat the Real Thing .”；

在1993年可口可乐又改为“Always Coca-Cola.”。

其实，支持可口可乐称王最大的原因，并非狂热的可乐迷，而与它的广告历年来的不断更进与改变，牢牢抓住消费者的感觉有很大关系。

2003年，可口可乐公司将会以发展碳酸饮料为主，加大中小城市新包装产品的推出。今年重点投资推广与雀巢公司合作的冰爽茶，在广州、上海、北京全面上市，年底之前将在全国各地完成铺货。为此，可口可乐公司不惜重金聘请“洋妞”卖茶。在广州的北京路步行街，节假日就会看到数名笑容可掬的洋人向市民们销售，这吸引了许多路人购买。到目前为止，可口可乐公司在中国新的标志更换的前期投入已经超过1000万人民币，而这笔投入仅仅是设计方案、市场调研和制作广告的开支。可口可乐2003年将会陆续推出全新的广告片、促销活动等，预计这笔投入不会低于5亿元人民币。

再如，做活了产品广告，IBM成了信息服务与品质的保证；耐克已成为体育运动的领导者；SONY是高科技的化身；万宝路的牛仔，洋溢着西部风情，率先在上海国际饭店顶楼架设大型户外广告，给中国消费者的记忆十分深刻。虽然后来撤下了广告，停止进口万宝路香烟，但消费者对于该品牌的认知不见消退，以至走私的万宝路香烟还畅销不衰。这一品牌成为强健男子汉的代表。这些品牌均坚持不断创意，并保持传递一贯性的信息，品牌按照既定的模式运行，从而形成品牌整体感和统一性，传达给不同国家的目标消费者，稳固了全球品牌的形象。

▲ 在城市的每一个角落，你都可以看到可口可乐的身影。

相比之下，我国品牌广告偏重于教育式，为做广告而做广告的现象比比皆是，企业还习惯于复杂的思维手段来表达一个本来很浅的思维。在广告运作中，不是形象模糊，就是过于赤裸裸地传播销售说词，许多品牌便在“王婆卖瓜式”的广告中失去自我；再不就是将广告做成完全产品说明告白，以至老百姓看了就想按遥控器。作为走向世界，冲出亚洲的中国品牌，我们必须认识到，在本国做活产品广告，并不等于在海外就已所向披靡。

案例：圣玛格啤酒香港市场沿用老形式广告受挫

菲律宾有一种历史悠久的啤酒叫圣玛格，稳占国内 80% 的市场，

1990年进军香港市场时却遭到冷落。香港人是白领消费为主，而国内的消费者以蓝领为主，圣玛格广告严重错位。建筑工人在建筑工地上豪饮啤酒的广告画面，在国内大受欢迎，而在香港仍沿用这一广告形式，与白领一族选择优雅环境的品位大相径庭，企业难免陷入困境。

7. 精心构思设计，树立独特风格

总体来看，我们的产品设计水平还处于低层次，往往是重功能多、重色彩而款式少，在情感化层面下功夫，并在区域化上考虑的更是寥寥无几。

据市场调查，产品品质的好坏约有70%～80%在设计时决定，设计的科学性决定了产品品质的水准。美国哈佛商学院的罗伯特·海斯曼教授认为："50年前，企业是价格上的竞争，如今是质量的竞争，而未来是设计上的竞争。"企业只有通过新技术、新材料、新工艺，提高产品的技术含量，他们在市场上才不至于遭到淘汰。

纵观国外知名产品，在工业设计上皆是下足了功夫，大都是从人体工程学角度精心构思设计的，产品不仅性能好，使用安全可靠，而且造型精美，符合人体美学、人体工程学原理。目前，国际市场产品"轻、薄、短、小"化成为设计的主要趋势，在款式上日趋装饰化、情感化、趣味化，并追求与环境相协调。这样的产品自然能赢得市场的需求和消费者的偏好。

案例：戴尔公司（DELL）精心构思设计获得极大份额

戴尔公司在进入中国市场的所有跨国公司中，十分注重产品制造的本土化，讲求技术的不断创新，不断提升服务与信誉的整合效率，使得消费群体不断扩大，市场也出现了前所未有的新景象。

戴尔公司的做法是，运用因特网等现代营销方式与客户直接联系，通过产品本土化的制造，确保在3～5天内根据顾客的需求设计生产产品，不仅为顾客度身订造产品，并且及时送到顾客手中，其价格低于市场同类产品的10%以上，在顾客享用产品的同时，还可获得一流的技术和服务的保证。

戴尔公司没有自己的零部件企业，在国际化经营中十分重视选择国外本土化的制造厂家，充分运用自己所掌握的科学创新与专利，在市场与顾客需求、零部件配套厂商等方面进行全面整合，拿出满足市场需求的好产品，以此获得了极大的市场份额。

精心构思设计产品，并不是一件容易的事情，中国企业更不能掉以轻心。就拿包装材料的使用来说，品牌要想迈向全球市场，应注意某些商标和图案在各个国家的禁忌：英国禁用山羊、雄鸡作为商标；瑞典禁用蓝色商标；澳大利亚禁用兔子作商标；西方国家禁止用黑猫作商标；使用英语的国家和英属国家禁用大象作商标；法国不准用黑桃装饰商品；日本不许用荷花作图案；北非一带国家禁用狗来作图案；意大利禁用菊花作图案；等等。因此，品牌进入这些国家或地区，就要根据当地的习惯和风俗对品牌进行局部的更改，精心地构思设计，才能适应当地消费群体。

工艺设计需要不断改进，特别是我国的产品，有的质量也相当好，但唯独进入国际市场就是竞争不过国外产品。他们的产品往往很重视设计的细节，靠其独特的观念、风格和功能，来贴近大众化的消费，总体来看，而我们的产品设计水平还处在低层次上，往往是重功能多、重色彩而款式少，在情感化和区域化层面上考虑的更是寥寥无几。“设计就是竞争力”，英国前首相撒切尔夫人曾告诫国民：如果忘记了工业设计的重要，英国的工业将没有未来！日本夏普公司董事长坂下先生谈到工艺设计时也曾断言：“在当前的消费品中，工业设计占第一位，而功能与价格则是次要的。”

鉴于此，我们必须把工业设计提高到战略发展的高度，努力创新求变，从分析研究不同地区的生活、生理、心理等等诸多方面，进行整体考虑，以新、奇、特的个性，迈向国际市场，增强竞争实力。

案例："红樱桃"水果包装特别获青睐

美国第一家使用的丝绸水果包装袋，这家水果公司推出的"红樱桃"丝绸包装袋，使用的是半透明的薄丝绸制成，袋上绣制了古色古香的花纹和水果图案，并且在产品包装上写上一则让人心动的广告语："红樱桃粉颊留香，樱桃小嘴，东方美人的风采。"这个袋子用过洗涤后，又可作为一只时装式的艺术手袋，而且可以反复使用。这一包装设计的改变，使得首批销售的 3 万袋红樱桃水果，仅用 80 分钟就销售一空，并且获得了广大消费者的一致好评。

8. 讲求价格策略，赢得市场优势

建议中国品牌慎重价格策略。为维护其品牌形象，以向全球挺进，除了升级换代之外，轻易不要动用价格这把尺子，否则我们的路就会越走越困境。

外商在中国的价格策略十分令人注目，为了维护其品牌形象，除了升级换代外，一律不会轻易降价。如 2002 年中国彩电大打价格战，结果全行业出现亏损，而日本的一些知名彩电在中国坚持不降价，而是改善设计，保持品质，其市场占有率不但没有减少反而上升。另外，家乐福等外商超市利用消费者心理，巧妙地实行"价格组合"，对大家常用的知名品牌商品，定价比较低，一般不常用的随机性购买的商品价格较高，不同时段内商品价格不同，周一到周日商品价格在变化；一天之内商品价格也在变化，尤其是生鲜食品，下午的某一时间后价格调低，不着急购买者或对价格因素比较在意的人就会选择价格调低之后购买，使卖场既保证了销售量又得到了利润，并且给了消费者价格低的感觉，创造出营销的优势，卖场声名大振，业绩也十分喜人。

我国品牌一直以价廉著称于国际市场，但随着产品原料的不断上涨，固定成本和可变成本普遍增加，价廉优势明显成不了优势。笔者曾在1999年发表的一篇题为《中国品牌要调整获利率》的拙文（见《品牌将死吗》一书第235～239页）提出，消费者在需求充分满足之后，不再单纯地注重产品的使用价值，也不再为广告和促销所诱惑。

我国企业已经把利润摊得非常薄，甚至利润已经趋近于零，全球一体化经济的到来，势必要求我们尽快调整获利观念。据一项研究显示，市场领导品牌享有高利润空间，其利润自然相对一般品牌都要高。从最近美国做的一项调查得知，市场领导品牌的平均获利率为第二品牌的4倍，而在英国更高达6倍。同时，遇到市场不景气或价格大战时，领导品牌通常能表现出极大的活力。

中国商品要进入国际市场，一定要取得超过平均利润的那部分超额利润，不能一味地依赖成本低、价格廉的优势来参与竞争。如果产品真的有特色和科技含量，就可以考虑适当保持高额的利润空间。诸如日本知名彩电在我国市场坚持不降价，而在改善设计上着力保持品质，数年来其市场占有率不但没有减少，反而在不断地上升。

案例：家乐福低价赢好口碑

大家都熟悉的家乐福超市，利用消费者心理巧妙地实行价格组合，对大家常用的知名品牌产品，定价比较低；一般不常用的随机性购买商品的商品价格较高，不同时段内商品价格不同。星期一到星期天商品的价格都在变化，

▲ 在国内市场，“家乐福”让人们联想到“价廉”。

一天之内商品价格也在变化，尤其是生鲜食品，下午的某一时间价格就会调低，不着急购买者或对价格因素的比较在意的人，就会选择价格调低之后购买。家乐福大卖场既保证了销售量又得到了利益，并给了消费者价格低的感觉，创造出营销的优势。就拿广州刚开业的家乐福大卖场来说，在商圈内声誉不断上升，赢得了好的口碑。

中国企业不要一味地走低价位步入国际市场，我们为此引起的麻烦已经不少，造成了许多不该有的损失，增量不增收的后果更是比比皆是，因此建议中国品牌慎重选用价格策略。为维护其品牌形象，以向全球挺进，除了升级换代之外，轻易不要动用价格这把尺子，否则我们的路就会越走越困境。

案例：88美元的产品，中国工厂只赚到3美元

美国市场前不久推出一种可发声的地球仪，既可作为儿童玩具，也可作为学习用具，在商场零售价是88美元，这种产品设计和经销都是美国公司，在广东和江苏两地生产。产品设计定型后，美国公司在旧金山礼品展上将订单下给了一家香港公司，每一件40美元；香港又将订单交给了一家广东外贸公司，每件20美元；外贸公司再交给广东和江苏工厂，每件15美元。包括人员和原材料，工厂生产成本是12美元；美国公司拿到货后，以每件72美元的价格卖给了商场。粗算下来，工厂的毛利润是每件3美元，外贸公司毛利润5美元，香港公司毛利润20美元，美国公司毛利润32美元，商场的毛利润16美元。可想而知，谁赚走了大钱？

由此看来，我们必须增加企业的内部科技投入，提高企业自身的技术素质，唯有真正脚踏实地地保证产品质量，提高服务信誉，才能树立品牌良好的形象，提升品牌价值，我们才可能获取来自品牌的超级利润，从而赢得应有的国际市场份额，打响“中国制造”！

五、会打江山也要会保江山

WTO 掀起品牌保卫战

提示

2003 年，中国已经全面进入品牌全球化年。要打响品牌保卫战，中国企业不仅仅是着眼于家门口，还应该放眼全球市场，而当务之急是找出本身企业的优势。中国入世后，消费者的选择将更加趋向多样化，企业也必将面临着品牌经营较量的严峻挑战，一场品牌保卫战拉开了帷幕。

1. 为品牌找个“护身符”

“原产地标记”的实施，保护生产者、经营者、消费者的合法权益，有利于消费群体的购买选择。

按照 WTO 的规则，如果原产国没有对本国的某项商品进行原产地的注册认证，其他缔约国则无保护的义务。为保护我国原产地“名牌产品”，减少与贸易国的摩擦，突破国外技术壁垒，同时，规范原产地标记的使用，保护生产者、经营者、消费者的合法权益，广东最近实施了产品的“原产地标记”注册保护。目前，广东肇庆具有 1300 多年历史的“端砚”、佛山“石湾陶艺”、东莞的“金燕”牌米粉等已申报标记注册。

专家分析，“原产地标记”的实施，一是可以使产品的生产制造厂商将其产品与其他产品区别开来；二是有助于产品在消费者心中建立良好信誉；三是有利于避免其他产品在地理标志及其所表明的产品质量方面对消费者产生误导，有利于消费群体的购买选择。

2. 价格是品牌形象的头号杀手

价格是品牌形象的头号杀手，严格地说，诈取消费者、采用撇脂策略营销的手段，对品牌运作是十分不利的。所造成的购买行为也是极其短暂的，市场一旦有同类产品出现，消费者就会随之转换选择。可以说，品牌溢价是品牌经营中的大敌……

▲ 定出适宜的价格只是行销决策中的一环，最重要的是，让顾客在消费、使用产品的过程中产生愉快的经验，这样才能吸引他们重复购买。

加入 WTO 后，国外大量的品牌潮水般涌入国内市场，市场价格也由于市场的激烈竞争而呈现下滑的趋势，价格大战在所难免。

价格大战虽导致家电、电脑、食品等行业的利润越来越薄。受到外来品牌威胁的行业巨头们也多次拿起降价手段来保卫自己的市场地位和优势地位。通过价格行动来建立市场份额是目前竞争中最习以为常的手段之一，但我们也不可忽略的是，价格是品牌形象的头号杀手，严格地说，一些低价商品的强行进入，对国内品牌的冲击不可忽视。

许多消费者在选择品牌时还处于游离状态，对于价格持有敏锐感，他们之所以选择目前的品牌并非是形象和品质所能决定的，而多数是出于对价格的青睐。品牌价格适中，才会赢得消费者的青睐。目前，国内有种观点认为，做品牌就是赚取超级利润，品牌做得越是强劲，赚取的利润就会越高。于是，我们在广告中便看到一些产品的价格高得离谱，利润是同类产品的数倍。如电视广告直销中的矮子乐增高产品，凭借着广告费用投入的加大，大肆渲染产品性能是如何的好，两周内可长高 3～5 厘米，其售价高达 1000 多元一盒。笔者的几个朋友看了广告后立即购买，结果是连续吃了好几个疗程也不见长高 1 寸。他们大呼上当，回过来找到企业，企业竟然答复他们是特殊的例证，产品没问题，反倒是人有问题了。这种诈取消费者、采用撇脂策略营销的手段，对品牌运作是十分不利的。再有，市面上的保健品，消费者首先关注价格，而后看是否体面，外盒做得是否精美，送人或摆设是否很气派，最后才会考虑到品质是否好，因此，厂家考虑到消费者的心态，纷纷在保健品的外盒上做文章，将外盒做得大大的，“货卖一张皮”的观念可得以充分体现，似乎保健品卖的只是包装，而不是保健的产品。尽管市面上，有些品牌的价格相当低，在品质的宣传上还口口声声是可以与领导品牌相媲美，显然，相比的难度是有的，这也似乎是件不可能的事。此举也许对于品牌的开发者来讲，似乎是找到了一种辩解——“我的产品是为有钱人而设计的，他们并不关心价格，只要产品好就会购买”，然而所造成的购买行为是极其短暂的，市场一旦有同类产品出现，消费者就会随之转换选择。可以说，品牌溢价是品牌经营中的大敌，是条没有出路的“死胡同”。

促销手法千百种，价格不是唯一途径，但促销活动日益受重视且使用频繁，几乎在各个产业都可以看到它的踪影。随着竞争日益激烈，消费者越来越善变，厂商无不希望通过促销活动来拉拢顾客，争取更多的青睐。

▲ 众多企业卷入价格大战中。我们应该先停下来想一想：我为什么要举办促销活动？为什么价格如此之低？能解决什么问题？我要达到什么目的？价格大战何时了？就拿上图来说，那 39 元丢哪里去了？

据测试，虽然有些消费者在价格上、品质上对其持有肯定性，但是真正选择品牌时仍会对其知名品牌持有偏好的选择。然而，在这关键时刻，价格是否会真正发挥作用？这也很难断定，毕竟品牌经过长期的经营，在消费者心目中已根深蒂固，这也是短期的利益无法与之比拟的。花王企划部的王忠先生强调：“或许短期内会受到影响，但长期仍应回归品牌的信赖。”

同样，米尔顿·科特勒最近在《粤港信息日报》上发表的一篇题为《品牌，中国企业不败的关键》的文章中，就告诫企业“不要倾销，要考虑营销”。他指出，要战略性地而不是战术性地定价，运用价格战来竞争时，一个战略性的问题是：当价格战结束时，我们如何为同时赢得“市场份额”和“市场信心”来给自己定位？价格战结束后随之带来的一个更大的问题是：“如何确保我们的顾客再次为我们的品牌价值再度付费?”

我们从另一个角度还可以看出，中国各大产业开放政策的实施，为各大企业带来了更加宽广的贸易空间，从 2003 年广州的商品出口交易会便可看出这一局面，尽管摊位费比往年高出一倍，中国中小企业参展数量比往年还是要高出一倍之多。但是，国内各大产业与国外进口产品的强烈角逐中，也出现了空前的紧张局势，包括家电、医药、食品、汽车等行业，从以下的几个行业扫描中可见一斑。

▲ 面对货架上众多的保健品，消费者往往在货架前不知所以然，孰好孰坏没人能够定夺。

3. 保健品业："大鲸鱼"终于出现

与其说是中国的保健品市场考验健美生品牌，不如说是健美生考验中国的保健品企业，至于这一场品牌角逐战的开打，精彩好戏还在后头。

一项调查显示，1986年中国保健品产业销售额为20亿元，到2000年这个数字增加到500亿元，保健品行业成为全国发展最快的行业之一，因此目前市场混乱也在所难免。受产品200%～500%的高额利润的驱使，众企业一哄而上。4000多种保健品有90%以上属于第二代产品，但都难以扶正市场这个天平。有专家认为，中国保健品是一个高危行业，成功容易立身难，生命周期很短。这句话道出了这个行业的现象，广告的狂轰滥炸，使得保健品在消费者心目中恶性透支。中国消协与中国保健科技学会调查表明，保健品的宣传内容不符合有关法律法规的占73.5%，其中对产品功能进行虚假宣传，擅自宣称产品具有保健功能的占31.4%。随着入世的脚步，一些国际级大财团把目光瞄向中国保健品市场，葛兰素史克合并后开始在广东试水保健品业，它的保健品销售约占全球销售总额的15%。该公司中国区总裁保罗·卡特表示："先在广东做一个试点，看大众消费品市场怎样，如果势头很好的话，我们在中国的业务将全面铺开。"

加拿大第一保健品牌健美生近日在珠海投资5000万美元，强攻中国保健品市场，这也是该公司在加拿大境外的第一家分厂。这一战略性的投资传递的信号很明显：对中国市场，健美生稳操胜券！2002年4月11日上午，健美生没有像国内多数保健品企业那样大造声势，而是选择低调的方式宣告进入中国市场，向中国老年保健医学研究会捐赠价值20万元的产品，并向澳门宋庆龄基金会捐赠180万元人民币，用于支持两个组织在中国的健康和教育事业。健美生总经理李杰认为，一个产品，特别是保健品，要做到市场的爆炸性增长离不开炒作和夸大宣传，而这样企业是不负责任的，产品往往也是短命的。这样的例子在中国保健品市场屡见不鲜，健美生公司不会走中国保健品的老路，而是要在中国市场推行一个规范的运作模式。

可见，来者不善，对于这个保健品行业的“大鲸鱼”的出现，一位谙熟中国保健品市场的业内人士这样评价：如果健美生 6 年前进入中国，中国的保健品企业相对宽松，可以用技巧来弥补综合实力的不足，今天，环境的变化使得保健品企业的运作难度越来越大，健美生此时冲击中国市场，是逼着国内企业拿实力说话，是典型的跨国公司的做法。所以，与其说是中国的保健品市场考验健美生品牌，不如说是健美生考验中国的保健品企业，至于这一场品牌角逐战的开打，精彩好戏还在后头。

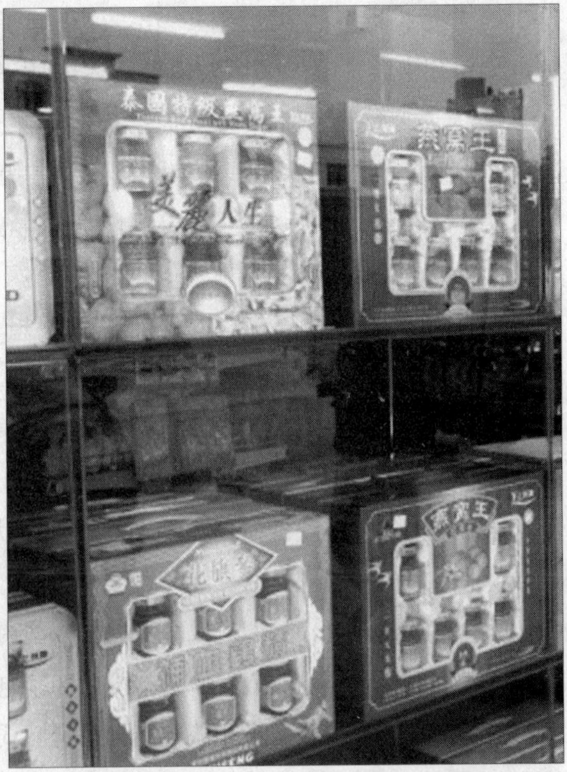

▲ 保健品业在国内市场的恶性透支，让众多品牌也受到牵连。

4. 家电业：本土品牌雪上加霜

还要为自己产品的竞争力多着想，毕竟无论是高端还是低端的市场，外商家电品牌和中国品牌已经纠缠在一起。

2002 年 4 月 11 日，这是个中国家电业难忘的日子，彩电业巨头深康佳2001年亏损近7亿多的年报一出，便引起了多方的热烈关注。年报显示，2001年深康佳（000016）销售收入同比下降24.63%，实现净利润－69979万元，每股亏损1.1625元；2001年深康佳外销彩电产量243.438万台，同比负增长71.95%，销售量63.311万台，同比负增长9.88%，毛利率仅为0.14%。面对销售收入占深康佳主营业务收入88.65%的彩电产销量的大幅缩水，虽然其另一主营业务——手机的产量去年达到545.848万台，同比增长90.33%，但随着联想、微软、英特尔等IT巨头纷纷涉足手机产业，国内外手机市场的竞争日趋白热化，较彩电市场而言，深康佳品牌更是四面楚歌。该公司的年报中称："由于受国际、国内家电行业调整的影响，经营环境不断恶化，以及公司前些年规模扩张过快，导致产销失衡，跌价损失大增，经营业绩大幅下滑，出现自1992年上市以来的首次亏损。"

透过深康佳现象，我们可以分析得出，国内家电业的竞争中，价格大战愈演愈烈，国内家电业上游原材料价格和家电整机价格降幅较大，致使行业利润空间越来越小，企业获利能力迅速减弱。在2002年家电纷争中，外商品牌对于价格冲撞来势凶猛，诸如松下电器定下了转战中国"普及型"产品市场战略，以迎击中国产品的价格战。洋家电一面悄悄放低自己的价格门槛，开始向低端彩电市场渗透，另一面在高端市场上做出要给中国彩电企业迎头痛击的准备，索尼53寸背投彩电从26800元降到22100元，48寸背投从22000元降到17500元，东芝、日立、三星、飞利浦的背投产品也作了大幅度的降价。

中国家电一路行来，可以说是坎坎坷坷。2003年，中国彩电在美国又"触礁"。5月2日，一份以美国五河电子公司等三方为原告，针对中国向美出口的高端彩电的反倾销诉讼起诉书被正式递交。在被起诉者中，长虹、康佳、创维、海尔等国内主流彩电企业均囊括其中。来自中国家电协会的数据表明，仅2003年1至3月，我国家电企业向美国累计出口额同比就增长了37.4%，达到8.6亿美元，占总出口量的31.5%，美国成为中国家电企业的第一大出口市场。中国彩电被控倾销，显然是大批中国彩电进军美国市场所致。据业内人士分析，此次的反倾销诉讼中国家电企业十分被动，更何况，欧洲彩电企业对利用反倾销诉讼手段相比中国彩电企业已经很有经验，可以说，近年在欧洲的反倾销诉讼已经几乎让中国彩电在全球市场全军覆没。据《北京晨报》报道，从一家律师事务所提供的资料看，美国企业指出中国彩电进口美国近期增幅高达 1139%。厦华集团海外公司总经理李永表示，目前中国企业首先要努力证明美国企业的起诉资格不足，因为从美国现存产业结构看，基本没有劳动力密集型的制造业，尤其没有彩电本土品牌和企业，中国彩电的出口形不成对美国本土企业的冲击，但他同时表示："这个努力是很难的。"据悉，5 月 17 日美国国际贸易委员会如初裁定中国彩电的进口已经对美国国内产业造成损害，本案件就将提交至美国商务部继续审理，最坏的结果将是美国海关征收高额反倾销税，如同当年欧盟对中国征收 40%多的反倾销税一样，中国彩电将被迫减少对美出口量。据最新报道，国内数家彩电已经联合起来进行集体诉讼，以反击美反倾销指控。显然，品牌走向全球市场，我们还不能高兴太早，还要为自己产品的竞争力多着想，毕竟无论是高端还是低端的市场，外商家电品牌和中国品牌已经纠缠在一起。再有，中国彩电在国际市场亟待修正自己的品牌出口战略，在全球市场需要应对的不仅仅是价格和技术。看来，一场全方位的品牌保卫战已经打响。

5. 饮料业：康师傅已成领导品牌

"康师傅"饮品的市场销售额每年都保持以翻一番的速度在增长，其茶饮料更是以超过 100%的高速度快速增长。

加入 WTO 后，饮料业巨头环伺，茶饮料甚至取代饮用水的地位，与碳酸饮料争夺市场霸主之位，最引人注目的品牌便是康师傅了。该品牌近日推出的一系列活动（网上"选秀"），更是引起人们极大关注。

从 AC 尼尔森公司公布的中国市场调查数据资料中分析，虽然可乐类、透明柠檬类和橙味类饮料依然占据中国饮料消费主流，但是最近几年有一个明确的迹象可能将左右今后饮料市场的未来，这就是茶饮料的销量在以每年 300%的增幅直追其他饮料的市场占有率。

▲ 请出明星任贤齐来做代言人，让康师傅品牌在中国知名度大增。

目前，康师傅在中国饮料市场占据了茶饮料霸主地位，尽管统一也做得不错，为市场渗透率增长第二的品牌。“康师傅”饮品的市场销售额每年都保持以翻一番的速度在增长，其茶饮料更是以超过 100%的高速度快速增长。

分析国内饮料市场，各品牌纷纷以口味来延伸品牌线，以求扩大市场，而康师傅却另辟新径，即使是拥有高的知名度，也不忘不断创新产品策略，适时推出茶饮料系列，口味涵盖绿茶、冰红茶、冰绿茶、乌龙茶、柠檬茶等品牌，满足消费者需求。

其次，该品牌实施和消费者零距离的沟通策略，力邀巨星任贤齐担任“冰酷”形象代言人，并在全国推出大型“绿色旅游年”活动；第三，康师傅实行通路深耕的渠道策略，理顺简化了销售渠道，让新品快速上市。

尽管可口可乐和国内“饮料工业十强”，如娃哈哈、乐百氏、汇源、露露、椰树等，都涉及了茶饮料，也无法与康师傅相抗衡。茶类行业属于差异相对较小，进入壁垒相对较低的行业，品牌信赖和口感仍还起着主导优势，影响着消费者的购买决定，这也是康师傅品牌在此方面发挥得十分出色的原因。

六、 品牌蔫了，怎么办

克服不景气品牌的新招数

提示

近年来，国内品牌不景气现象日益严重，歇业企业也不断增加。对于步入困境的品牌来说，无不希望出现转机，因此，克服品牌不景气，已成为中国企业当前无法回避的现实问题。

1. 赶快寻找新鲜“奶酪”

要考虑产业结构的调整、产品、人员、企业结构的组成等方面的问题，这是一个动态的过程。不景气的品牌能做到主动出击，企业才会有战略性的机会。

迄今为止，中国有太多的品牌一直是处在观望等待阶段，就像美国斯宾塞·约翰逊的《谁动了我的奶酪?》一书描述的那位主人翁“哼哼”一样，他总是“因为害怕变化而否认和拒绝变化”，却不会随着外界及时地调整自己去适应变化。与之相反，我们的品牌缺少像书中的“唧唧”这个角色。正是因为中国品牌这个“根留”太久的观念，致使许多企业家举步不前，等待那个巨大的“奶酪”出现，而“奶酪”早已吃光的这一事实却很少有人承认。还好，这一本近期刚推出的薄薄畅销书，中国企业大有感触，引发了一场高层大讨论，以至中央电视台、《中国企业家》等媒体开辟专题、专版发表上百个企业家之高论。幸哉！有感觉，有悟到，是件好事，但能否照着去做？对此我们还得拭目以待。

今天，跨国公司已经在中国市场普天撒网，再也不是原先的小心试探阶段了，他们已经成为一个大的网络体系。比如耐克，在中国内地没有生产，但基地在台湾，它只是控制销售体系，这是在中国全球化的成功范例。对于中国品牌，要成为全球性的跨国公司，要进入主流，如果品牌在加入 WTO 后的今天，仍还是故步自封，还在充满幻想中等待，不与世界级品牌看齐，并与之建立关系的话，中国品牌就会十分危险，并很有可能出现品牌大面积“塌方”现象。

中国品牌，要拥有自己的上游生产基地，与此同时，我们也要学会跨国品牌的运作手法，在有优势的一些行业里，让一些资源得以充分发挥，以带动我们整体经济的全面提高。

那么，现今“蔫了”的品牌，就要考虑产业结构的调整、产品、人员、企业结构的组成等方面的问题，这是一个动态的过程。这样不景气的品牌能做到主动出击，企业才会有战略性的机会。况且，加入 WTO 后，上至中央、下到省市不再管企业的一切运作，政府不再干涉，红头文件取缔了，市场全盘在老板手中。这一透明度的承诺，说明了中国品牌与国外品牌一样可以平起平坐。作为中国品牌迎来这样的大好时机，就必须尽快融入全球市场。这样，在公平的环境下，品牌与品牌之间才能产生真正的互动。

加入 WTO 后，是市场开放的一个重要特征，由于很多“游戏规则”的出现，中国品牌就必须学会面对。诸如，西安飞机制造厂制造波音飞机的尾巴，全球 3000 多架波音飞机，尾巴都是中国制造的，现今全球有 70 多个国家给波音供应零配件，那为什么尾巴要给中国的企业生产呢？我们西安飞机制造厂告诉波音飞机的老板：“如果你们不让我们生产尾巴，我们就不买你们的飞机了。”这一全球化的经验很灵验，否则，中国就不要波音，而去买“空中客车”。加入 WTO 后，中国企业已无法在政府的保护伞下再享有优厚的待遇，何况别人也不“买账”了，而对于不景气的品牌来说，也没什么可等待的“良机”了。

那么，不景气的品牌，现今亟待尽力打好家门口战役，不能再幻想那块巨大的“奶酪”给谁拿走了，而期待着某一天拿走“奶酪”的人再次送回来，这个愚蠢的想法带给品牌的结果只能是“淘汰出局”！

2. 策略是必胜之道

没有策略就没有竞争优势可言，不景气的品牌要制定切实可行的策略，这是品牌成功的不二法门。

(1) 产品差异化

目前，同质化的产品泛滥成灾，消费者很难凭借“记号”而在同类中有所区别。如果你的产品要想畅销，就少不了特别的“记号”，这也是品牌产生的基础。消费者对产品的认识有理性的一面，如质量、功效、价格、外观等，也有感性的一面，如品位、形象、魅力、时尚等等。特别的感觉能使消费者心理上、情感上得到满足，毕竟他们是“花钱买感觉”。你要是与众多的产品一个模样，那么，品牌的特别便无从谈起，等于你主动放弃在他们面前表现的机会。

企业要在产品的研发上降低成本，而讲究采购技术必须以有优势的产品与同行的同质化产品拉开距离和档次。如果一个产品能在消费者心目中占有领先地位，在市场方面表现同样会令人赞赏。不景气的品牌，要舍得淘汰一系列的老产品，不能“眉毛胡子一把抓”，抽出重点产品加强扶持，集中大力让产品具有“独特性”。在产品的差异之路上，最后能够满足消费者全部需求的才会是最后的赢家。

(2) 广告创新增加知名度

广告是品牌成功的一大捷径，它对于品牌的知名度拓展，绝对有加分之作用。因此，那些“蔫了”的品牌，可以通过广告创新，来改变消费者对品牌的印象，直至产生心理共鸣。

2002 年，百事可乐公司延续往年的惯例，在岁末推出了近日即将上映的广告片《祝你百事可乐》。这是百事公司的第三部百事系列广告片，但此片与往年的广告相比是属大胆创新之作，一改百事可乐过去广告片中选用明星大腕担任主角的策略。2002 年的片中主角都是普通人，展现百事可乐陪伴普通中国人度过的每一个美好的瞬间。该片的创新也表现在内容上，贺年广告片由 5 个部分组成，分别是“新事可乐”、“旧事可乐”、“大事可乐”、“小事可乐”、“百事可乐”。

我们现已迎来品牌全球化的时代，中国品牌广告表现的落后不由不使人担忧。笔者曾在 2001 年剖析《中国品牌广告的问题》一文（见专著《品牌将死吗》）中列举出 13 个大问题，这些问题都是中国品牌广告当前亟待正视和解决的问题。今天，进驻中国的洋品牌，广告运作总是想方设法走创新之路，而我们的品牌在广告操作中，还显得十分稚嫩，与这些跨国公司相比确有点“小巫见大巫”之感！显然，广告是塑造品牌知名度的有力武器，广告不创新很难获得大众喜好，与其播那些“垃圾广告”让人嫌弃，还不如不要投放。目前，广告创新对于中国品牌来说，不仅需要，而且更是迫切努力的目标。

(3) 价格适中化

现今，我们经常看到许多品牌不断推出“特价商品”，再不就是“买二送一”，或是“加量不加价”等变相的价格竞争，甚至近期在北京、上海等地有企业大力推出“一元买彩电”、“五毛钱买热水器”等等促销活动。品牌都大打价格这张王牌。笔者认为，中国不景气的品牌，特别是中小品牌在价格策略的制定上要有弹性价格，不可盲目地走低价位，更不能拼命地将价格抬得“离谱”。品牌需走适中的价位，以量取胜，才是上上之策。建议中国品牌不妨在加强非价格的竞争上做文章，提供给顾客满意度，让品牌在便利优势上得以发挥，走所有竞争对手忽略的这一空档。中国品牌要真正做到“一分钱，一分货”说服顾客购买，降低成本，强调产品优势，让客户出现回头消费，努力争取产品达到畅销。

▲ 扛着这样的招牌，真能唤起品牌卖气上升？

（4）**包装少不了测试**

大致“蔫了”的品牌，常犯的过失也表现在包装上，其包装设计不如竞争对手“抢眼”，形象也不够突出，以致在琳琅满目的货架陈列中遭淹没厄运。中国众多的商品包装，至今还处于“为包装而包装”阶段，几幅图片和一些字体的“拼凑”，缺乏美感，国人对此包装普遍表现出不满，就更甭说这类商品在国际市场的销售了。我们从外贸这个窗口来看，中国品牌每年出口商品光因包装不合格而被退回的就占总量的40%以上，造成的损失至少150亿元，相当于100多家大型企业全年的营业额，此外，包装不合格造成的劳动损失更是显而易见。

显而易见，中国商品包装在材料的选择、色彩、设计元素、比例搭配等方面缺乏支撑点，企业对于测试视觉效力和有效果的设计元素欠缺科学的把关，更没有像世界级企业那样对每一件产品包装设计数套方案，而后逐一把新包装和原有的设计在以下几大代表性市场进行测试：澳洲、法国、日本、泰国、英国和委内瑞拉。这些国家分别代表不同的文化和不同的品牌生命周期。当然，作为现已“蔫了”的品牌，不可能采取这种跨国度的测试，但是，笔者想说的无非是“蔫了”的品牌要重新获得生机，确实离不开包装测试，当然提早走入国际化更佳，这也是一个品牌在全球化的背景下必须给人的满足感和品质感。

好的包装必然带动抢购热潮，包装是默默无言的推销员。中国品牌普遍还对包装这个永久性的广告重视不够，与国外企业有较大的差距。作为“蔫了”的品牌，应比任何一家企业都要重视包装，让包装突破盲区，具有国际观。因为包装是销售之镜，它具有名副其实的销售力量，它可以助品牌走出不景气的阶段。

(5) 服务也要有一套

“蔫了”的品牌要想走出困境，在服务上，更要有自己一套特有的方式。企业一定要清楚地知道消费者到底要什么，以客户之所需所求为导向是永远赢得客户口最重要的条件。王永庆曾说：“我的行销哲学为主动了解客户的需求为何。”由过此，我们可以看出那些不景气的品牌之所以处于被动之中，多数是对顾客的了解、对达成经营目标的机会把握不够所致。

我们品牌都在谈顾客满意，但品牌至今找不准客户、没有正确的客户和远景规划的还占大多数，因此品牌必须要衡量自身的规模与实力，然后锁定目标销售客户，倾尽全力为这些客户提供满意的服务才是必由之路。

因此，“蔫了”的品牌确实有必要深入市场的“最前线”，对现今的具体方案存在的严重缺失予以改进，竭力拉回已失去的“顾客”。对这些失去的顾客进行深入访谈是很有必要的，这样才能真正了解到顾客真正的心声，以克服服务存在的不足。品牌所有的策略，应切中顾客心窝，使他们觉得确实受惠，让他们亲身感受到除了购物的需求外，还有其他的附加价值。提供竞争对手没有的服务，才会赢得“人心”。

案例：海尔推出“星级服务”

当前，海尔公司在服务方面最引以为傲的就是推出星级服务观念。为了能够不断满足广大消费者的喜好和需求，海尔公司要求公司上下要有“急顾客所急，想顾客所想”的服务精神。张瑞敏总裁认为，顾客买了一个2000元的洗衣机产品，肯定要拥有2000元以外的超值服务。毕竟我们的顾客花2000元买洗衣机并不是一件简单的事情，他们一定是经过了反复比较、反复论证之后，才选择我们的产品的。因此，我们的售后服务就必须保持一个星级的服务，这样才能把客户的心留下来，如果客户购买产品还要因为维修来讨好你，他们最终就会放弃购买产品。海尔特别规定了洗衣机维修不出门，而且规定了维修人员上门服务自带拖鞋，在客户家里不准喝一口水。从这些角度给客户心理上一种安慰，解除他们的烦恼。“解除客户的烦恼到零”，这也是海尔公司推出星级服务的口号。

3. 同质品牌中找生存模式

在不景气中，企业必须先期掌握品牌所存在的问题，学会制订新一轮的品牌经营战略，品牌才有可能达至永续经营。

(1) 理顺关系

不景气的品牌之所以“蔫了”，关系未理顺也是一个致命环节。中国不景气的品牌，多数都“一团糟”，老板与员工的关系、企业与企业的关系、员工与员工的关系等都有待全面理顺。一个企业无论大小，都要把关系理顺，否则品牌就难以发展。

(2) 摆平利益

利益一旦能摆平，就会让人信服。众所周知，品牌经营与利益分配是分割不开的，我们众多的企业在此点上做得十分不够，三角债、拖欠款、不按公司规定乱罚款等现象十分严重，致使许多不满情绪产生。可以说，摆平利益是企业成功的关键点，不景气的品牌要上新台阶，这一关必须通过。

(3) 离不开细心规划

好的品牌一定都有非常好的行动规划，而“蔫了”的品牌一定拿不出一套比较稳健的行动计划，即使有计划也欠缺规范。在企业的运作中，是否有一套细心的规划，将决定着品牌的成与败。不景气企业在转折中，一定要进行细心规划，这个行动规划必须明确规定好企业什么时候达到一个什么样的“里程碑”阶段，以及要非常严格地制定出完成的时间。这个规划，做得越细心，对于后期的执行就会越明确，当然，这个规划要与财务挂钩，将预算明确，将财务目标落实到“人头”上，以推动完成。

(4) 少不了贯彻执行

品牌在经过事前的细心规划后，一旦作出决定，就必须坚决执行，来不得半点含糊。扎实地执行，是推动品牌走出困境阶段的关键所在。不景气的品牌，在这一生存模式中更需加强管理，让每一步的运作都落在实处，不让资源白白流失。

(5) 带人别忘带心

不景气品牌无论采取何种领导方式，企业管理层绝不能高高在上，要多让员工参加企业管理、促销计划、广告运作等方面的讨论，多听取员工的意见，并请对方说出其他可以努力的做法，尽可能地找出品牌“蔫了”的原因。这个阶段，企业领导人更要学会“以心换心”，让每一个员工有安全感、归宿感，与品牌并肩作战，度过紧张期。

(6) 规避 7 种风险

根据英国贸工部对 1988 年至 1993 年品牌寿命的统计，近一半新建企业“活”不过 3 年。据德国一家大研究所调查表明，中小品牌主要问题是对企业内部风险不能及时发现，待到发现时，往往来不及采取应变措施。我国品牌在风险管理上普遍不足，往往在成长的过程中，常常遇到开业风险、现金风险、授权风险、领导风险、财务风险、兴旺风险、接班风险，品牌在以上 7 种风险中管理及防范对策十分缺乏。

在不景气中，企业必须考虑技术及资金，学会分散风险，凭借整合或发展来创造更多的利润，避免掉入受人掣肘的陷阱。

中国不景气的品牌面临品牌全球一体化，应学会制订新一轮的品牌经营战略，品牌才有可能永续经营。

七、 永远都是鲜活的
品牌保鲜的 9 个必须

提示

让品牌“福如东海、寿比南山”，这是许多老板梦寐以求的心愿。在国内，很多的企业根本不懂得去保养品牌，以致产品投向市场“长不大、活不久”的现象比比皆是。品牌鲜活，现已成为中国企业跨向国际市场亟待解决的问题，毕竟我们还有太多的品牌至今处在“半死不活”之中。

一个品牌鲜活了，可以提升品牌忠诚度，让消费者时时感觉到来自品牌的年轻活力，品牌口碑塑出的同时，还将直接起到加分作用。我们经常看到一些品牌在经过一段时间之后，就给消费者一种老态龙钟的感觉，这令许多中国企业家头痛不已，究其原因主要是品牌没能做好保鲜措施。品牌唯有日积月累的保鲜，才能永远“活下去”。

1. 必须重视产品走向大众化

大众化的市场几乎是恶性竞争的同义词，给人低价低收益的恶劣印象。但是对于一个品牌的运作来说，为了能够保持长期的获利率，为了产品能够达到最大化的传播，就必须将目光瞄准大众市场。

▲现代通讯产品的研发方向，不再只从产品的技术取胜，已改从目标消费者的需求上着手。

企业开发的商品首先要考虑到大众消费者是否都能买得起，这是一个商品能长命百岁的前提条件之一。当然，并不是说一些走高端价格的品牌就没有活力，毕竟它的消费面没有大众化来定位的品牌之广，品牌战线也相对比大众化品牌拉得要长，对于一般的企业都会带来不利因素。

我们知道，大众化的市场几乎是恶性竞争的同义词，给人低价低收益的恶劣印象。但是对于品牌的运作来说，为了能够保持长期的获利率，为了产品能够达到最大化的传播，就必须将目光瞄准大众市场。一般企业都在强调自己的商品特色，强调企业的相对优势，以区别于竞争对手，提升自己的商品价格，增加品牌在市场的收益。但对于一个新的产品，从开始的时候，设计就瞄准大众市场是最好不过的一件事情，新产品通常在刚步入市场后品质很难稳定，价格策略的运用也不是很成熟。加之，产品的一些新用途还有待发掘，在短时间内是很难吸引消费群体的，销售量也自然会受到一定的影响。要突破这个困境，就必须考虑到各个层面的消费群体的消费特征，尽量去满足需求，品牌在步入市场后才有活力。因此，要让新产品成功，企业就必须将视野扩大到大众化的市场，找出自身的优势。

现阶段，中国企业商品开发最大的问题就在于：市场是否接纳这种产品？可以说，多数企业对此一概不知，以致商品流通时间不长。随着市场成熟度的增加，对于消费者的需求越来越难掌握，中国企业常会尾随在别人的屁股后面跑，待模仿后的商品流通于市，市场早已发生了变化，商品也早已失去了竞争优势。许多中国企业也知道，模仿别人终究会步上绝路，但又不愿作长线投入，短视行为的使然，让许多企业不知道做什么、该怎么做。

花王公司在商品的开发上，始终从制品的硬件、软件、情报 3 方面入手，商品开发一直把握五大原则：

●是否真的是今后社会仍需要的产品？

●是否包括公司独创的技术？

●性能与成本的累积是否胜过其他公司的产品？

●是否经得起在未正式上市之前，由消费者试用筛选的严格考验？

●是否具有在流通阶段，确实传达消费者对该产品满意程度之情报的能力？

在此基础上，花王公司还同时构筑适合现在的市场和经营环境的商品开发程序。这种先回归商品开发原点，然后再重生的做法，使许多企业重新振作起来迈向全球市场。

案例：JVC、松下、新力三品牌瞄准大众市场喜结硕果

安派克（Ampex）公司 1956 年率先推出了第一台录像机，当时的售价是 5 万美元一台，一举成为全球录像机市场的开拓品牌。接着东芝与 RCA 两公司积极跟进，两家公司与安派克相比虽大大落后，但还是全力

参与竞争。当时，安派克公司在录像机市场的销售与开发方面几乎是独占鳌头，尽管如此，安派克并没有把握好时机，对产品进行适时的品质跟进，价格仍然向高位方向迈进，并且降低了对录像机市场的依赖，转向音响器材与电脑周边设备开发。也就在这个时候，新力、JVC与松下三家企业都看出了录像机市场的潜力，在三家品牌都趋于“半死不活”的状态下，为寻找品牌的新鲜活力，三家公司决定联手进行开发。新力公司以销售价格为奋斗目标，希望将售价由当时5000美元降低成500美元一台，达到安派克当初定价的10%。JVC当时也将每台定价为500美元作为目标，还要求产品朝着使用小录像带、保持高画质的方向努力。三家公司经过20年的不断开发，始终瞄准着大众市场这一个远景目标，终于在70年代中期成为电器行业的领跑者。1985年，JVC录像机的销售额从200万美元上升到20亿美元；松下录像机的销售额从当时的600万美元增加到30亿美元；新力的销售额也从1700万美元上升到20亿美元。当年作为开拓型品牌的安派克，15年来销售额只从近2.9亿美元增加到4.8亿美元。

尽管安派克曾在70年代初期意识到品牌力不振，要靠朝大众市场努力，并努力改变原先的奋斗方向，但是很快遇到技术方面的障碍而宣告失败，最终不得不将自己一手开拓的录像机市场拱手相让。

2. 必须将质量优势转为品牌优势

每一个成功的品牌，都十分注重将产品质量优势转换成品牌优势，诸多方面都围绕着整体战略的有效推进而展开。这也是成功品牌能够持久保持强劲的一大秘密武器。

质量是品牌的生命。所谓质量，简单地说，就是产品或服务的属性的总和或总称。一般来说，产品的属性包括产品的有用性、耐用性、可靠性、方便性、安全性、经济性、可维护性、美观性、时效性、创造性等，产品质量就是产品以上各种属性的总和。当然，有些产品只占到以上属性的1～2种，有的是3～5种，这些属性在决定产品在市场是否畅销方面起着关键作用。我们所说的品牌战略实际上就是一种质量战略，质量的高低、牌子的软硬，皆以产品的市场质量为标准，这是获得品牌成功的决定性要素。

质量管理的好与坏，决定了一个品牌成功的关键内容。管理得好的品牌就充满活力，反之，品牌很难发展下去。每一个成功的品牌，都十分注重将产品质量优势转换成品牌优势，在产品的质量上，都做到品质一致，在服务质量、工作质量、产品定位、营销策略等诸多方面都围绕着整体战略的有效推进而展开。这也是成功品牌能够持久保持强劲的一大秘密武器。

我国许多企业在产品内功修炼上，要求不严，认真不够，大多数还停留在主观意识层面，在重视消费者方面普遍欠缺。这严重阻碍了产品向品牌的转化过程，造成了巨大的资源浪费。企业只有真正了解消费者的所思所想，针对性地开发、设计产品，品牌才能立于不败之地。

当前，国内企业在此方面运作得还不是很成熟，企业制定出的质量标准没办法发挥真正优势，在转换方面手法低级，以致造成中国品牌在国际市场一直上不了档次，与对手无法平起平坐。要知道，“品牌的基础是质量，质量升华才能形成品牌”，这是一个“内在和主观的范畴”转换为“外在和客观的范畴”的过程，这也是一个产品的质量向一个品牌过渡的阶段。全球品牌竞争的日益激烈，势必要求中国品牌必须学会这个转换过程，这样，中国品牌保持活力才不至于是一句空话。

案例：麦当劳品牌优势得到充分发挥

西式快餐麦当劳在世界各地建立了上万个连锁店，无论你走到哪一家分店，你都能感觉出麦当劳的质量始终如一，特别是在质量优势转为品牌优势方面，麦当劳做得十分到位。时间上，麦当劳规定：生菜从冷藏库拿到配料台上只有2小时保鲜期，过时扔掉；所有的原材料都按生产日期先后顺序码放；制作好的成品与时间标志牌一起放到成品保温槽中等。为了尊重顾客，麦当劳快餐店规定：客人排队等待时间不超过2分钟，点过之后等待付货时间不超过1分钟。

在服务质量方面，麦当劳规定：服务人员上岗前必须严格洗手消毒；手在接触头发、制服等东西后必须重新洗手消毒；各个岗位的员工都要不停地擦抹清洁；所有的餐具、设备都要在打烊后彻底清洁消毒。快餐店布置优雅，色彩协调，光亮明快，通风自然，桌椅干净，还有音乐伴奏，甚至于有的客人对其卫生间情有独钟。

▲质量优势和品牌优势，为麦当劳带来庞大人潮。

在工作质量方面，麦当劳更是要求员工一丝不苟，耗资200万美元制定的《管理手册》，说明了政策、各项工作程序、步骤和方法等各个方面，仅目录就有600页之多。这样就能保证所有环节都采用统一的标准，使科学管理渗透到每个操作环节，真正实现了标准化、机械化、现代化和科学化。麦当劳快餐店的用工制度高度灵活多样，既有每天做8小时的全日制工，又有按小时计酬的兼职小时工，而且上班时间可自行选择。整个付货台看上去犹如一个战场；客人多了就增加柜台，“增援部队”从后厅冲将出来，这样就保证了有条不紊、忙而不乱，真正做到了“忙时没等空，空时无闲工”。

3. 必须做好长期抗战工作

一个品牌的成功，并非是短期内可以做到的，它是一个比较长的时间的积累与沉淀，决非是一朝一夕之功。“没有品牌，就像在租房子”。我们

也可以看出，创造品牌绝对比创造产品来得划算！

成功的品牌背后都有一种伟大的理念，有伟大的理念，才能成就伟大的品牌。“产业报国”的爱国理念，成就了松下王国；“写出世界上最伟大的软件”，使得微软天下无敌；“努力为公众提供意想不到的产品与服务”的理念，使索尼成为世界上最有影响力的品牌之一。这样的例子，在我们生活之中并不少见。

分析这些品牌的成功所在，均是决不满足于眼前的短暂的利益。其次，品牌活力来自你日积月累的持续操作，无论在营销还是在企业的内部管理上等各方面都要讲究脚踏实地，持续性地操作下去就不会出现断层，有效地整合了资源优势，这也是品牌毫不逊色的表现之一。据一份研究显示，许多紧跟着拓荒者进入市场的品牌，常常能够保持领先的位置，这与他们长期“抗战”、做好每一个环节息息相关。因此，在美国的统计结果发现，后来居上的品牌市场占有率一直是拓荒品牌的3倍，其原因就在于打持久战役的耐力高低与否而形成差异。

一个品牌的成功，并非是短期内可以做到的，它是一个比较长的时间的积累与沉淀，决非是一朝一夕之功。特别值得提出的是，品牌运作这个漫长的阶段必然会经历一些黑暗期，往往造成一些企业信心大失。我们的企业多数都缺乏一份坚持，在入不敷出的时候立即改变品牌方向，以致本身可以大展宏图的品牌，确实令人为之扼腕兴叹。

电通扬雅的副总裁说：“没有品牌，就像在租房子。”这个道理大家都知道。透过品牌成长的生命线，我们也可以看出，创造品牌绝对比创造产品来得划算！反观我们中国企业，当前最需要的就是要有远见，并要有长期做品牌的心理准备。要知道品牌创立不在于一个“创”字，而在于一个“立”字，品牌之路坎坎坷坷，但能真正立起来的品牌自然来源于你的持久信心。与国外的这些强劲品牌相比之下，我们中国品牌就显得相形见绌。就拿保健品行业来说，每家公司在产品上市时都披上了各种各样的科学头衔和概念外衣，让消费者眼花缭乱。两味中药再加一点白糖水就是新产品，乔装打扮一番便鼓噪着隆重推向市场；有的甚至只要换一下标签，换一个新概念便成为新卖点。“概念先行是保健品造势的法宝，却也成为其短命的硬伤”，国家药品监督管理局南方医药研究所副所长陶虹一针见血地道出保健品短命的天机。正因为高额利润的诱惑，使得很多精明的商家采取急功近利的急躁冒进举动，他们迷信广告的魔力，轻视产品的科技投入。虚假宣传便以夸大其辞，宣扬包治百病，或是违法宣传其产品具有治疗功效；再不就是生造概念，大肆炒作、虚假承诺，无法兑现；更有甚者，乔装打扮，旧药新卖、勾结权威，欺骗消费者。种种迹象表明，品牌还在眼前的利益上转圈圈，这种短视行为，使得一个个品牌在初萌期便纷纷落得夭折下场。诸如沈阳飞龙从崛起到没落前后为 5 年时间；巨人脑黄金风暴只刮了两年左右便淡然出局；其后的三株帝国，在兴盛了三年之后，也轰然倒塌……

值得指出的是，众多的企业在创建品牌的道路上，尽管都认识到品牌的资产价值，但缺乏一份耐心和决心，往往在眼前的一点蝇头小利的诱惑下，而放弃品牌经营，放弃曾经立下的至高无上的理念，最终企业难免要饱经风霜，为此而付出惨重的代价！因此，中国企业家应保持从如至终的热情，这是创造强劲品牌的关键，它也将决定品牌的强盛程度。

案例：RCA 品牌的持久战让品牌充满活力

RCA 在 1954 年的时候率先推出彩色电视机，但是当时由于大多数的电视台制作节目都还停留在黑白阶段，而且黑白电视机在当年性能方面很稳定，消费者对于黑白电视机的忠诚度都很高，以致 RCA 推出的彩电市场反应平平，消费者对此兴奋度也不是太大。在这个节骨眼上，RCA 品牌黯然无光，一时间举步为艰，只好依赖于打持久战来打开大众市场。

因此，该品牌决定从两个方面来达到目标，一是研究提升电视机品质，二是要求旗下子公司美国广播电视公司（NBC）播出彩色电视节目，来慢慢培养市场。经过长达 10 年的努力，到 60 年代中期，消费者终于认识到彩电时代来临，大众化的市场也由此打开，RCA 从此奠定了市场领导者的地位。

4. 必须在销售终端全盘通吃

有好的行销手法，好的产品，而没有好的终端策略，同样无法完成占有市场的目标。我国品牌的目光都放在一些高端，抢占一些大城市的黄金位置……

随着城市的发展和消费者收入的提高，消费者对购物场所的要求越来越高。因此，购物环境良好的商场、超市及配送连锁店逐渐成为产品销售终端的主要阵地形态，销售通路历来也就成为商家们拚抢得最激烈的地方，各企业军团无不展开你死我活的惨烈厮杀。《难以忘怀和毫无愧疚的销售》的作者斯科特·格罗斯教授的，被他称之为“POS POINT”（销售要点）的口号说：“一锤子买卖，一生一次；一辈子服务，一生一世，莫把终端当终点”。新的品牌经营观念将重点放在了关系和顾客服务上，企业要想培育一个在顾客心目中有分量的、具有亲和力的、满意的品牌，那么就应该通过培育品牌文化使企业中的每个人都应当接受“服务等于成功”的经营理念，使得让顾客满意成为企业最原始的动机，而将终端的每一次的交易结束视为“一段友好关系的开始”。

有好的行销手法，好的产品，而没有好的终端策略，一样无法完成占有市场的目标。既然销售终端如此重要，我国许多品牌在这个节骨眼上，却做得与国外品牌还相差甚远。我国品牌的目光都放在一些高端，抢占一些大城市的黄金位置，比如前段时间很疯狂的舒蕾品牌，一阵子抢完之后便开始节节败退。当然，值得欣喜的是，国内也有一些品牌在终端上也是当仁不让的，比如蒙牛牛奶就为一些小店大做招牌，品牌在销售终端成为一道亮丽的风景。不过，即使有类似的意识，但是终端仍然没有强势品牌做得扎实，比如统一、雀巢、达能等。

然而，当世界各地的消费者行为逐渐统一时，商品在终端也走入国际

▲有好的行销手法，好的产品，如果没有好的终端策略，同样无法完成占有市场的目标。

化的形态。例如，麦当劳在终端国际化的起步较早，因此，就比肯德基占尽优势。就拿中国市场来说，洋快餐在中国的成功，主要是成功占领了儿童消费市场，相比之下，麦当劳在终端市场的精耕细作，不断与儿童们拉近距离，大搞诸多有意义的、迎合儿童心理的活动，让品牌确实有先入为主的优势。由此看来，终端走向国际化是中国品牌走向全球化刻不容缓的策略之一，假如晚人一步，市场的先机就会被人占尽。无独有偶，肯德基从 2001 年开始在中国不同城市推出本土化风味食品以来，借着“老北京鸡肉卷”，已经牢牢把握住我国人口日趋老龄化的现实，终端上的花样不停翻新，满足中国消费者越来越高的口味要求。

有鉴于此，最早日本 FANCL 主要是以邮购方式贩售，其概念是希望把最新鲜的产品在第一时刻里，送至顾客面前，不采用店铺销售模式。直到 7 年前，因应顾客要求，才开始建置实体通路，在各大百货设专柜，通过面对面（Face to face）贩售，达成顾客满意。

案例：康师傅2003年忙着抢占小店终端

康师傅方便面自始至终将目光瞄准国内的小店，在国内一些企业忽视低端市场、只想抢高档商场的“黄金柜”的情况下，康师傅却加大力度去投入国内小店。每到星期五，一大批补货员总是骑上单车，穿上康师傅的一色的服装，跑遍大街小巷这些不起眼的小店。每到一家小店，补货员总是很热心、有礼貌地与小店店主打招呼，而后就走到货架前，将一大堆散乱的方便面摆得整整齐齐。即使是竞争对手的商品，补货员也会把他们摆得整齐，只是它们所占货架的位置就不会太大，其次也没有康师傅所呈列的醒目。经过摆放的方便面在货架上很整齐，店主每天忙得不亦乐乎，根本没有时间去多管货架，更不会去展示商品，一旦见补货员摆好货架商品，也就不会再去调整。有时，这些补货员有时见到店主忙得人手不够，也会热心地主动上前帮忙销售，他们的做法常常得到店主的好感和信任。

于是，星期五就是康师傅方便面的理货日，大清早补货员就开始跑向一家家小店。将各家小店的理货工作做到位的同时，顺便也会将各家小店在一周中所需要的货量作一个统计，以便在星期六公司统一派车上门补货。所以，康师傅方便面在终端明显占据了黄金货架的最佳优势，常常都是笑傲终端。

5. 必须有不一样的行销定位

在新世纪的行销与品牌经营中，企业擅长于表现品牌的特别，可以先期占据消费者的心，让消费者接收到特有的动人情境及来自品牌的魅力。

定位观念早在50年代罗瑟·瑞夫就提出“独具的销售说辞”就出现了，相信各位读者都不陌生。品牌要特别，与定位密不可分。品牌定位具有明显的策略性质，它是一个品牌形成特别的基础。“定位是你对未来的潜在顾客心智所下的功夫。也就是把产品定位在你未来潜在顾客的心中”。成功的塑造品牌个性的经典范例比比皆是，如万宝路香烟定位为“男子汉的香烟”；飘柔洗发水定位是使头发光滑柔顺；金利来定位于“金利来，男人的世界”，几乎成了男人事业有成的标志。

▲康师傅在 2003 年抢占终端比其他企业要忙些，每到星期五理货员都会到各个小店摆好货架上的产品。

好的定位，才会有好的市场，品牌要独特，离不开准确无误的定位，这个“位置”占不下来，品牌肯定会在市场中淹没。当然，要让品牌具有特别之处，绝非易事，它还需要有完善的市场划分、目标市场的准确选取、产品推广策略的有力制定等各方面的整合，企业需要投入一笔庞大的费用，需要时间和耐性来建立形象，但可以肯定一点：它是所有想创建强劲品牌的企业家终生奋斗的目标。

我国的中小企业，步入品牌之路不久，由于资源有限，在此方面就要更加努力，品牌只有表现特别，方可能一炮打响，从而确立出品牌在市场的地位。分析其过程也许漫长，但此时开始扎实来做，确定这个正确的市场策略，未来就会收益甚丰，最终即使成不了强劲品牌，也至少会“有名有分”，比起其他品牌就会有优胜之处。

在新世纪的行销与品牌经营中，企业擅长于表现品牌的特别，可以先期占据消费者的心，让消费者接收到特有的动人情境及来自品牌的魅力，也许这是品牌抛头露面的最佳行动！

案例：白兰氏鸡精凭借定位重振市场雄风

白兰氏鸡精在台湾销售 40 年来，一直业绩平平，近 3 年来的快速成长和行销策略的转变，带来品牌生机旺盛，显然这与品牌定位是分不开的。

长期以来，白兰氏鸡精被定位成一种补品，专供产后妇女、身体虚弱的人士作为补品使用。近年来，其新加坡总公司创出灯泡的企业识别标志，由此发展出一系列的行销攻势，进一步打开鸡精市场。首先，该品牌在广告中加入《妇女篇》。其强调现代妇女里外兼顾，需要补充体力，而白兰氏鸡精则能够“迅速恢复您的体力”，带动消费人口增长；然而，这一阶段仍以鸡精的补品功能为主要诉求。

之后，白兰氏鸡精为了扩大市场，食益补经过两年的构思筹划，终于推出第二个产品定位广告：“一撑过一时也要健康一辈子”。以此博得消费者的认同，至此，鸡精成了健康食品而非补品。紧接着，鸡精市场已卓然成型，为了进一步强化白兰氏鸡精有益消费者健康形象，于是，白兰氏鸡精构思出“健康事交给白兰氏”的广告诉求，从而确立了白兰氏鸡精在市场中的领导地位。

6. 必须永远追求个性化行销

追求个性行销中应不断把握消费变化的需求，将品牌个性融入其中，从而让消费者产生共鸣，已成为中国企业亟待突破的课题。

品牌同人一样，也有个性，否则消费者就会混淆不清，“玻璃当作是钻石”，品牌便失去应有的竞争力。为让你的品牌在芸芸市场脱颖而出，品牌经理人须在此方面费心努力。

当今已是崇尚品牌的时代，从某种意义上说，品牌之所以成为品牌，一定具有极其鲜明的“个性”。这种独特的“个性”，牢牢地把消费者吸引住，使人过目不忘、印象深刻，品牌因此大行其道。

分析可口可乐、柯达、麦当劳、奔驰、IBM 等全球性的强劲品牌，皆有其特别之处，它们都具有：

●全球通行的品牌形象，统一而有整体感；

●品质绝对过硬，利益诉求十分明确；

●可以满足不同地区消费者的需求；

●融入当地文化，成为当地人生活的一部分；

●行销策略切中市场要害，市场把握非常到位；

●媒体推动、通路拉动都很重视。

个性是品牌创意的灵魂。没有个性的品牌，就没有市场竞争力，更不会有存在的价值。个性行销 4P（产品、价格、通路、促销），必须围绕品牌来展现自己的独特个性。有了独特个性，可以让一个品牌在同质产品中脱颖而出。

▲ 企业要摆脱价格战，提升商品的价值，唯有追求个性化的行销或创新商品。

国外品牌在中国市场总是不遗余力地追求个性化行销，打着“凉到彻底”旗号的雀巢冰红茶，羊年一到，产品推广活动动作日益加大。该品牌在广州北京路步行街设点，并请洋人来向广州市民推销由国内生产的、茶味与果味混成一体的软包装“洋茶”产品。据悉，公司所聘请的老外都讲着一口流利的汉语。这种独特的推销方式，很受当地消费者的欢迎，公司销售成绩在推广期十分喜人。

▲ 雀巢冰红茶在国内经常搞活动，并总是以个性化行销作为品牌战略一部分。看看，羊年洋人卖“洋茶”。

我国许多企业至今在产品行销中缺乏独特的概念定位，没有充分找出自己的 USP（独特的销售主张），许多企业认为品牌塑造就是广告宣传，一味在追求轰动效应上做文章，品牌还谈何进入可信度→美誉度→忠诚度，消费者更不会有离不开这个品牌的依赖感。众人皆知的秦池和爱多之类的企业衰退，主要就是只知追求轰动，而忽视忠诚所致。一些企业在追求差异化上普遍缺乏力度，有的企业家观念落后，无法适应品牌时代的发展；在产品开发品牌的塑造上没有独特的个性，使得品牌与消费者之间距离拉远，需求也无法满足。

在追求个性行销中应不断把握消费变化的需求，将品牌个性融入其中，从而让消费者产生共鸣，已成为中国企业亟待突破的课题。

7. 必须持续输出你的品牌价值

品牌的生命在于创新。创新，就是一种对传统经营意识的扬弃和突破，只有不断推陈出新，以市场为导向，才能使品牌的生命力有新的飞跃和质的提高。

品牌价值需要不断地持续输出，品牌才会累积更多的资产，在竞争中立于不败之地。然而，要让品牌价值不断输出，企业就必须不断创新。创新，是企业的灵魂。创新意味说对自已熟悉的、习以为常的东西加以根本性的否定。

从市场上主流商品的发展趋势来看，品牌竞争必然是企业全面的、整体的创新竞争。美国施乐公司在 80 年代初由于忽视新产品开发，曾一度陷入困境，但公司积极推陈出新，以市场为导向，不惜投入巨资加强开发，终于推出了简便的、高质量的、高市场份额的新一代复印机，在竞争中走在了前列，免除了被淘汰的厄运。瑞士的“百瑞灵”牌手表与“帕特克菲利普斯”牌手表就是创新的杰作。不断创新的李库珀（Lee Cooper）牛仔裤，在不同的年代，展现不同的时代特征：40 年代自由无拘束；50 年代叛逆性；60 年代轻松时髦；70 年代豪放粗犷；80 年代新潮下的标新立异；90 年代返璞归真的“专业牛仔”，正是由于永远在变，李库珀牛仔裤便装化、时装化，畅销全世界 70 多个国家，拥有 7.5 亿的穿着者。

品牌没有“终身制”。任何一个品牌只有不断地更新，以新的技术和工艺，新的包装“面孔”来提高附加价值，才不会被市场淘汰。“品牌也须创新”已成为众多品牌常领风骚的要诀。因此，创品牌不能“一创定终

▲消费者的不断追求和成长，对产品创新也不断提出新要求，苹果品牌始终抱以积极进步的心态参与竞争。

身”。品牌不走创新之路，是无法与强劲结缘的。诚然，创新是品牌保持持久竞争优势的关键。“可口可乐”的口味让人上瘾；“麦当劳”的汉堡让人回味；英特尔优异的新型微处理器，使全世界计算机产业趋之若鹜，且信息及计算机产业已成为全球最具发展前景和吸引力的产业；美国恩龙电力公司和金力奇酒店，经营业绩在行业中颇有名望，两家企业在全美富有创新精神的600家公司中名列榜首；丰田汽车的发动机与20年前相比重量减轻48公斤，最高功率反而提高了25马力。它们的成功，原动力是企业技术创新。

世界500强企业都高度重视观念、管理、制度、技术和战略五个主要方面进行大胆的创新。然而，从90年代中后期以来，我们许多企业战事频繁，越来越多的行业靠恶性竞争来争夺市场份额。于是，彩电大战、VCD大战、空调大战、白酒大战、化妆品大战……在买方市场的大背景下，许多企业硬着头皮参与恶性竞争，一些企业用偷工减料的方法降低成本，明显不是办法。在群雄并争、无序竞争状态中，产品利润已趋近于零，使得大多数企业丧失了创新的能力。品牌在竞争中，遭到大批以低价格入市者的冲击，这对企业的生存空间提出了严峻的挑战。在这恶性竞争中，唯有通过创新，不断推出消费者喜爱的新产品和提供满意的服务，企业方可立于不败之地。

创造市场关键在于创新，品牌价值才会不断地上升。我国海尔集团是在不断否定自我，创造市场中成长的。在创新管理方面，海尔是不遗余力

▲ 品牌就像一棵成长的树，必须时时靠创新来浇灌，才能茁壮长青。

的。对此，海尔总裁张瑞敏这样解释：市场永远在变，如果只是适应市场，你可能永远落在市场后面。想走在市场前面，起导向作用，就应该创造市场、创造用户。海尔独辟蹊径，不去过分抢占现有的市场份额。而是去另创一个市场，重塑一个蛋糕来独享。以“立足创新，用户为师，永远改进，追求完美”为原则，引导消费趋向。为此，创造出独具特色的中国丽音、TV/VCD二合一，中国第一台多媒体全数字彩电、亚洲第一代四星级冰箱、中国第一代豪华型大冷冻电冰箱、中国第一代全封闭的抽屉式冷冻电冰箱、中国第一台全无氟电冰箱等优质产品。海尔按照市场细分策略，根据不同的地理情况、不同消费心理、消费习惯和消费层次等不断开发新产品，以“用户的难题，我们的课题”为开发和服务理念，实现产品功能与用户需求整合。海尔推出了明画98、AV战神的彩电；为上海市场设计出了占地面积小，适合上海人审美习惯的瘦长型“小王子”冰箱；为水质较硬地区设计了“小神童”洗衣机；为西南地区农民设计了能洗地瓜的“大地瓜”洗衣机；为广东市场设计了健康型冰箱……海尔集团平均每天申报一项专利，三天推出一个新产品，使产品始终领先于市场。海尔因此被国家确定为技术创新试点企业，也一举成为世界家用电器行业强有力的竞争者。

美籍奥地利著名经济学家熊彼特说："现代企业，尤其是大企业，如果自己不创新，就要遭受创新者'创造性毁灭'。"此类现象也不仅在我国，美国著名的王安电脑公司盛极而衰的转折点也在此：一味去追求规模，故步自封，不利于解决经济发展的根本问题；更缺乏最具活力的创新精神。

可口可乐公司首席执行官埃华士说："每个人都陷入了这个误区，他们只关注最新出现的小发明，或者认为创新只能出现在艺术领域或科技界。但你必须要鼓励员工的创新精神，鼓励在制定策略、创建品牌甚至在经营过程中的创新精神。"由引可见，创新不仅包括单纯的技术和产品的创新，还有制度、管理、服务、观念等方面的发展，使这种创新精神广泛地渗透到公司中去。

时下，我国许多企业在品牌运作上一旦产生一点知名度，就认为大功告成，便可以"终身受用"，以至不再进取、高枕无忧，忽略推陈出新，这种品牌观失之偏颇。还有太多的企业，在"守"与"创"上很茫然，错误地认为自己的品牌已经小有知名度了，根本就用不着广告宣传，也用不着与消费者加强互动，沾沾自喜地躺在品牌上吃老本，最终只能是"品牌大厦轰然而倒"。我们经常看到，国内众多品牌经过搏战终闯出了一片天地，但没过多久，就悄无声息。如北京的"白菊"、"牡丹"，石家庄的"环宇"、"双鸽"，红极一时的"燕舞"、"香雪海"，这些品牌都缺乏居"名"思危。得名后就缺乏了创新力，因此，品牌之路走得不会长远。国外企业技术开发的投入一般占其销售额的5%～10%，而我国平均不足1%。正因如此，我国在1998年，确定了海尔、北大方正、长虹、宝钢、华北制药和江南造船等6家企业，为首批技术开发重点扶持对象，今后每年投入不少于2000万元的技术开发和创新费用，使每家用于技术开发的投入比例争取与国际大企业相同，让这6家企业在2010年前冲入世界500

强而出台实施的一项政策，不由不令人感到欣慰。

品牌的生命在于创新。创新，就是一种对传统经营意识的扬弃和突破，只有不断推陈出新，以市场为导向，才能使品牌的生命力有新的飞跃和质的提高。管理大师彼得斯说：“不创新，就灭亡。”美国人也有句名言：“允许失败，但不允许不创新。”可见，企业者只有发扬“人无我有、人有我新、人新我转”的开拓创新精神，品牌才会拥有持续的价值。

案例：吉列刮胡刀不计代价研究创新

吉列（Gillette）刮胡刀的发展历史，则是企业不断创新并保持领先地位的有力佐证。1903年，吉列公司看准大众市场，推出装有可丢弃刀身的廉价安全刮胡刀，从此改写了刮胡刀的历史。在两次世界大战期间，吉列公司又抓住美军部队的庞大市场，成功地将新产品推广开来。由于吉列公司不但拥有产品的专利权，而且也不断拓展大众市场进行创新，因此领导了半个世纪的刮胡刀市场，在1962年的时候达到了顶峰，拥有72%的市场占有率。1972年，吉列公司又推出双刀头刮胡刀，眼看着双刀头刮胡刀逐步打败自己旧有的产品。1977年，当双刀头刮胡刀仍是主流产品时，吉列继续又推出旋转式刀头刮胡刀。1989年，吉列仍又推出感应式刮胡刀。这个创新之举，真的让刮胡子成为一种享受。不论什么时候，吉列都规划至少20样产品，每天都有200名员工亲自测试新的刮胡技术。

8. 必须使品牌包装具有独特成分

包装已不仅仅是产品的简单外形，而是体现一种有着丰富内涵的文化。好的包装，不仅有利于产品营销，往往在产品使用完成后还极具收藏价值。

“人靠衣装，佛靠金装”，当你看到一个人今天穿上一件新的衣服时，就会感到对方精神气质都有很大变化。同样，包装就是商品的服装，好的包装可以让人感到耳目一新，难以抗拒它的吸引。

从互动沟通的意义来说，包装决定了消费者对品牌的第一印象，重视产品包装设计，无疑是建立消费认同的基础。外观包装设计，必须以消费者为导向，做好认真的调查与研究，并以此为基础，迎合消费心理，创造需求与喜好。

包装已不仅仅是产品的简单外形，而且体现着一种有着丰富内涵的文化。好的包装，不仅有利于产品营销，往往在产品使用完成后还极具收藏价值。湖南的“酒鬼酒”之所以畅销，与其独特的包装密不可分，那新奇的造型、色彩、图案无不深深透露出浓郁的文化气息，深得酒友们的青睐。从互动沟通的意义来说，包装决定了消费者对品牌的第一印象，重视产品包装设计，无疑是建立消费认同的基础。

品牌包装，要求除了力求方便、变化及有趣等机能外，在视觉表现上，亦可传达强有力的商品概念、内容、风格及质感。因此，杰出的包装，是商品终身的广告，可以让消费者“动心”。正如一本著名的包装设计教科书中所讲的那样：“消费者往往分不清一种产品和它的包装，很多产品就是包装，而很多包装就是产品。”这句话生动地说明了包装对于产品销售的作用。诚然，包装对产品的重要性不可小视，一个成功的产品包装，可以吸引消费者注意，另一方面可借助包装，让消费者增加印象及偏好度，进而促进购买的意愿。

我国品牌包装的落伍，已无法适应消费者的需求，无论是从视觉上还是理念上，都无法激起消费者的购买欲望。目前，我国产品品种不少，门类齐全，但往往包装不上档次，具体体现在：一是笨重不便携带：二是粗糙色彩暗淡；另外还有一些产品则走向包装的另一极端——“椟”比“珠”贵，无端地增加成本，使消费者产生买的不是产品而是包装的感觉。据有关部门统计，我国出口商品每年因包装不合格而减少外汇收入约10%，而国内市场商品包装合格率只有60%，全国每年因商品包装不合格而造成的损失至少150亿元，相当于100多家大型商业企业全年的零售额，其造成的劳动力损失更是无法估量。

▲ 统一小心点儿拉面丸子的包装推出，不只是名称上受人瞩目，它跳出传统式的包装设计，改以杯装为素材，并配合创新字体与大都市高楼的摩登背景，发挥新产品上市的视觉印象，有效地提升了品牌整体质感。

我国目前还没有一部全面的、完整的、系统的、与国际市场接轨的《包装法》，而产品包装在国外均受到高度重视。我国加入 WTO 后，忽视包装无疑会受到国际市场的制裁。我国包装机械的更新换代已是当务之急，因为不合格的产品包装，必然会受到进出口法规的禁止，我国的许多进出口产品包装不统一，质量检验不够重视，包装的材料质地也十分低下，特别是在航空运输中漏洞百出，打腰不紧、衬垫捆扎不合格等等。在出口的 60 多万吨货物中，严重违犯航运规则的危险货物占的份额很高。我们许多品牌包装，对动植物检疫规定也不甚重视，众多的弊端出现，难免让消费者对此不屑一顾。凡此种种都是中国名牌产品有待突破的包装盲区。

品牌包装不仅有传播品牌的广告效果，而且还是一个优于广告的特殊广告，它离目标消费群体更接近，更具可触及性和亲近感，更容易促成销售。据一份资料表明，在美国一家经营 15000 个产品项目的普通超级市场里，一般购物者大约每分钟浏览300件产品，假设53%的购买活动属于冲动购买，那么，此时的包装效果就相当于5秒钟的电视广告。因此，品牌包装的传播作用肯定超过一般广告传播效果。这一特殊的广告宣传还没有被中国企业广泛采纳。

品牌包装要有独特成分，就必须要经过一番严格的检核，这样才会使商品在销售过程中鹤立鸡群，提升企业的市场竞争力。

●包装造型是否独具一格。

"克林先生"的瓶子造型采用双手抱胸的姿态，暗喻产品的威力。可口可乐曲线玲珑的玻璃瓶也十分独特，为此花了600万美元买下鲁德工程师的这项专利，并一直沿用至今。这种瓶子整体形态像是裙子，线条柔美流畅，外观新颖别致，握着时瓶子不易滑落，瓶子中间突出的部分给人一种丰满的感觉，看起来瓶子里的饮料似乎更多一些。国外企业在产品造型上，皆是追求独具一格，来增加产品的价值，树立产品美好的形象，让消费者喜爱。中国企业，不妨改变产品的"大"、"笨"等造型追求。好产品离不开好造型，大小一定要有自己的特色。

●包装在货架上是否一目了然。

好的包装在货架上看起来就像一张海报的效果，一目了然的同时，让人有种美的享受。在堆积如山的产品中，包装就必须维持视觉的共同性，才能在众多的产品中跳进消费者的视线。消费者的视线易为三角形吸引，但并不等于喜欢三角形。一个消费者在货架前选购商品，每一次浏览货架只有几秒钟，好的包装就能捕捉人们的目光。P&G在这一点的检核工作就做得非常扎实，每一次推出新包装，总是分出小样，做出产品原大样品装，设立出模拟货架，将产品放在货架的黄金线上，找目标消费者来测试，而后问他们，记住了什么，忘记了什么，然后及时进行产品整改。

●包装上的品牌名及标志是否明显和突出。

无论是哪一种包装，首先都应突出品牌名和商标，并正确地利用包装来充分体现，而不让品牌名和标志在包装里淹没，否则，品牌在流通中不会成为醒目的焦点。我国众多的品牌在流通中为了追求"花哨"，品牌名和标志均被忽视，甚至让顾客拿到产品辨认许久还不知是何家何牌。这是许多国内品牌常犯的毛病。比如广东有一种叫“心水”的润喉片，品牌名设计的美术字没几个人可以一眼认出来的，本来是想让人产生美感的，结果反而适得其反，严重影响了产品的流通。可见，设计醒目的标志和品牌名，追求突出时，要简单传达品牌的信息，做到字体清晰，一目了然。这是品牌成功的关键。

●包装整体外观感觉是否新鲜。

外观感觉新颖、离奇、创新，不仅可以为老产品重焕青春，也可以为新产品脱颖而出提供条件。如最近台北 2000 行销创意最佳产品包装奖第一名“春风面纸”(花鸟系列)，利用五个包装组合构成一个整体，共同组成一幅花鸟图。它以中国花鸟系列为主要设计素材。最特别的是，春风把“四方连续”的绘画概念，首次呈现在面纸盒上，独具现代风格，包装富有新鲜感，从而使商品名声大振。包装整体外观感觉是否新鲜，对于销售将起到极其深远的影响。中国企业，在包装外观感觉上很多产品还十分“老土”，皆选用大红大紫的色调及缺乏美感的造型大有人在，让人一看产品就想到是出自乡镇企业之手。国内企业在产品外观设计上还有待加强创新力度，这样产品包装才能富有新鲜感，品牌才会保持新鲜度。

●包装外观是否显示出价格与价值相等。

产品包装一旦显示出价格与价值相等时，消费者才会产生购买合算的感觉。我们发现，消费者常以包装的材料来判定产品的价值。例如，同样的产品，您将它放入玻璃瓶、易拉罐及纸包中，其价值感是不一样的。因此，在产品包装中，带给消费者的价值必须充分体现。企业要考虑产品外观价格是否等同心理上的价格，如相反，则必须加以改进，否则产品进入市场，肯定会在价格上失去优势。

●包装外观的颜色是否反射不同内容。

在色彩上反映出消费者的敏感，是包装不可忽视的一环。目前国内许多企业在色彩上认为大红大紫的鲜艳颜色就会吸引人，在包装上纷纷采用最显眼的颜色——黄色，致使很多产品的包装都像是一个模子里出来的，让人找不着北。注重色彩的图案协调美观，且反映的是一致的内容信息，便会让人产生“相见恨晚”的感觉。

●包装整体的品位是否合适。

产品包装所传导的品位是否与目标消费者的需要相一致，这一点也相当重要。需要特别指出的是，中国企业一定要检核包装有没有体现产品的内容，传导出一种特有的品位。如巧克力、糖果、食品罐头等，逼真的画面，就应传导出色、香、味，令人垂涎欲滴的境界。再如男人嗜好的威士忌，就应传导出法国贵族生活的独特气氛等等。切记，有品位的包装，会让人爱不释手，销售效果与那些没有品位包装的产品会大不一样。

●包装字体与广告是否相呼应。

包装上的字体与广告宣传的标题或口号，采用同一种字体和颜色，可以让消费者的记忆重复，增强辨认的同时，强化记忆。宝洁公司推出的洗发水——“润妍”，尽管现今做得不是很理想，但我们不能否定一点：这个产品的包装就做得十分成功，产品包装的字体图案与 POP 皆是同一字型及一片绿叶形成整体原素，让人产生强烈的记忆点。目前，国内许多品牌在此方面十分欠缺，字体换来换去，与广告产生不了相关性。中国企业对于“一体化”的设计风格还普遍重视不够，还没有纳入检核的范围。包装的风格一旦成型，在短时间内是无法更改的，其影响不亚于产品的广告，因此，包装字体与广告就要讲究风格同一。如果在最初的包装设计中就考虑到这方面，就会减少更多的盲点。

●包装与广告的视觉传达是否相同。

包装与广告的视觉作整体规划，可以让消费者产生一种信任感。这两者间的识别系统及色彩计划，如果不能规范的话，难免就会产生许多冲突的地方。视觉统一，贯穿到包装与广告中与销售刺激联系，有机地运用色彩的组成和调配，可加强品牌特征，对于产品的销售起到巨大的推动作用。我国大量的包装，与广告所传导的信息没有形成一个有机的整体形象，导致许多产品消费者识别率下降，更无法对品牌“对号入座”。为此，我们必须予以关注。

●包装是否有主题、有个性。

包装有了主题和个性，才有机会在同类产品中脱颖而出，便可以跟其他品牌产生区别，易于产生记忆，对于增强消费者的喜好度将起到至关重要的作用。宝洁的“汰渍”洗衣粉，大胆采取橘红色为主色调，使得包装上的同心圆与粗体字形成很强烈的对比，个性鲜明。我们看到，宝洁的每一个品牌都很有独立性，绝不会让人把“品客”与“汰渍”联系在一起。国内品牌包装主题和个性方面往往失去“个性”，喜欢跟随、模仿别人，没有“真实的自我”的比比皆是。

●包装是否与时代潮流合拍。

国内品牌包装还普遍追赶不上时代潮流，无论是市场研究、结构及制作上、形象规划及塑造、设计制作，还是包装的喜好程度的研究上，都无法与国外品牌相抗衡。国内许多设计师还站在自身角度、满足个人喜好，无法让消费者为之“动心”。要知道，包装是一种语言，是商品的终身广告，企业在包装上，能做到与时代潮流合拍，必将促进产品销售功能的提高。

●包装是否让人富有正面联想。

让包装令人富有正面联想，才是一个品牌保持永久生命力的动力之源。每个产品一般都有子集的特征，比如人们一提到万宝路，就会想到西部牛仔的阳刚之美；提起高露洁牙膏，就会想到没有龋齿、满口洁白的牙齿；提到海飞丝，就想到没有头皮屑等。这些都是品牌包装所带来的成功联想范例。综观国内品牌，在包装上还不善于运用品牌联想这一利器，致使产品失去了活跃生命力的同时，品牌也因此黯然失色。

●包装是否容易搬运和陈列。

好的包装肯定有利于贩卖场所的搬运及其终端陈列的有效展示。在包装设计中，要考虑到卖场货架或场地的特殊性，必须考虑到卖场的三个空间，即店员空间、商品空间和顾客空间。如果这三个空间能互相配合得很好，那么这个设计就是科学的。可要知道，卖场的陈列方式、商品的陈列面、陈列数量、单个包装的效果与多个包装的叠放效果、货架的色彩及射灯的照明等，这些方面均会影响到产品在终端的竞争力。诚然，好搬运和具有最佳陈列的商品，才算是个好的包装，我们往往忽视了这一点的存在。

●包装上是否有详尽的文字说明。

在包装上要有关于产品的原料、配制、功效、使用和养护等具体说明，当然，特殊的商品还必须有特殊的文字说明。日常生活用品，要突出使用方法；食品，要有成分、重量、食用方法、出厂日期、保质期；药品，要注明成分含量、功效、使用剂量与方法、禁忌与有无副作用，有效期等；纺织品，一定要有成分、特性、尺码、洗涤方法等文字说明。如果产品出口，一般要有使用国的文字，企业往往要在产品上使用多种文字，以及简洁的示意图。总之，详尽的文字说明，更有利于展示品牌的内涵，给消费者以正确的消费指引，它是一个必不可少的要素。

案例：2003 年可口可乐更换品牌“脸面”

2003 年 2 月 18 日，可口可乐终于在标志上作了一次 30 年来的大改变，新的标志在原有的基础上改动部分设计元素，更有时代感，品牌也充满了新的活力。

据了解，本次推出新的标志，该公司早在一年多前经过多方面的市场调研才推出的方案，主要目的是针对全球各个国家推出迎合当地的语言的设计风格。本次推出的标志，采用斯宾瑟字体弯曲流畅的带状笔画，让人们一看到中文商标就能联想到英文可口可乐商标。

此次更换商标在全球同步进行，新的包装设计保留了原有

的红色背景上的白色斯宾瑟字体英文商标，使商标变得更清晰、简明；其红色背景中加入了暗红色弧形线，原先单一的白色“波浪形飘带图案”演变成红、黄、银色为一体的多层次飘带设计，弧形瓶改为“气泡弧形瓶”，“飞浪红盖”则被英文可口可乐字体代替。这也是可口可乐重返中国市场以来第一次进行中文商标的全新设计。在50余个方案中，可口可乐选择了东南亚最著名设计师陈幼坚的设计。对于这个设计，可口可乐方面充满了信心并表示，至少可以将消费者对可口可乐的购买欲提升大概5个百分点。

▲为使消费者感受到产品的独特性及高附加值，除了产品本身的品质之外，也借助特殊的包装设计，凸显品牌质感及流行感。

案例：雀巢牛奶冰棒包装获2001行销创意突破奖

2001年台北地区举办的行销创意突破奖中，雀巢牛奶冰棒包装一举获得第二名，而成为本次评选中的佼佼者（第一名空缺）。这次评选最佳产品包装奖的竞争相当激烈，连评委之间也有一番唇枪舌战。评委们一致认为，雀巢牛奶冰棒的素材简单，但诉求的讯息十分明确，很容易与产品作联结。尽管之前得分曾经落居第二位，但经过部分评委的坚持，最后全数通过，名列第一。据有关专家说，当初创意的来源是从产品特性切入，透过产品图呈现牛奶冰棒的浓纯原味，让消费者从包装开始就能感受到产品的魅力，不知你是否已经感受到？

其次，可口可乐春节换包装，把中国几千年的文化底蕴——十二生肖

▲ 给品牌一张好看的脸，才有可能招人喜爱。

挖掘出来，可谓是一大文化价值的体现。试问，中国的汾煌可乐和非常可乐，为何没想到呢？殊不知，产品包装一旦得到消费者的认同，品牌就会充分发挥其价值威力。

一些企业家认为，包装在企业经济效益的具体价值测定有一定的难度，只要产品有内容，包装好坏与否并不影响太多，这也是一些企业家对包装不慎重的原因之一。现在，国外企业已经通过商业实践测定，某些产品销量的增长，与包装设计相关的因素达 65%～70%。欧洲坎贝尔饼干公司负责销售的副总经理奥伯曼认为："通往市场的道路中，包装设计是最重要的一条。"

案例：日本崎阳轩食品公司的"烧卖"独具特色

日本崎阳轩食品公司在包装文化的挖掘上可谓是同行中首屈一指，"烧卖"产品独具特色，且又以"葫芦儿"烧卖著名。在"烧卖"盒饭的正中，端坐着一位葫芦形的小娃娃（酱油瓶），令你一看到这副滑稽相就忍不住想笑。一晃动，小娃娃便会前俯后仰，就是始终不会倒下。其次，日本著名画家还为小娃娃画了48种不同表情的脸谱，加上饭盒里还放置了一张“葫芦儿漫游全国”的故事说明。当消费者在吃东西的时候，享受了特色包装盒饭，如“花筐盒饭”、“汽笛盒饭”等富有文化的设计，而且还有看又有玩，让人赏心悦目，迎合了消费需求，因此，产品销售一路看好。

案例：第5季阵容强大弥补包装“不足”

第5季创造了一个游离于春夏秋冬四季之外的时空概念，其次是找准了饮料市场的空白点或机会点——面向城市青少年群体，提供时尚休闲饮品系列，塑造自我、叛逆、轻松、梦幻、时尚的品牌性格。健力宝与“流行天后”、“销售女王”日本歌星滨崎步正式签约，滨崎步成为“第5季”2003年形象代言人，首开中国饮料名牌聘请日本巨星代言的先河。在第5季旗下，产品线涵盖了水、果汁、茶和碳酸饮料等4大类、15种口味、5种包装，共21个规格，几乎覆盖了现在市场上流行的大部分饮料品种。其中包括了维C可乐、热带水果宾治饮品、鲜橙汁饮品、冰红茶饮等几十种饮料。虽然第5季产品包装与其他的同类产品包装没有什么太大差别，但每一瓶产品上都有滨崎步的图片，各种包装、各种颜色的产品组合，放到一起排山倒海式地推出，让人感到阵容强大，在销售终端很是抢眼。

9. 必须强化品牌形象

品牌一旦具有独到的形象，就意味着它所涵盖的产品对消费者群体有着无穷的吸引力，意味着它可以在众多竞争者中鹤立鸡群，舍我其谁。然而国内品牌还停留在倾力于品牌知名度的层面上……

品牌形象，是指品牌在目标消费者心目中的印象，是一种超越了商品本身却更能令商品区别于其竞争者的赋予。它可以成为消费者完成购买行为的一个强有力的支撑点。品牌形象越突出，在成堆的商品中越不至于遭到淹没，才有可能让消费者记住你的品牌，对于促进购买将产生决定性的因素。

品牌形象是品牌性格的载体，品牌性格则是品牌形象的灵魂，而通过特殊的性格即个性，可使其更加鲜明而有生命力。因为有粗犷的男人形象魅力，使得万宝路风靡全球，抽烟的人原来是拜物（产品）主义者，但这个物非常地好，而且这个物是以人性化的西部“牛仔”男子汉形象出现的，人们就会从崇拜物慢慢转化为崇拜“西部牛仔”，以“牛仔”为偶像；因为有迷人的女性形象魅力，使得香奈尔流行世界，成为天下女人最认同的一个品牌；因为有个性的形象充分展示，使得宝马轿车成为前卫一族的新宠；因为有大众化的形象魅力，索尼、三星品牌便走进五大洲的每一个角落……我们看惯了太多国外强势品牌在全球市场上纵横捭阖，所向披靡，也见得太多国内同行业缺乏形象而昙花一现，毕竟它是消费者对品牌的认知和一种评价。然而，品牌一旦具有独到的形象，就意味着它所涵盖的产品对消费者群体有着无穷的吸引力，意味着它可以在众多竞争者中鹤立鸡群，舍我其谁。

品牌形象一旦确立，也就成为某种商品品质的有力保证和消费者一个购买的理由。如可口可乐猩红的标志以及隐藏其后的“欢乐气氛”攻城略地；百事可乐红蓝标志和偶像巨星，无不洋溢着青春的动感；万宝路的西部风情和牛仔，充满诱惑。这些品牌都给人以鲜明的印象，令消费者眼前一亮，具有强烈的煽动性，并无形之中左右消费者的购买行为。

案例：宝洁开“店中店”让品牌形象得到强化

雷富礼出任宝洁公司 CEO 后，将改革继续深化。其中，为了让品牌焕发魅力，通过吸收经验，现在正试图改造一些传统的零售终端，在一些百货商店内开设“店中店”，最大限度地展示品牌，为消费者提供最优化的服务。在国内，宝洁也尝试着开辟店中店。据宝洁公司大中国区美发品市场总监陆博涛先生说："近年来，消费者对市场的把握越来越敏锐，对流行的趋势的感触越来越快，中国消费者的美发护发观念都有了大幅度的提高，我们一直非常注重如何更好地适应消费者快速变化的需求，因此我们在中国推出这种'店中店'的新的理念。"

"美发店中店"尝试把洗护发产品当作一种高档美容化妆品来卖。在商店里设专区，超市里设专柜，设计专门的组合型货架和展台，集中展示公司旗下所有品牌的全线产品，以飘柔、海飞丝、潘婷、沙宣、润妍等五大品牌洗、护发全线产品集中陈列，配以该品牌的形象标志、电视广告、促销介绍等，同时配以精美的灯饰和电脑咨询设备，宝洁还专门安排了职业美发顾问在店内咨询，帮助顾客挑选合适的产品，解答洗发护发方面的问题。这就是宝洁与众不同的"美发店中店"，吸引了众多消费者并受到她们的广泛欢迎。宝洁通过这个方式让消费者充分体验产品的优点，刺激消费需求，最终使得品牌形象得到了强化。

有专家指出，用僵死、呆板的理念打造品牌，是绝对没有出路的。如此打造出来的品牌将会是一种没有鲜活形象、没有动感性格的"死物"。因而，这种品牌必然不会使商品人性化，没有灵气，没有生命力，没有辐射力，其后品牌形象常常就会走入模仿的阶段。试想，长期没有活力，品牌就会显得老态龙钟，管理者就只好"顺风溜"，品牌终究会失去自我；而按照鲜活的理念来打造品牌，主要是在产品质量的基础上打造文化和精神的符号价值，从而树立与众不同的独特品牌形象，形成民族文化的个性性格。最终，品牌就有活力和个性显明的性格，就会形成品牌人性化，有了"精神"，品牌也就有了吸引力、威力、诱惑力，它就会摆脱地域和国界的限制。

可以说，国外品牌给我们的记忆是那么强烈，是它们改变我们对生活的认识。一提起它们，它们的专业形象让我们能够如数家珍般地叫出它们来：

●德国大众："小即是好"；
●可口可乐："享受清新一刻"；
●西门子：一个无处不在的朋友；
●丰田：路有了，车也有了；
●鳄鱼：游进我们小康生活的一条大鱼；
●波音：离我们越来越近；
●劳力士：我们知道了；
●IBM：不会英语照样念；
●英特尔：不懂芯片，也听说过奔腾；
●摩托罗拉：把它高高举起来；
●微软：让我们有了更多的故事；
●耐克：记住那一勾；
●宝洁：让我们"从头皮屑抓起"；
●麦当劳：我们不再去"吃文化"；
●力士：漂亮女孩有力气；
●索尼：让生活更美丽；
●雀巢：由大款到文化人；
●麦氏咖啡："滴滴香浓，意犹未尽"；
●柯达：让彩色平民化；
●卡西欧：手表也可以带电；
●万宝路：洋烟成了烟龄的一个标志；
●人头马：打开生活的另一扇窗；
●百事可乐："百事，正对口味"；
●高露洁：牙齿总是白白的；
●迪比尔斯："钻石恒久远，一颗永留传"；
●通用电气："GE 带来美好生活"；
…………

国内企业的品牌普遍缺乏形象塑造，至今还没有一个品牌形象塑造得像这些品牌那么鲜活，充满无与伦比的生命力。国内品牌还停留在倾力于品牌知名度的层面上，而忽略品牌形象塑造中不可或缺的社会公益事业和公关活动的参与，使得品牌在大众传播中无法引人注目。当今社会，已逐步进入了“印象时代”。形象是一个品牌成功塑造的根基，想勇创世界强劲品牌的国内企业，在品牌形象这一关上理当予以加强，否则品牌哪里会有“强劲”可言呢？我想请问各位，中国品牌给我们留下的形象，你能说出来吗？即使你能说出的，也是凤毛麟角！

案例：麦当劳力推“麦克唐纳”形象大使

麦当劳能够成为全球快餐业的大王，其形象大使麦克唐纳·罗纳德功不可没。作为麦当劳的主体标志物之一，麦克唐纳在麦当劳创业之初就开始为之效力。这一形象的推出，让麦当劳品牌为之增色，并且深受广大消费者的喜爱，亲切地称之为“麦当劳叔叔”。在全球每一家麦当劳分店，你都可以看到麦克唐纳坐在门口长椅的一头，面带灿烂的笑容，盘腿而坐，许多孩子见到这个形象都有一种亲切感，总是喜欢坐到“麦当劳叔叔”的身边与之合影留念。

分析麦当劳的广告战略，我们可以看出，在每一次的广告策略中都有“活动期间增加麦当劳叔叔的露面次数”这一项计划，目的是利用他那专属的形象力制造广告效应。麦当劳经过长期的努力，把麦克唐纳这个“永恒的微笑”完美地展现在消费者的眼前，使人一见到他，就无形中感受到麦当劳的所营造的文化氛围，从而造就了鲜明的品牌个性。

案例：LG一直树立“数码创导”的品牌形象

LG推出了兼具彩电及显示器功能的液晶电视、未来中心家电数码电视、等离子电视、平面显示器、液晶显示器、CD-ROM、CD-RW、DVD-ROM以及笔记本电脑等一系列新产品来迎接数码时代的挑战。2001年9月中旬，LG电子开始进行历时一个多月的新产品全国巡回展活动。9月

▲麦当劳叔叔与中国消费者越来越亲密。

28日，LG电子在北京隆重举行新产品综合说明会，将全国巡回展活动推向高潮。LG电子此次活动，目的就是要在家电领域树立“数码创导”的品牌形象。此次说明会，展示了LG电子的数码实力，推出了等离子彩电、可以在门上出风的“多酷灵”冰箱、DVD（含有内量功效、双解码、逐行扫描纠错等功能）、拥有三大洗净绝技的LG双力神“旋瀑王”洗衣机，以及推出15寸液晶电视、高档DVD播放机等等新品。本次说明会，让LG出尽风头，人们的焦点聚集在：LG等离子电视（PDPTV），其中60寸等离子彩电重量仅为7kg，分辨率为1280×720（XGA）、对比度为250∶1（W/O滤波器：500∶1）、颜色层次（RGB）为1677万种（256×256×256）、观看视觉达到160度以上、亮度为180cd/m2（W/O滤波器：400cd/m2）、厚度为9.9cm，仅为显像管电视的1/10，而质量只有显像管电视的1/6。

八、金字招牌不轻放

捍卫品牌的“独孤九剑”

提示

“打江山容易，保江山难”，我国企业的平均寿命为3～5年，而国外发达国家却具有上百年的品牌。加入WTO后，国内品牌的“短命”现象更加严重。在中国品牌迎来全球化市场背景之下，品牌保护已带给中国品牌点石成金的大转折，因此，掀起一场中国品牌保卫战是当务之急。

1. 商标注册后再做广告

先上车（做广告），后补票（申请注册）的做法是十分愚蠢的行为。届时一旦发现有人快你一步（先注册了），你要么重金买回属于自己的商标使用权，要么“改名换姓”（另换品牌名称），否则将构成商标侵权。

商标是商品的标志甚至是企业的标志，它是树立商品形象和企业形象决定性的一个环节，一个企业如果没有自己的商标，也就等于把市场拱手相让。近年关于商标的纠纷可谓是层出不穷，大家熟悉的就有六必治、脑白金、谭鱼头、马钢、向阳屯、雪亮、中信、傻子以及“快乐大本营”等等，纵观这些纠纷现象的发生，无非就是捍卫商标不容侵犯，那么怎样尽量减少这些纠纷发生呢?

目前，国内众多的企业，在产品开发上相当过硬，品牌命名和商标设计上也相当出色，唯独就是没有注册自己的商标，得不到法律的保护——大量的广告投入后产品也不能四处通行，甚至有的企业产品大为畅销，遭到仿制却无法阻止，这些现象都是因为忽视商标注册，致使多年苦心经营的金字招牌利益外流。诸如同仁堂药业、青岛啤酒、“鹦鹉”牌手风琴、阿诗玛香烟等国内驰名商标均在国外遭到抢注。仔细分析，在没有注册商标之前就将产品推向市场，或者是大做广告者，势必遭到以下的风险因素：(1) 未能及时注册，被人抢先一步，原创人不仅不能使用，也无法取得合法商标使用权；(2) 当申请注册时，别人已经以相同或相近的商标注册在先了，无法获得注册。(3) 未注册且不知自己的商标是否合法。这样一旦某天有人诉讼，方知自己侵犯了别人的权益，得不偿失。

这种先上车（做广告），后补票（申请注册）的做法是十分愚蠢的行为。届时一旦发现有人快你一步（先注册了），你要么重金买回属自己的商标使用权，要么“改名换姓”（另换品牌名称），否则将构成商标侵权。分享一个疏忽注册的案例，很有代表性。1988 年，北冰洋公司为抢占汉城奥运会商机，特投资 300 多万宣传和开发“维尔康”牌保健饮料。大量的广告投放后，影响极大，但由于对商标无知无识，麻木不仁，久不注册，直至被西安一家街道企业注册，北冰洋公司又不肯掏钱买回这个失去合法使用权的商标，从此该品牌在市场上因而销声匿迹。可见，商标注册是品牌打响前的第一步，万万疏忽大意不得，否则，企业将饱尝酸辛。

2. 扩大注册避免同是一张“脸”

扩大注册范围，也多花费不了几个钱，企业扩大了注册范围，便是给自己后期的发展留了余地。这样，可以避免品牌遭到各行业沿用，导致天下一个面孔的现象发生。

加强商标的保护就是要防止别人非法使用和假冒，你的商标一旦被他人非法使用和假冒，就会使你的品牌严重受损，甚至有可能由朝阳品牌一夜间变为夕阳品牌，那么，保护就不可掉以轻心了。我国许多企业最初的商品往往很单一，随着经营范围的不断扩大，新老产品的替换频繁，仅局限于某一类别，已无法适应变化。然而，品牌发生变化了，企业的注册却不能随之而变，有些企业对原商标相似、相近的名称也不愿注册，待商标创出之后，有人用了类似的名称鱼目混珠了，方才后悔当时未加以保护。纵观成功企业无一不在同一产品的不同部件都分别加以注册，一来给自己未来的发展预留好“管线”，二来免得让其他人捷足先登有可乘之机。

国内企业目前的商标注册范围都很狭窄，这与我国商品流通大国的形象还很不相称，我国同名同姓的品牌很多，诸如叫“工农兵”的有551家企业，“熊猫”有331家，“海燕”有193家，“天鹅”有175家，这种品牌共用对于品牌发展产生了极大制约。企业注册应全盘考虑，尽量减少商标在以后引发的不必要的物质、精神等方面的损失，以防日后近似的商标殃及自己的品牌，对此企业可采取防御性的注册，从形、音、字甚至各类商品及互联网域名进行注册。国内驰名商标红豆品牌在此方面就做得很好，红豆集团在国内34类商品上全部注册了商标的同时，还把与“红豆”中文近似、发音相同、含义相近的如“虹豆”、“江豆”、“相思豆”等也注了册，并在国外54个国家和地区申请了商标注册，形成有效、完整的市场商标体系。再如，“少女之春”集团公司就将相近的“少女之夏”、“少女之秋”、“少女之冬”等9个相近的名称也一起注册保护起来。其实，扩大注册范围，也多花费不了几个钱，企业扩大了注册范围，便是给自己后期的发展留了余地。这样，可以避免品牌被各行业沿用，导致天下一个面孔的现象发生。例如，“黑人牙膏”品牌，在推出后就未加以扩大商标注册范围，使得今天各个行业都在沿用“黑人”品牌，目前市面上有黑人鞋油、黑人地板蜡、黑人牙刷等，天下一般“黑”，使得“黑人牙膏”品牌想推出配套产品“黑人牙刷”时，也只好兴叹比别人晚了一步。

当然，商标安排专人管理也相当有必要，应时刻关注市场上是否有侵犯的现象，一经发现就可马上采取行动，阻止侵权行为的蔓延。其次，对于想做大的企业，还要赶快进行异国注册，这样，品牌发展才不会受到制约。

3. 保持一贯的质量

质量过不了关，或者质量忽上忽下不稳定，便会给假冒伪劣产品提供可乘之机。企业要保牌、护牌，就必须树立正确的质量观念。

质量是品牌的生命，产品质量过硬是品牌产生的重要因素，也是一个品牌能否占领市场的关键所在。

我们常看到这样的现象，一个产品进入市场，也广受消费者认可，最后成为畅销商品，可经过一段时间后，市面上便出现了仿冒产品，但消费者很难分辨出真假“李逵”，原因是真正的产品质量竟然不及假冒伪劣产品过硬，消费者反过来认为真产品是“假冒”。显然，质量过不了关，或者质量忽上忽下不稳定，便会给假冒伪劣产品提供可乘之机。企业要保牌、护牌，就必须树立正确的质量观念。海尔品牌在创业之初，把自己查出的76台不合格的冰箱当众砸烂。迄今为止，海尔产品的开箱合格率保持在100%，并将质量隐患消灭在每一个环节。可以说，海尔用实际行动维护了严格质量的企业形象，从而成为消费者心目中的理想品牌。

众所周知，国际范围的经济竞争、市场竞争、牌子竞争，实质就是质量的竞争。我们可以这样说：“品牌就是质量证书，品牌就是市场的通行证。”中国企业唯有狠抓产品质量，捍卫品牌才不至于是一句空话。

4. 充分利用价格形象

价格，始终是消费者最敏感，最关心的一个选择要素，就算你品牌形象、品牌定位等方面都有支撑了，如果价格形象这一关过不去，维护品牌也只能是一句空话。

当今，同类商品在市场的同质现象日益严重，大多数消费者最终便只好以价格来判断商品的优劣，商品价格一经定出，消费者便认定出高档品、中档品、普通产品、次等产品，为此许多品牌为参与市场竞争，一开始进入市场就定位为高档品，之后市场不接纳，就只好不断地削价，甚至一路走跌，最后难以回归到原点价位。这对于品牌长期经营将产生不利因素，同时，对于品牌的保护也将带来负面影响。

价格，始终是消费者最敏感、最关心的一个选择要素，就算你品牌形象、品牌定位等方面都有支撑了，如果价格形象这一关过不去，维护品牌也只能是一句空话。针对我国各品牌近年的价格策略运作，我认为值得采取以下四大措施来护牌：

(1) 低价推广、明折暗扣

许多厂家为了解决在市场失去优势的商品或是将滞销的商品推出库存，常常以商品与商品之间搭配进行销售，以刺激消费者。诸如海尔品牌，2002年5月1日至7日推出购买开运星3000手机赠送迷你型洗衣机，其效果十分好。

▲ 如果买卖双方是一场拔河赛，价格则像是拔河赛的绳索，你有多少能耐维持价格？

(2) 减价时剪去或加戳记、消掉标志

有些商品难免有因运输或一些人为事故造成瑕疵，但并不影响商品的使用，只是消费者见到这些有缺陷的商品，心里难免会有些疙疙瘩瘩的感受。企业为妥当维牌，采取价格上的折减策略均是为抵消这些小瑕疵缺陷的代价，这不仅满足了消费者的微妙心理需求，也让原商品与处理这些商品形成一定差别，借以确保正牌原价产品的完美形象。

(3) 更换包装，重新开发新通路

许多商品在常规的销售通路中常常是业绩很难上新台阶，企业为此都在积极寻求新的销售渠道。但有些渠道有优势，在价格上比现有的销售通路更具有巨大的利润空间，企业为了不破坏该品牌原有的价格形象，使市面上其他的销售通路能保持稳定，达到依不同的销售通路差别取价的最高理想目的，便采取了更换包装，重新开发新的销售通路的方法，收到了一石击中两只鸟之效果。此策略的展开，只需在名称上稍改变，采取包装差别化，并且与原来的品牌包装予以进行完全隔离，效果尤佳。诸如，“银咖啡”品牌，投放市场时定位于普通百姓一族，在市场中确实赢得了众多的优势，因价格低廉人人都能消费。企业为扩大销售额，便为白领一族及老板们开发出“金咖啡”品牌，实质上咖啡还是与“银咖啡”一样，只是销售对象、价格、包装、通路不一样而已。目前销售业绩颇具成效。

(4) 丢掉副牌保主牌

当今，价格大战不断风云再起，许多品牌在一场场战役中打得精疲力竭。为了确保品牌的形象，抵抗竞争品牌的削价攻势，众多企业只好另辟战线，采取多品牌策略，推出副品牌代打作为降价的筹码来应对。例如化妆品行业，上海家化是多品牌策略的成功运用者，仅护肤品就有“友谊、美加净、明星、露美、清妃、高夫、凤凰”等新老品牌 10 多个，以适应进一步的竞争。再如女性保健用品卫生巾行业，各大品牌均推出自己的副品牌，中山某企业将规格 30 包的包装走低价位，主品牌则走高价位，价格拉开档次，进一步参与价格竞争，其战斗力不但增强，销售额也扶摇直上。

5. 优化环境是长期要做的工作

企业优化环境是一个长期的工程，唯有不断利用行政、法律手段规范市场，整顿市场，才会有品牌成长的一个最佳天地。

企业优化购买环境，可以为自己品牌开拓一条金光大道，也是护牌、保牌的最佳策略。企业优化环境是一个长期的工程，唯有不断利用行政、法律手段规范市场，整顿市场，才会有品牌最佳成长的一个天地。我们很多企业在此方面还认识不够。比如“3·15”消费者权益日，许多厂家心虚，特别在这段时间大搞公关活动，不断造势，让人感到他们对消费者负责，而活动一过，就把消费者的权益抛之脑后。

▲华凌在2003年3月15日与消费者亲密接触，天天都是“3·15”，全面优化环境。

6. 查绝假冒，方法必须先行

查绝工作需付出极大的代价，有时花钱却不见效果，因此，企业要想尽量杜绝假冒，有些策略方法还很有必要先行实施。

我们经常在报刊上看到，查出了一堆堆假货的报道，这些仿冒的伪劣产品企业以假乱真瞒过消费者，企业不予以查绝，自己的劳动成果便会被他人平白占便宜。但是，查绝工作需付出极大的代价，有时花钱却不见效果，因此，企业要想尽量杜绝假冒，有些策略方法还很有必要先行实施：

(1) **拿起法律武器**：一旦能扣押所制造的或知道存放的假冒品具体地点，并取得有力的证据，企业便可直接地利用法律武器来解决，千万不要用息事宁人的态度来应对。据测算，全世界因模仿品牌而制造的伪劣产品，每年流入市场的总值不下2000亿美元，给知名企业带来巨大危害。

企业家应拿起法律武器，用《专利法》、《产品质量法》、《反不正当竞争法》、《知识产权法》、《广告法》、《对外贸易法》等保护自己，切断仿冒的源头。

案例："老干妈"抓出8个假"替身"

合肥市工商公平交易局执法人员接到举报，在合肥市东门某大型批发市场查获了这8个"老干妈"。这些"老干妈"从外包装上与贵阳南明老干妈风味食品有限责任公司生产的"老干妈"极其相似，实际简直就是同一张"脸"。但如果你不仔细去辨认还真的会被它们蒙骗过关。

最主要的是"人头像"不同：真正的"老干妈"图像是一名中年妇女，牌子标明"陶华碧"，而这些仿冒的"老干妈"图像看上去似乎已年过六旬，还有的是印上"妙龄少女"。

所标的牌子也各有不同：如"峰山"、"都一味"、"赵兰兴"等。

在标明的风味上，这些假冒的"老干妈"注明有：豆豉、辣椒油酱、牛肉豆丝麻辣酱。

产地上也是形态各异：有重庆，有邵阳市，有巢湖市，有湖南洞口县，有含山县。

价格上也明显不同：正宗"老干妈"每瓶售价在5元左右，而仿冒的仅需2元左右。消费者往往会首选价格低廉的"老干妈"。

从已摸到和捣毁的窝点来看，生产这些仿冒"老干妈"的都是手工作坊，卫生得不到保证，原料也极其低劣，甚至变质变味。贵州工商局此前已联合巢湖市工商局在巢湖市捣毁一个"老干妈"窝点，查获了1000多瓶非法生产的"老干妈"。另外几个非法生产的窝点也已被锁定。他们并于近日发出通知，要求各地工商部门组织力量对生产、销售仿冒"老干妈"的不法行为进行查处。

(2) **改换新包装：**改换新包装可以让消费者一目了然地看清谁是真假。比如可口可乐春节推出新的产品包装，许多仿冒品便不太好卖了，

2002年3月份接着又推出世界杯包装，使得那沿用老商标的仿冒品更是难以销售，原形毕露。

(3) **设奖抓冒牌：**在你的广告或产品包装上声明，对发现假冒伪劣品的举报者给予重奖，以让人们时刻将眼睛擦亮，不让假冒产品有立足之地。诸如某药厂就用此招，凡举报的线索，一经查实查出多少金额就奖多少给举报人，充分调动积极性。

(4) **使用防伪标记：**在商品上贴上镭射的防伪标记，让假冒伪劣品无可乘之机，给查绝假冒提供优势。国内酒业对此策略运用较多，甚至在一瓶酒上有2～3个镭射的防伪标记，不让鱼目混珠。

7. 实施CI战略

把CI当作是一项事业来做。公司强化CI的建设和传播，对于保牌、护牌必将产生积极的帮助。

企业利用CI战略来护牌，就是采取统一的标志、标准字、标准色、宣传标语等来统一定位，认人一目了然地识别，并且通过各种渠道进行有力的传播，获得消费者的认同和熟悉。CI战略是企业竞争的通行证，现今它并未过时，只要我们真正掌握它的实质与精髓，认认真真去执行和遵守，CI的魅力就会让你收到意想不到的效果。君不见，麦当劳、肯德基、耐克等强劲品牌的成功，无不是把CI当作是一项事业来做的。公司强化CI的建设和传播，对于保牌、护牌必将产生积极的帮助。

8. 持续性的广告宣传

多做广告，与消费者不断建立互动关系，时刻提醒消费者“我还在”，对于捍卫一个品牌重之又重的策略，当然是必不可少了。

广告宣传的威力是商品获得成功的前提，可让越来越多的人对公司产品有熟悉度，可以巩固品牌的地位、塑造产品个性。

你的广告一旦持续地投入，便会让人们牢牢记住它。无论你采用可种投放策略，广告讯息的到达率越高，商品免受损害的概率便会相对减少。"名不响，则行不远"。再和大家分享一个案例，上海球厂生产的"火车"牌篮球、排球、足球，早在80年代就被国际体育组织定为国际比赛用球，"火车"也可谓算是知名品牌了，可当时却在国际市场中被日本的"米卡沙"所取代，其原因是"火车"品牌认为"皇帝女儿不愁嫁"，未做广告宣传，而"米卡沙"的广告通过多层次、多方法、多渠道、高强度、高密度的广告宣传方式，打响了品牌，做大了市场。这对于中国品牌来说，是一个惨痛的教训。

多做广告，与消费者不断建立互动关系，时刻提醒消费者"我还在"，对于捍卫一个品牌重之又重的策略，当然是必不可少了。

9. 教育消费者工作不松懈

采取大量的语言告白式的宣传方式，大量的解说词，让人充分了解产品优点，不断地教育消费者认识产品，提高他们对产品的辨别能力。

新产品易遭偷袭，是最为典型的，企业不断地教育消费者认识新产品、新功能，有助于品牌健康发展。如摩托罗拉推出的每一款手机，都是采取大规模的引导和充分展示自己的产品特性，让人由认识到认知，最后过渡到认可，直至产生忠诚。再如，宝洁公司的每一个产品广告，也是采取大量的语言告白式的宣传方式，大量的解说词，让人充分了解产品优点，不断地教育消费者认识产品，提高他们对产品的辨别能力。

在中国品牌迎来全球化市场背景之下，捍卫品牌是企业要打的一场长期战役，中国企业的目光再不能一味盯在生产、人才上，小心呵护品牌、保护品牌，比以往任何时期都显得重要，我们还有待加强。

九、 品牌要有张好看的脸
中国品牌有必要换新装

提示

“人要衣装，佛要金装”，商品更要有创意包装。有了好包装，商品才有可能在市场畅销，也能唤起新的卖气，这是品牌运作中的一张必胜“王牌”。产品包装、识别系统，是产品精神最直接的代表。品牌全球化的来临，迫使中国品牌包装方式出新招。中国企业唯有重视创意包装，商品才有可能传达出更多的信息，品牌才有可能在全球市场更具竞争力。

1. 创意包装的优势所在

好的包装可以加速产品的销售，其他的优势主要表现在视觉的吸引、提升价值、理念传达、品牌识别等几方面。有了好包装，商品才有可能在市场畅销，也能唤起新的卖气，这是企业运作中的一张必胜“王牌”。

(1) 视觉吸引

创意包装，对吸引视觉起到关键作用。据一份资料表明，在美国一家经营15000个产品项目的普通超级商场里，一般购物者大约每分钟浏览300件产品，假设53%的购买活动属于冲动购买，那么，此时的包装效果

▲ 健力宝新推出的爆果汽饮料采取黑色的包装，让人感觉很另类，在所有的国内外饮料品牌中十分引人注目。

就相当于5秒的电视广告。因此，品牌包装的传播作用肯定超过一般的广告传播效果。中国企业要重视创意包装，在包装的视觉上、色彩的搭配上、字体的选用上，加大视觉刺激，使产品透过陈列架上的展示，吸引顾客的视觉，从而达到过目不忘的境界，企业才有可能在全球市场中与国外强劲品牌抗衡。

(2) **提升价值**

富有创意的包装，不但可以提高商品的价值感，还可以培养消费群体对品牌产生忠诚度。创意包装，是消费者择其所好之处，企业要有预测包装印象效果的能力，充分把握消费者通过包装借此散发出的好恶之心；在包装档次的提升中，提升出企业的价值感，真正达到“商品已富实物价值，包装造成心理价值”。因此，创意包装只有把握住消费者心理，才会把握住真正的价值。

▲ 货架上商品琳琅满目，你能在短时间内抓住顾客的目光吗？包装设计是关键。新减肥茶包装分别运用了直观感、怀旧感、趣味感和科技、多功能、理念传达等特性，迅速带动商品成长。该包装在所有的减肥产品中，最具卖相。

（3）理念传达

理念，就是灵魂，是一种风格，它可以强化产品的内涵，加深听众的印象，这种无形的包装，对于产品销售必将造成很大的影响。理念传达到位，让人感到实实在在的利益点，品牌才有升值的潜力。因此，企业在文案的撰写、话题的设计、标题的拟定中，都要务实，让创意的优势通过语言传播发挥出来，达到口碑效果，间接为企业、产品扬名。诸如爱多电子广告的LOGO语“我们一直在努力！”竭力的表白能比飞利浦深蓝色的企业理念“让我们做得更好！”的注脚来得谦逊、真诚、含蓄吗？这就是语言的魅力和品位。再如《经理人》杂志自2001年12月推出的“管理企业，经营自我”之务实理念，远比之前的“智慧经营，优胜管理”更胜一筹。

（4）品牌识别

品牌识别是消费的前提，它在消费者的脑中只是一个粗略的或不清晰的印象。在这种印象下，当消费者一旦遇到企业或品牌时，就会产生一种亲切感。这种熟悉，常常会让消费者产生认同感，缩短消费者在购买产品时的决策时间，导致其快速产生购买决定。可以说，没有品牌识别，要想让消费者认同你的企业、购买你的产品，几乎是不可能的。然而，有了品牌识别，便会为品牌提供一种熟悉的感觉，诸如，可口可乐、IBM、奔驰、麦当劳等，这都是创意包装所赋予的。

▲ 在 2003 年果汁饮料品牌升级战中，芬达新上市的包装让人耳目一新，看来，好包装真的会使品牌“开心上市”。

2. 品牌包装之误区

品牌全球化已来临，作为中国企业，如果对包装仍不屑一顾，今天仍只理解为外饰的话，是十分危险的，此举不但对商品会造成烟消云散的后果，企业也会因此走向衰败阶段。

目前，业界一提到创意包装，就会等同于产品包装，笔者认为，这是一个错误的概念；包装绝非仅有外饰，包装乃是战略之镜，它体现于企业的方方面面。有位专家说得好，“包装造成幻想，幻想左右销售”，因此，包装就不是一个简单的外饰了。

品牌全球化已来临，作为中国企业，如果对包装仍不屑一顾，今天仍只理解为外饰的话，是十分危险的，此举不但对商品会造成烟消云散的后果，企业也会因此走向衰败阶段。在西方国家，创意包装早已贯穿企业的整体运作，在精确的全方位战略中，它占据重要的位置，决非是我们想像中的单一产品外包装。与我们中国企业的设想恰恰相反，它是个立体的、多元的，它能构筑起一个迷人的、具有竞争力的“四度空间”。

我国的包装，今天还处于“包装只是包装而已”这一阶段。这是一个非常严重的错误概念。包装设计顾问契斯金提出“包装即是无言的推销员”，美国商人也定论，“商品销路不佳吗？改变包装的形态吧！”“我要靠包装来推动企业！”也许，国内某些包装大师还不认同此种说法，认为“包装何以会与推动企业有关联呢？”我们不妨回头看一看消费者的购买习惯，便会感悟到这一概念的道理所在。就以笔者而言，乍听此语时深感似有点道理，笔者昔时也从未敢传播此概念，后深思熟虑、抽丝剥茧地明辨，则不得不揣起浅陋而乐于进一步升华这一概念。若无厚实的论证为后盾，笔者也实不敢翔实地与各位分享。其实，创意包装运用于企业的全方位策略中。这种技巧必将贯穿于品牌建设的全过程，以至在消费者的记忆中留下清晰的印象。

3. 中国品牌包装的不足

中国品牌包装目前还存在着诸多的不足，特别是在包装的理解与操作中，还存在着严重失控。品牌全球化的大趋势，逼迫中国企业要对现有的产品包装进行全方位的检核，找出自身的差距，与跨国品牌缩短距离……

纵观当前中国品牌包装所存在的不足，林林总总，表现是多方面的，其具体表现主要有以下几方面：

(1) 包装就是外饰

可以说大多数的企业至今还是这样认为，包装就是为产品加一个“外套”，忽略了包装的真正威力，思维模式还很单一。

(2) 误诊现象严重

企业对于包装重视不够，造成企业根本不对包装过多创意，甚至从不考虑用科学的手法，去诊断包装的可行性。单从一个产品的包装检核，也并非易事，笔者在2001年发表的《学会检核品牌的脸》一文（见笔者专著《品牌将死吗》，第221～228页），就曾提出14项检核标准，从读者的反馈中就能感到中国企业普遍对包装的诊断不够，甚至可以说，诊断现象几处趋近于零！中国企业创意包装的病症，具有代表性的不外乎有以下几种：

●无个性症。包装缺乏个性，这是普遍的病症，就像是“流感”一样，四处可见。

●色盲症。中国企业喜欢用大红大紫的色彩，从不考虑目标消费者的喜好，不分析市场，脱离群众而空想，以至产品刚出厂档次就显得很低，与竞争对手相比明显矮了一节。

●克隆症。克隆成风，也是中国企业常犯的一种病症。“青鸟啤酒克隆青岛啤酒、五林香烟克隆石林香烟、黑皮雪饼克隆娃哈哈雪饼、沙沙香瓜子克隆洽洽香瓜子”等等模仿得一模一样，不仔细看，根本分不出谁是谁。

●无名症。对名的重视不够，单从产品包装来看，商标处理极草率拙劣，命名无特色，消费者极易忘记。包装上，品牌名被淹没的占大多数，甚至重图案，忽略品牌效应。大多数企业在包装中，“没名没分”是常有的事。

●分裂症。中国企业包装大多数没有鲜明的特征可言，企业的商标或产品设计让人无印象，甚至传导不出产品本身独具的印象，造成消费对象含糊不清。

●玩艺症。许多年轻气盛、作风令人不敢恭维的年轻人，犯此错的比例占大多数，他们缺少对企业、对包装使命的正确认识，纯粹是以玩艺术来对企业产品进行包装。这类包装艺术观赏性似乎极高，但对于销售却产生不了推动。这种设计过剩症，目前在中国企业举目可及。

(3) 包装欠人性化

这是中国企业常犯的错误，企业忽略了在供给之前，一定要先制造需求这一点。企业在创造一种购买者急欲购买的情境上，显得还很薄弱，让人感到带来的价值也就昭然若揭了。

(4) 创意跟不上时代

追求时尚之类的创意，已成为时代的主题，而我国企业的包装常让人敬而远之，让人看了就觉得“老土”。当今时代的节拍在不断加快，中国企业还只是在“原地踏步”。殊不知，一大堆产品不停歇地制造出来，市场不接纳，最后只好堆进仓库去储存，而后等待着某一天“大削价”。

(5) 缺少差异化

现时商品同质化现象十分严重，企业不会走差异，很有可能在竞争中失去优势。差异化的创意包装，已成为21世纪品牌竞争的一大趋势。中国企业缺乏创新力度，企业难免会卷入同质化的漩涡中。

(6) 市场细分不够

中国企业在品牌延伸中，想到的只是在包装上简单地改个名而已，不会站在消费者的角度去看问题，市场被搅得好似一锅粥一样，企业还不懂得将市场进行细分，合理地将产品设计在市场细分中占据优势。

(7) 细节做得不够

我国企业在细节上，一直不如国外强劲品牌。所谓说成功在细节，包装设计也一样需要做得细致，反之，产品和企业的档次和价值就出不来，那么，竞争必成问题。

▲ 好包装在终端的表现始终都是突出的，无论卖场里有多少产品，它都能冒出头来。

4. 迎接全球品牌包装时代

品牌全球化已来临，中国品牌包装方式有待再出发，这也是大势所趋。中国企业唯有重视创意包装，商品才有可能传达出更多的信息，品牌才会在全球市场更具竞争力。

▲ 透过产品包装，足以看出一个品牌的个性和形象，它直接关系到带给消费者的感受和联想。

(1) 创意包装大趋势

——新包装展望未来——

●新战略不断涌现。由于竞争激烈，产品生命周期的缩短，包装也随之复杂起来，企业肯定要运用高度设计的战略技巧，来应变市场。

●包装也趋向多样化。如今，以塑胶为中心的包装材料成为主流，仍在不断地涌向市场，今后的包装，势必仍有许多变化。然而，引起的废弃包装燃烧产生恶臭及永不腐烂等等缺点，普遍将会被企业克服。环保企业的价值取向，已成为今后的主题。

●包装过剩问题备受重视。包装过剩必遭唾弃，企业纷纷采取应对措施，成为业界正视的呼吁，预估这一态势将会越演越烈。

——媒体包装更加多元化——

企业现已从单一的媒体运作方式，逐渐开始走多元化道路，盲目的炒作，对于发展有害无益。现今，中国企业已纷纷从炒作个人，刊登“大头像”的方式脱离，走多元化成为新一轮的着眼点。

●企业自办媒体。自办媒体，可以更加集中地传播自身企业的动态，这一策略现已被中国部分企业采纳。诸如海尔就自编自印《海尔报》，定期出报，针对发行。这有利于企业凝聚力的培养。

●自办电视台。我国最具价值的品牌红塔山，就出资自办电视台，在当地有力的资讯传播，让品牌价值遥遥领先。

●活用电子商务。将来会有更多的企业真正走入电子商务的模式，互联网一对一的平台也将会更改，在远程的现场声像传播中，企业会广为利用来包装自身。诸如，现今开通的电脑远程教学，就是通过现场讲解，通过互联网进行传播。

——销售与包装创意无限——

▲用创意包装开拓市场，顾客选择的空间才会更大。

好的包装，对于销售将会起到关键性的作用，“没有好的包装，绝对不会有畅销商品!”企业通过富有创意的POP这一有效的传播方式来进行产品促销，加大传播力度，这富有创意的包装手法不断翻新，对于销售必将是“临门一脚”。中国企业现已开始清楚地认识到，光是货架传播是仅仅不够的。众多的国际性品牌都从价格战中转战终端投入，上至天花板，下至地板，创意包装无处不在，中国企业也开始学会并随之跟上。

——文化包装深挖底蕴——

文化是品牌成功的一半。众多企业都在想方设法构筑文化，试图以文化包装来抢夺市场份额。诸如可口可乐在 2001 年就一改以往包装，将中国五千年的文化底蕴挖深、挖透，推出中国设计大师们皆忽略的“十二生肖”设计元素。此举让中国人为之折服。

——领导包装走向真实——

领导包装，一直是许多企业关注的焦点，以往的企业领导是一见媒体就满心欢喜。无孔不入的大肆炒作，似乎一夜间企业领导都是“神”，而不是“人”，随着品牌全球化的到来，领导包装必将走向真实，企业领导也必将会从“神坛”上走下来，透过包装，人们可以看清真实的一面。

(2) 包装经理走上时代前台

随着包装的观念日益成熟，企业开始重视包装会比以往任何时候都关注。随着全方位的包装持续展开，包装经理人也将会随着时代的发展而走上前台。因为，包装是品牌的一张脸，企业家再也不会不关心这张“脸面”了，既然要这张脸就不能没有“美容师”。包装经理这个职位，其实就相当于这位“美容师”。各司其职的分工，使包装经理人应运而出，同时也使包装业走向更专业化的道路。

十、 濒危品牌不必担心
拯救品牌的真经

提示

国内许多名噪一时的品牌纷纷步入困境，在无情的竞争中黯然下台。对此现象，国内众多的爱国人士纷纷急呼，“爱我中华品牌，抵制洋货”。这些品牌之所以黯然失色，主要是品牌卖气不振，因此，拯救这些濒危品牌，让它们从灭绝边缘起死回生，已成为中国诸多企业的首要任务。

1. 玩转品牌转让或许可

采取品牌转让或许可，“化敌为友”，出让部分股权给他们，与这些有实力的跨国企业缔结“天堂里的婚姻”。

拯救濒危品牌需要巨大的财力支持，并有巨大的风险。不景气品牌最缺的就是品牌的气数，如果自己的卖气实在上不来，中国企业可以考虑将濒危品牌，进行转让或以许可的方式给其他有实力的公司。比如“中华”、“黑妹”都是通过与外商合资，保留了原有品牌，扩大了企业实力，从而站稳了脚跟。

特许权转让的方式，可以享受品牌扩张的利益同时，又能减少品牌扩张的成本，是品牌得以快速扩张的一条捷径，对授权方来说很可能是件一本万利的事。

案例：韩国现代汽车公司授权成功

韩国现代汽车公司在近年意识到品牌授权的重要性。他们在全力以赴进军美国市场，建造自己品牌的时候，还跟日本三菱汽车公司合作，签订授权合约，借用三菱品牌的高知名度在美国市场展开销售。

案例：三菱品牌“借鸡下蛋”

日本三菱公司现今在美国市场已经算是一个强劲品牌，在当地的消费者中口碑极好，也为消费者所推崇。然而，在日本，三菱成名前也曾向美国的克莱斯勒借用了好多个品牌，在美国销售多种款式的车型，并获得了巨大成功。

案例：可口可乐善于转让特许权

可口可乐公司成立后一直是销售原浆，而将繁琐的配兑工艺转让他人来经营，之后又将装瓶特许权转让，使可口可乐产品走出冷饮店，遍布大街小巷。

还有肯德基、麦当劳、苹果、堡狮龙、班尼路等等品牌，都是以特许经营权转让成为经典，从而站稳脚跟。

品牌授权或许可，对于濒危品牌来说，就是把庞大的风险系数降低，减少了涉足于完全生疏的市场风险或陷入困境的风险。在付出小成本后，壮大了企业规模，在有计划地输出品牌、输出管理的同时，也增强了品牌的战斗力。

企业“以守为攻”毕竟是被动的，“以攻为守”才是上上之策。在迫不得已的情况下，采取品牌转让或许可，“化敌为友”，出让部分股权给他们，与这些有实力的跨国企业缔结“天堂里的婚姻”，也不失是个好的策略。在合资的过程中，不仅做好国内市场，也可将销售网络引伸向别国的土地，形成优势互补，养精蓄锐，以待东山再起时。

作为濒危品牌，如果仅蜗居弹丸之地，局限于本土发展，显然会受到困扰。企业在实施品牌转让或许可这一策略时，首先必须打破消极的民族保护主义的思想框框，完全可以中国巨大的市场潜力为依托，用市场行为的方式引进国外巨头来进行强强联合，“借鸡下蛋”，分享大品牌的成功与市场。

濒危品牌在品牌转让或许可的操作中，应认真地拟好合约，确定好合作的细则，约定出产品质量和管理的保证，以及在合同中必须严格规定商标专指范围、品牌合资方式、商品范围、销售地区、价格协商方式、使用年限、广告宣传方式、违约责任、终止合同条件等等。拟定好以上细则，便可免得日后产品生产质量很差，造成消费者对质量和品牌产生怀疑，甚至杜绝以后不再使用该品牌的结局。总之，选择战略联盟，运用得当，可以让品牌有幸稳执牛耳。

2. 产品不断进行革新

国内品牌在注入新活力方面普遍做得不够好，企业始终给人一副“老面孔”的形象，似乎让人感到中国品牌十分“苍老”，品牌不能重生，肯定必死无疑。

品牌没有活力就会显得“死气沉沉”，要让品牌具有新活力，企业就必须试图去改变它，当然，也不能让它变得太多，否则，消费者一下子很难接受，企业的忠诚客户便会逐渐流失。相信大家都知道可口可乐改变配方的案例，当时消费者强烈不满，终究品牌还得要回到当前，重新掌握好过去和将来的平衡点。

在品牌发展的长河里，许多老品牌成为濒危品牌，一个共同点是不谙产品革新之道。例如太阳神曾是保健品行业的一面旗帜，由于产品更新换代滞后，多年来一直靠其传统的老产品打市场，以致炫目的太阳光环逐渐消逝。众所周知，任何产品的寿命都是有限的，一般产品不论卖得多么好，都必将走过导入期、成长期、高潮期、衰退期等阶段，产品一旦走到了生命的极限，被淘汰将是必然的。我国企业对产品的生命周期缺乏科学的认识与驾驭，产品一旦走到尽头，似乎一切都到了尽头，企业却不会采用先回归商品开发的原点，然后再重生的做法，而是一意孤行后造成品牌急速衰退。产品要想永葆青春，唯有走革新之路，才能在高潮期不滑落。

我们可以看到，强劲品牌总是先于市场自主淘汰，始终掌握消费者的需求，及时重新推出符合市场需求的新产品，注重当前的流行趋势和变化，注重现在的市场和经营环境的商品开发程序，不断加强商品的开发力度，以唤起消费者的购买欲望，以至历久弥新，常领风骚。纵观摩托罗拉、耐克、松下、索尼等著名品牌，都曾一代又一代不断推出符合市场需求的新产品。这种新老交递不但无损于品牌，反而是品牌的成功要诀。

据一份权威资料显示，最新世界品牌价值排行榜的前 7 位有 5 位是高科技产品，说明科学技术在品牌竞争中起着越来越重要的作用，品牌更依赖于技术开发和产品革新。

产品革新之道，是企业亟待掌握的一门经营艺术，困境品牌要扭转局势，产品革新便是首中之首。宝洁公司曾推出一种“不油腻”的护手润肤膏，装在倒立式的瓶子里，刚开始销售颇为成功，但后来消费者都抱怨其油膏容易倒流粘在瓶底，以致销售一落千丈，该公司立即找出原因，重新使品牌的卖气热络起来。

品牌在塑造的过程中，不可能永远是霸主，也不可能一帆风顺，但是品牌要想立于不坠之地，就在于掌握品牌的核心技术——产品革新。强劲品牌之所以景气，正是在革新上集合所有消费者的意向进行个性与需求上的不断创新，集合“各个不同的意向”，最终一举成为全球瞩目的赢家。

国内品牌在注入新活力方面普遍做得不够好，企业始终给人一副“老面孔”的形象，似乎让人感到中国品牌十分“苍老”，品牌不能重生，肯定必死无疑。

案例：联合利华为“中华牙膏”注入新活力

在人们的记忆中，在过去49年里，中华牙膏这个品牌一直是中国人的品牌，而且历史是最悠久的，品牌给人的印象一直是稳重、成熟、质朴、平和，数年来品牌一直是没有创新举措，多多少少给我们一种“中华牙膏”太老了的感觉。

1994年，上海牙膏厂和联合利华达成合资协议。在合资的3000万美元资本中，联合利华以1800万美元现金入股，取得控股权；上海牙膏厂以土地厂房和设备作价1200万美元入股，占40%股份。上海牙膏厂失去了控股权，也就失去了对品牌的控制力。联合利华经过市场调查，发现许多消费者对于中华牙膏这个品牌的技术和配方并不是很看中，标志的设计、产品外观等方面都过于老土，于是，决定对其进行整改，同时也着手塑造外包装和品牌形象。

2001年5月中旬，联合利华重新设计了中华牙膏新的形象，这次设计方案是经过百种设计方案中挑选而出的。本次的动作很有创新成分：图文、标志十分醒目，色彩鲜明、时尚，产品包装采用复合管，轻便耐用；在保留“中华”坚实的品牌内涵之外，更赋予品牌创新、时尚、现代、专业的附加价值。值得一提的是，品牌标志中原有的三个原素——华表、“中华”二字的繁体字样和天安门图形，在新的标志中仍然予以保留，只是进行了局部的调整。同时，新的包装设计中注入了新的设计理念，虽然色彩和图案都作了较大的改动，但形象、内涵、品牌定位仍然保持不变。据联合利华所发布的数字显示，中华品牌在联合利华经营期间不断地增长，从合资的时候3.4万吨，到2001年就达到4.5万吨，增长了26.5%。经过整改之后的中华品牌，焕发出新的生机，品牌力也在逐渐加强。

案例：麒麟公司成功推出“天才 amino 酸”健康饮料水

日本麒麟啤酒公司在1998年曾推出加味水饮料，当时 KirinSupli 加味水曾席卷市场，当年度销售了1200万箱。该品牌为麒麟公司饮料部门创造了丰厚的业绩。但由于众多厂商一窝蜂抢入加味水市场，使麒麟Supli加味水在2000年时销售剧降到550万箱，2001年更降至400万箱。加味水风潮已然消逝。

麒麟啤酒公司总部行销业务部展开市场动向、卖场调查与资料分析研究，并与公司商品开发部和商品企划人员共同组成专案小组，展开商品革新改善的创意动脑工作小组。当时，大家都一直在问："吸引消费者喝饮料的理由是什么?"除了低糖、低热量、健康趋势之外，在一次讨论会议中，忽然有人提出"amino酸"的医学创意。当时，麒麟啤酒公司营业本部商品部主任珑泽奈美即指示朝此方向研究。后来再向药局取材并询问医学研究单位后，才了解人体约有60%的水分，另有20%为amino酸所构成。换言之，amino酸是人体重要的健康成分，必须时刻补给的养分。

于是，2002年2月份，麒麟公司即刻上市amino Supli健康营养水，将之作为2002年夏季主打的品牌。到2002年9月止，麒麟amino Supli健康营养水已经卖掉1000万箱，成为畅销的饮品。

当初这种健康饮料水的宣传广告片，是找一个日本知名相扑选手作为主角，文宣Slogan即是以"天才amino酸"作为主力诉求，简单明了。产品改变创新后，截止到2002年底，amino Supli健康营养水已达成年度销售目标。而且，amino酸的健康概念，也已被日本消费者广为接受，认知程度相当高。

案例：三菱自动车工业"ek系列轻型车"浴火重生

三菱自动车工业公司自1990年即率先发售TOTSUPO品牌的轻型轿车，在低价的汽车市场中，曾经引起轻型车的风潮，受到女性车主的欢迎。但是在1998年到2000年三年之内，由于没有吸引人的特色新型车推出，因此陷入销售苦境，使其在轻型轿车市场的占有率从第三名跌至第四名。2001年初，该公司力图振作，将研究设计、生产及销售单位三位一体，共同研讨如何在轻型轿车市场夺回江山，后来决定推出"ek·WAGON"开发计划。在正式上市贩售前，营业人员曾多次走访三菱工厂生产线及研究设计中心，听取设计及生产简报，希望促使第一线销售人员融入ek系列车的设计精神。

2001年10月三菱正式发售“ek·WAGON”新品牌轻型车，几周内就卖了1万台，回复到轻型车第三名的市场占有率的位置，今年又推出“ek·Sport”第二款系列轿车，预计也会有不错业绩。三菱宣传部门大量推出“ek情报新闻”，加速ek轻型车的品牌印象，也是功不可没。

案例：富士相纸公司“Fine pix401”数码相机成为救世主

富士相纸公司除了销售底片外，也销售数码相机。该公司在1998年发售Fine pix700及2000年发售Fine pix400，在当时的市场占有率曾经高达40%。然而，到2001年因为缺乏强力明星产品的推出，终于丧失第一品牌的宝座，也使第一线的营业部门倍感挫折。据报载，称这一年是富士的“空白一年”。该公司的商品开发部门力图振作后，终于在2002年6月份，正式上市销售Fine pix401新商品。该产品以轻量、小型设计见长，并有三倍光学焦距为功能诉求，具有市场上无人能比的优势。在强大的广告宣传配合下，其市场占有率又回到原有的水准，并呈上升的势头。

3. 为品牌重新定位

我国许多企业在品牌定位上缺乏远见，重新定位，在品牌的操作中显得尤关重要，它可以让一个品牌在困境中立即出现转机性的大变化。

所谓品牌定位也叫品牌占位，也就是市场定位要与竞争品牌相区别，就是找到这些因素中最能够突出品牌特性的部分，并将之作为目标市场的最佳切入点。可以说，没有好的定位，还谈何拥有好的市场？品牌的准确定位可以确立品牌在消费者心目中的良好形象，还可以突出品牌的歧异性，传递给消费者真正所需的价值。强势品牌总是试图满足消费者需求，树立竞争优势的领域，保持与之尽可能相似的品牌属性，同时在竞争对手忽视的领域创造自己的品牌特色，可见，品牌定位正确与否直接影响着品牌的成败。

品牌定位决定品牌特性和品牌发展的动力。因此，品牌定位要有针对性，利用特定的品牌形象，吸引特定的目标群体。品牌定位不可大而全，应小而精，而不是普天撒网。品牌定位的准确性，让众多的品牌在市场旗开得胜。比如百事可乐，经过了几十年的竞争，他们知道自己无法与可口可乐相匹敌，于是把聚焦领域收缩至青年一代。他们研究这一代人的心理和特征，针对他们推出一系列的举措，使得百事可乐一举成为强劲品牌。

我国许多企业在品牌定位上缺乏远见，舍不得牺牲，认为将目标市场定得越庞大，成功的把握也就越大；认为品牌利益点越多，就越能吸引消费者的关注。在实际操作中，不清楚市场状况、顾客群的所思所想，缺乏市场比较和分析，更是忽略了价格这一定位要素，直接导致我们的品牌难以发挥其应有的战斗力。

显然，定位是企业参与正面竞争的利器，正确有效的定位是占据优势的有力法宝。一个品牌如果没有与竞争品牌形成差别，就失去了存在的价值，对消费者来说也就失去了购买的理由。

品牌定位即是营销的灵魂。营销之父菲利浦·科特勒在他的《市场营销管理》一书中说："解决品牌定位问题能帮助公司解决营销组合的问题，营销组合——产品、价格、渠道、促销，从本质上来讲是定位加战略战术运用结果。"

成也定位，败也定位。重新定位，在品牌的操作中显得尤关重要，它可以让一个品牌在困境中立马出现转机性的大变化。

案例：声宝彩电重新定位取得重大胜利

声宝电视在1971年定位推出第一台彩电时，定名为"彩虹"，其产品的外观设计很是秀气。当时，声宝公司将品牌定位是——清新、高雅、温柔，但是"彩虹"电视上市后，并没有使得市场产生强烈轰动，消费者对其反应也是平平。1972年，声宝公司为此产品增加了新的功能，仍然未能打开销路。因此，声宝公司下定决心要为彩电进行一次大的定位工作。经过努力之后，该公司终于找到产品与别的产品的不同点，大家一致认为伟大人物拿破仑的体型很迎合这种新产品的外形，而以拿破仑的威望和气概，将更有益于提高这种新产品的身价。因此，决定将拿破仑的化身嫁接于电视机上，经过最后的拍板论证，该公司将产品重新命名为“拿破仑”。产品上市后的第一个星期，这种彩电就卖掉近300台；两个星期后，第一批试销品500台全部销售完毕。于是，我们看到，声宝公司的品牌再定位，取得了重大胜利，成为一个很有代表性的案例。

案例：万宝路改变定位夺回“江山”

世界著名的香烟品牌万宝路，最初因定位是一种女士烟，使得市场业绩表现极其一般。该公司及时变更品牌定位策略，于是整改后重新定位以男性为对象，并迅速开展以“牛仔运动”的广告和推广活动，最终使得万宝路品牌一举成为全球驰名的香烟品牌。

案例：派克笔重新定位获得顾客青睐

派克笔向来以高档著称，在市场上风光多时，如果当时能拥有一支派克笔，足可以炫耀一番。后来，决策者想扩大市场份额，就推出一种低价位的派克产品，以迎合那些中低档的消费者。没想到新产品推出以后，市场反应十分强烈，使得派克笔的销售量一落千丈，到了寸步难行的地步，最后该公司不得不又重新将之定位为单纯的高档笔来满足消费者的心。一场品牌“浩劫”才得以幸免。

中国许多濒危品牌走入困境，并非是产品的本身问题，而多数是在品牌的定位上失控。纵观中国濒危品牌，失败原因多数是在从事的领域定位过于狭窄或定位混乱，什么赚钱干什么，将品牌线拉得很长，导致企业失败。中国企业应该慎重为自己的品牌定位，杜绝跟风现象，品牌线拉得要适中，不要以为企业似乎是“万能”的，什么都能做其实什么都做不好。

因此，奉劝濒危品牌应慎重为自己的品牌重新定位，尽可能将定位失控消灭于营销攻势之始，这样品牌才会扭转乾坤，保持旺盛的竞争力。

4. 改变包装一片天

好的包装对于品牌推广极其有利。杰出的包装设计，能够在终端销售中散发不同凡响的魅力，让人动心的同时达到建立产品的形象，完成促销的目的。

品牌包装素有“无声的推销员”之称，好的包装有利于推广品牌。美国杜邦公司有条著名的杜邦定律：消费者根据产品的包装装潢而进行购买决策的占到63%。产品形象是品牌的基石。美国哈佛商学院的罗伯特·海斯曼教授认为：“50年前，企业是价格上的竞争，如今是质量的竞争，而未来则是设计上的竞争。”

包装是市场行销中强有力的武器。杰出的包装设计，能够在终端销售中散发不同凡响的魅力，它构成了产品区别同类竞争者的特性，为一个产品和品牌在市场畅销奠定坚实的基础。包装设计，也是商品的终身广告。品牌包装，包括品牌的商标、吉祥物、标准字形、标准色彩、辅助色、产品展示识别等，一切通过视觉、听觉、触觉等可感的外在特征。据统计，产品品质的好坏约有70%～80%在设计时决定的。优化设计是当今企业面临的一个重大的挑战。摩托罗拉每隔半年都要进行调查，以了解消费者对产品的印象是否有改变，是否向好的方向发展，因而，良好的产品形象，使摩托罗拉这一品牌在中国市场占据了优势。在市场竞争中，包装是不能给消费者提供使用价值的，因此，产品包装终究要考虑物美价廉，必须深入消费者的心理、卖场效果，生活文化及竞争状态，才能使包装设计成为企业创品牌，提高经济效益的主导环节。

“货卖一张皮”，是我国传统的经商名言，而国外强劲品牌皆是用“精、美、轻、牢”的漂亮包装把商品和文化有机地结合起来，十分讲究美化品牌产品的外表包装，构思设计引人入胜，使人看在眼中“靓”，买后心里舒坦。

案例：春风面纸包装包出新意

2000 年台北行销创意突破奖中揭晓的最佳产品包装奖第一名得主“春风面纸（花鸟系列）”，延续春风面纸“将面纸盒也视为家中艺术品的摆设”的概念，以中国花鸟系列为主要设计素材，把“四方连续”的绘画概念首次呈现在产品包装上，整体 5 盒产品包装垒在一起是一幅花鸟图，拆开后又可独立成图，不破坏画面的意境，让人眼前一亮，极具现代风格。

案例：斯特里克公司变换包装得销量

1940 年，美国斯特里克公司的香烟销售日益下降。该公司在百般无奈的情况下，聘请设计家洛维对烟盒进行改观设计。经过一段时间的整改，新的包装终于设计完成。此款包装简洁明快，品牌表现鲜明，更具有强烈的现代视觉冲击力和艺术感，使得产品的销售在其后的 8 年中稳步上升，高达 500 亿盒。

当然，包装也不能华而不实，更不能“金玉其外，败絮其中”。笔者认为，好的包装必须具备几大看点：

一是“远看”，能抓住视线有视觉冲击力；

二是“近看”，在终端货架上一目了然，识别率高，有吸引力；

三是“细看”，消费者拿起商品被上面的图形设计深深吸引，直至喜欢；

四是“耐看”，就是说，经过一段时间后，再看仍然是喜欢，达到“百看不厌”的境界。

可见，好的包装对于品牌推广极其有利，可以散发不同凡响的魅力，让人动心的同时达到建立产品的形象，完成促销的目的。

世界各国运用包装策略竞争获胜的企业比比皆是。他们皆把包装当作脸面一样来关心，毕竟消费者在选择产品前，包装对他们的影响是极其关键的。

目前，中国品牌在包装上失误造成的损失十分巨大。据有关部门统计，我国出口商品每年因包装不合格而减少外汇收入约10%，而国内市场商品包装合格率不到60%，全国因商品包装不合格而造成的损失至少150亿元，相当于100多家大型商业企业全年零售额。我国包装粗陋陈旧，造成大量品牌走向衰退，这势必要求我们重视包装，刻不容缓！

5. 动一动价格这把尺子

价格制定不当，常常使品牌步入困境。濒危品牌必须彻底抛弃自主导向的定价方式，因为产品经营获得的只是市场平均利润，而品牌经营获取的则是垄断利润或超级利润，且收益具有长时间的稳定性。

企业对价格的重视程度大与小，直接影响着品牌的成与败。品牌价格不当，造成品牌主要有两种状况：一种是把品牌等同“昂贵”，许多企业一味追求“精品”、“极品”，无端增加成本，造成消费者难以接受。如秦池古酒以3.2亿元夺得中央电视台的“标王”之后，给消费者的印象是每瓶酒中含有2/3以上的广告费，与消费者之间的距离明显拉远。

另一个极端是，许多企业为了抢占市场份额，将价格定得极低，尤其是在国际市场，我国品牌一直以廉价著称，利润之薄令人难以置信。价廉一直是我国品牌的一大优势，近年由于原材料的不断上涨，企业生产固定成本和可变成本的普遍增加，外贸产品的销价不断上涨，价廉优势正在逐渐弱化。

案例：微软的利润大大高出同行

微软品牌之所以能后来居上，主要是因其销售利润大大高出同行业的平均水平。1994年，世界高新技术行业的平均利润不足10%，而微软却高达37%。正是追求品牌的合理高额利润，让微软迅速发展壮大，一举成为新经济时代无与伦比的强劲品牌。

价格，自始至终是市场营销进程中的重要因素。价格制定不当，常常使品牌步入困境。濒危品牌必须彻底抛弃自主导向的定价方式，因为产品经营获得的只是市场平均利润，而品牌经营获取的则是垄断利润或超级利润，且收益具有长时间的稳定性。

加入WTO后，中国企业应清楚地看到，全球化销售的目的不是最大限度地增加销售，而是最大限度地提高利润率。在价格体系的制定上，以“心理战术”为手段，追求合理化，使之确保品牌的利润空间，是品牌摆脱不景气有效的途径之一。

6. 品牌战略待调整

我们更需要从目标到内容，制定出一个有核心的、系统的、可以操作的设计，替代空洞的口号和规划，企业才能在今天未雨绸缪。

濒危品牌要尽快制定自己的战略，首先要“守得住”，而后再“出得去，打得赢”。世界著名的未来学家阿尔·托夫勒说：“对于没有战略的企业来说，就如同在险恶的气候中飞行的飞机，始终在气流中颠簸，在暴风雨中穿行，最后很可能迷失方向。”21世纪，企业经营的复杂性和不稳定性将达到前所未有的程度。美国兰德公司的专家指出：85%是因为企业管理者决策不慎造成的。中国企业，不能再“只低头拉车，不抬头看路!”

我们已迎来品牌战略时代，许多国外企业均把战略设计放在企业的首位。从一份资料就可以看出，美国企业在1947年注重战略的占到47%，到1970年时，已上升到100%，它们通常用于管理咨询的费用中1/3是用在战略咨询上的。30年后的今天，我国企业认识“发展战略”和“形象战略”的又有几何？企业不注重战略，如流星一闪即灭，绝不能说是偶然的！据对我国150家企业的调查发现，注重战略的只有3家，其余的147家都在一种无战略的状态下生存。我们身边的巨人、三株、爱多、沈阳飞龙、秦池、环宇电器等等，这些企业皆火红一阵后就消逝的原因何在？今天我们可以总结出它们很多失败的教训，但很重要的一点是因忽视战略而步入困境、败走麦城占到大多数。

西方企业对于市场的容量、竞争对手的分析、资源的整合规划、企业发展目标的论证等等方面都十分严谨。试问，进驻中国的洋品牌，又有谁在关注中央电视台的“竞标”时段？又有哪一家在战略上是那么茫然？

濒死品牌要走出残局，唯有尽快调转你的战略方向，再不能是光需要走“捷径”，不想走“正途”。我们亟待考虑改善眼前的状况，急功近利怎能取代长期遵循？我们更需要从目标到内容，制定出一个有核心的、系统的、可以操作的设计，替代空洞的口号和规划，企业才能在今天未雨绸缪。忠告国内濒死品牌，制定切实可行的品牌战略，应成为企业迈向国际市场的当务之急！

7. 加快转移目标市场

对于濒危品牌不能因步入困境而贪大求全、急于求成，不妨在目标市场的转移上作出正确反应，避免品牌随市场的萎缩和压力而销声匿迹。

众所周知，消费者购买要求各不相同，任何一个品牌都不可能满足所有的消费群体。因此，品牌的目标市场选择就显得尤为重要，企业如果在目标市场的选择上一旦失误，就会造成品牌陷入困境。反之，品牌就会健康成长，成为行业之佼佼者。

案例：百事可乐转移目标市场之战

在转移目标市场方面，百事可乐给了我们很大的启迪：60年代初，百事可乐大胆牺牲大部分的目标市场，而将视线重点转移到青少年，将其定位为“新一代”，发动了著名的“新一代的选择”反攻战，从此成为足以与可口可乐品牌相抗衡的饮料品牌。

案例：IBM靠转移目标市场夺回宝座

80年代，IBM集中生产大型机赚取了大笔利润，其后开始大规模拓展业务，销售大型机，以及销售个人机、笔记本型机、工作站、中型站、网络、复印机、商业卫星系统等等，结果损失惨重。1991年达到顶峰，共亏损28亿美元。企业另辟蹊径，重新转移目标市场，将复印机卖给柯达公司，同时关闭了商业卫星系统等，倾注于自己的专业领域，IBM终夺回了“蓝色巨人”的称号。仅在2002年的资讯展中，最引人注意的四大笔记本电脑厂商，蓝色巨人IBM创下9天近万台的销售量，光是笔记本电脑就较去年增长5倍多，这也是近20年来，卖气最热烈的一次。一时间，IBM这一次主动出击，引来业界侧目，更获得消费者热烈的回应，同时也成为人们关注的焦点。

我国企业在选择目标市场的意识与手法上十分落后，一而概之的重复锁定现象比比皆是。企业没有牺牲精神，哪有所获？随着品牌时代的来临，认品牌消费的观念越来越强烈，品牌也随着不同国家和不同地区消费者的不同消费习惯和心理预期，而不断变化和充实。

中国幅员辽阔，市场三大板块“长江文化板块”、“黄河文化板块”、“珠江文化板块”，各自不同，所以在品牌经营的过程中，也要随目标市场的不同，在品牌塑造、维护等方面具有灵活性。对于濒危品牌不能因步入困境而贪大求全、急于求成，不妨在目标市场的转移上作出正确反应，避免品牌随市场的萎缩和压力而销声匿迹。

8. 用好品牌延伸这一招

适时品牌延伸，可以令其达到“柳暗花明”的境界。品牌延伸是一把双刃剑。中国濒危品牌在品牌延伸上要合乎逻辑，合乎市场策略，慎之运用品牌延伸策略，谋定而后动。

▲品牌发展的方向一定要持续不断地在价格、品质与服务上取得平衡，如果没有品质与服务的支撑，价格再低也没用。

品牌延伸，是“花环”也是“陷阱”。在发达国家已经十分盛行，有人曾比喻：“在西方国家，品牌延伸就像当年成吉思汗横扫欧亚大陆一样，席卷了整个广告和营销界。”

回顾过去10年来十分成功的品牌，便可看出有2/3是属于延伸品牌，而非新面市的品牌。品牌延伸不失为一条捷径！对于陷入困境的濒危品牌，适时品牌延伸，可以令其达到“柳暗花明”的境界。

所谓品牌延伸，是指同一个品牌以相同的品牌名，向其他行业延伸或向本行业上下游延伸。品牌延伸，其实大家并不陌生。这几年，我们几乎每天都看到，比如长虹向空调、VCD、电脑业进军，春兰从空调迈向摩托车及汽车零部件经营，海信大举进军电脑，格兰仕巨资投向空调业……

濒危品牌，完全可以借用延伸之术在另一领域异军突起。企业进军另一领域，一定要有确实可行的市场基础，要经过严密科学的市场调研，并且不能与原有产品领域毫不相关甚至相悖。否则，延伸必然走入另一种深渊。

案例：五粮液为38个系列品牌“断奶”

2003年，五粮液将砍掉旗下38个品牌，重点培育10个名牌产品。这些“断奶”的品牌，均为五粮液买断的品牌。据了解，这些品牌包括喜寿宴、情酒、六百岁、五夜丰、岁岁乐、金交杯、蜀帝宴、交杯喜、一滴香等38个区域性白酒品牌。这次被停牌的38个品牌，基本上属于弱势品牌。它们是白酒行业的游击队员，以简单的贩卖来参与市场竞争，当然它们对于当地的经济相对来说多少还是起到了推动，而站在整个中国白酒业的大环境来看，它们是在不断地扰乱市场，对于母品牌五粮液来说，更多带来的是一种伤害和负累。这38个品牌经常是偷梁换柱地对消费者欺骗，以至让众多的消费者不知道真正的五粮液是啥面孔。这些品牌销量也并不乐观，品牌泛滥中严重影响了五粮液的发展，显然，五粮液也意识到这一点，终于忍痛割爱将这些未成年的“孩子”突然“断奶”。

案例：长虹丢掉“彩电大王”，拾起一块空调市场

中国市场的彩电大王是谁？很多人都会说是长虹品牌，但这个答案并不是准确的，或许以前是，可是现在的长虹品牌自从向空调领域进军，彩电市场的排名也随之而发生变化。长虹品牌向碟机等产品不断延伸的时候，它的消费者群体对长虹品牌也有了新的看法，心目中还会是那个“彩电大王”形象吗？现如今中国的家电市场上还有是谁在标榜自己的牌子只是生产电视机的呢？没有，那么“彩电大王”这个称呼也就正儿八经地“寿终正寝”了。尽管长虹品牌，固然在空调行业发展的也是很好，可是他原有的“彩电大王”的品牌形象已经被稀释了，丢掉一个“彩电大王”和拾起一块空调市场，其中的得与失也就只有长虹管理层最清楚了。

此类教训不乏其例，活力28洗衣粉曾向纯净水方面延伸，消费者就不“认账”；“杉杉”西服品牌延伸到了“杉杉”香烟；春兰空调本是空调行业的“大哥大”，却向摩托车、电冰箱行业扩展；再如太阳神，一会儿口服液，一会儿又推出洗厕所用品，让人不得要领，这些品牌难免一荣俱荣、一损俱损。

在品牌延伸上，我们也看到美国宝洁公司，对产品均实施不同的品牌

策略，由此有了“飘柔”、“沙宣”、“海飞丝”、“潘婷”洗发水，“汰渍”、“碧浪”洗衣粉，“玉兰油”护肤品，“舒肤佳”香皂等等成功的例子。可以说，品牌延伸是一把双刃剑。中国濒危品牌在品牌延伸上要合乎逻辑，合乎市场策略，慎之运用品牌延伸策略，谋定而后动。

案例：麦当劳在华品牌延伸

全球最大的快餐业集团麦当劳自进入以来，一直持续多年走“品牌恒一定律”这条路，最近在国内开始实施品牌延伸战略。截至2002年6月底，该公司新推出的“麦咖啡”品种已在北京、广州、上海等大城市全面登陆。

据悉，麦当劳作为一个快餐企业，自1955年创办以来一直以销售西式快餐为特色，并在40多年内在全球120多个国家迅速发展了3万多家餐厅。其中，从1990年起至今，已在中国17个省的74个大中城市开设了460多家餐厅。随着规模的不断扩大，其全球品牌的地位也在日益提升。在成功创出品牌以后，麦当劳公司首先在成熟经营地区开始其品牌延伸战略，在全球的300家店推出麦咖啡新品，并于近期先后在中国实施这一品牌延伸战略。上海麦当劳公司总经理表示，麦当劳的品牌延伸不是简单的累加，而是有其自身规模的发展顺其自然走上这一条道路。“麦咖啡”推出的成功之处首先在于它仍然凭借品牌文化为依托背景，保持了与麦当劳品牌文化的一致性，即保证优质的服务质量和满意的前提下，让顾客拥有最舒适的用餐感受。

9. 换个区域去卖一卖

不要与那些强劲品牌去对抗，避免与它们正面竞争，不妨重新选择另一个区域进行销售。许多国外品牌均采取这一策略……

转移销售区域，也不失拯救濒死品牌的一条出路。我国企业普遍将销售区域定位为“大都市”，认为只有“大都市”才是“大市场”，这一错误的观念导致企业大走弯路。品牌一味地往竞争最激烈的都市去挤，而忽略了潜在市场，对于品牌的生存和发展都会带来负面影响。许多进驻中国的强劲品牌，纷纷将目光瞄准9亿多人口的中国农村市场。

案例：宝洁靠Road show（路演）进军中国希望田野

宝洁公司脚踏实地开发农村市场，足迹遍及22个省、市、自治区的乡村腹地，购置20多部吉普大搞“宝洁与您面对面”活动，起先从3个品牌推广扩展到7个品牌，使过亿人次的乡村受众接受宣传和试用P&G的产品，培育了庞大的潜在市场，甚至影响了几代人的消费观。

Road show活动的主要流程即为三方面：（1）聚众。通过现场的彩车、电视、锣鼓、音响、帐篷、彩旗、抽奖等形式进行聚众，吸引更多的农村消费者的眼球，壮大活动声势尽可能地扩大影响面。（2）宣传。通过派发传单，派送装有P&G产品样品小锦囊，播放产品录像，主持人讲解、有奖问答、面对面的宣传、产品功效演示、现场顾客资讯的反馈等等产生互动。（3）销售。通过一对一的现场销售P&G的样品产品，扩大影响力，给潜在顾客提供试用产品的机会，以获得亲身感受。其活动宣传有效覆盖率达到75%，产品试用率55%，活动在测试时受到P&G全球总裁佩伯先生的肯定和高度评价。

案例：健力宝北上之后杀回南方市场

国内驰名的健力宝集团，最初面对“两乐”的夹攻，主动放弃了南方大都市，进攻“两乐”势力薄弱的北方市场，潜心培养消费群体，从而一举获得成功。之后，累积了一定的实力，才调转方向南下，与“两乐”进行正面争锋。这个战略的推出，让健力宝逐渐“长大成人”。

提醒濒死品牌：不要与那些强劲品牌去对抗，避免与它们正面竞争，不妨重新选择另一个区域进行销售。许多国外品牌均采取这一策略，将目标转移到竞争对手比较薄弱的区域，进行大规模的推广，脚踏实地培养消费群体，从而拥有大量的市场份额。

加入 WTO 后，濒死品牌应拿起武器，重新振作起来，尽快走出困境，以崭新的姿态，迎接品牌时代的来临！

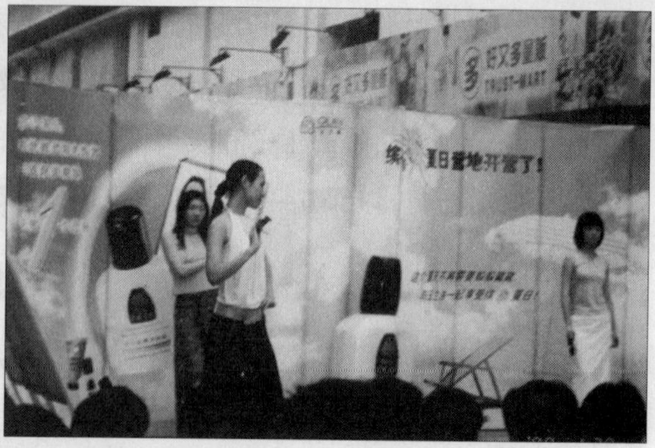

▲关心消费者的健康，改善人们的生活，一直是宝洁努力的目标。

十一、红头文件不好使了
为品牌找个好靠山

提示

时下，创中国强劲品牌热度持续上升，成为企业家、政府官员的口头禅和专家学者们研究的热门课题。然而，我国在创建品牌过程中，不少企业家苦于找不到好靠山而怨声载道。其实，无论从品牌的创造、投入，还是从选择、消费来看，强劲品牌都不能没有自己的支柱！加入WTO后，政府部门的红头文件一张张被取缔，企业应为品牌重新找个好靠山。

1. 牢牢抓紧品牌战略

得战略者才能得天下，企业发展战略是企业的核心和灵魂所在。企业不仅需要品牌发展战略，而且更需要好的战略。

发展战略是一项若干环节整体性的策划工作，它涉及产品质量、市场营销、国际竞争、知识产权等重大问题，取得突破性进展所进行的综合性、总体性的思考结果。

任何一个企业要想在不可避免的竞争中求得生存和发展，就必须掌握竞争的理论武器——发展战略。实施品牌发展战略理论，首推美国管理学家彼得斯和沃特曼提出的“麦肯齐 TS”理论，包括 7 大环节：战略、结构、体制、作风、技巧、人员、共同的价值。这 7 大环节，在品牌的战略中起着至关重要的因素。我们欣慰地看到海尔、长城、小天鹅、格兰仕等等，在品牌战略上的举措，构筑成了中国经济迈向新世纪的交响曲。

得战略者才能得天下，企业发展战略是企业的核心和灵魂所在。企业不仅需要品牌发展战略，而且更需要好的战略。我们很多企业在战略上还很年轻，甚至忽视或轻视战略，企业走一步上一步，没有方向感，不以创新为导向，不以市场需求为前提，更没有以提高核心能力的战略为目标。对于市场的把握更是不到位，都不花精力研究竞争对手的品牌战略，一味地走多元化的经营之路。我们可以清晰地看到，失去战略指导的企业，就像一艘行驶的航船辨别不清方向，迷失了就一定走弯路，损失是相当惨重的。即使是有核心产品或全方位的服务，也难逃厄运。这也是造成中国企业无法造就辉煌的根由。

企业家同样也是战略家，必须发挥出战略家的作用，其作用不能仅局限于制订战略，还必须包括执行战略和控制战略。得战略者得天下。企业发展战略是企业的核心和灵魂所在。我们的关注点已不再是民族工业要不要创品牌，而是怎么将品牌发展战略引向深入，更好地提高品牌的竞争档次和水平，使市场更加有序、有组织地向前推进。

案例：波音公司总部搬迁也是其全球化战略之一

2001 年，波音公司完成了从西雅图到芝加哥的总部大搬迁；电信行业巨头阿尔卡特（Alcatel）也对全球业务布局进行了调整，新亚太总部选址上海运营。他们战略的很大一部分就是使总部超脱现有的经营业务，瞄准公司全球化发展的各种机遇，寻找一个能缩短国际、国内互动时间，让企业置身于最活跃的市场心脏地带，总部搬迁也是全球化战略之一。

案例：诺基亚制定正确战略，赢在电信领域

诺基亚目前是全球最大的移动电话制造商，而 100 多年前诺基亚是芬

兰北部一家小型木浆厂，20世纪60年代诺基亚奠定电信产业基础，80年代后，诺基亚战略定位是集中发展移动通信，生产移动通信设备，不断进行数字通信技术的研究与产品创新，并不断满足于消费者的需求。其战略的正确定位，使得今天诺基亚在电信领域占据重要的地位。

再有，索尼的“驯马战略”、丰田的“反思战略”、三井的“大网战略”等无不显示实施品牌发展战略是企业的生存选择。

品牌发展战略，关系到企业长期性、全局性和方向性的重大决策问题，我们的企业千万不可掉以轻心，况且在当今战略制胜的时代，制定完整的品牌战略，决定着中国品牌事业的健康发展。

2. 内部管理创出中国特色

要创强劲品牌，必须实施一流的管理。显然，企业的内部管理是振兴民族工业必经的发展之路。

企业内部管理，是对企业的整个生产经营活动进行计划、组织、指挥、监督、控制和调节的工作，以保证企业任务的完成和目标的实现。企业家最关心的莫过于如何把企业做大做好，其根本就是面向未来如何管理。“管理是当前最困难，最崇高的任务”。

管理是企业发展的动力之源。尽管迄今中国还没有一部系统、完整的管理经典，但我们必须意识到，要创造世界级强势品牌，必须创造具有中国特色的企业内部管理。

品牌需要一个科学的内部管理环境。中国企业要科学完善生产工艺流程及原材料消耗、产品质量考核、销售管理、资金管理等管理制度，形成有效的激励机制和约束机制，从而确立企业产品稳定的消费群体和创造市场空间，在市场的激烈竞争中迅速成长起来。如方太（抽油烟机）在创造“方太”这一名牌时，还创造了一个科学的管理体系，企业率先通过

ISO9002 的国际认证，为“方太”创品牌与发展品牌创造了条件。

企业要在激烈的市场竞争中求得生存与发展，必须审视自己的管理体系中有无脱钩现象，在重要环节的管理上有无盲区或空白点。

要创强劲品牌，必须实施一流的管理。显然，企业的内部管理是振兴民族工业必经的发展之路。我们的企业，与国外强劲企业的管理上差距很大，企业还未完全成为市场经济主体，政企尚未完全分开，运作极不规范，企业的制度和体制，靠政府保护、垄断地位是不会有高效率的。企业忽视消费者和投资者的信赖，缺乏市场竞争力，致使中国大企业的行政职能与全球 500 强无缘。

3. 广告要睁开眼睛去做

有效的广告，可以说服消费者由一个品牌去使用另一个特定的品牌。广告说服的结果，经常影响着购买品牌的决定。

优质的产品并不等于品牌，还必须借助广告的宣传，向消费者介绍产品，提高知名度，培养潜在的未来消费群体，才能成为真正的品牌。国外企业都很舍得投入广告宣传费用，以至老百姓未消费过产品，也能如数家珍地一一道来。可见，高额的广告支出及卓有成效的宣传，使得产品传播家喻户晓。

广告宣传是加强消费指引的重要手段，我国企业在广告宣传上还缺乏持续性，众多的国内企业还认识不到建立一个品牌是需要时间累积的，甚至把全部的精力都放在降价、促销、折让、赠送礼品等方式上，希望以此来提升业绩。“酒香也怕巷子深”已被广大经营者所接受，但是我们在广告运作上仍然还不成气候，投放不讲策略的还占绝大多数。事实上，要构筑品牌资产，离不开持续的广告宣传。它既可以保持品牌新鲜度，还可以提醒消费者“我还在”，以不断与消费者产生互动，减少消费者移情别恋的可能。

据美国一项统计资料显示，在美国排名前20位的品牌，每个品牌平均每年广告投入费用是2.3亿美元；排名前50位的品牌，平均每年花在广告上面的费用是1.58亿美元；而一些顶尖的公司，如AT&T公司每年为其品牌所花费用达4亿美元，目的就是不断激发、提醒消费者，让他们有所认知，直至产生品牌忠诚。各位，“味道好极了”，“车到山前必有路，有路必有丰田车”，这些广告语我们都不陌生，它们每天都排山倒海式地围绕我们身边，天天在我们耳边响起，以至我们对这些品牌太熟悉了，以至把它们视为我们生活的一部分。

品牌竞争不仅是实力在较量，也同样是广告宣传的较量，显然，追求一时的广告轰动效应是无法树立品牌这座“大厦”的。

美国西北大学教授舒尔茨在《整合行销传播》一书中指出：90年代，在同质化的市场中，唯有传播能创造出差异化的品牌竞争优势。这种传播，以消费者的欲求为“轴心”，从产品概念的开发到产品包装设计以及公关、广告、促销等营销推广工具的综合运用，始终围绕这个“轴心”转。

当企业为产品塑造出一个特别之处时，就已经向成功迈出了可喜的一步。这种独特的个性，会通过各种方式传递给消费者，这有待需要一整套环环相扣的传播管理机制、严密的媒介计划及策略实施等方面的配合，让消费者从认知到熟悉，再到购买和使用过程中的一切感受信息，都是对于品牌特别之处的一种体验。

如今的市场，消费者十分理性，产品有了扎实的基础，还要看传播是否与其有一致性，销售主张与消费者的欲求是否相投。如果传播的策略制定特别，你的商品就有可能在起起伏伏中上升为著名的品牌。

国内企业广告意识不浓，甚至有些企业对于广告公司持有偏见，一接广告公司电话，便认为又要赔钱了。“酒香不怕巷子深”的传统思维观念，使得许多有市场潜力的产品“养在深闺人未知”。诚然，有广告的不一定能叫响，没广告的是一定叫不响的。

广告宣传的精髓是广告语，成功的广告都有一主题句，皆能达到一语惊人的境界。诸如“滴滴香浓，意犹未尽”（麦氏咖啡），“每一段路程都妙不可言”（克莱斯勒）。我国的海尔——“真诚到永远”，不仅是一句广告语，它是海尔优质服务的高度凝练，注重与消费者情感的交流。海尔在广告宣传的制作上，及时根据消费者的反映修正内容、设计，达到销售目的。

呼唤强劲品牌的广告宣传，不一定非要选择央视的竞标时段，走差异性的广告策略同样可以达到如期设想的效果。许多企业都将广告贴附电视剧或一个好的专题片，不失是一个好的选择，并不一定非要将所有的广告费用投到中央电视台。形式多样化的投放广告，可以顾及不同消费者达到传播之目的。进行了几届的央视招标，除了宝洁这一外资企业公司参与之外，还有哪家外企光顾？400多家进驻中国市场的世界级强劲品牌，难道不知央视的竞标时段？我们为此争得头破血流又是为何？“标王”已成为历史，想一夜之间成名显然是行不通的，竞标的人终究是原本的那批人，只是竞标的位置上，怎么也找不到秦池的厂长姬长孔、“末代标王”爱多老总胡志标的洒脱了。

广告是商品经济的产物。有效的广告，可以说服消费者由一个品牌去使用另一个特定的品牌。广告说服的结果，经常影响着购买品牌的决定。了解品牌的主渠道是广告，深入人心、深得人心的广告宣传，在创建品牌的路上是何等重要！

国内广告说教式的、自我标榜的多，且站在消费者角度考虑的少，声嘶力竭的喊叫令消费者十分反感。显然，没有广告做品牌是不行的，但盲目做广告就更是行不通了。

4. 营销力持之以恒

一个企业如果在营销力上薄弱，即使有再好的产品质量，产品销不出，转化不了物质财富，企业这部机器也无法正常运转。

▲ 洋品牌在中国市场的广告运作总是“铺天盖地”，不断与消费者拉近距离。

国外巨星级品牌，都很注重营销潜力的开发。像法国卡斯特尔铅笔、瑞典的米奇玩具等，其足迹已踏遍全球。而我国企业在营销力方面做得扎实的，还不及西方的1/3。大多数企业的营销力还没有开发出来，造成产品在市场辉煌不了几日，产品推向市场时就知道强硬去推，不讲策略，盲目跟风现象严重。此方面我们应该有所意识。

我国营销事业正在发生翻天覆地的变化，在市场营销上的失误是企业由兴到衰的主要原因，这些失误主要根源于企业领导者理念上的误区和幼稚。其表现在：企业领导面对多元化的市场，死守一个行业；只顾及眼前的利益，缺乏长远的眼光；在资本的累积上，贪大求全的思想作祟，以及在获利观念上的失控。这样的营销理念，不要谈进入世界500强，最终连企业的生存都会成问题。

当今企业在营销方面，很有必要不断地进行创新，千方百计强化企业的营销功能，创新营销方式，积极采用现代营销的代理制、专卖制、连锁经营等等，建立咨询网络、批零销售网络和售后服务网络，使之覆盖全部市场和主销市场，从而创造强势品牌才有基础可言。我们要不断地给自己提出问题，不断地鞭策自己，加强思考，这不仅是营销的需要，更是企业能在品牌丛林中茁壮成长的需要。相反，一个企业如果在营销力上薄弱，即使有再好的产品质量，产品销不出，转化不了物质财富，企业这部机器也无法正常运转。如果这样，想创造国际强劲品牌也就是遥不可及的了。

5. 不能对顾客抱怨视而不见

一个品牌要想长寿，应该致力于不使顾客抱怨发生。假如出现一些原因导致服务失败时，公司就应该尽快建立各种管道和抱怨处理的体系，迅速解决问题，这样才有可能增加顾客的满意度和建立忠诚度。

品牌由厂家生产出来投向市场，最终还是要由消费者购买。只有充分了解消费者购买心理，把握好他们的消费动机、需求、行为模式、消费决策模式，使产品在他们心目中达到感性形象，才能诱发消费者的欲求和联想。要知道，消费者在购物的时候，往往是以品牌形象的偏爱，来作为选择商品的主要理由，从而产生购买行为。企业只有了解他们的心理，才有可能培养他们的“偏爱”。

顾客抱怨是一家公司获知市场反应最好、最直接的来源，如果能将抱怨的顾客转变成为满意的顾客，你的品牌就一定会获得许多赞美。目前，国内还有众多的品牌对于顾客的抱怨处理没有缓解机制，还缺乏一套完整、严密、可行的处理制度，往往对于顾客的抱怨都采取视而不闻的态度。久而久之，这些抱怨越积压就越严重，造成有些公司处于难以收拾的境地。

顾客有抱怨产生，一定是该品牌在某些方面做得还不够好的结果表现，如果这些不足点得不到及时处理，始终还会在某一天让另一个顾客抱怨，对于品牌的发展显然就会带来负面影响。大凡国外一些成功的品牌，其做法刚好与国内品牌截然相反。他们总是将顾客的抱怨逐个收集起来，而后进行分类给予处理，并将这些问题反馈到研发部门、生产部门，以对现有的产品存在的不足点进行改良。他们始终凭借着这种正确的服务态度，适时对产品采取修复行动，往往可以把即将要失去的顾客找回来，同时赢回他们的心。

以顾客为导向，正日益受到全球企业界和理论界的关注，成为当今品牌竞争的共同战略，也成为21世纪品牌行销竞争的焦点所在。以顾客为导向，对于品牌的成功起着决定性作用，它也是品牌的最高战略，始终贯穿于品牌经营的全过程。

品牌在行销的过程中，如果不以顾客为导向，就无法真正掌握和满足顾客的需求。世界级的品牌在中国市场的运作，在这一点上就做得值得我国企业学习。诸如百年品牌西门子的八大准则，其中有一条——“客户决定我们的行动”，他们随时根据顾客需求，进行业务改进。大家熟悉的P&G，能将旗下300多个品牌的产品行销全球，并不是靠其庞大的广告支撑，而是脚踏实地，通过一系列严密的消费者测试与调查活动，推出符合当地人需求的产品，其成功是真正站在了“以顾客为导向”这一点上。还有，近期麦当劳在中国市场一改以往的品牌经营手法，大玩“体验营销”，让人感到麦当劳就是为我们消费者处处着想，把我们的感受、情感、思考和联想都牢牢地把握，有的放矢地进行诉求，甚至消费者也开始被体验感动，心甘情愿花钱买体验。

据美国的研究显示，不高兴而且不抱怨的顾客，再来惠顾的概率只有三成左右；不高兴但有抱怨公司没有解决的顾客，再惠顾的概率则约有四成。由此看来，顾客如果不满意，但是有机会或管道抱怨的话，似乎可以稍解心中的不愉快。更值得注意的是，因不高兴对公司抱怨后，而能得到解决的顾客，再惠顾的概率则可提高到六七成；不高兴，对公司或品牌抱怨后，而能迅速得到解决的顾客，再惠顾的概率更高达八九成。

显而易见，一个品牌要想长寿，应该致力于不使顾客抱怨发生。假如出现一些原因导致服务失败时，公司就应该尽快建立各种管道和抱怨处理的体系，迅速予以解决问题，这样才有可能增加顾客的满意度和建立忠诚度。

据报载，美国有位妇女每星期都会固定到一家杂货店购买日用品。在保持购买了3年之后，有一次这家杂货店的服务员因对她态度不好，于是她到了其他杂货店购物，从此不再光顾这家杂货店。12年后，这位妇女来到这家杂货店，告诉杂货店的老板自己为何不再来购物的原因，老板耐心地听完并向这位妇女道歉。随后，老板算了一笔账，假设这位妇女每周都到自己的店铺购物25美元，那么12年时间里自己损失了1.56万美元的生意，12年间因此流失的顾客又是多少呢？

许多中国企业在品牌决策的过程中，口口声声说“以顾客为导向”，可是在做的过程中，却是以总经理或厂长自己的喜好为导向，致使产品推向市场后，顾客不买账，严重影响了品牌长期的发展。加入WTO后，品牌竞争更加激烈，势必要求中国品牌必须把“以顾客为导向”放在首要的位置。加入WTO后，零缺点的服务文化一直风行，一些大的跨国品牌纷纷在中国予以实施，把抱怨管理的终极目标均定为没有抱怨。于是，各大全球性品牌均授权给第一线的服务人员，给足他们权力，让他们能够有弹性地处理顾客的抱怨。但是，国内品牌在此方面做得就十分欠缺，这种视而不见最终要受到市场的惩罚。现今，品牌竞争已回归到一个最基本的面上了——提供可靠的服务给顾客，预防胜过治疗，第一次能将服务做到位，就是最佳的服务品质。由此看来，国内品牌对于顾客抱怨，现在也该到引起高度重视的时候了。

6. 强化概念要始终如一

强化概念，给消费者始终如一的感觉，对于品牌的构建将会起到推波助澜的决定性的作用。

国内品牌很少能将一个主题、一个概念传播到位的，多数的品牌常常缺乏一个完整的传播策略，处在低层面的还较多，众多品牌总是根据市场而不断改变诉求，甚至让人不知所以然。因此，重视品牌的科学运作、重视市场是中国品牌亟待要补的一课。

强化概念，给消费者始终如一的感觉，对于品牌的构建将会起到推波助澜的决定性的作用。诸如轿车领域的品牌就很有代表性。瑞典的沃尔沃，一直是坚持“安全”的主张，还有通用别克、奥迪 A6、本田雅阁等等这些品牌，都是一贯保持一种持续性的策略；再如 1957 年以来，可乐娜、青鸟这两款汽车带给大众的印象至今还是始终如一，这也是丰田和日产公司成功强化商品概念后的成果，由于定位明确，因此才有 LL 型商品的基本架构。

然而，国内的轿车品牌就不是那么尽如人意了。例如中档轿车的捷达品牌，起先的诉求点总体来说就是实用的诉求，到 2000 年，捷达又把品牌的诉求重点放在安全上，着重安全保护成为诉求的重点。截至 2001 年，捷达的诉求重点又出现偏移，概念又变了，成为“全新驾乘空间”。这种不断变化让人感觉“丈二和尚摸不着头脑”。再有，富康轿车、夏利 2000、英格尔、江苏悦达、羚羊等等，在强化概念方面都是无法贯彻一个品牌整体的思想。它们自始自终都处于一种游移状态，从而降低了消费者的信任度，要不是凭借着中国市场的特殊定位和实用车型，恐怕这些品牌早已销声匿迹！

强化概念是品牌长寿的一大秘诀，我国的海尔、小天鹅、联想，以及长虹等众多企业，均在此方面迈出了可喜的一步。加入 WTO 后，市场已不同从前，国内品牌应将着眼点放到强化商品的概念上，以满足消费者特定的心理需求，而不能把商品定位为“全能”。殊不知，一个品牌让人感觉“无所不能”的时候，其实也就是“什么都不是”的时候，毕竟所有的强势品牌都有一个强而有力的特点，就是始终如一地强化概念，这也是它们取胜的关键所在。

7. 永远维持品牌好声望

品牌声望就像珍品一样，需要你去常常维护它，或常常作一些防护措施，才能把它细心保存下来。也许你什么都可以丢，但是声望可不能丢，这东西一旦丢掉了，就很难找回来了。

国外强劲品牌都十分注重维持品牌声望，有时不惜重金也要保住自己的身价。就拿闻名全球的 DE BEERS（戴比斯）珠宝公司为例，为了怕过多的钻饰、钻戒流通市面把市场搅乱，该公司宁可将大量的成品存入仓库里，以维持少许的量来凸显 DE BEERS 品牌在市面上的珍贵。

案例：通用汽车公司召回制度赢得好声望

世界著名企业之一的通用汽车公司，在 2002 年 9 月宣布，由于车座有可能会夹住乘客的手指，因此决定召回包括雪佛莱、卡迪拉克等在内的大约 597000 辆 2000～2002 年款大型多功能运动车。从表面来看，企业召回似乎有很大的损失，但是实际上，这将从最大程度上消除安全隐患，保障消费者的利益，帮助企业最大限度地减少赔偿费用，同时也让品牌赢得良好形象和声誉，也赢得消费者的忠诚。

回看我们国内品牌，我们不由不觉得汗颜，特别是近日值得一提的中国电信品牌，在此方面就做得十分地“差劲”了！

案例：中国电信“111 国际电话”涨价事件遭到抵制

2002 年 11 月 1 日，掀出“111 国际电话”涨价事件，不仅是香港打入中国国内的“国际电话”涨价 8.5 倍，而美国打回中国内地的电话也上涨了 10 倍，还有国内固话打香港调高 8.5 倍，打美国也同样上调了 10 倍，据说凡“国际电话”无一能幸免。然而，中国信息产业的主管机构，既不上报国家最高决策当局，也不征求市场经济主体——国民的意愿，也没有所谓的论证依据，为什么就这样堂而皇之地出笼了？以至被称之为全球最“经济自由化”的香港首先做出反应：香港各界反应强烈，由 15 名香港特区“全国人大代表”联名向全国人民代表大会紧急反映民情。“111 国际电话”涨价事件，不仅是对中国、对市场经济法制的第一次有力、严峻的考验，同时也可以看出消费者对中国电信品牌丧失了信心和忠诚度。

品牌声望就像珍品一样，需要你去常常维护它，或常常作一些防护措施，才能把它细心保存下来，也许你什么都可以丢，但是声望可不能丢，这东西一旦丢掉了，就很难找回来了。那么，你的品牌就会在一夜之间变得不值钱，便难以成为真正的百年品牌或经典品牌。

品牌要想长寿并不是难事，难就难在你如何去日积月累地保养与维护，这是对所有品牌管理人员的挑战，也是每家公司整体部门的考验，公司只有通过整体配合才能通过这个考验。

实施发展战略，是品牌的生存选择；加强内部管理，是品牌发展的动力之源；有效的广告宣传，是品牌塑造的催化剂；强大的营销力，是品牌智慧拼盘的组合艺术；杰出的产品包装，是品牌制胜的有力法宝；重视顾客抱怨，是品牌博得人心的最佳通道；强化概念，是构建品牌的整体思想；维持好的声望，是品牌赢得消费忠诚的秘密武器。中国品牌，如果你能将这 8 个“靠山”有效运用，你的品牌还愁树立不起来吗？

[illegible]

[illegible]

[illegible]

[illegible]

十二、 做品牌最重要的原则
让经销商为品牌而战

提示

经销商不是你的员工，没有必要听从你的指挥，但他们却是影响你的产品在市场竞争中成败的关键。经销商一旦弃你而去，企业销售业绩就会受到影响。一个品牌的成功，离不开许多因素的有力配合，产品的通路就扮演着重要的角色。企业必须想方设法把握好与经销商的稳固关系，并且赋予他们足够的动力，充分激发他们为你的品牌而战。

本月的行销会议又如期在公司的会议中心召开，今天的气氛和往常相比显得异常紧张，负责全面工作的总裁、销售副总、营销总监满满地坐了一屋子。也难怪，在过去的半年里，许多经销商弃公司而去，业绩随之猛跌40％出头，公司销售一时陷入困境。

公司产品没有什么问题，价格也适中，为什么就是不能留住客户？会议持续3个多小时了，大家都认识到问题就出现在企业建立与经销商稳固的关系上。这时，吴总更是显得焦躁不安，他用纸巾擦了擦额头的汗珠，望着营销副总说："你觉得我们应该怎样把握经销商？"

营销副总沉思了片刻，胸有成竹地说，经销商不是我们的员工，他们没有必要听从我们的指挥，我们不能还停留在"经销商就是把商品从仓库中提走而已"的观念上，现在经销商选择商品的空间较大，许多经销商抱

▲ 经常与经销商们座谈很有必要，借此你可以听到来自一线市场最真实的声音。

着“不卖东家，卖西家”的经营态度，他们努力销售与否，与我们产品的命运有很大关联。然而，好的经销商绝不比公司任何一个员工逊色，因此，要想方设法地把握经销商，就必须改变我们以往的做法，否则，我们很难赢得经销商的忠诚度。

其实，玩转经销商不是一件容易的事情，但和经销商保持良好的客户关系又是一切生意的前提，我们很难想象两个心里都疙疙瘩瘩的合作者能很好地共同完成一件事情。如何与经销商建立并保持良好的关系呢？

会议进入了关键阶段，大家你一言，我一语，气氛变得轻松热烈起来，倒也总结了不少好的主意：

1. 选出成事的经销商

快速达成生意，几乎是每一个营销人员进入新市场的目的。只要卖产品，我们就放权，就签约，结果做不久，死得无影无踪。“男怕入错行，女怕嫁错郎”，我们无论是选择总经销，还是选择分销商，都是同样的道理。

不慎重对待，不对经销商进行综合调查和评估，不作是否有足够的销售经验、独特有效的销售方法及模式、经营作风是否好、态度是否谨慎、硬件设施的情况是否良好等方面的综合考评，这种结合只能是短期的。

盲目选择经销商，为了短期的生意而葬送长期的生意合作，结果不仅仅是最后经销商纷纷断绝和你来往，像处理欠款这样的麻烦事情既耽误了进入市场的时机，更麻烦的是这可能比市场开发的投入的费用还来得更高。

“磨刀不误砍柴工”，在选择经销商时要对经销商的销售能力、信誉好坏、选择产品目的等进行深入了解和分析，而不是盲目与经销商草率签约，这往往事半功倍。

2. 别惯坏了经销商

最让营销人员头痛的可能还不是被客户拒绝，拒绝了可以发展新的客户，再说拒绝也是难免的。一个做得还不错的经销商时不时地向厂家提出这样或那样的要求，时常叫营销员叫苦不迭。答应吧，回去还不知道上司的想法，不答应销售业绩要下降奖金要泡汤。更有甚者，经销商无论提出什么事情我们都愿意去为经销商做，有时是出了力气却不讨好。

想给厂家和营销人员一个忠告：“客户永远是对的，但不是客户的每一个要求都是要照办的。”这是维护企业利益和保持良好顾客关系的良方。特别是在你和客户达成生意前，你对你手中的权限要有保留。在你能为客户解决一些问题时，也不应该太过爽快，要不他会认为一切理所应当。让客户知道他的一些要求是你经过努力才实现的，这样客户会对你有感恩的态度，认为你不但给他带来了赚钱的机会，你还在不断地帮助他赚钱。

一旦有了这样好的客户关系，面对客户一些非分的要求，婉言拒绝其实就已经不是一件很艰难的事情。“是的，你说得对，你的要求有道理……但是我们的协定是这样的，希望你能考虑到我们的困难”。当你们开始就建立了良好的朋友关系时，这样的拒绝我想绝对不会得罪客户。

厂家与经销商都在一条船上，要共存互荣，就少不了关系的摆正和理顺，制定与经销商的政策条例，是理顺关系的前提，这便达到“先言后不争”的境界。当然，它制定的政策时，要充分考虑对方利益及精神上的激励，并在实际的操作过程中进行修正和完善，逐步形成健全、科学的经销商政策，以促进双赢更加长久。但有一点必须记住，千万不要惯坏了你的经销商，被惯坏的经销商随时都会和你翻脸，那样麻烦可就大了。

3. 利益，顾客关系的支点

可以看出，众多的经销商的利润现在都摊得很薄，为了参与市场竞争，也是实属无奈。如果我们能给经销商多点预留空间，并多提供给他们应得的一点利润报酬，肯定会赢得所有经销商的欢心，从而赢得忠诚度。

▲ 经销商站在销售的第一线，可经由他们获取市场第一手的资讯。

我们不妨像顶益公司实行“通路精耕”，以控制市场价盘，创造长期竞争优势，和经销商结成“命运共同体”，双方相互承诺，履行应尽义务，享受应享的权利，并且消除区域间的价差，保证经销商都能获得相应的利润。

充分利用一些销售返利的计划，这种进货的数量折扣与红利的政策，可以大大地激发经销商努力销售。很多企业曾用过这些方法，但是到年终分红时，“揩油”现象相当严重，提供经销商应得的报酬很难如数兑现，短视的行为削减了经销商的信心。试想你不能如期兑现承诺，经销商又怎能努力多进货？经销商的利益摆平，企业的销量才有可能上升，这是一个双赢的过程。

给大家一个提醒，生意合作中的朋友，维系友情的是双方的利益平衡。

4. 约束，这样的“小人”要做

有的营销人员因为和老客户关系很好，彼此之间形成了默契，甚至很多时候都是口头上的协议，没有书面上的约定，造成很多没有必要的麻烦。原本口头上说好月前放货月底结算，营销人员拿了一张欠条就去忙别的市场的事去了。到了月底上门要钱，无奈客户一下子资金紧张，给不出钱，企业又催得紧，你说怎么办。说急了，经销商一句话：我又没有答应月底给你货款，要不你拿出凭据来。还不把你噎得半死，怨只能怨自己该做小人的时候非要做君子。

“无规矩不成方圆”，一定的约束纳入经销商政策必不可少。销售政策是营销人员运作这个组织的一个重要依据，这也是销售成功的不二法门。

我们对于经销商的销售政策，大致有价格政策、回款政策、推广政策、客户信誉政策，在制定政策时要根据企业本身，结合市场的变化来制定。当然，政策制定的原则也要具有一定的弹性，比如价格上留有一定的空间，以确保应对市场之变化。有了约束力，通路的各个环节的运作，我们公司也就置于其中，在良性的控制、督导之下，销售工作才有可能达到更好。

5. 用资讯拴住经销商

众多国外企业皆把生产和库存的第一手资讯，通过电子邮件、电话方式，在最短的时间内传递到经销商的手中，甚至有的公司的存货系统与经销商连线，经销商通过连线，可以更精确地知道每一项产品的动态和出货排程。在线上便落订，同时也可以使双方及时沟通产生互动。

要让经销商们融入企业的经营中，充分地了解来自企业的行销计划、产品的发展、新产品上市的动态，以及市场的趋势与流行。我们要学会利用这一根信息的纽带，牢牢地拴住经销商的心。

我们不妨给客户配置电脑，要求客户通过电子邮件每天给公司上报前一天销售情况，这样企业既可以及时洞察市场情况，又为客户解决了办公条件。钱嘛，可以在给客户的促销费用或广告配额里悄悄地计划开支。反正是羊毛出自羊身上，经销商的感受就大不一样了。

6. 请倾听他们的声音

谁最了解消费者，当然是我们的经销商。因为他们整天和消费者接触，常常被我们忽略的来自消费者的问题，他们了然于胸。

说一个很简单的例子，所有家电企业几乎在大打服务牌，你 24 小时送货上门，我就 10 小时，这似乎就凸显了你服务的优势。然而有一个企业一直就是承诺 24 小时送货上门，而且市场口碑很好。因为企业听取了经销商的一个建议，不要给消费者承诺 10 小时送货上门，万一你的送货车遇上塞车或者一次送多家货在路上耽误了 3 个小时，那不被等得发急的消费者骂死才怪。比 24 小时送到还要早 9 个小时，结果吃力不讨好，消费者要的是你承诺的实现，多几个小时，并不耽误消费者的事。

像这有的细节经销商随处都可以看见，对经销的建议“视而不见、听而不闻”肯定要付出惨痛的代价。现实中，我们可以看出，这种灾难多数是发生在不愿聆听经销商声音的企业。许多企业在“我行我素”中，根本了解不到顾客的想法和看法，销售就会出现“中空地带”。

定期召开经销商会议，让经销商畅所欲言，发表见解和意见，并提供他们与企业的行销人员进行互动式的交谈，探讨市场状况，探讨竞争对手的做法，充分把握好价格、新产品存货等通路所涉及的各方面问题对企业来说非常重要。

多一只耳朵给经销商是没有错的，也许我们的经销商并不是很懂理论上的套路，但他们身在实践前沿。退一万步来说，即使他们说的是错的，认真地倾听至少可以让他们感觉到你对他们的尊重，这样也很不错，不是吗？

7. 经销商电话专线，花不了多少钱

其实有的时候经销商也很可怜，比如在售出厂家的产品时，关于产品的性能有时候不是了解得很全面，这里的生意又马上要成交，就差给买家一个满意的解释了。经销商急着打电话向厂家求援。结果，客服电话忙，技术人员在开会，负责的销售人员出差在外……反正就是不能马上给你解决问题。经销商能不怨声载道吗？

公司不可以设立经销商的电话专线呢？专人来解答疑问，例如价格、存货、配送或新产品上市动态，也顺便及时多了解经销商的市场观察、意见和想法。我们充分了解把握好一手资讯，对于参与竞争便有了先天的优势，同时在与经销商的沟通互动中，也促进和培养了深厚的感情。

增加一个这样的工作人员，增设一部这样的电话，对一个企业来说并不费劲。而客户合理的求援有能得到及时反馈，生意成功的机会自然会大大提高。

8. 培训，让经销商变得专业

我们经常抱怨经销商的工作人员不专业，对产品了解片面，因为这样丢失很多成交的机会，有的往往是找上门的生意。那么我们有没有想想，我们为什么不可以帮助经销商来解决这样的问题呢？

企业要是真的有意愿与经销商一起奋斗的话，从给经销商的培训上就可以看得出来。我们应考虑每一个季度或每半年都要给经销商进行培训，

常常充电可以激励他们的斗志，增加信心，在培训中应设立一些有关销售技巧、心态调整的训练课程。

在经销商身上投资是值得的。他们在实际操作中，往往会遇到许多的障碍和挫折，一旦信心不够，观念不到位，就很容易被竞争对手乘虚而入，而培训却可以弥补这方面的漏洞，因此，提供经销商充电的机会必不可少。

通过培训来向经销商灌输自己的企业文化，规范经销商的业务人员行为，这也是企业将触角伸向终端最为省钱的做法。

9. 额外诱因，经销商怎能不心动

许多企业把给经销商的返利分拆为月奖、季度奖、半年奖、年终奖励……并伴随着这些奖励提出相应的条件，这的确刺激了经销商。但时间久了，经销商也会麻木，认为一切理所应当。如果我们做一个这样的活动——“销 XXX 产品，圆你汽车梦想”，这对于经销商是不是一个意外呢？

让经销商真正感到你的好，提供额外的诱因也是一种行之有效的策略。再比如提供出国旅游、高级培训等等，激励他们不断地创造销售业绩。在激励中，最容易让经销商切身感到大家都是一路人。作为经销商来讲，选择性很大，他们卖谁的产品都一样，有了这激励的额外诱因，他们更会“死心塌地”地销货。

目前，国内市场在额外诱因的运用方面，往往是以“专卖”制而展开，这种只是给予赠品的优惠，并没有太大的吸引力，因为赠品选择给人一变相降价的感受。诸如中国茶饮料市场，康师傅的“专卖”便惹来众厂家的质疑。虽然这种策略在短时间内，也许可以限制其他品牌进入，但从长远来看，并不是好的做法，占领市场效果也并不是很明显，且投入较大。专卖诱因是产生销售方式的一股助力，但决非是主流，我们在运用策略中要追求别有洞天的境界，切不要盲目跟随。

10. 间接替经销商打市场

“请客户吃百顿饭，不如为客户做一件事”是成功的营销人员最常见的成功经验。我认识一个营销员，他的业绩几乎月月第一。和他一起去市场，就不难发现他成功的秘密。当很多营销人员在酒桌上和客户套近乎时，他却在客户的分销商那里给自己也给客户调查销售终端的情况，他甚至比客户更了解哪个零售点缺什么货，及时通知客户配货。这样的营销人员客户怎么会不喜欢，业绩不上去才是怪事呢！上面是营销员的个人行为，对于企业，用创意去替经销商打市场，效果可能更加明显。可口可乐为与百事可乐争市场，推出了瓶盖赠奖的形式，产品还是原来的产品，只是让消费者在购买产品的同时享受一种情趣。在这样的基础上，经销商的生意自然好做了很多。可口可乐在推出瓶盖赠奖行动的短短数年内，其成长率高得令人吃惊，经销商的销售业绩也是直线上升，赚了个盆满钵满。当然，赠奖活动现在比比皆是，这种方式只是缓和的价格竞争，赠奖品只适合大品牌，赠奖的结果，有利于能大量生产降低单位成本的大厂商。作为中小公司，也不一定非要选择赠奖的方式，可以选择具有一些创意性的方式来展开，为经销商着想的同时，也为消费而设计创意。

11. 千万别盲目向经销商加压

企业总有一个想法，把经销商的销售任务定得高高的，而经销商则希望企业定的销售任务越容易完成越好。在这一个对立中，企业盲目给经销商加压，结果经销商完不成任务了，销售产品的兴趣也越来越淡，吃亏的还是企业，因为要重新发展一个经销商并那么不容易，更何况还有一个磨合的过程。

市场在竞争中，我们很难把控好一个区域，一年到底能销售多少，及各品牌在同一市场瓜分的比例我们也很难确定。我们与经销商打交道时往

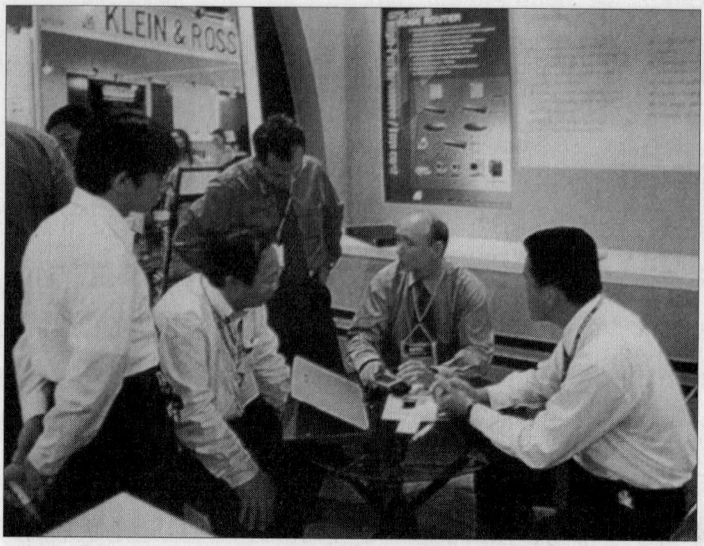

▲ 为了让经销商融入企业的经营，向经销商说明企业的行销计划、产品发展和新产品上市的动态等都是很有必要的工作。

往都是以产品的试销来确定合作的基础，因此在定经销商任务时，要多和经销商沟通，任务一定要合理，要在经销上努力后能够完成的范围内。

还有一种情况，许多经销商为了能与公司合作，千方百计地谎报销售量，以此想得到优惠和支持政策，我们也是被假象所迷惑而草率签约。这时，合约中的销售基数就出现了失误，与市场的需求大相径庭。经销商为此竭力地卖产品，由于市场容量的有限，经销商为了拿到年终的高折扣，只好将产品向外围扩散，造成其他区域的经销商牢骚满天，企业为此也头痛不已，这样一来，市场就在无序中混乱，经销商甚至赔本赚吆喝，搞得市场失控。这时，他们只好挥泪而别。

美的集团在这方面的做法值得借鉴：与经销商“约法三章”，实行“划分责任田，承包到户”的通路管理，并实行货源流动编码制、“一夫一妻”制，即“1 对 1 营销”，增强市场管理透明度。要减少这类现象再次发生，控制市场冲货，我们就不能盲目地向经销商加压加量，把控得当显然很重要。

合理的任务，明确的市场范围，让经销商合理地赚他应该赚的钱，一切都像是在顺水顺风中完成，这样的好局面，哈哈，想想都会笑出声。

12. 年终莫忘搞联欢

我们企业要考虑到经销商的辛劳，他们一年忙到岁末也该放松一下了，年终的联谊活动也是企业巩固与经销商情感的最佳时机。我们在搞联欢时，可增加文艺节目、抽奖、玩游戏，并评出本年度最优秀的经销商，给予表彰和奖励。经销商有成就感，才会有信心，相信这种激励可使经销商对我们信心百倍。在联谊中，还可以总结一年的销售业绩，公布明年的计划，让每一位经销商都有参与感，同时感受到来自我们企业的切身关怀，以及我们对他们的尊重和需求。

也许有人会认为，这样做会对现有的通路造成“冲突”，这就需要你跟原先的通路商进行沟通，让他们充分了解到一个发达的通路，才能造就公司品牌的壮大，所带来的是给通路商实实在在的利益，远不如消费者拿着钱买不到商品要强得多。

十三、 进军北京奥运
运动品牌赞助的制胜秘诀

提示

自从中国获得2008年奥运会主办权，全国体育热潮不断升温，进驻的外商企业大打"赞助牌"，在实现整合轰动效应的同时，品牌的附加值得到充分提升。中国品牌争相效仿，赞助热情与日俱增，品牌在这方面真是一刻不停歇。

成功的商业赞助，可以提高品牌的能见度，让消费者真正感受到来自品牌的力量。凭借赞助这一沟通方式，企业可以很好地在产品、品牌和消费者之间，更快捷、更直接地铺就一条光明大道。

1. 外商品牌积极参与体育赞助

体育赞助，它是市场运作的一种有力武器。几乎所有进驻中国的外商企业都企图与体育结缘，在获得可观的收入同时，品牌也一举成名。

●可口可乐：挣钱不急着装进口袋

在中国家喻户晓的可口可乐，自1927年进驻上海成立第一家装瓶厂开始，直到目前为止已有24个，每年在中国年产量为87600万箱，各装

▲体育赞助是市场运作的一种有力武器，几乎所有进驻中国的外商企业都企图与体育结缘，在获得可观收入的同时，品牌也大举成名。

瓶厂的伙伴每年用30亿人民币采购当地原料。该公司每年通过乘数效应使中国经济增加300亿人民币的产值，每年使中国和地方税收部门直接或间接增加利税16亿元人民币。据初步统计，其仅在北京的市场占有率近67%，在全国占30%以上。从上述资料显示，可口可乐在中国人心目中之所以不断发展壮大，主要是不断回馈社会，通过完善、周密的体育赞助分不开的。该品牌与奥运一直相伴72年，感情投资从没间断，是它使更多的中国人认识了可口可乐。

可口可乐在中国也与在其他国家一样，始终加强消费者与体育，乃至与品牌间的互动关系，让他们在物质及精神层面上获得双重满足。1996年可口可乐以奥运长期伙伴的身份，广招中国消费者同为奥运选手加油。今年北京申奥，可口可乐又推出金罐为北京申奥成功喝彩；现今，促销活动宣传火力更加集中，2001年1月开始推出“阿福”生肖罐后，紧接着又把触角伸向体育，全面赞助中国所有级别的国家足球队……

可口可乐（中国）饮料有限公司副总裁兼市场总监张国华介绍，可口可乐用于赞助的投资与产品销量是成正比的增长，也就是说，卖可口可乐挣的钱，不会着急装进口袋，而是“回报社会”，形成良性循环。

●万宝路：体育赞助不逊色于电视台广告

万宝路对中国体育比赛也颇感兴趣，通过体育赞助，不惜重金，让世人熟知的雄赳赳的西部牛仔，潇洒地叨着一支“万宝路”牌香烟，极力给人一种“自我选择，自愿吸烟”的形象传播，以期打出万宝路的名气和销路。万宝路仅用1000万元人民币就购得了中国足球甲A联赛5年的冠名权。随着球市在中国的火爆，各种媒体争相报道，使得消费者对万宝路产品迅速地认知。万宝路公司把赞助的标志放在产品包装上卖给消费者，使得中国消费者通过最简单的方式，不断地通过产品接触来了解万宝路冠名甲A，使中国消费者无数次认知万宝路，使该公司的产品增加附加值，其广告效果绝不逊色于在电视台打广告。

●西门子：冠名甲A联赛，品牌独领风骚

2003年3月6日，中国足协与西门子信息和移动通信集团在广州正式宣布：西门子成为2003年足球甲A联赛的冠名赞助商，2003年联赛的称谓将是：“2003年西门子移动足球联赛”。冠名中国足球甲A联赛每年不到800万美元，这个价位是一个绝对的超低。本次冠名，对许多俱乐部来讲恐怕都是灾难性的，某甲A俱乐部负责人表示，西门子冠名甲A带来的封杀令不无恐惧。显然，西门子冠名甲A联赛，对百事可乐、国安俱乐部、现代汽车公司等数家品牌，都会带来重大损失，此举让西门子“排斥异己”，品牌独领风骚成为可能。

2. 中国企业从此不再一毛不拔

目前，中国企业已经逐渐学会可口可乐、万宝路、耐克这类品牌“四两拨千斤”的市场运作方式，纷纷对一味投放广告的运作手法进行改变。中国企业最早改变的有广东健力宝、天津大维、农夫山泉、李宁运动服等略有名气的品牌，皆在体育的赞助中尝到了“甜头”。在这些品牌中，特别是李宁集团最清楚认识到，体育赞助常常使有名的变得更有名这一道理。因此，他们全力以赴赞助，更善于独辟蹊径。在争夺赞助甲A男足时，李宁品牌自知凭借自己的实力定然争不过耐克、阿迪达斯等品牌，于是转而去独家赞助冷门的女子足球赛，结果旗开得胜。

中国企业有魄力、有远见的将品牌与体育结合的企业越来越多，根据权威部门的统计，第21届世界大学生运动会共得到了50多家中国企业的赞助，赞助费用达到7000多万人民币，其中包括近4000万元的实物。再加上一些企业提供的豪华客车、电信等服务，以及北京市体育彩票公益金等，赞助金额超过1亿元人民币。像中国的李宁、健力宝、波司登等品牌都参与了本届运动会的赞助。可以说，迄今为止在中国能让企业心甘情愿掏“钱包”赞助的项目，唯有体育赞助了！

面对2008年的北京奥运会来临，中外品牌都在大打奥运牌。据悉，韩国的三星电子日前与国际奥委会签约成为2008年北京奥运会的全球赞助伙伴。北京奥运会的全球赞助商已经增至7家，但是迄今为止，国企难成奥运会全球赞助商。国内企业界和北京奥组委的人员均表示，国内企业与洋品牌存有很大距离，估计最后能入选的机会很小。除了三星外，已成为北京奥运会的全球赞助商还有可口可乐、柯达、Swatch、John Hancock等品牌。目前由于奥运会对赞助商的要求很高，设定了排他原则，还规定企业必须符合三项基本的条件：企业及其产品要具有高尚品质和良好形象，居于世界领先地位；必须是跨国公司，拥有充足的全球性的资源；能够协助推行国际奥委会营销计划。国内企业海尔和联想都在积极争取。有专家指出，尽管国内企业都很积极参与，但6000多万美元的赞助标准实在太高，国内没有几家企业拥有这样的财力，况且，国内企业的目标市场主要是在国内，不是全球，因此到现在为止，还没有做奥运会全球赞助商的愿望。

加入WTO后，更让中国企业家们意识到，体育是一座亟待开掘的“金矿”，谁先把握先机，谁就是“矿主”！

3. 中国体育产业拥有庞大商机

据国家体育总局政策法规司司长栾开封介绍，仅仅在中国，每年各地

▲ 李宁品牌在国内积极参与体育事业，在方兴未艾的这个市场，拥有了巨大商机。

举办的商业性竞赛和表演就有 300～500 场次。然而，举办这些比赛活动，就必不可少要有投入、租场地、印门票、登广告、包宾馆、付出场费、发放奖金等等，这就涉及到将这种稀缺的“资源”转变为“价钱”。

现以 2004 年第 28 届雅典奥运会为例，在中国，以往此类项目都是国家单纯投资，而现今已演变成纯粹的商业操作。从 1995 年到 2000 年，历经 6 年的设计、征集、筛选、上报、审批等程序，中国奥委会的商用徽记终于获得国际奥委会的正式批准，于是中国奥委会正式运作“商业徽记”。中国奥委会将此视为有形商品，根据企业出资情况规定出获得的权益，具体为：出资 1000 万元人民币以上的企业，可以成为中国奥委会的合作伙伴，享有行业独家赞助权、商用徽记在广告宣传中的使用权、运动员肖像使用权等最高权益；出资 200 万元人民币以上的产品或服务，可以成为中国奥委会的支持商。在四个档次中，除支持商外，其余三个档次的企业都享有在本行业或产品类别内的排他性使用权。

2004年第28届雅典奥运会中国奥运代表团的合作伙伴——农夫山泉、李宁运动服等中国企业仅拿出1000万人民币，就得到了行业独家赞助权、商用徽记在广告中的使用权，以及运动员肖像使用权等若干最高权益，从而使产品伴随中国奥运代表团进入希腊市场。本届奥运会，中国企业涉及十几个行业领域中的20多种产品类别，如服装、食品、保健品、饮料、汽车、建筑业等，而它们绝大多数是中国的驰名品牌，如康师傅、养生堂、上海通用、中美史克等8家合作伙伴；选择百威啤酒、重庆隆鑫等10家赞助商；授予北京希玛保龄等9家企业为中国奥委会商用徽记特许使用企业。

时至今日，体育可以成为巨大的市场，已为中国经济在市场范围内的实践所证实。整体上来看，中国的体育市场是一个方兴未艾的市场，其拥有庞大的商机。众所周知，2008年，中国又将迎来奥运会，加之中国足球的节节胜利，均给中国体育产业带来了巨大商机。

4. 体育赞助是创品牌的一条捷径

毫无疑问，这是一个双赢的结局。体育作为人类沟通的手段，有着极强的国际性，是一种全世界热爱的事业！企业通过赞助做广告宣传，效果会更容易让公众欣然接受，从而树立品牌形象。诚然，利用体育赛事与公众沟通，观众逆反心理较小，这是在一种非商业状态和气氛中进行的，机会多，时间长，经济又实惠。

品牌与体育手挽手，可以更好地凸显品牌。在一场转播的足球赛中场附近的广告牌，上镜时间累计长达7分37秒。广告画面的重复出现，而且常吸引众多电视台的转播，同每秒数万元的电视广告相比，体育赞助可谓是价廉物美。可以说，品牌一旦与体育结缘，就等于踏上了一条高速公路！

据资料表明，中国消费者正在对充斥电视的各种广告越来越腻味，电视广告的声望普遍呈下降趋势。对中央电视台天气预报前黄金时段广告效果所作调查的结果表明，喜欢看广告的人只占21.4%，25%的观众对广告完全没有印象，61.3%的观众只对其中某几个广告有模糊印象。

▲ 运动赞助广告在曝光机会多、赛程时间长的非商业状态和气氛中进行，往往可达成最佳效益。

耿力中博士说："在越演越烈的商业拼杀战中，运动行销像空气洁净剂，为产品的市场推广和民众的情感连接达成了一座沟通的桥梁。短短40年的历史，体育与经济已密不可分，并迅速成长为一个专有的市场。"创品牌，与体育融合，品牌的认知度、知名度、美誉度等都会得到大幅度的提升。世界上最大的VISA信用卡公司、耐克公司和可口可乐都是步上了体育的快捷方式，获得了巨大的收益。VISA公司，从1992年开始赞助夏季奥运会，市场占有率就上升了17%，在以后的5年里，其市场份额从45%又增加到49.4%。耐克公司在长达14年与乔丹的成功合作之后，品牌的认知率达到了89%，品牌认同率达到了52%，市场份额也上升到47%。再如，可口可乐在1996年亚特兰大奥运会上，赞助收入占总收入的27%，使得可口可乐老板一提体育赞助就大喜过望。

体育赞助是投资而不是费用。众所周知，现代企业的行销体系大体上分为：产品、品牌、价格、包装、销售和沟通。然而，往往品牌与品牌之间在前5项上都难分伯仲，中国企业在沟通上不外乎促销、公关和打广告，且电视广告被业界一直认为是最有效的手段。电视广告现今在中国的手法存在的局限性日益凸现，品牌能否有更好的方式与广大的消费者进行有力的沟通？这个问题也是许多中国行销专业人员疑惑不解的，其实，答案是肯定的，这种最好的方式就是——体育赞助！它也是创造强劲品牌的一条捷径。品牌通过赞助，可以让品牌的能见度得以全面提升，这也是众多强劲品牌热爱体育赞助的根由所在。据原国家体委权威部门提供的资料，现在全球企业用于赞助体育比赛的费用已经占到广告开支的一成，到2010年全球企业每年用于赞助体育比赛的费用预计将超越500亿美元。可见，体育的发展前景是喜人的。

加入WTO后，中国企业没有选择权，中国体育产业正迎来巨大的契机。在林林总总的品牌中，谁能与体育联姻，品牌就会被大众看得更清晰，因此，各大品牌一刻不停歇地都在顺应这股潮流。

十四、赠品不能白白送

赠品，让顾客舍弃竞争品牌

提示

“购微波炉，送电动剃须刀!”企业吐血赠送。“哼，要你送，家里都有三个了。”消费者嗤之以鼻。企业送赠品，是吸引消费者购买产品，提升业绩成长的法宝，它也是品牌之车加速的动力能源。赠品策略运用得当，很有可能吸引消费者舍弃竞争品牌，企业由此可换取长远的销售业绩。

据美国制造商发现，争取消费者购买产品的最好方式，是先送免费的赠品。如今，市面上各种产品繁多，消费者应接不暇，选择的空间也越来越大，企业根本无法确切了解消费者的品牌偏好及购买意愿，但采取主动出击、先舍后得的免费赠送方式，其效果远远胜于静态销售。

许多公司都有这样的经验：做赠品活动时，商品销售量直线上升，一旦活动停止，业绩便又直线下滑。可见赠品不是培养消费者品牌忠诚度的特效药，送赠品决非一送了之那么简单，不掌握门道，很难换取到长远的大业绩。

▲举办赠送活动或是发送赠品，都是创造商品与消费者接触的机会。

1. 赠品，不能盲目发送

商家利用人普遍存在的投机、都喜欢占小便宜的心理，以赠送的方式来推销商品，但却没有深入了解顾客的喜好，操作手法上也相当稚嫩，失控也就理所当然了。

案例：非常柠檬的赠品促销活动

拿一个大家都十分熟悉的案例和大家分享。非常柠檬和大明星李玟一起体验非常柠檬的非常感觉，做了一个促销，活动策划是这样的：

现在，非常柠檬“百变李玟”新包装业已全面上市！

每一瓶非常柠檬的新标签上都有一张精美的李玟照片！

想感受非常柠檬的消费美味吗？

想领略百变李玟的百变魅力吗？

欢迎参加COCO李玟FANS总动员！

活动细则：

集齐5张不同的非常柠檬标签，送李玟精美海报一张；

集齐15张不同的非常柠檬标签，送李玟精美画册一套；

集齐30张不同的非常柠檬标签，送李玟精美时尚手表一块；

这个案例怎么看都觉得不对劲，整个策划案中，代言人李玟完全抢去了非常柠檬的风头，消费者记住的是大明星李玟，却不能记住你的产品。

众多的促销活动都有这样的现象，赠品好赠，但赠后行销效果却不佳，商家们利用赠品形式，刚开始时业绩直线上升，在赠品活动结束后，业绩又直线下滑的现象俯拾即是。究其原因可发现，商家利用人普遍存在的投机、都喜欢占小便宜的心理，以赠送的方式来推销商品，却没有深入了解顾客的喜好，操作手法上也相当稚嫩，失控也就理所当然了。其原因不外乎以下几个方面：

(1) 品牌的诉求是什么?

产品诉求、品牌诉求是企业广告的最基本目的，无论你的广告形式如何，都离不开这个最基础的问题。

非常柠檬就是一个非常典型的案例，企业想借助知名度高的艺人来推广产品，可是这个广告并没有把产品直接地告诉消费者。所以消费者冲着李玟而购买产品，厂商暂时起到了不错的促销效果，但是，商品或品牌诉求不明确的广告，对企业和商品的品牌累积又能起到什么效果呢？在这个案例中，企业根本是在为李玟做广告，不是做商品的促销！还有很多商家的赠品及促销活动广告，诉求多以奖品为中心，忽略了建立商品本身销售基础的广告表现，贪图眼前的一点利益，赠送活动最终不甚理想。产品诉求、品牌诉求是企业广告的最基本目的，无论你的广告形式如何，都离不开这个最基础的问题。

(2) 赠品的诉求是什么?

企业在确定赠品的时候，你一定要注意：赠品的诉求和商品诉求要能够很好地吻合或连接。

非常柠檬的案例，还有一些错误的地方。李玟的画册、李玟的海报、李玟的时尚手表和非常柠檬到底有什么必然的关联性？李玟百变动感，魅力四射，饱含时尚感。但是这些形象特征是不是符合非常柠檬这个商品呢？非常柠檬是年轻族群钟爱的饮料，但相对而言，柠檬是一个比较静态的商品、值得回味的商品，就像很多人喜欢将柠檬和红酒掺在一起喝一样。仔细想想，李玟的画册、海报、时尚手表等赠品和商品的诉求有很大分歧。赠品的诉求和商品的诉求产生矛盾，这样的赠品做得越好，商品的麻烦就越大。

相反，以李玟做雪碧的赠品代言人，就更好。李玟的动感会让我们很自然地联想雪碧中水珠欢快地蹦跳，在瓶子里活泼地往上升，商品的诉求就和赠品的诉求马上能连接。

企业在确定赠品的时候，你一定要注意：赠品的诉求和商品诉求要能够很好地吻合或连接。

(3) 消费者到底想要什么?

赠品的核心是让目标顾客认为“占了便宜”，否则，送给他们毫无感觉的东西，让他们拿到后会有负面的想法，赠送便失去了一切意义。

很多消费者都曾经遇到过这样的状况，听说某品牌搞促销活动，但到卖场一看，傻了！送什么呀，买微波炉送剃须刀，家里都三个了！这些老掉牙的商品能打动谁呢？最后给消费者的感觉还以为你在处理库存呢。企业累得要死，结果吃力不讨好。

案例：电脑卖场做促销送“选择”

再和大家分享一个案例，某电脑卖场做促销，烦恼得很，翻遍所有可以送的产品，几乎从头到尾都送了一遍，到底送什么呢？一家咨询公司给了他们一个好点子：“送选择”！

该电脑卖场和一家连锁超市结合，买电脑产品超市购物抵用券，让消费者可以在超市的几万个商品里选择他所需要的商品。

赠品要送到消费者的心坎里去，这样才会得到消费者的认可。当你很难确定顾客要什么的时候，你不妨把选择权交给消费者，这样一来，企业轻松，消费者也满意。

企业必须无时无刻地想着这些问题："这是他们需要的吗?""顾客与我们的想法一致吗?""我们这样做，他们会有什么感受和态度产生?"在做赠品促销活动中，不要以我们的意愿做事情，不要以自己为中心去策划行销活动。赠品的核心是让目标顾客认为"占了便宜"，否则，送给他们毫无感觉的东西，让他们拿到后会有负面的想法，赠送便失去了一切意义。

(4) 赠品，要给消费者超值感受

千万不要认为赠品就是额外送给消费者的，小小的赠品里学问可大了，它包含消费者的需求、商品（企业）诉求及品牌的建构等等要素。

赠品的花费该多少钱是合理的？商品的售价能承担起此笔开销吗？企业要做的是合理地处理成本与价值之间的平衡，让客户永远感觉超值。赠品如果选择得当，就会吸引眼球，促销自然事半功倍。所以，千万不要认为赠品就是额外送给消费者的，小小的赠品里学问可大了，它包含消费者的需求、商品（企业）诉求及品牌的建构等等要素。

案例：沈阳乳业大搞"买牛奶，送面包"活动

沈阳乳业有一个好案例，他们推出的"买牛奶，送面包"活动，反响很好，因而他们获得了很好的市场占有率。面包是很多人的早餐主食，买一袋牛奶，送一个面包，解决你的早餐问题，消费者能不满意？这样的感受绝对超值。沈阳乳业到面包企业大批量购买面包，价格相当便宜，企业只是很巧妙地把两者结合得很好，也送得起。

那么，如何设计一个好的赠品呢？下面提出 7 个建议，这也是中国企业普遍没有做好的方面。

▲举办试吃活动使商品与消费者正面接触。

2. 赠品设计的七条法则

赠品设计不吸引人，反而比没做促销来得更糟糕。多数消费者常常会有这样感觉，“不是想要的，就没有什么好参与的”，如果没人愿意参加活动，赠品便会失去全部的意义和预期效果。

归纳起来，赠品设计也是有规则可以遵循的：

(1) 容易获得的赠品

我们再回头看看非常柠檬的这个案例。如果消费者想得到李玟精美画册一套，要15张不同的非常柠檬标签，那也太困难了吧！购买多少箱我才能积攒齐15张不同的标签呀？想到这里顿时信心全无，哪里还有购买的打算？

容易获得才可以激发大家参与欲望，促销的“势”才容易创造出来，否则，让人感觉自己与赠品无缘，那你的赠品只能算是“样品”。最好让参与的每一个人都能感到可以获得，应该尽量避免推出“可遇而不可求”

的赠品。

企业要吸引消费者连续购买，那获得赠品的门槛一定要低，门槛太高只会让消费者望赠品而兴叹，把他们拒之门外。

(2) 赠品与商品的相关性

“买电脑，送上网时间”，这样的捆绑销售套装的确为PC机的促销带来了很大业绩。几乎所有的电脑发烧友都是上网成瘾的网虫，购买电脑能得到几百小时的免费上网时间，他们当然乐意，而且ISP业者也愿意和电脑商合作，以很便宜的价格给电脑商。

选择的赠品和产品有关联，这样很容易给消费者带来对产品最直接的价值感。如果赠品与产品相互依存和配合得当，其效果最佳。例如，联想电脑在2003年在广州就推出“购买联想电脑＋1元送打印机”的赠送活动，据悉，销售收到了很好的成效。紧接着，七喜电脑也搞类似的活动，凡购买一台七喜电脑者，免费送EPSON彩色喷墨打印机一台，此外，电脑行业还有买滑鼠标送滑鼠垫，买电脑送防尘罩。赠品与商品的搭配，就如同红花与绿叶，搭配起来相辅相成，让人有很强的记忆点，否则，商品与赠品极易失去价值感。

(3) 赠品与众不同，效果与众不同

很多香烟做赠品促销，赠品和香烟紧密相关，例如打火机。同样是送打火机，健牌香烟的赠品就十分有吸引力。波浪式的造型，符合手指的弯曲感，银色金属外壳，分量重，打火时，火焰宁静，带有清脆的金属声……这样的打火机时尚又显高贵，有几个吸烟的男士不喜欢这样高档赠品？对于高利润的烟草行业，赠送这样的打火机也不是难事。但很多香烟品牌赠的打火机做得粗糙，很老土，缺乏时代感，难占有消费者的心，也达不到预期的目的。

案例：购买波导手机送轿车

2003年3月24日开始，波导手机在广东省内竞聘特别巡视员，并配送一辆价值18万元的轿车使用权。第一轮竞选在广州宏城广场举行，吸

▲ 选择的赠品最好与商品有一定程度的关联性，以达到强化商品印象的功效。

引了数以千计的观众围观。在公证员的监督下，由现场一名观众抽出了一名幸运儿——朱群英，当时她购买了一台波导 S1820 手机而成为首名特别巡视员。据悉，此次活动将连续进行一个月，每天凭机抽取一名幸运者。凡是购买波导手机的消费者，都有可能成为波导的宠儿。据了解，手机厂商以轿车作为奖品，在国内尚属首次。从销售的情况来看，全省每天 4000 部的销售也比以前有明显的上升。

新奇感，是你得到消费者关注和青睐的一大法宝。当然，新奇也不能奇怪得离谱，在新奇的感觉追求中，我们不只是一味追求消费者少见的，也要考虑到我们的竞争对手会对我们模仿克隆。

(4) 不要让消费者对商品产生质疑

很多精炼油加量不加价，改进 5 升装为 6 升装，价格不变；或者干脆就把赠品的小包装把胶带一捆，告诉消费者，这 1 升是我送给你的。现在的消费者精明得很，你直接降价好了，何必这样麻烦呢？更理性的消费者认为，你送我的1升油是按成本价送的，谁知道你的成本是多少呀！

这种促销赠送品与商品搅在一起的做法，模糊了商品结构，给人变相降价的感觉。另外，当顾客对制造成本发生疑问时，会造成商品疏远了忠诚消费者。送，就要送得清清楚楚，不要让消费者对你产生质疑，否则，不如不送。

有时我们明确地告诉消费者赠品的价格，也有非常效果，即使是便宜的赠品。因为消费者是冲着产品去的，赠品是你为给消费者的一个购买诱因，"礼轻情义重"——此举可以增加消费者的认同感，让消费者认为你对消费者是真诚的，这比通过广告等方式来建立消费者的忠诚度要省钱得多。

▲ 送赠品，是给消费者一个购买商品的诱因。策略运用得当，不但可以带动销售，更能进一步建立消费者对品牌的忠诚度。

(5) 别忘记，赠品也有季节性

10月底，一个家具厂家为了促销其真皮沙发，赠送棉座垫。棉座垫柔软，花色美观，确实带动了销售业绩。大半年过去，效果都很好。到了第二年5月，商品的销售量开始下跌，到了9月底一统计，比去年同期少了近50%。这家公司不禁纳闷，为什么赠品的款式更多，质量更好，商品价格也比旺季调降了，促销也做了，结果是这么惨！

在燥热难当的夏季，你送他一个棉座垫，如同送“火盆”，肯定行不通。如果送竹凉席，同样是屁股下的东西，效果就完全不一样。消费者对赠品的要求也是有季节性的！一样赠品一送到底，将消费者不同季节的需求丢到一边，这样的错千万不要再犯了，太低级！

(6) 给赠品一个好听的名字

“购麦当劳超值大餐，送史努比玩具”。从这个促销宣传案例我们可以发现，麦当劳非常直接地将购买超值大餐的好处传播给了消费者。因为麦当劳非常明确地告诉你，你得到的是“史努比”这个可爱的玩具。同时，为消费者的口头传播定了一个十分清晰的概念。给赠品一个好听的名字，消费者就更容易记住你的品牌，如果上面促销语是“购麦当劳超值大餐，送可爱小玩具”，玩具有很多种，你到底给我是什么哪一种呢？这样一来，宣传效果就差很多。

一个好的赠品名字会激发消费者美好的联想，这种联想不但对促销有正面的助益，而且可以促进促销之后很长远的销售，因为美好的影像是有延续性的。给赠品起个吸引人的名字，可以加快推动商品的流通，同时也增加了品牌的附加价值。

品牌命名时代已经来临，好的命名胜过好宣传，对销售相当有利。不过千万不要让你的赠品的名字盖过了商品的风采。

(7) 把企业的讯息告诉消费者

很多企业一方面为自己的品牌宣传苦恼，一方面又老是忽略赠品这个媒体。在你的赠品上印上你的企业标志，设计易记的电话号码都是顺手就能做到的事情。让消费者每次用你的赠品时，都想到你的品牌；当赠品在不让消费者反感的基础上，适当地放上你的企业资讯，赠品才不至于“白送”。企业最好设个800免费热线，印上你的赠品上，因为消费者不是万不得已，是不愿意掏钱给你打电话的。

3. 赠品怎么送大有学问

送东西也是有门道的，企业一定要保证你的赠品送到你的消费者手中，这样的赠品派发才是有效的。

有了好赠品，要送还不容易？其实不是这样。可以给大家讲一个真实的故事，南方一个饲料企业针对农民做饲料促销时，考虑到南方多雨，决定送雨衣！雨衣设计很好，符合农民雨天下地劳动，颜色花花绿绿的也符合农民的审美习惯。他们将雨衣和饲料一起分发给经销商，让经销商来边卖饲料边分发。

一次很偶然的机会，该企业业务人员路过乡村的农贸市场，发现了他们的赠品挂在货架上卖，价格还不错！仔细一调查，业务员差点没有当场气晕过去，原来都是经销商拿给这些商贩卖的。一件雨衣价格是五袋饲料的利润，他为什么要送出去。后来该企业将雨衣缝在饲料包装袋里，才解决了这个问题。

送东西也是有门道的，企业一定要保证你的赠品送到你的消费者手中，这样的赠品派发才是有效的。免费赠品送出的方法有多种，如逐户分送、联合或选择分送、媒体分送、凭优待券兑换等，但目前厂家、商家搞赠品促销常广泛使用的方法大致有以下几种：

(1) 店内附赠

一般都是在店内设立专柜或单独展示台，由雇用促销小姐，将已准备的产品分成一份或一杯，还有的将赠品贴附于商品上，在消费者浏览产品时分送给消费者。像化妆品、保健品等这些在卖场有销售专柜的产品适合用这种方法。

(2) 邮递赠送

为达到更好地锁定目标，启用邮政专投业务已成为商家惯用的手法。这样将赠品指定送达，虽然费用高了一点，但所到达的目标十分明确，能让人留下很深的印象。像长期的促销活动中常用累计积分的方法来确定赠送对象，就时常用邮递的方式赠送。

(3) 当街发送

城市商业步行街的日益繁华，成为商家青睐的地方，也是分送赠品最佳的场所。有心的商人会发现这样现象，一件商品只要有一个人敢当街接受，而后立马会围观一大群人来争先恐后地争抢。这种方式传播最快，也最有效。这种方法比较适合赠品价值低的大众消费品。

▲ 国内加油站一味以送赠品的招数来吸引顾客，造成市场开打赠品混乱战。

(4) 随产品赠送

比如电饭煲内放入木勺赠品，洗衣液里面放上量杯，这就是随产品一起赠送的方式。这要求赠品容易和商品摆放在一起。

4. 免费赠品，商家的说法

免费赠品，是一笔小投入，是给消费者一个购买的诱因。策略运用得当，不但可以替企业创造亮丽的销售业绩，更能进一步建立消费者对品牌的认知度。

▲每一箱榄菊蚊香里都放了一个利是封，里面装有现金 4~10 元不等，只要购买一箱蚊香就有赠金，业界对此褒贬不一。

小赠品获取大业绩，在中国市场的运用结果究竟怎样？为此，笔者走访了正在广州北京路搞试吃赠送的中美合资达虹公司市场部的杨经理。他认为，从试吃到试买的概率相当高，赠品不在贵与便宜，只要你能将免费赠品让顾客尝试，商品就有赢取得天独厚的销售机会。

笔者又询问在广州宏城广场搞免费赠品活动的香港佳得利公司。该公司王宇经理则认为，当今市场竞争已转向了重视精确化和测量准确性，赠品活动便是将精确落实在每一位力所能及的消费者身上，使得产品到达率最优化。举行免费赠送活动，看起来是花费巨大，似乎是像某些人认为的“送了也白搭”，其实不然，商品不抛头露面，永远只能是“养在深闺人未知”！

广州助企品牌管理有限公司市场部的李卫总监认为，赠品是与消费者面对面的一种沟通，也是消费者购买商品的最好时机，消费者此时的购买用心度也比商品在货架上静态销售要好得多，一对一的互动中，很容易激发消费者的好奇心，直至产生冲动购买行动。企业必须把握好与消费者面对面的机会，在所赠商品上附加一张优惠券，给予若干折价，这对于双方都是有利的，可以让付出的成本降低。

免费赠品，是一笔小投入，是给消费者一个购买的诱因，策略运用得当，不但可以替企业创造亮丽的销售业绩，更能进一步建立消费者对品牌的认知度，但要注意赠品与商品间的层层关系。中国目前的赠品行销活动，仍然有待打破操作上的盲点。

十五、蛮干比不过巧干

做品牌，不妨这样开始

提示

> 我国企业目前已普遍开始重视品牌，甚至有些企业家张口闭口都涉及“品牌”二字，但在实际的操作中，无从下手的还占多数。做品牌光说不做等于没有说，做了没有结果等于没有做，要想有成效，我们可以从以下方面着手。

1. 认清市场大势，明了消费趋向

事实上，分清市场大势，洞察市场需求，明了消费趋向，已成为成功品牌永远立于不败之地的一大法宝。

品牌，从本质上来说，是商品与消费之间一种互动的关系。随着时代的变迁，消费观念、消费心理、消费行为的改变，品牌要想长盛不衰，就必须顺应变化需求适时作出科学的调整。如果没有与消费者建立一种难舍难分的亲密关系，商品就无法实现向品牌的转化。要想与消费者建立亲密的关系，就必须时刻明了消费趋向，并迎合这种趋向。因而，科学地分析市场大势，无疑是踏上品牌之路的成功前提。

20 世纪 20 年代，单一型号、单一价格的汽车是汽车市场的销售主流。当时，福特发现并迎合了这种趋势，由此快速树立了自己的品牌。后

来，多种价位的汽车逐渐成为市场新的需求，当时通用就迎合了这种趋向，由此打败了福特，一举成为消费者的新宠。100 多年前，宝洁公司只有单一的“象牙”牌香皂，后来为了顺应市场，接着推出了汰渍洗衣粉。如今，“象牙”牌香皂依旧表现出色，而汰渍洗衣粉也成了洗衣粉市场的领导者。再看，可口可乐过去一直只有一种口味。如今，有了醒目、雪碧、天与地及健怡等品牌，且均有不俗表现，而可口可乐依旧稳坐市场老大的地位。

再如，耐克这个品牌，之所以能在运动品牌中遥遥领先，是与迎合消费者“追求从事运动、挑战自我的体育精神”的趋向分不开的。耐克自 20 世纪 70 年代异军突起，时刻对市场的消费趋势了如指掌，品牌进市场仅仅用了短短 20 多年的时间，就一举成为全球最有影响力的体育品牌之一。

▲ 正是认清了市场大趋势，美国迪士尼—101 斑点狗在 2003 年也跑进了中国市场。

事实上，分清市场大势，洞察市场需求，明了消费趋向，已成为成功品牌永远立于不败之地的一大法宝。企业唯有根据消费者的需求和欲望，将新的市场进行细分开发适销对路的产品，并适时占领该领域，品牌才有绝对竞争优势。其实，满足不同顾客的需要，不但让消费者感到品牌的鲜活，还可以占领市场巨大的空间，更可以很好地保护原有的品牌，可谓一举多得。诸如宝洁、摩托罗拉、微软等等强势品牌，每年都在全球范围内持续不断地进行市场调研，进行消费者购买行为的研究。他们始终以“消费至上”这一信念为品牌生存的前提，从而不断地设计、改进产品结构，来满足市场需求。毕竟市场不是平静的一潭死水，消费者的想法也在随着时间和环境而不断地发生变化，如果你的品牌仍然是一成不变的话，想拥有好的市场份额也许会有很大难度。因而，最先洞察市场，并迎合这种不断变化趋势的品牌，成为品牌赢家才有希望可言。

2. 明确市场定位，实行差异行销

踏上创建强势品牌之路的中国企业，在竞争中你必须脱颖而出。要想不被众多的品牌淹没，唯一的好办法就是走差异化的道路，而有效的定位，正是在战略上达到差异化最有效的手段之一。

如果说“消费趋向”是品牌之路明确的方向，那么，“市场定位”将是品牌之路正确的走法之一。市场历史早已证明，任何一个品牌都不可能完全满足全体顾客的需求，而细分市场并且正确定位，必将是品牌赢得竞争的必然选择。

所谓定位，用一句最简短的话来说，就是对品牌进行战略设计，以在目标消费者心目中占有一个独特的、有价值的位置。我们都知道，品牌定位明确了，才会有明确的目标消费层，品牌才不会在市场迷失方向。一个品牌一旦进入市场，如果不懂得运用定位的武器，淹没在茫茫的市场这是十分正常的事情。很明显，明确的品牌定位，可以让消费者感到商品有特色，才会让你的品牌能有别于同类产品形成稳定的消费群体，最终成为某一层次消费者文化品位的象征，从而得到消费者的认可，能满足顾客的情感和理性需求，品牌就会大行其道。

踏上创建强势品牌之路的中国企业，在竞争中必须脱颖而出。要想不被众多的品牌淹没，唯一的好办法就是走差异化的道路，而有效的定位，

▲ 屈臣氏常年都在搞促销活动，以吸引更多的顾客上门购物。

正是在战略上达到差异化最有效的手段之一。

多年来，可口可乐与百事可乐是饮料市场无可争议的领导品牌，在消费者心目中的地位不可动摇。许多新品牌无数次的进攻，均以失败而告终。然而，七喜却以“非可乐”的定位，成为可乐饮料之外的另一种饮料选择，不仅避免了与“两乐”的正面竞争，还巧妙地从另一个角度与两品牌挂上钩，使自己晋升到与它们并列的地位，稳坐市场前排交椅。可以看出，七喜的成功主要是“定位”的成功。

前段时间，我们天天都可以听到人们在大谈特谈“定位”这两个字，也许是里斯特劳特的《定位》一书风靡的缘故吧。当时一些业界人士如果张口不谈定位，似乎给人就是不专业或不深入的感觉。其实，“定位”这一词并不是那么轻而易举谈谈就能解决问题的。一般而言，品牌的市场定位有以下几种方法：档次定位、USP 定位、产品形状定位、使用者定位、类别定位、情感定位、比附定位、情景定位与文化定位等等。企业可以根据实际情况，选择一种或者几种来进行整合，可以一次性完成，也可以分阶段、分步骤地完成。定位的手法，只有运用得当，才会发挥强大的战斗力，否则没有帮助还适得其反。

3. 改善产品结构，引领消费潮流

市场竞争要求品牌，只有根据不断变化的消费意愿进行改善产品结构，从而达到引领消费潮流的目的，这是品牌充满魅力的关键点，这也是我们在品牌塑造中不可忽视的课题。

改善产品结构，在品牌之路中显得重中之重。毕竟品牌是通过产品才能与消费者建立起实在的联系，如果我们的产品始终都是一个“面孔”，就不可能博人长期喜好。因此，市场竞争要求品牌，只有根据不断变化的消费意愿进行改善产品结构，从而达到引领消费潮流的目的，这是品牌充满魅力的关键点，这也是我们在品牌塑造中不可忽视的课题。

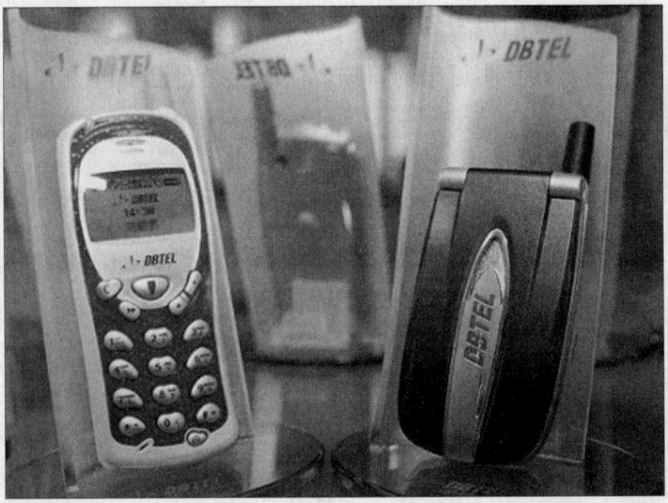

▲ 当今手机日新月异，赶时尚的人换手机就像换衣服一样频繁。

举个实例来说明，手机曾经被称为“大哥大”，被认为是一种身份与地位的象征，当时的老产品又粗、有大、又单一，像块黑砖头。后来，消费意愿渐渐发生了变化，人们追求的是小巧、轻薄、多彩等等功能，再也不与身份和地位发生任何联系了，于是产品结构不断地向“小、轻、薄”方向发展，并越来越拥有丰富多彩的式样与花色品种；功能也由原先的单一，发展到今天的多功能，更多地满足了人性多角度的需求。其实，这种变化的跨度也不过就是10来年时间，试想若你在今天仍然停留在原地不去嬗变，你便无立锥之地。

综观在中国市场的手机三巨头——摩托罗拉、诺基亚、爱立信，都是在不断地改善产品的结构，才有了一波又一波的消费热潮的，以至国内的一些手机品牌始终无法与之竞争。当然不是在技术上，说不定我们国内品牌的技术还远远超过他们，我们无法与他们相抗衡的原因主要是在产品的不断研发上，他们每一次的新款产品的推出，往往都会令我们大吃一惊。

值得指出的是，进行产品结构改善，一定要以消费意愿为转移，事先必须作谨慎的调研，不可鲁莽行事，更不可凭借着主观臆断，否则后果不堪设想。反面例子我们也看到很多，提起来也不胜枚举，可口可乐曾错误地认为消费者更喜欢百事可乐的口味，而改变了自己的配方，推出新型的可口可乐口味，差点遭受灭顶之灾。后来经过调研，该公司不得不再次改回了原来的配方。

中国企业是完全可以对自己现有的产品结构进行合理改善的。比如一家电话的制造企业，近期推出的新产品就有来电报号、16种音乐铃声、遥控查询来电等十多种功能，许多消费者买回后都不会用，甚至要那些功能也用不上。这种产品功能多，零售价格却不到100元。企业没有太多的利润空间，投入研发的费用有限，产品的质量就很成问题，功能越多的问题反而就越大。作为企业拓宽产品功能面是件好事，但是样样都行反而是行不通，此举不但让产品的成本上升，问题出来了，还不讨消费者的好感，结果往往是得不偿失。我们的产品还有待在“精、细、巧”等等方面作文章，这样的产品推向市场才有可能一举引领新的消费潮流，达至快速建立自己的品牌的目的。

4. 追求附加价值，建立忠诚消费

给消费者带来实实在在的附加价值，无疑吸引了越来越多的忠诚购买者，从而使品牌之路越走越宽广。

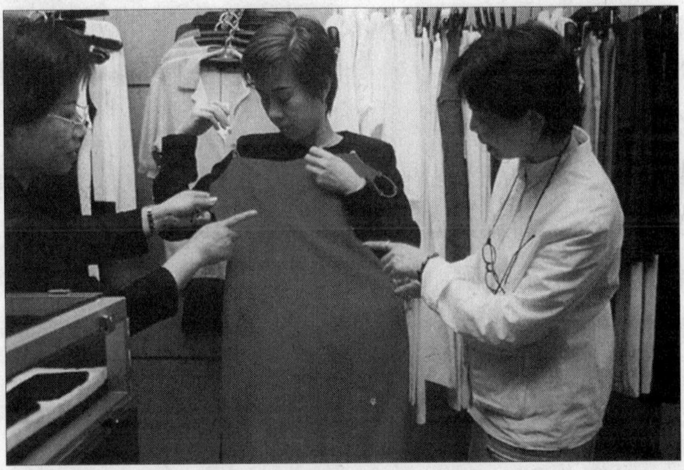

▲ 新一代顾客管理是以顾客为中心出发点，满足顾客的梦想，创造产品附加价值，提高顾客满意度。

忠诚消费，是品牌真正成熟的象征。如何才能达到忠诚消费呢？目前的行销环境是"顾客满意"及"以顾客为中心"并重的时代，品牌经理应该注意的是产品的"更多特性"及"较少的缺点"，唯有如此，顾客的满意度才会提高，忠诚度才会产生。因而企图创造产品附加价值，让顾客认知品质大于期望品质。于是，从产品开发为起点，通过研发与品质会议，考虑系统与流程，对内加强生产力，对外扩充竞争力，便成为一种最好的促进方式。如免费为顾客咨询、一家购物，全省服务、定期保修、资讯丰富、专业迅速的维修系统等专业或身份地位象征的服务，以此赋予品牌高附加价值，以至消费者产生认同，觉得物有所值，从而最终产生品牌忠诚度。

美国IBM公司打出了“IBM就是服务”的口号，一改过去就产品卖产品的做法。为此，该公司经理华特生先生曾在《企业与信念》一书中作了如下剖析——“随着时间的推移，良好的服务几乎已经成为IBM象征……多年以来，我们登了一则广告，用一目了然的粗笔体写着：‘IBM就是最佳服务的象征！’我始终认为这是我们有始以来最佳的广告，因为它清楚地表达出IBM真正的经营理念——我们要提供最好的服务和IBM所签订的合约中，不只是机器出租和出售，更包含了所有的服务项目以及解决方案。”正是如此，IBM吸引了一批又一批的忠诚的购买者，使得IBM品牌之光璀璨夺目。

无独有偶，我国的海尔品牌，在此方面也做得相当出色。海尔也是以不断追求附加价值，而成为国内的知名品牌，其“五星级服务”的概念，给消费者带来实实在在的附加价值，无疑吸引了越来越多的忠诚购买者，从而使品牌之路越走越宽广。

5. 消除沟通障碍，加强转化功能

国内品牌在消除沟通障碍上做得还远远不够，无疑已成为我们品牌之路上不可回避的一个现实问题。

既然品牌与消费之间是一种互动的关系，那么，要想实现由商品向品牌的转化，就离不开与消费者进行沟通。这种沟通越顺利，转化也就越迅速。国内品牌在消除沟通障碍上做得还远远不够，无疑已成为我们品牌之路上不可回避的一个现实问题。

现代营销观念认为，与消费者完整的沟通包括了以下几个方面：以消费者为中心的产品、价格、通路与促销，即一般所说的4P。这四个P做好了，产品才有可能成为品牌，否则只能永远处于产品与品牌的边缘上转圈圈。

其一是包装是品牌一张好看的脸。如果不能令消费一见倾心的话，将严重影响与他们之间的良好沟通。消费与产品接触，首先见到的就是包装，就在那一瞬间，已经决定了一个品牌的命运和竞争力——如果喜欢就会产生购买决定，如果对你的包装不喜欢，就会选择其他的品牌。因此，在产品设计之初，我们就应该多多地去倾听消费者的声音。

其二是制定价格之前也应多倾听消费者的声音。我们还有太多的企业，现在还是根据自身需要和喜好来进行价格定位，要知道，并不是所有的价格消费者都会接受的。对于事先的心理价位，调研的每一步的落实，就显得至关重要了；一旦失控就会造成产品推向市场，消费者却不买账的现象发生。当然，还有一种就是，企业在这些价格的定位上，往往走不出成本的死结，也就造成了产品推向市场而不受欢迎。因此，合理化的价格才是产品最具竞争力的真正魅力所在。

其三是在通路设计上应提供便捷。通路上要考虑消费者购买的方便性，能让消费者走三步就能买到的产品，不该让他去走多一步，否则他绝对会选择别的品牌。在这个竞争激烈的终端市场，谁能提供便捷服务，谁就有可能赢在终端。

▲销售终端对企业来说是最大的一股力量，商家们都在想方设法争夺这片领地，看谁能真正笑傲终端。

其四是促销上必须以消费者为中心。你的品牌将他们放在了首要的位置了，就会讨得他们的欢心，就会获得他们的货币投票，你的品牌就不可能举步维艰，你所有的投入也就不可能全部打水漂。目前，许多国内品牌在广告中总是过于竭力表达企业的观点，这不但无助于沟通，反而制造了沟通互动的障碍，使本来就充满险阻的品牌之路更加崎岖坎坷。

当然，随着时代的发展，行销 4P，已迅速扩展至 6P、8P 甚至 12P，或是 4C，但是万变不离其宗，行销仍然是无法摆脱消费者为核心、为导向。只是由于新名词、新概念不断涌现，新时代行销策略便出现了前所未有的精彩纷呈。

6．满足情感需求，赢得大众追随

品牌应不断满足消费者日益发展和变化的精神需求。这才是品牌之路最高的境界——赢得大众的追随。

在不断消除沟通障碍的同时，品牌自身也应不断趋于完美；在满足消费者不断膨胀的物质需求的同时，品牌应不断满足消费者日益发展和变化的精神需求。这才是品牌之路最高的境界——赢得大众的追随。

全球最有价值的品牌可口可乐，其无敌于天下的也绝不是 1％的原料加上 99％的水，而是隐藏其后的"欢乐、自由"的美国文化，因此可口可乐这个品牌走遍全球都受到了各地消费者的欢迎。这就是品牌满足了情感需求，赢得大众追随的威力所在。品牌有了这个威力，才使得可口可乐公司的老板敢夸下海口："既使可口可乐的工厂一夜之间化为灰烬，第二天，世界上的所有银行都会主动找上门来贷款，可口可乐一样会重建起来。"显然，这就是品牌在满足了情感需求，赢得大众追随的前提下，可口可乐公司老板才敢说的话。

7．识得品牌面目，必须去卖品牌

绝大多数企业每天也都在谈品牌，但对于品牌的基础知识，甚至对品牌起码的创建和管理，皆是一窍不通的还占多数。在这些方面搞不好，品牌价值就上不来，到最后，我们只能是卖产品，而不是"卖品牌"。

近年来，中国企业对品牌开始慢慢重视起来，但绝大多数企业每天也都在谈品牌，但对于品牌的基础知识，甚至对品牌起码的创建和管理，皆是一窍不通的还占多数。企业始终在一知半解的状况中大谈品牌，企业的品牌状况就可想而知了。笔者曾在2001年走访了珠江三角洲近百家企业，发现真正步入品牌操作的不足5家，其余95%的企业对于品牌还是处在初萌期。企业每天“身在庐山中，却不识真面目”，这不由不令人感慨。

许多企业还是为眼前的一点蝇头小利，而强行将品牌推入市场，似乎是“黑道交易”似的，偷偷摸摸无法见人。企业在短期内也许会获取一点利润，但如果想长期保持这种局面，显然就很难维持。然而，国外强劲品牌却与中国品牌截然相反，将市场占有率已提到了最高处，从目前来看，多数外国品牌是我国品牌获利率的2倍之多。显然，中国品牌还不会运用广告、销售宣传、包装吸引，以及公共活动给消费者留下偏好和主观印象。在这些方面搞不好，品牌价值就上不来，到最后我们只能是卖产品，而不是“卖品牌”。那么，企业就只好走“短视近利”之路了。中国企业不能长此以往在短视近利上转圈圈，否则，品牌将失去大片“江山”，企业也就难以走出寒冬。

一个品牌经营的好与坏，将决定企业的兴与衰。今天我们已步入品牌全球时代，在全球竞争的大环境里，我们理应加强和关注品牌的经营，如果在品牌之路上仍不深入了解、创建的话，仅是一味靠其产品去竞争，淘汰肯定离我们不遥远！

急切呼唤：我国企业要敢于抛弃短视的“销售主义”，大胆地转向以“品牌主义”为中心的竞争氛围，赋予产品更多的内涵和独特的文化精神，还要有种舍得精神去投入品牌建设。

十六、 现在我们该怎么卖

品牌行销全攻略

提示

随着时代的不断发展，行销也发生了一些很明显的变化，由起先的 4P，已迅速扩展至 6P、8P 甚至 12P，或是 4C，但“万变不离其宗”，今天品牌行销仍然无法摆脱消费者为核心、为导向，只是新名词、新概念不断涌现而已。新时代，品牌行销策略出现前所未有的精彩，企业掌握所有的行销策略十分必要。

1. 行销 4P 还适用吗

人们一提到“行销”，就人有把它当做是“销售”（Selling）或“促销”（Promotion），其实，“销售”只是“行销”的一部分而已。如果我们能够把“行销”做好了，有时候根本不须要去“销售”，照样可以把产品卖得出去。

行销大师柯特勒（Kotler）在其《行销学原理》一书中将“行销”定义如下：行销是透过交易的过程，以满足人类需求和欲望的一种活动。换句话说，行销的目的是在提供能够满足消费者需求和欲望的产品或服务的一种交易活动。因此，它也包含了广告、直销、事件行销、地区行销、再行销、理念行销、服务行销、高科技行销、绿色行销、体验行销、逆思考行销等等。这些新名词不断地涌现，其主要含意是什么？对经理人实务性的操作又有什么帮助？然而，传统的行销4P，是否将不适用呢？（见图1）

图1　行销组合4P

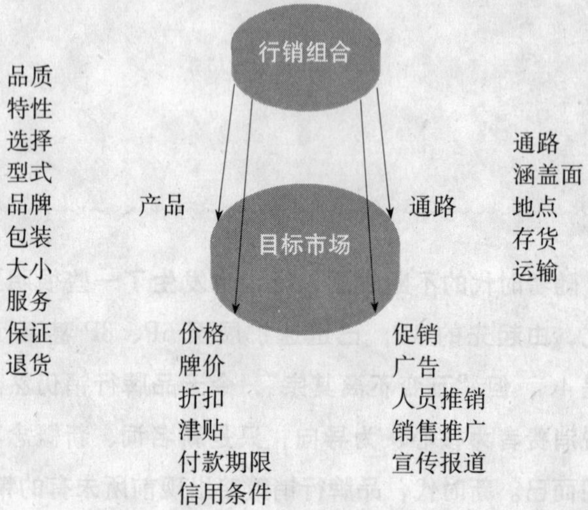

2. 品牌行销策略的大转移

五花八门的行销名词和概念令人目不暇接，然而，策略也随之进行了前所未有的转移。

(1) 时代变了，广告也得变

任何一则成功的广告，从头至尾一定有一根主线穿连起来，特别是系列广告更是明显，纵然广告内容有所改变，但让人感到主力信息始终是不变的。这也就是业界常提起的“广告的一致性”。比如房地产广告，无论是哪一则广告都会在“产品、地段、价位”三大要素上转圈子，而不去诉求房子怎么样。我们再来看，麦当劳始终强调“家庭价值”为主，在广告上主信息展现温馨的、欢聚的画面；大家熟悉的万宝路，引出“西部牛仔”这一根主线，广告画面不断地变换，牛仔的基本信息始终是不变的，每一幅画面只作简单的修饰和完善；其次，男性洗面乳少不了要强调豪迈、活力、粗犷。当然，商业信息传达的同时，族群或社会上的主流价值也在传播。如今，如果你还要固守这个手法的话，可以说，你已落伍了。

随着广告信息量的不断加大，广告如果还是以保守的手法来做的话，还不能反其道而行之的话，就很容易遭到淹没，可能你要备上大笔的广告费来进行传播。当然，我们也不要学广州的许多地产广告，还处在“瞎拼凑画面”阶段，地产商不断轮换广告公司，致使广告没有持续输出价值，广告难免缺少主力信息，以至产生凌乱现象，消费者记忆又怎能不模糊？

当今，消费者行为改变，怪怪广告便大行其道，特别是在港台更加风行。比如爱立信 T20 手机，强调是“20 岁以下专用”，整个广告所呈现的，是学生眼中的理想课堂，而不是大人们或社会一般所见的课堂。再如，近期在台北正在热播的摩托罗拉 2188 的广告，广告是这样的：只要中年父亲觉得不错的商品，店员统统拿回去，直到拿出一台手机，老爸说：“这个好怪。”小女生马上说：“那就是这个了。”然后摆出一副非常老到的说教表情：“记住！你越看不顺眼的，你儿子就越喜欢。”这个广告播出后，引起了强烈反响，因为广告鼓励反叛，反映出许多年轻人的心声，同时也教育中老年人重新思考怎样与下一代相处之道。

有专家指出，广告现在的发展绝非仅局限于强调迎合某种特定的主流价值，而是表达消费者心中的某种欲望或潜意识，或提供消费者遭遇类似情境时的行动方法，以拉近与消费者的关系，从而产生共鸣。看来，我们不能再停留在仅诉求商品阶段了，充分掌握这一波的趋势，建立未来竞争力，现在就必须为之。

(2) 行销重点：跳出商品卖商品

分享一个我们都知道的案例，卖牛排的不去卖牛排，而是卖“嗞嗞”声，不用去诉求牛排，大家都似乎是“闻香知其味”。我们再看另一个案例，卖妇女丝袜的，诉求上却不着眼于丝袜质量或款式是多么得好，而是将消费者的目光拉到了女性修长的玉腿上，可谓是“体验淋漓尽致”。这两个案例，其实都有一个共同点，就是“跳出商品卖商品”。

业界有专家一再提出，企业需要提炼出核心产品的定义，其定义就是“买了就要拥有的东西”。比如香皂是用来洗澡的，这是明摆着的，你不说大家都知道，即使你说了也是多此一举。

无论行销4P怎么演变，跳出商品卖商品始终获消费者青睐，因为此策略可以一进满足他们的心理需求。

可以拿化妆品来说，如果跳出商品卖商品，我们该怎么卖？卖的是幸福？美？品位？还是娇颜？显然，不管怎么卖，这些不一定会完全给消费者带来，而给他们能带来的则是一种希望，是一种美的希望，年轻的希望。大家都知道“希望”也可以卖钱，所以国内大大小小的化妆品开始卖“返老秘方”，这种跟进现象十分严重，于是，炒作“概念”声此起彼伏，大家都无心匠心研发，该行业的产品质量便存有很多问题，淘汰率加大，产品线恶性竞争不断缩短，以至三两个月就必要推出新产品。

(3) 行销近视症日益严重

行销近视，顾名思义，只看到眼前的一点小小利益，而无法看到长远的利益。目前，国内的行销常患近视症，这种“只见树木不见森林”，为此让众多企业渐渐走向失败。我以下举两个例子来说明，首先以美国好莱坞电影为例。开业初期，好莱坞大亨强调“电影制作者”，而非是“娱乐业”，结果几乎惨遭毁灭，之后及时调整经营范围才幸免于难，好莱坞就是患了行销近视症。第二个例子是美国的火车为何渐渐走向失败？因为他们在广告诉求中仅是强调从起点到终点的距离，当汽车、飞机的替代服务产生时，很明显是个巨大的冲击，使得运输不仅仅局限于起点到终点的过程。严重的行销近视症，使得美国火车这一运输业的获利率一度滑坡。消费者需要什么？你打算给消费者什么？你给的东西是他们需要的吗？你给的东西又是否具有长期的吸引力？随着这些问题的产生，于是近年来人们便开始提出了体验式行销、利益行销、共生行销之类的新概念和策略，让角色得以充分互换，以满足顾客的所需所求。

3. 新行销策略大唱主角

(1) 体验行销

体验（Experience）字面上的解释是：在自己实际生活中的亲身经验。一般人对体验的认知是它服务的一部分，实际上，体验可化作一种实实在在的商品，企业可以将产品与体验包装在一起做行销，帮助产品缔造销售佳绩。从美国的迪斯尼乐园到麦当劳，体验行销无处不在，均为顾客创造全方位的体验。其包括感觉体验、情感体验、创造性认识体验、身体体验和全部生活方式，以及与某一团体或文化相关所产生的社会特性体验。

(2) 转换行销

所谓转换行销，就是将消费者“不喜欢”变成“喜欢”。譬如，有些人不喜欢吃菜籽油，不喜欢打高尔夫球，不喜欢购买某一品牌的洗发水，不喜欢喝豆奶，这些“负需求”行销人员能否运用行销方案，或通过产品重新设计、降低价格以及积极的促销活动，以改变市场的信念与态度，这也就是转换行销策略的任务。诸如，牛奶为扩大市场，解决“负需求”，在原有的牛奶里增加了新元素，推出“朱古力牛奶”、“哈密瓜牛奶”、“草莓牛奶”等口味，让一些平时不爱喝的人欣然购买。

(3) 开发行销

许多人对事物都具有强烈的需求，这种潜在需求，到目前为止尚没有方法替代。譬如，每个人都希望电视台能有不插播电视广告的连续剧，一部能够自动将外语译成国语的翻译机。在这种情况下，行销人员应估量潜在市场的大小，并发展出能有效满足该项需求的货品或任务，也就是所谓的“开发行销”。在这个策略上，日本资生堂就做得十分优秀，在女性保健卫生巾的开发上独树一帜，大胆地将卫生巾的尺寸进行细分，根据母亲和女儿的身型对卫生巾进行整改，在吸收棉、凹糟、防漏等方面为少女度身订造，从包装到产品造型都是新生代所喜欢的。产品一推出便出现一度旺销局面。这一开发行销的有力运用，使得资生堂在同质的卫生保健品市场旗开得胜。

(4) 反向行销

产品始终是从制造商流向消费者，这也称之为物流。这个流通一旦反过来，就是反向行销，它具体包括资源回收、修理、产品回收等。例如，荷兰海尼根啤酒出货 2 亿瓶，却发现其中四十几瓶含有碎玻璃，只好将 2 亿瓶全部回收。

(5) 再行销

再行销，是指某一产品或服务的需求水准已经降低，如果不及时采取有效措施的话，营业额就会继续下降。在此情况下，行销人员必须分析市场衰退原因，并研究是否可以借助新市场，改变产品特色或发展出更有效的沟通媒体，以重新刺激需求。例如，捷安特自行车公司看到国内自行车市场已饱和，适时推出一种电动的自动车，既环保，又提高了人们行车速度，尽管价格不菲，也广受消费者的欢迎。

(6) 维持行销

维持行销，是公司必须保持产品或服务的品质，并继续不断地评量消费者的满意程度，以确保努力的成果，满足“充分需求”。例如，美国安利公司，进驻中国市场后以一种独特的行销方式——直销，使业务成长相当满意。行销人员就应该注意消费者偏好的可能改变，以维持目前需求。

十七、金字招牌要呵护
中国品牌亟待加强管理

提示

全方位品牌管理是个复杂的、科学的系统工程，它不仅包括了产品本身，也涉及到整个辅助系统。当前，中国品牌对此方面的管理还很薄弱，在实施中力度不够，还有待全面加强和提高。

1. 品牌管理，我们弱在哪里？

中国品牌应将品牌管理的重点放在品牌维持上，操作中不能脱离品牌关怀战略，否则品牌便无法生存和发展。

(1) 家族管理还要坚持多久？

中国企业能摆脱家族式管理的不多，即使成功的企业也是处于半摆脱的状态之中，至今，我们的企业还没有一家能将家族式管理彻底摆脱。

从长远的发展观点来看，家族式管理终究是一种落后的管理方式，往往是一种经验式的管理，管理方式比较简单，个人说了算，一切还在以“老板”的意志行事。

品牌管理是个复杂的工程，与家族管理刚好相反，品牌管理一旦融入家族式的管理，必将制约品牌的发展。显然，家族式管理使中国品牌很难与国际品牌接轨。

(2) 加速品牌形象的建立

品牌形象是一个系统，包括体格与个性两个方面。体格指的是或明或暗的各种物理特征。麦当劳的麦克唐纳，在美国就有96%的孩子熟识，有人说，到麦当劳去吃饭，就是因为它有名气，它的形象充满了魅力，良好的形象使麦当劳产生了持续的品牌效应，它给消费者一种信赖感和安全感；再如，当人们一提到米其林，一个男子的图像就会在人们头脑中与品牌联系在一起。

个性是品牌形象的内在特征，也是通过其性格表现出来的，消费者都倾向于以一个品牌个性来谈论产品的好与坏。一般来说，品牌个性包涵有标志、仪式、归属感、传统、特别感觉、独特定位等。没有个性的品牌，形象便会散乱无序。国际上一项统计表明，企业有关品牌形象的投入与产出比例是1：227。可见，企业品牌投资具有相当高的投资回报率。

▲ 品牌形象一旦建立了，就会对消费者有巨大的吸引力，对于商品销售极为有利。

我国众多品牌欠缺个性，这是无法成为强劲品牌的重要原因所在。由于中国品牌个性塑造还很薄弱，加之产品得不到充分展示，生命力肯定不会持久！品牌形象树立不起来，就不会有强大的影响力产生，品牌只有将形象摆到管理的重要位置，才会快速与强劲品牌结缘。

(3) 应有品牌管理机制

品牌管理机制是由品牌管理制度、机构、人员构成的一套决策执行系统，一般由主管、副总负责协助老总审定品牌计划；品牌管委会负责提出品牌策划的方案、审议品牌计划；品牌经理负责大类业务中多个品牌的分类管理，组织品牌计划，拟定品牌计划，对执行过程进行监督；另外设立品牌经理一职，负责单一品牌计划的拟定，组织完成品牌设计和品牌整合传播计划，协调控制各项工作的顺利执行。

设立有效的管理机制，对企业的整个业务流程，从最初的原材料选择到最终的顾客服务，都是以了解顾客、满足顾客需求为出发点，使每一个环节都能支持品牌策略的整体运作。中国企业应根据自身品牌的实际情况，建立有效的品牌管理机制，让品牌在一流的管理中健康成长。

(4) 品牌管理的重点是品牌维持

品牌的形成是很容易的，而品牌维护是很漫长的过程，有一定的难度。许多大品牌不惜投入大量的费用，来建立累积客户资源，但在这群客户建立之后，由于缺乏品牌的系统管理，导致大量的客户在需求无法得求满足时而流失，好不容易达到的品牌效应便在顷刻之间化为乌有。

中国品牌应将品牌管理的重点放在品牌维持上，操作中不能脱离品牌关怀战略，否则品牌便无法生存和发展。当今，品牌的发展已从信誉阶段升华到情感阶段，中国虽然有的品牌有了一定的知名度，但是，还要在关注需求上加大力度，要不然，客户很容易“移情别恋”。只有切实地做好服务，真正满足消费者的所需所求，在情感上与消费者建立深厚的情结，品牌才会更加健康地成长。中国企业要想在加入 WTO 后实现目标并持续增长，做好品牌维持是我们无法回避的课题。

2. 差异，让品牌跳出来

找出品牌的差异可以从定位和宣传上来着手，以让消费者将之与其他品牌有所区别，当然提炼的卖点和宣传口吻，不是浅层的一个“概念”。

麦当劳，每天吸引着那么多的人来用餐，不是因为它是“垃圾食物”，

▲现今让商品在终端冒出头来，是许多商家最为困惑的事情。不少企业费尽心思，终端陈列或堆头也都没有什么创意。2003 年 5 月上市的甘蔗汁品牌，终端堆头就很特别，它利用自身的产品定位与堆头设计形成一个整体元素，大胆地把甘蔗插到终端堆头上，其展示既招人眼目，又传导出绿色品牌的形象。此造型在众多的堆头中脱颖而出，不失为一个好的创意。

而是它能带给人们一种快乐的感受。在广州之类的大都市，你可以看到一种现象：一个孩子大哭不止的时候，孩子的爸妈只要一说去麦当劳，孩子便会停止哭泣。可见，品牌对于消费者的影响是多么地深。

找出品牌的差异可以从定位和宣传上来着手，以让消费者将之与其他品牌有所区别，当然提炼的卖点和宣传口吻，不是浅层的一个“概念”。品牌提炼出了独特的定位，便会给人留下美好的感觉和想象的记忆。这也是成功的品牌管理所要遵循的步骤。寻找品牌的真实灵魂，便是首要的任务。

品牌管理是个系统的复杂的、科学的过程，中国品牌亟待实施最优化的管理，以建立卓越的信誉，建立与消费者的亲密关系，得到消费者的支持，增加他们的亲身体验。只有这样，品牌在全球竞争的环境里，实现目标的持续稳定增长才会成为现实。

3. 品牌管理五步骤

许多企业只是一味地去做，做完之后，根本不去评估本次企划的效果，缺乏科学的评估系统，含糊其辞、一带而过的比比皆是。因此，品牌管理便难以落在实处……

目前，国内企业都在谈品牌管理，有的公司对品牌管理也很投入，还设立了品牌经理负责制，但是在此方面涉及具体操作时便十分茫然，缺乏系统的连贯性的操作还占大多数，最终造成品牌举步维艰。

分析其原因，主要是对于品牌管理的具体步骤还缺乏足够的认识。根据助企品牌管理公司数年来的经验，品牌管理的具体步骤应该是怎样的呢？（如下图所示）

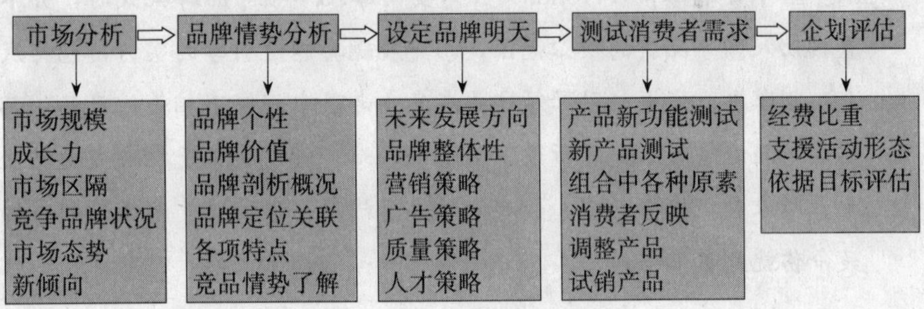

(1) 找出市场的“地图”

我们仔细分析一下，一个品牌对于市场的趋势不了解，后果会怎样？其实就像是一支军队在前沿阵地不熟悉地形，就贸然出击应战，结果肯定不会占尽商机。同样，对于所有的企业，不论是领先者还是追随者（挑战者），其市场的勘察过程都是省略不了的，市场这张“地图”必须了如指掌。

如宝洁公司在进入任何一个市场前，都会对市场进行全面的调研、测试和分析，从市场定义、市场区隔到竞争品牌地位、市场态势等等方面全面展开了解和把控。该公司为了了解中国市场，不惜投入巨资，光是Road Show项目就持续近4年，投入直接推广费用数亿元，对中国22个省、市、自治区的乡村腹地进行全面测试，从3个品牌推广到7个品牌，使过亿人的乡村受众接受试用产品，有效覆盖率达到75%，充分把控当前中国老百姓的消费心理，以及市场的态势变化。

由哈米尔（Gary Hamel）及普拉哈雷（C. K. Prahalad）合作的论文中，再次证实了拟定目标及了解外在市场的重要性。他们强调策略的用心之重要，以及找出所谓“松动的砖头”，这也是市场上竞争必不可少的一个环节，也是赢得市场的基石：

> 要找寻所谓松动的砖头，必须先行研究、分析竞争者的传统优点，看看他们是如何界定其既有市场的。这么做的主要目的不是要找出市场的利益，而是要在领导品牌的势力范围外筑起一道攻击堡垒……当年日本本田（Honda）公司要向摩托车领导品牌挑战时，并不直接切入领导品牌的核心范围，而先展现其制造引擎的实力，包括汽车、割草机、发电机引擎等这些在竞争者眼中好像不相关的产品，其实这是拒绝追随领先者所设下的限制，而自行创新正是挑战成功的处方。所以对挑战者而言，最有效的武器就是一张白纸，而既得利益的致命伤就是不知变通。

这些问题看起来很基本，但却不太好把握，毕竟一切答案都在消费者的大脑里，我们许多企业对此忽略，难免导致行销的严重错误的产生，可以说，这是品牌犯错的“罪魁祸首”。决策一旦离开了来自目标市场及竞争威力的话，品牌怎能健康成长？例如，当今女性保健品市场赫赫有名的护舒宝品牌，对市场资讯不断地去收集，终于找到了市场的空当，把一群消费者进行细分，而后对自身产品进行区隔，由原先母亲和刚成年的女儿都是用同一种卫生巾，现今衍生出母亲型和少女型两种规格尺寸的产品，为少女们度身订造产品规格，迎合了市场的需求，品牌也因此充满新的活力。

(2) 对品牌情势深入分析

在这个阶段，我们必须深入了解品牌个性及其价值，提供品牌剖析概况，并详细分析品牌各项特性及其品牌定位间的关联，以及充分了解竞争对手的品牌情势，这样，我们才会知道自己的品牌现在处于什么地方。比如，广告是否直击消费者的心脏？广告让人看了有个性吗？包装是否与时代潮流合拍，是否让人富有联想？产品反映了消费的新需求吗？显然，这些问题都要明晰。如看到万宝路这个品牌，当人们就会在大脑中立即跳出“西部牛仔”的形象，这一定位是企业根据市场需求，经过漫长的整改和检视本身品牌个性之后，才为品牌注入了强悍不羁的个性。

走入人群，收集最真实的情报，从中获得参考的价值，而若能辅以质化的观察，对消费者需求的掌握就会更加准确。关于这一点，美国学者Warren J. Keegan 和 Mark C. Green 合著的《国际行销学》一书中，论及企业在做全球行销时的市场资讯来源时，也特别强调亲身体验的重要，有些顾客的心声是很多调查不易发掘出来的。该书举了一个实际的例子：1995年，当丰田汽车开始重新设计该公司的 Lexus 400 之前，他们派遣主要设计者及5名工作人员到美国去拜访客户，以了解当地人的需求。结果发现许多客户抱怨 Lexus 400 的挂衣架太小了，因为美国人习惯将干洗的衣服挂在车内的衣架上，因此这个重要的资讯促使他们在改款计划中将衣架重新设计，现在它可以挂5件外套，真正满足了美国顾客的需求。

如果你缺乏对市场的了解、对品牌的价值了解，你的品牌就很容易走弯路了。在对品牌进行情势分析的过程中，我国企业对资讯的收集及人们对品牌的普遍看法重视还不够。多数企业一直对此抱着十分自信的态度，公司管理层似乎感觉“尽知天下事”的还大有人在，甚至对市场，对消费者的感受，他们可以说出“一大堆”观点，而这些的所谓的观点早已是

"陈年老话"，因为市场早已发生变化，我们的管理层却一直不变。最终，他们无法控制住品牌时，才真正发觉到自己拿出的东西，消费者早已不屑一顾了。

(3) 清晰设定品牌的明天

我们常会说"充分把握未来"，品牌管理中你要是能把握住这个"未来"，你会发觉到品牌充满的魅力无与伦比。

在这个阶段，势必要求你的分析及形成策略的方式，以及在品牌的风格传承上，更要讲究专业性。例如李维牛仔裤公司，当年就是因不理会品牌风险的传承，冒险进军男性高级西装市场，结果未获消费者认同。因为李维的形象是轻便、耐穿及休闲的，虽然凭借李维的实力可以生产高级西装产品，但品牌形象已在消费者的心目中定型了，想一下子扭转消费者既定的认知，也是不可能的。再如，深受白领男士喜爱的"金利来"品牌，在实际操作中也误入歧途，生产女用皮包和饰品。精巧的女用皮包冲击了"男人世界"，使金利来这个曾让男人引以自豪的品牌形象，使原先极清晰的定位模糊了，冲淡了男子汉的这种自豪感，也没有赢得那些追求女人味的女士们的欢心。

设定出品牌未来的地位，这是许多品牌经理最为头痛的问题，这不单是一个简单的"宏伟蓝图"，而要视市场的变化，看是否有必要扩张品牌主张，是否有必要增加品牌附加价值，是否进一步强化品牌个性发展，或者扩大品牌目前的范围、品牌的市场区隔等等问题。因此，在未来发展与品牌策略的衔接上，要相辅相成，互为表里。

(4) 反复测试对准消费需求

在品牌管理的领域里，有很多方法可测试出落实这些策略的行销组合。关于这一点，宝洁的做法最为人所津津乐道。在产品每跨一个地区时，都会重新测试一次，如果结果不佳，就不会勉强推入该市场，或者做过修正之后再重新进入。否则勉强推入，广告打了，可是消费者使用起来却大失所望，产品一样无法长久地被接受。宝洁始终通过调查数据来对准消费者需求的焦点，而这些数据则来自一连串严密的消费者测试。

关于行销活动的测试方法一般有两种：第一是单独测试行销组合中的任一元素。比例广告测试，请一些消费者来看广告片，只有大多数看了都有想购买的冲动，才在媒体上去播放。如果测试不佳，就有必要进一步确认产品本身是否符合当地消费者需求，这项工作愈严密、愈谨慎，就愈能保证当广告开播后，达到预期的销售目的。这种做法，可以适时对自身的行销组合方案进行调整，做到“知己知彼，百战不殆”！

第二种测试的方法是，选一个区域进行所有行销组合的测试。这种方法对于新品牌要进入市场前尤其关键，可“做活一个样板市场”，而后再不断地进行复制，形成群体效应。这种测试可以替企业节省下大量的资源，因为只有当测试品牌主张的结果是正面时，才有信心和把握大规模地向市场覆盖，而一旦出现负面，还有调整的空间和理顺的机会。

(5) 有力的企划和评估标准

如果我们的品牌管理能稳步进行，我们就不仅仅是追求销量和市场占有率的百分比，对于有关整体经费的支出控制将易如反掌。可以说，以上的四大步骤并未涉及策略之下的行销活动。那么在这一个步骤里，我们要做的就是，行销活动的一切企划必须以消费者为导向，切实做到与他们的互动，并且有效地控制活动规模及经费支出的标准，加之还要有一套具体的评估方法，让每一次的企划都以数据来说话，并与过去行销活动的成效相比较。

目前，许多企业只是一味地去做，做完之后，根本不去评估本次企划的效果，缺乏科学的评估系统，含糊其辞、一带而过的比比皆是。因此，品牌管理便难以落在实处，最终产生了许多“漏洞”，企业自己往往都不知道。

品牌管理，是中国企业目前急待补上的一课！在品牌这个领域里，没有科学系统的管理，竞争便会明显失去优势。作为中国品牌，只有很好地学会全方位的品牌管理，才能做到企业全球化。

十八、为“卖”太疯狂
品牌促销莫使“怪招”

提示

平淡无奇的促销活动，已经不能让消费者立即接受。中国商家为了卖产品，几乎竭尽全力来突出品牌特性，强化一个与众不同的品牌形象，消除受众与传播诉求之间的隔阂，只是，为“卖”而疯狂，中国品牌现已走上违背长远行销利益的羊肠小径。

中国市场的促销活动，大多达不到预期的效果。数年中商家的促销手法，虽也在不断翻新，如集点券、折扣、抽奖等，但均无法吸引消费者的注意力。如今，企业促销手法奇招迭出，不讲策略的行销活动现象比比皆是，因此，中国企业品牌行销讲究策略势在必行。

1. 空调拆散论斤卖

据报载，2001年3月中下旬，在北京一家百货大楼空调商场，一品牌空调厂家把自己的产品解体成几段，分别用秤称过后，论斤出售，其价格在每500克20元到500元之间。据正在举办“金斤计较”活动的销售人员表示，空调压缩机、钢管壁、散热片、蒸发器上的铝薄等关键部位，因材料用量不同，在重量上会产生差异也会直接影响产品的功能。这种奇特的销售方式，吸引了不少消费者驻足。在促销期间，其销量有时竟达到平日销售的数倍之多，一些买了“足斤足两”空调的消费者说，虽然知道商家也有作秀成分，但还是觉得买得放心了点。

▲ 空调拆散论斤出售，是否违背长远行销利益？这种作秀会长久被市场接受吗？

2. 一元钱买彩电

2001年11月以来，北京、上海、郑州等地又爆出促销奇闻——一元钱买彩电。在当地的报纸上，厂家以整版的篇幅刊出套红广告，针锋相对地展开低价竞争，以红色爆炸花烘托出“21英寸彩电仅售一元”。推出此项活动的某电器商场负责人坦陈，“一元彩电”是商家促销的一种新方式，就是想吸引消费者眼球，以聚人气，以此在家电淡季造势。由此，许多消费者拎着小板凳和棉大衣，在商场门口通宵排队，互相争抢。

值得一提的是，同一城市有两家经销商同时推出的这一场针尖对麦芒的竞争，使得消费者怨声载道，因其数量有限，人群不断增多，商家几次要求消费者更换排队地点，导致现场一度混乱。“一元钱买彩电”，尽管商家明知数量有限，也不管消费者等候整整一个通宵，其中不乏 60 多岁的白发老人，在寒风中裹着棉衣来回跺脚，排队等候。据报载，一位专程从奉贤赶来的张老伯得知自己白白等了 10 多个小时，向商家讨说法，却不见店经理踪影。“一元钱买彩电”，仿佛成了中国家电市场一道诱人的“免费午餐”，吸引众多消费者趋之若鹜。

3. 动物今年也疯狂

今年中国促销中，动物也备受企业的“关爱”，真可谓是“猫狗跳、鸭鹅叫、非洲狮子把人咬，金钱豹也来凑热闹”，为此，许多业界人士惊呼——好好的动物，给企业折腾得够呛。诸如，国内某品牌涂料，去年由总经理当众喝涂料而一举成名，今年又运用同样的手法，将着眼点放在猫、狗身上，在重庆、河南、山东、湖北、浙江、天津等地的多家电视台选择黄金时段，播出猫、狗扭屁股的电视广告。该品牌无非是想告诉人们，其产品是无毒的，猫、狗对于有害气体最敏感，运用对比的手法，将猫、狗关在一间刚装修的房中，有害的气体让猫、狗急得发疯似的踢门求救，而关进该品牌的健康乐园，猫、狗便优哉游哉地游戏，并一起趴在涂料桶上伴着音乐扭屁股。

无独有偶，近日某市一家野生动物园的一只非洲狮突然向游客发起攻击，致使一对母子双双重伤。动物园为此大肆炒作，“申请枪毙伤人狮子”，全国众多媒体纷纷报道，引得这家动物园的生意反而更加火爆，游客激增 80%，据称这些游客是专程来看这只咬人的狮子的。许多市民在得知要枪杀狮子的消息后，纷纷打电话给动物园、野生动物保护协会和市政府，呼吁“狮子不能杀”、“人不该拿狮子当替罪羊”、“狮子有什么错?”，动物园提出枪毙动物，这在全国是第一次。综观整个事件，动物园赚足了人们的“眼球”。

其次，联想也让两只调皮可爱的大猩猩嬉戏打闹，以赢得消费者注意和喜爱；羽绒服品牌推出鹅为代言人，让鹅与鸭来进行对比；退烧药品牌以螃蟹为题材，说明螃蟹水煮后变色来强调退热效果……总之，现在中国动物境界都十分高，企业促销都来找动物帮忙，动物由此疯狂到顶点。

4. 美女当街跳艳舞

中国家电行业和IT行业的促销活动，都喜欢在街头搭建一个简便舞台，找一群“美女”助兴跳艳舞，由此引得许多消费者驻足观看，特别是一些男士围观较多。这类表演，多数是一些穿着三点式的女郎，伴随着强劲的旋律跳起挑逗性艳舞，偶尔拿起话筒边扭边唱，怪声怪气。可以说，在广州几乎每天都有许多企业，乐此不疲地大搞这类促销活动，产品销量也不见有所提升，而在每一次的“里热外不热”促销中，市民们倒省下了看演出的钱。

除了以上四大现象以外，还有北京的“名模美眉”当街沐浴推销热水器；中国两个知名品牌将自己的热水器从10米高空摔落，以证明质量过关；某彩电商为了展示品牌“过硬”，特请出一位大腕，在北京某商场门口拿着橡皮锤子往电视屏幕上砸……

分析这些无奇不有的这些手法，主要有四大特点：

(1) 运用同中取异的手法

由于行销促销方式及活动都大同小异，为此，中国企业挖空心思去想办法，想靠同中取异让品牌尽快凸显。于是，只在乎吸引力，认为推出这些新的促销手法便可以制胜。如买上网卡送“猫”，买木地板送微波炉等等消费配送。这些另立名目不考虑成本效益，更不考虑品牌长期累积的形象和后期的长远发展，必将受到消费者所唾弃。诸如前文提到空调企业陆续把产品大卸八块，既有拿进口压缩机说事儿的，就不能埋怨人家讲“斤斤计较”了，这一奇招的推出，确实在中国空调产业走出了“差异”，引领了“流行”，殊不知，论斤卖的那是肉蛋蔬菜，而不是“空调”。更有甚者，热水器当街摔着玩，好像不是买回家淋浴用的。这些“差异”之举至今还在中国市场泛滥成灾，其间的利弊得失如何，值得深思。

(2) 采取低价策略

市场竞争日益激烈，现阶段中国众多的商品大打价格战，诸多企业依然认为价格战是最直接、最有效的手段。企业大打价格这张牌，靠促销多采取低价策略，来吸引那些爱贪小便宜的顾客，其效果维持总是不长久。诸如，用"一元钱"就可将一台21英寸的国产彩电抱回家，低价倾销的嫌疑很大，因属低于其生产成本运作，当然不会玩得太久。这种亏血本的促销，死拼价格，只能说明行销乏术。北京百盛购物中心营业部李主任认为，大多数商家促销是与厂家联手协作，消费者利益均沾，而"一元彩电"的促销中，能得到实惠的消费者凤毛麟角，买不到便宜货的消费者会怨声载道，这对于培育市场、培养忠实的顾客群是不利的，这是"造市"，只能误导消费者。

俗话说"买的没有卖的精"，看来有些时候也未必如此。仔细分析研究商家推出的这些"新玩法"，就不难看出，这种促销手段是短暂的，虽然在一段时间聚了人气，带动了别的商品的销量，但这并不是品牌的长久之计。加入WTO后，市场竞争最终还是品牌的竞争，这也是最高级的竞争，可以说，低价策略的运用，仅还停留在最低层次的促销竞争上。

(3) 制造新闻效应

虽然中国媒体不断增多，但媒体在中国仍具有权威性和特殊性，某些媒体报道把关不严，国内众企业便擅用这一资源，以至于行销促销活动不约而同地走上炒作热点这一岔道。一些企业认为，非得时时成热点不可。企业却又不能按科学的常理来"出牌"，不会运用策略打步步为营的"正规战役"。于是，一个"申请枪毙狮子"的策划活动，便轻而易举地博得了媒体及记者的青睐。其实，申请击毙狮子的策划成功之处就在于反其道而行之，它利用动物凶猛吸引了人们的注意力。试问，"伤人的狮子一旦闻到人的血腥就不能自己，而游客激增80%的背后所暴露出的人类自身血腥本性，不是和狮子一样可怕吗?"与其让促销活动达到如此地步，倒不如让这种促销少一些为好，最好就是不要去做!

企业促销利用媒体进行炒作，已是司空见惯的事了。这种浮躁的心理，不讲科学的策划，一味盲目制造新闻热点，对于品牌的成长必将带来一定不利因素。

(4)“裸露”为直接诱因

在“情色”、满足“好奇心”及攻击“人性的弱点”上做文章，游走在色情或法律尺度的边缘，这是国内企业促销活动的又一种手法。虽然这种手法一时间有吸引力，但是这类直接诱因，也只能是“媚俗”，而无法达到“讨好”消费者之目的。

众所周知，一个品牌要让消费者接受，是要靠企业正确的引导。中国企业又有几家能像海尔那样促销？该品牌在广州天河城接连大搞献艺活动，很有特色，一场场具有民族特色的舞蹈，带给人们美的享受，同时，品牌借文化达到新境界。但是，国内还有太多的企业在促销中，运用最多的莫过于美女当街跳艳舞这一手法，诸多品牌都乐此不疲地使用这一低档的手法。殊不知，此种促销喧闹之后，竞争对手便会争相效仿，品牌难免被淹没其中，促销效果也就大打折扣。

促销活动，企业最终目的是为了创造消费者需要或欲望，促使消费者对产品产生渴求愿望和行动。作为企业，无论运用何种促销手法都必须考虑赢得受众的喜爱，达到销售之目的，从而提升品牌的美誉度。我们呼唤中国的品牌促销能尽快走上文明、科学、有效的正确之路，切莫还存有侥幸的心理，一味靠“奇招、俗招、媚招”等来参与市场竞争，最终让企业深陷品牌行销的泥潭。

十九、 混合双打， 还是单打

家族品牌与个体品牌策略运用

提示

国内众多的专家学者，以及许多企业主，都普遍忽视家族品牌策略与个体品牌策略的运用，甚至是避而不谈，其实，这是许多企业最为关注和所要面对的重大决策。那么，企业在策略的选择上究竟应采取混合双打，还是单打？

1. 两种策略的差异在哪？

企业在拟定新产品上市策划之际，必须先对家族品牌和个体品牌进行全面认识，并且看清它们之间的差异所在，企业才有可能在多元化的竞争中占有优势，其两种策略的具体差异在哪？

(1) 家族品牌策略

所谓家族品牌，是指公司内的所有产品均采用同一品牌名称（即公司名＝品牌名），如羽西、夏士莲、雅芳、郑明明、东の瀛、李医生、Amway（安利）、采诗、花王、妮维雅等品牌。如果要进一步而言，还可以作以下分类：

●家族品牌形态分类：

A. 以企业目前拥有的家族品牌的多与少

——单一家族品牌：即是一家企业生产的所有产品皆使用一个品牌名，这也是最常见的一种形态。如羽西、郑明明、李医生、雅芳、采诗、沨歌等。

——细分的家族品牌：即是一家企业生龙活虎的不同产品分类，分别使用多个品牌名来标出各类产品不同的项目。如美国 Amway（安利）公司旗下拥有 Artistry（雅姿化妆品）、BodySeries（美体适走珠止汗露）、Nutrilite（纽崔莱营养食品）等系列产品。

B. 以名的有与无

——有姓有名：各种商品均是另起名并与商品名联合使用，如上海花王公司旗下的碧柔洗面奶、诗芬洗发水、飞逸洗发水、蓝蓓丝洗发水、乐而雅卫生巾等。

——有姓无名：在一个企业名或品牌统一之下，名商品都不再另外命名，如法国薇姿公司以“VICHY”为品牌命：VICHY 薇姿润白隔离乳液、VICHY 薇姿双效匀体啫喱、VICHY 薇姿温泉水、VICHY 薇姿面部护理霜等。再如夏士莲品牌，属下拥有夏士莲香皂、夏士莲洗发水、夏士莲护肤品等。

●家族品牌适用情况：

A. 产品之间在行销组合策略上非常接近或者基本没有差异，即各种商品都是使用相同的配销及传播通路，而且所要诉求的对象十分类似，产品属性也在同一人范畴内。

B. 新产品上市如属不同范畴，决不能使用此策略。

C. 推出的产品具有一致性的品质，完善的售后服务。

●家族品牌缺陷所在：

A. 新产品的品质往往无法保持一致，售后服务也很难做到完美，往往一种商品的不满足会殃及其他的成功商品。

B. 某一产品的运作不到位，会伤及企业的口碑和形象。

C. 塑造个别商品的个性难度，相对来说，非常之难，毕竟有整体性成分控制。

●家族品牌优点所在：

A. 使产品更易传播、接纳、接受，减少对产品认知、认可等阶段的周旋（某家出品，消费者会认其购买）。

B. 可以缩短新产品的市场导入期，快速入市抢占商机，较易让人接受。

C. 新产品入市，由于知名度的累积，可以省下大量的广告投入及品牌命名所需的研究时间、测试、调研、费用投入等。

D. 可以不断加强企业的声势，不断壮大品牌实力，对企业形象的塑造十分有利。

（2）个体品牌策略

个体品牌是指公司内不同产品采用不同品牌名称，“称名而不叫姓”，即公司名≠产品名，例如联合利华、P&G（宝洁）、索芙特、依玳、艾特玫思、白雪等。细分还可以作如下分类：

●个体品牌形态分类：

A. 全力支持：企业会以多年累积的商业信誉和良好的优势资源来全力支持品牌。如强生婴儿系列产品、索芙特、联合利华等。

B. 缺少支持：企业有多年累积的商业信誉，但不会正面来支持，而是给品牌自力更生，任其自由发展。如宝洁属下的 17 个品牌，如飘柔、沙宣、玉兰油、海飞丝、潘婷等，在各自领域均以不同的市场定位推出，品牌在自力中不断发展。

●个体品牌适用情况：

A. 产品性质不一样，不是同一范畴的产品，使用的配销及传播通路都有差异，市场所针对的消费者也不一样，诉求方式也有很大不同。

B. 新产品上市如属不同范畴时，最好使用此策略。

C. 为提高市场占有率，扩大营业额，减低单位销管费用，分散风险，同时推出的性质类似或差异较小的产品，可以采用不同品牌不同的定位、个性和形象来进行攻势。

●**个体品牌缺陷所在：**

A. 在知名度阶段需要大量的资金和强有力的广告宣传。

B. 在每一个新产品上市中，都难以离开强而有力的推广来配合，特别在前期的18天内确实需要一鼓作气来推出品牌名称。

C. 每一种商品推出，所面对的市场和目标群都有巨大差异，很难出现短期普及市场的能力，因此，企业离不开多兵种、多方位的协同作战布署来达成（如宝洁公司属下洗发水品牌有飘柔、海飞丝、潘婷、沙宣、润妍等；洗衣粉品牌即有汰渍、碧浪、熊猫等）。

D. 根据不同的商品种类设立品牌经理一职，管理难度大且繁琐。

●**个体品牌优点所在：**

A. 产品塑造的形象各有千秋，市场途径也是殊途同归，消费者的心理选择有所归宿。

B. 不会因为新产品推出失败，而波及整个产品线而产生负面影响。

C. 品牌联想各自有别，混淆现象很难出现或产生不当因素。

D. 十分容易建立商品独特个性并极易赋予商品的品位与格调。

E. 在终端拥有强大的竞争力，由于花色品种的繁多，便可轻易占领更多的货架陈列的位置。

2. 两大策略取舍费思量

个体品牌策略的运用与家族品牌有明显区别，它必须要凭借着企业原有品牌之既有的信誉，不必担心新产品是否被消费者欣然接受之影响，它在产品定位、广告与促销等行销作业上，可以不受旧有的品牌的牵制，即拥有广阔的行销天地。

在市场上，一个产品推出获得消费者的认可，并且逐步建立了一定的品牌地位，即后续推出的产品便较多地使用相同的品牌，它往往可以让消费者产生品牌联想，直至产生喜好感和信赖度，这是企业利用家族品牌的先决条件。如果缺乏了这个基础条件，则是“无基之厦”，其后果大家都很清楚。

关于家族品牌策略，在此先给大家分享一个比较熟悉的案例，美国Amway（安利）公司自从1992年进入中国市场以来，陆续推出个人护理用品、家居护理用品、营养补充食品等产品。在美国以Amway为商标的产品已高达470余种；在中国，安利公司的产品种类由开始的5种发展到现今的近50种，每一种产品均以鲜明的形象和个性占据市场优势，特别是个人护理系列雅姿系列品牌的推出，凭借着独特的专利配方——保湿脂类基质、抗氧化成分，而吸引了众多消费者的青睐。安利公司在该品牌上投入极大，为建立雅姿品牌的统一形象，选定世界超级名模英格丽小姐为品牌代言人，在世界各地巡回宣传和推广品牌，使得雅姿品牌以显著的功效和高档的品牌形象行销全球。分析安利公司众多系列产品的运作，我们可以看出，这在家族品牌的运作上已相当成熟。家族品牌策略的取舍都具备以下的因素：

(1) 在同一领域里延伸

我们仍然回到安利公司的雅姿品牌案例。该品牌分为两大系列：基础保养系列和特方保养系列。基础保养系列里包括了洁肤、调肤、润肤，特方保养系列里包括眉笔、口红、遮瑕笔、粉底等，两个系列始终围绕着爱美一族的女性来诉求。可以看出，安利公司的个人护理用品、家居护理用品、营养补充食品及厨房器具等系列产品，均以Amway为总商标，虽然每一个领域产品均属于日用品范围，但它们之间的区隔十分明确，而非跳到另外领域发展，产品与产品之间均有关联，以满足相同的需求，并有相同的销售动机。它们的成功，均是原已有相当的知名度、可信度、美誉度，以至所推产品得以源源不断地受到争相追棒。

(2) 具有一致性的品质等级

家族品牌的成功离不开品质这个因素，它也是决定品牌成功的关键。在消费者心目中，安利公司推出的每一个新产品均具有强硬过关的品质印象和独特的定位——给人感觉到同样是高质量的高素质的，如安利的个人护理用品，均经过数天的微生物检测，与皮肤接触的产品哪怕只有丝毫的违反卫生指标之处，所有产品都不能出厂。安利一直秉持精益求精、尽善尽美的精神，无论在美国，还是在中国，卓越品质始终如一，赢得了广大消费者的口碑。因此，在家族品牌策略的实施过程中，品牌有了立基点。

（3）产品销售的区隔市场一致

家族品牌必须具备销售对象的一致性，他们的年龄、所需所求、物质条件等大致是一致的，目标市场相同，则品牌使用的不同子项目或产品，才有可能产生连带和相辅相成的作用。从羽西、夏士莲、雅芳、Amway等家族品牌我们也可以看出，其销售对象均是锁定在追求高品质生活的都市人，他们有一定的经济基础，需求大致是相同的，利用的行销手段组合就不需要异同，每一个新商品的推出，都会对品牌声势有所加强。

当然，个体品牌策略的运用与家族品牌有明显区别，它必须要凭借着企业原有品牌之既有的信誉，不必担心新产品是否被消费者欣然接受之影响。它在产品定位、广告与促销等行销作业上，可以不受旧有的品牌的牵制，即拥有广阔的行销天地。但是，企业在操作运用个体品牌策略时，必须要时时考虑到品牌的整体效应问题，这种“核聚变”的能量，比起“一枪一炮”的影响要庞大得多。有心人可以看出，P&G（宝洁）公司的品牌，在每个广告的最后，标版都是以“宝洁公司，优质产品”来诉求传播，其目的是以强调品牌的统一性，借助整体品牌优势，充分累积品牌价值。

结　语

家族品牌与个体品牌之间的优劣，到目前为止，尚难有定论，两者间各有千秋。企业在运用时，必须根据自身产品的生命周期、消费者的需求变化、市场的趋势、竞争对手的策略态势等方面，采取相应的策略，以让企业享受来自品牌的超级利润。

二十、感觉比语言快十倍
品牌体验撼动顾客心

提示

体验营销已发展成一门相当专业的学问，企业未来市场竞争的主战场就在体验。如果再一味以产品去血拼市场就会落伍！体验决非虚无缥缈的感觉，它可化作实实在在的商品，消费者一旦被体验感动，就会心甘情愿地花钱买体验。如果经理人能将商品和体验捆绑在一起执行策略，营销就有可能别有“动”天。我们该如何掌握这一时代趋势，从而创造销售佳绩？

1. 不忘给消费者难忘的体验

我们不能单卖产品，而应卖产品的利益和带给消费者的整体感受，因为消费者是以钱去换取利益的。

强劲品牌皆是以产品广告不断累积品牌资产，广告策略中不单是强调产品的利益点，而是更着重于消费者去体验消费。我们晓得，消费者在购买商品时，并不是完全在购买一组化学品或组合体，而是在他们购买时满足其欲望，并面面俱到，否则，在他们使用一次后，就很难有重复购买发生。因此，惠勒（ELMER WHEELER）说过：“您卖的不只是牛排，而是可口的滋滋声。”同样，狄克特（E. DICHTER）也曾说过：“对妇女来说，要卖皮鞋，倒不如说卖美丽的玉腿！”显然，我们不能单卖产品，而应卖产品的利益和带给他们的整体感受，因为消费者是以钱去换取利益的。

这里所指的“体验”，就是让顾客打心底里喜欢，为他们创造整体的感受，这与传统行销专注于宣传产品性能与效益是截然不同的。我们可以通过经典案例左岸咖啡馆来说明这一道理：凡是来此消费的顾客，不仅仅是可以享受到黑松出品欧香咖啡，行销人员最初还考虑到让顾客如同沉浸在人文浪漫的“巴黎咖啡馆”，并从品牌的命名、长荣左岸专机方式，让顾客充分体验，为品牌传播节省下大量的费用。

我们在提升品牌时，往往只是注重产品利益衍生出来的利益点，而对提供消费者附加价值还关注不够。在产品日益同质化的今日，体验式行销便提供了消费最难忘的购物经历，它通过感觉体验、情感体验、创造性认知体验、身体体验和全部生活方式，以及与某一团体或文化相关所产生的社会特性体验，为顾客创造全方位的体验，最终更有力地提升品牌忠诚度。

2. 品牌体验成功的关键

让消费者感觉到品牌是那么鲜活、多样化，而且是可以看得到和伸手可及，超越他们的预先设想，这样的体验才是真正的品牌体验营销。

业界许多人都认为，体验营销无非就是加强终端现场的展示而已。其实并非如此，体验营销一旦实施，它就必须更清楚地掌握消费者的所有消费行为，更加关注好消费者在购物的前、中、后的全部体验，让消费者感觉到品牌是那么鲜活、多样化，而且是可以看得到和伸手可及，超越他们的预先设想，这样的体验才是真正的品牌体验营销（如图 1）。如果你切实将它们贯穿在你的营销中，创造真正的价值才不是问题。

针对此，我们可以用一个案例来说明构成体验营销的成功关键。相信大家都对星巴克（starbucks）咖啡都不陌生，你无论置身在任一家星巴克咖啡馆，你都会体验到一种新的生活形态。它能在众多的文明古国风靡一时，就是体验营销发挥了真正的作用。我们来看一看它是如何获取成功体验的，首先它是多样的，咖啡的种类繁多，顾客的选择性较大，你可以喝到任一种咖啡；其次，它是新鲜的，你能在哪里找到充满活力为你煮咖啡、不厌其烦地教你喝咖啡的人呢？只有星巴克！这成为为顾客提供“星巴克体验”的主要动力。再

▲体验式行销可以提供给消费者最难忘的购物经历。

图 1 品牌体验成功的关键

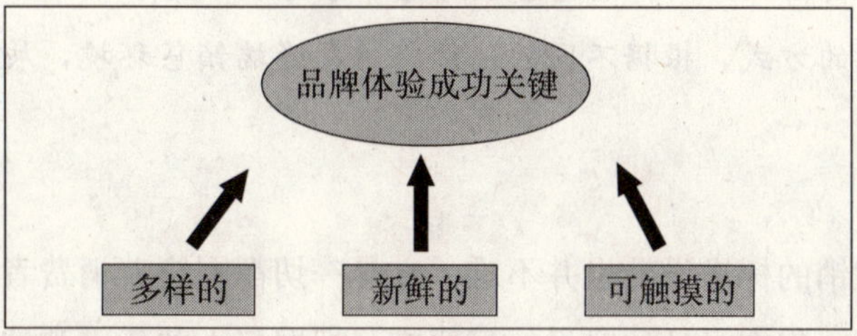

有，它是可触摸的，你看到的很 Global 的装潢壁饰、吧台、调理柜，你所看到的、握着杯子你一定会有很多的联想，你会想到那个雨季的女孩一个人在咖啡厅里等待的那种美，你会想到你现在置身在美国的纽约，或者旧金山、上海、北京，但无论你怎么想，总能体验到这一杯咖啡是如此之

▲ 在咖啡馆喝咖啡，也许是为满足另一种不同的生活感受。

香，常常勾起我们许多许多美好的回忆。难怪美国《财富》杂志曾说：“星巴克改变了一切——从美国人喝咖啡的习惯、日常用语，到繁忙的大街。”该品牌自 1992 年在纳斯达克公开上市以来，星巴克的销售额平均每年都以 20%的速度增长。在过去 10 年里，星巴克的股价上涨了 2200%。从商业角度看，星巴克是一个奇迹，它可能是过去 10 年成长最快的公司之一。在全球经济不景气的背景下，其增长的势头无疑是一个童话故事。

3. 如何设计品牌体验营销

站在消费者的立场，将感官、情感、思考、联想、行动五个点作为一种设计思考的方式，根据不同的地区特性及终端销售环境，展现不同的体验诉求。

体验营销的标准设计也并不难，它是一切都围绕着消费者这个中心点来进行设计，你在设计的时候，只要充分把握好人的优点和缺点，把人的敏感区域激发而出，引领他们在设定的“程序”里去完成体验，并且达到共鸣。其标准的设计不外乎五个支撑点，构筑出体验的“铁五角图”（如图 2）：

从图 2 中，我们可以看出，站在消费者的立场，将感官、情感、思

图 2 品牌体验营销标准设计五角图

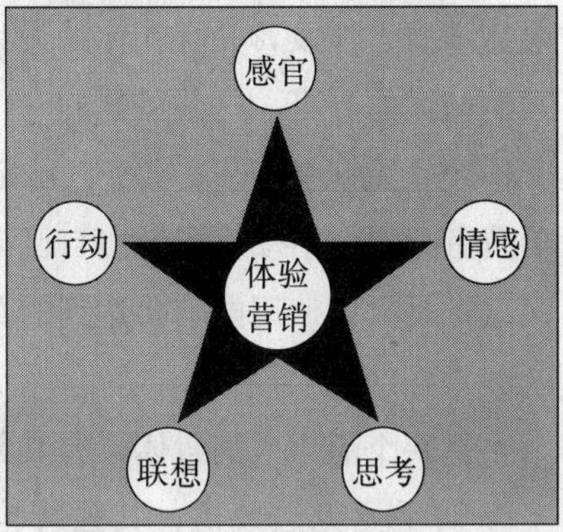

考、联想、行动五个点作为一种设计思考的方式，根据不同的地区特性及终端销售环境，展现不同的体验诉求。其要求广告做到哪里就说哪里的话，把消费者见物所思、见景生情完全把控在手中，但品牌的整体理念、定位、系统都必须讲究一致性，这样品牌资产才不至于丢失或受损。

●感官（SENSE）

体验式设计必须考虑到感官上的刺激，对感官上的冲击与影响越深刻越好，这样才能让消费者有感觉，从而增加产品的价值。例如 Richart Design at Chocolat 就充分利用巧克力的购买及消费习惯，在包装、推广、广告等方面充分表现出来，其公司的整体设计、周密的策划在先，准确的定位和有力的形象推广紧跟于后，以至被许多实力媒体称为“世界上最美的巧克力”。

●情感（FEEL）

情感是在消费者选择产品时通常会产生的，因此这种方法运用得当，可以让销售立即促成。设计目的是为了触动消费者内在的情感和消费中不太稳定的情绪，让他们对你的品牌产生强烈的喜好度，直至产生一种轻松、喜悦、自豪、骄傲等方面的情感满足。风行不衰的芭比娃娃，从出生日期、出生医院、姓名到父母情况等一整套个人档案资料都收集齐备。购买芭比娃娃，更像是领养了一个初生的“婴儿”，模拟出人间真实的“亲情”，满足人们“母性”的体验，将情感运作达到极致。

●思考（THINK）

凭借着创意的方法让消费者涉及，并且在你的设计中，让他们一步步完成设想。有一个好案例与大家分享。这是微软的一个很特别的体验行销活动，其宣传标语是“你今天要去哪？”微软将自己定位为为消费者提供无所不能的服务，而消费者只要在活动现场说出自己要去的地方，微软就会将你带到目的地，而这正是人们使用电脑要达到的真正目的所在。

●联想（LEGEND）

品牌就像人一样，它是一个活生生的载体，有其精神所在。品牌一旦有独一无二的精神，竞争对手便无法效仿，其独特构成了一个品牌最大化、最优化的价值体系。比如在广州只要一提到奥林匹克花园，人们首先想到的就是体育精神；提起丽江花园，人们便会想到人文精神。这是别的品牌无法具备的内涵。联想可以帮助消费者回忆起很多有关购买的信息，要是没有这一步骤，作为消费者，最大的障碍和烦恼就是不知道该如何选择所需要的产品。好的品牌联想不仅仅能帮助产品攻城略地，而且还能协助公司坚守阵地。名人品牌经常能带来强烈的联想，把品牌和一个名人相联系，他们每个人都有一批属于自己的球迷、影迷、歌迷，利用他们对大众的号召力，巧妙地影响目标消费者的购买行为，并传达品牌思想。

●行动（ACT）

主要目的是影响消费者的身体意愿，让本不该发生的事情产生预先效果，出现另一种可能，而且让消费者心甘情愿地采取购买行动。例如哈雷机车强调它是一种生活方式，不仅质问消费者现有的生活方式，并且鼓励他们尽快采取积极的行动，去过一种更有趣的人生。

品牌体验是崭新的行销概念，如果设计得完美，它就可帮助你获得信息，区别竞争对手，促成购买行动，躲避价格竞争，创造美好感觉，还可重塑行销人对顾客、行销、品牌的认知，提升品位和说服力。

案例：广州地铁上麦当劳大玩体验营销

西式速食的龙头麦当劳，为充分掌握时代趋势，近日在国内大玩“体验营销”，特别是2003年在广州地铁上推出的新广告，充分将感官的体验呈现而出，让人耳目一新。

一跨入21世纪，麦当劳就力推“欢乐欢笑每一刻”的品牌形象，一改过去的“欢乐美味，在麦当劳”，“百分之百顾客满意”，以及后来使用的“麦当劳都是为你”等口号，并以“完全用餐经验”重新定位，期望征服顾客的心。在不同的时段，针对不同的顾客群，提供“对口”服务，从而创造一种互动的欢乐气氛，让顾客觉得好玩、有情趣，用体验来达到顾客满意，进而增加顾客重复购买，这也是造成国内外许多小朋友对它情有独钟、忠诚度极高的原因所在。

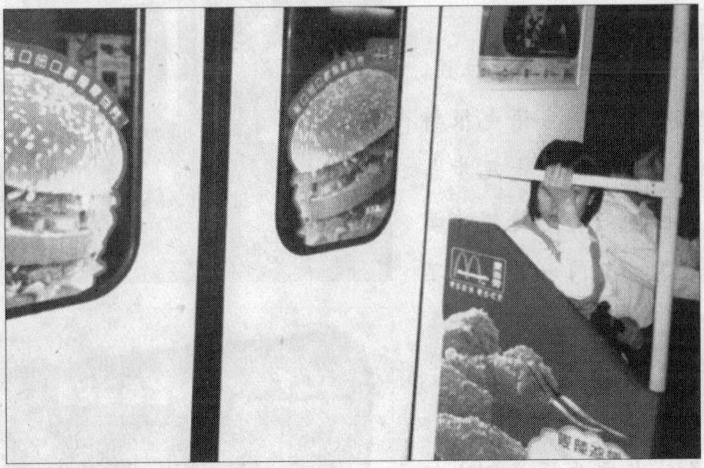

▲麦当劳在广州地铁上所做的广告，跳出了狭义广告范畴，让人尽情体验到其文化。

这次麦当劳推出的广告，在体验营销上玩得更是精彩纷呈，可以说将体验式营销发挥到了极致。我们不妨一起来看看，麦当劳近日推出的这一系列的平面广告：

第一则广告：

在地铁的车门旁，一左一右有两幅广告一模一样，都是一个大的汉堡包，口语化的广告语很特别——“张口闭口都是麦当劳”。整张广告简洁明朗，一目了然，卖点很是突出，让人不由不去联想。伴随着地铁门的一开一合，就会让人想到嘴巴一张一合的用餐情景。

第二则广告：

在地铁车里的进口处位置，也有一则广告，广告语也很特别——“想吃只需多走几步”，似乎人人往车内走都是想吃麦当劳。试想，车门一开，谁不往里走呢？

第三则广告：

在地铁车内的对门位置，一包薯条放在广告的一侧，仍是配以醒目的广告语——“站台人多不要紧，薯条越多越开心！”没错，就连我们在车上挤来挤去，这种滋味，它都知道！

第四则广告：

还有一幅贴在车窗上的广告——“越看它越像麦辣鸡翅？一定是你饿了！”，画面上有一块麦辣鸡翅烤得黄亮亮的，很是诱人。看看，这则体验广告替我们把体验都说出来了，绝！

第五则广告：

在地铁座位的上方，原先有一块各站点的指示牌，也被取代成麦当劳的指示牌了，广告语——“站站都想吃”。每一个“站台”却是麦当劳在中国推出的产品，逐个相继标出，并用连线串起——“巨无霸、薯条、麦辣鸡翅、麦乐鸡、麦香猪柳、板烧鸡腿、奶昔、圆筒冰淇淋、新地、麦辣鸡腿汉堡、汉堡包、开心乐园餐”。

…………

麦当劳一改以往的传播手法，这些在地铁里的广告，放到哪里，就说哪的话，让消费者感受、留下印象，以至产生强烈共鸣。

显然，广州一号线地铁里的列车贴满了麦当劳的广告，让人似乎感到是“麦当劳专号”，其每一则麦当劳广告都是经过精心设计、周密策划而来的，包括广告张贴的位置，以及广告语的创意，无论哪一幅都做到了把握住消费者的体验，传达感受，牢牢地抓住眼球，提供人们更多值得回味的情境和感觉。

体验营销是21世纪营销战中最有力的秘密武器，它与消费者的沟通和互动最有力，谁能牢牢地把握，谁就会讨得消费者的欢心。这种体验式营销的实施，可以让品牌更有竞争力！从麦当劳的体验式广告中，我们大受启发。作为中国品牌，此策略又何尝不是另一个战斗武器？

二十一、学会变脸一片天

品牌要会玩“嬗变招数”

提示

近期有这样一条广告语——“变色龙，因为会变，所以安全”。细细揣摩，就会发觉这里面意味深长，这一概念运用于行销当中，又会是另一片天地。

谁能永保销售业绩不滑坡？谁能看到企业行销的未来？日本人引以为荣的行销人员终身雇佣制，在竞争中不是也改了吗？过去所谓的行销铁饭碗，到今日不知给砸烂了多少！世间的万事万物都会变，行销也要与时俱进，这才是行销立于不败的应对之道。

1. 行销发展的常规模式

成功品牌的行销之所以能做得出色，与品牌不断地嬗变有很大关系，企业借此突破重重难关，在对手如林中让品牌脱颖而出。

我们可以先透过图1，看清行销管理常提到的常规，它也显示出我们在行销“预测”和“应变”过程中的一些属性，它们之间是并存和互补的。

图1　行销发展的常规模式

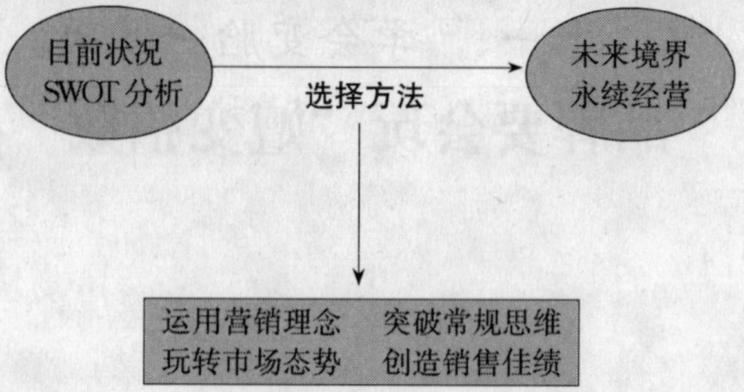

2. 掌握好嬗变时刻

在品牌行销上，如果你还仍然沿用老一套的思路来把握当前的话，对自己的产品缺乏自信心，那你的行销不出问题才是怪事！

行销能不能“嬗变”？什么时机适合“嬗变”？常起于一念之间，变与不变，心态正与不正，将是一个明晰的分界线。我们来看这么一个故事：

老王与老李同时走进办公室，都看了看壁上的钟，再看看自己的手表，结果却发出不同的反应。

老王：“我的表慢了。”

老李：“壁钟快了。”

他们两人似乎在自言自语，同时好像与对方毫无关联。但是，片刻之后，老王突然问老李：“你怎么说壁钟快了？”

老李：“你怎么知道你的表慢了？”

老王：“我觉得我的表不准，壁钟似乎准确些，所以我想可能是我的表慢了。”

老李：“我肯定我的表走得很准，因为我的表不会慢，所以我也肯定是壁钟快了。”

这个故事说明了人的自信心的缺乏，会直接影响到他对事物的看法。在品牌行销上，如果你还仍然沿用老一套的思路来把握当前的话，对自己的产品缺乏自信心，那你的行销不出问题才是怪事！

案例：康师傅品牌忍痛割爱嬗变出新

举个大家比较熟悉的案例。台湾地区的康师傅品牌，原先在台湾的生产、行销都不甚理想，而且很不顺畅，可想而知，该品牌没有什么值得乐观和骄傲的地方。康师傅在广州设厂后，特别对视觉识别系统(VI)、广告宣传、促销组合等方面进行全面调整，忍痛割爱丢掉台湾一些不成功的做法，入乡随俗满足内地消费需求，终于成为生活中少不了的品牌。

▲消费者很熟悉那个带着白帽的“康师傅”形象。

案例：北京王府井行销重新演变带来曙光

再分享一个北京人最熟悉的品牌。提到中华第一商业街——王府井，新老北京人无人不晓，它启于元代，清朝末年逐渐形成商业街，虽然该街有700多年的建街史，100年的商业发展史，但给人的总体印象是“无特色商业”。2002年6月17日，《中国经营报》以大幅标题刊发了一篇题为《主题卖场王府井粉墨登场》的文章，文中说王府井在行销模式上重新演变，专业卖场带来巨大的商机，终结无特色商业，这一举动，给面临困境的销售带来曙光。

通过以上的两个案例，我们可以看出，企业行销要发展，策略的制定就离不开因人、因时、因地制宜这“三因”要素，行销也只有依托这些基础来寻求突破口，在变化中才有突围而出之机。因此，我们发现，行销的成功并不是一件难事，难就难在行销策略要依市场的变化而进行适时调整和及时投入，把嬗变时刻把握在胸。这种生存和发展的立地优势，是获取大行销的不二法门，依图 2 所示。

图 2　品牌嬗变图

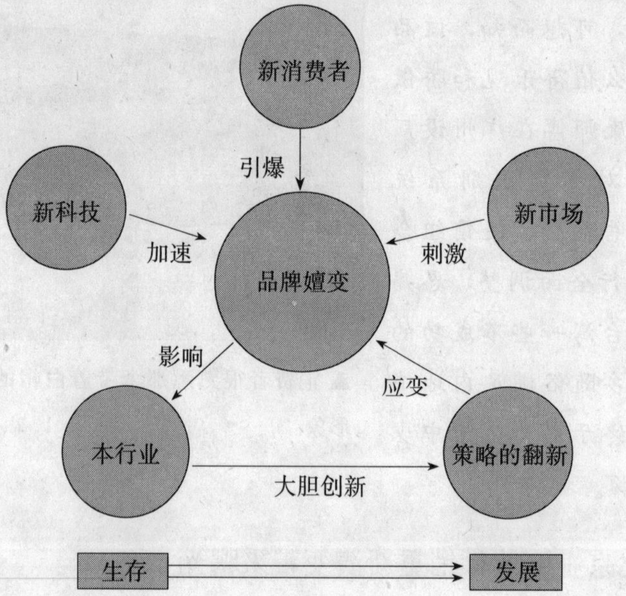

3. 新的行销策略擦亮品牌

策略，可以让一个品牌“翻身得解放”！从图 2 来看，你只有在本行业不断去创新，行销才有可能变得洒脱，品牌也才有可能充满活力。

如果要我来评述 2002 年中国品牌的优秀者，我会为 TCL 和健力宝各投上一票。

●TCL在无路的地方开出路

有位专家说得好，“没有足够的通路等于掐住企业的咽喉”。尽管TCL在2002年不断爆出新闻，但最令人为之振奋的还是要数世界杯期间，与麦当劳联合有效促销运作，你不由不对TCL的“高明之举”而折服。其活动细则是这样的：

给世界杯增添一份欢笑，麦当劳特别推出“买麦当劳球迷套餐送双重机会赢大奖”活动。只要买一份为你精心准备的球迷套餐，即可得到一张麦当劳超级球迷抽奖券。幸运的你就可以把TCL王牌提供的29寸纯平彩电、DVD、HID一键飞网络快车、TCL语言复读机等丰富奖品带回家。同时，你还将得到“可口可乐”刮刮卡，有机会获得可口可乐签名球衣、可口可乐球星卡和麦当劳美食优惠。还可以在本餐厅特设的“麦当劳看球吧”内欣赏精彩的世界杯赛事。有吃有玩有大奖拿！还等什么？现在就来麦当劳看球吧欣赏世界杯，和我们一起玩游戏赢大奖！

其实，上面的活动看起来也不过如此，似乎觉得是“老掉牙”！但是，TCL的成功点不是在把一些赠品卷入汉堡包、薯条之类来送出，最“绝”的是，你在每一家麦当劳里，都可以看到放置一套TCL王牌、DVD以及漂亮电视柜附带的广告招贴，促销小姐在每一个食客落座后，都送上一张TCL的广告宣传单张。于是人们在享受着麦当劳的美食同时，可以欣赏世界杯，当然中途也免不了TCL的广告片欣赏。每天无论有无球赛，TCL的王牌彩电都把人们的眼球牢牢地吸住。各位，看到这里，不用我再美言了，你也可想而知TCL的策略的“杀伤力”了。据我所知，这一有力抢占新通路的策略运作，让许多外商品牌茅塞大开，直拍脑袋怨自己怎么没想到呢？

●健力宝的“第5季”，我认同

前段时期，由于健力宝企业内部局变因素，引得众多人发出“感慨”，认为健力宝怎么怎么“差劲”，并提出一些不痛不痒的宏观“解决之道”，似乎是“指点江山”。说实话，我觉得那一套对健力宝没有任何帮助。这场大风刮起，也确实考验了健力宝的承受力。（在此我顺便提一句，请大家都来爱惜中国品牌，尽管某些品牌在某些方面还做得不到位，借题发挥，放大事实，唯恐天下而不乱！我们也要有包容心，不要江湖庸医般乱开药方，可要知那要出人命的，后果也是不堪设想的。）

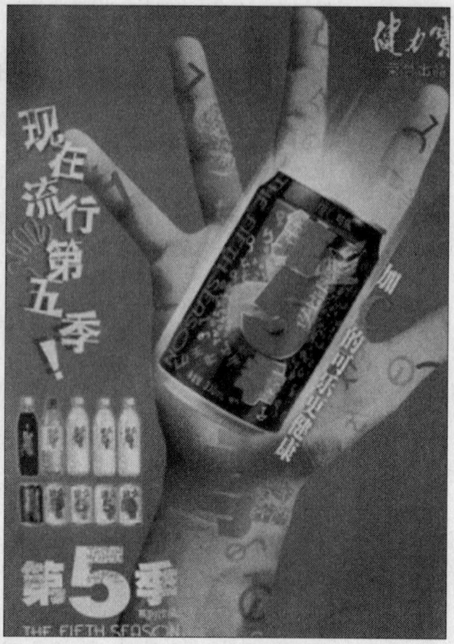

▲产品会不断改朝换代，唯有品牌才是长远之道。

恰恰与这些所谓的专家学者们的观念背道而驰，出乎我们设想，健力宝近日在世界杯期间的大规模广告投入，力推新品——“第5季”饮料，一改健力宝品牌形象。易记的命名，让人想象到一年4季之后的第5季节，那是一个生命延续的季节。无形中，人会联想到运动饮料的效果，加之，具有时代感的广告诉求，不断加强诉求手掌中那条“生命线”与饮料功能进行叠加，一个鲜活的品牌便呈现在你的面前，我们不由不去接受，不由不产生认同。当然，在做的过程中，健力宝的通路上还存在着很大问题，这些都是有待立马进行调整和改变的。

策略，可以让一个品牌“翻身得解放”！从图2来看，你只有在本行业不断去创新，行销才有可能变得洒脱，品牌也才有可能充满活力。

4. 开发新市场更重要

新市场开发中明智的分析和决策，决定了你的行销走向。如果你能有独到的眼光，找准市场，你的行销就不必担心嬗变中赢取商机，你也就不必担心自己的行销没有特色了。

你的行销的投入数额也许很巨大，也许上个月的销售额你会认为高不可攀，但有一点，我得提醒各位，开发潜力无穷的新市场是我们责无旁贷的，否则，我们行销就会好景不长了。

提到市场，往往让我们众多的行销人员感觉很茫然，也最为头痛，特别是刚从事行销的人，会觉得那是一块巨大的蛋糕，不知从哪下手，加上加入 WTO 后，众多的外商企业涌了进来，市场已变得更加自由化、国际化，甚至竞争白热化，争夺市场大战此起彼伏，谁能得市场谁就是“霸主”！那么，市场的前期调研就显得十分重要了，如果你能有独到的眼光，找准市场，你的行销就不必担心嬗变中赢取商机，你也就不必担心自己的行销没有特色了。

大家都听说一个去非洲卖鞋的故事。两个业务人员对非洲考察后，一个说非洲人都不穿鞋，这鞋卖给谁呢？而另一个则说，这里人都不穿鞋，市场太大了，一个买我一双鞋，这是多以可观的销售量！这个讽刺，说明了新市场开发中明智的分析和决策，决定了你的行销走向。

值得一提的是，如今市场不同于之前。过去我们所面对的市场是一个双向流通的，而今已逐渐演变成一个单向传送的，也就是一对一的营销模式。它比以前更直接，沟通更方便，我们行销的组织结构、管理模式、人员培训、通路构建等都产生了巨大的变化，如果我们还理不出一个好头绪，还看不准市场的空隙，行销商机还谈何把握？

5. 获取新消费者的心

“留住顾客的心，远比拥有生产要素更重要”，如果能认识到这一点，我们就可以从“总体”与“个体”两方面来同时努力了，满足顾客的新需求才有可能做得好。

我们不妨反思一下，我们身边的行销环境如何？以下的实例相信你我都曾经历过：

实例一：

当你上一部的士车时，你就要学会适应司机喜欢的车速、音乐、车内的温度，这个心理准备你还必须得有。

实例二：

房地产的广告宣传是依山傍水，宛如仙境，当你到现场一看时，泡影全无，甚至连个带路看楼的小姐都没有，一种被骗的失落感油然而生。

实例三：

对于上班一族，中午时间是外出办事的好时机，但这个时候，你会发觉到，银行、邮局等一些机构的窗口，一条长龙队形排出，而窗口只开一个，其余的职员无事也不开窗，这种感受是什么滋味呢？

实例四：

进商场挑衣服花了好长时间，终于挑到一条好看的裤子，小姐过来量好了尺寸，现场挑好裤脚。你回家后试穿，发觉大了一些不太合身，当你回来调换时，小姐板着脸向你要付款票据，你一时又找不到，结果不给你换。

当然，这类例子可以举一大堆，没有亲身去体验是不会知道这里面的人情冷暖。为什么销售中让顾客心态出现如此大的反常现象？这里因为行销人根本没有站在顾客角度来满足他们的需求，这主要表现在以下这几方面：

- 往往是认为他们只是千万分之一，不足重视；
- 考虑的是“自身”，而非是“利人”，只要是自己方便了，哪还管顾客方便与否；
- 只要工作完成了，不考虑顾客需要什么，那是公司的事；
- 对于自己销售中做不到位或做不完美的地方，可以提出众多的理由；
- 以前都是这样做的，干吗要这样改变做法呢？
- 顾客需求什么，我们怎么会知道呢？

那么，品牌怎样满足顾客的新需求呢？

“留住顾客的心，远比拥有生产要素更重要”，如果能认识到这一点，我们就可以从“总体”与“个体”两方面来同时努力了，满足顾客的新需求才有可能做得好。

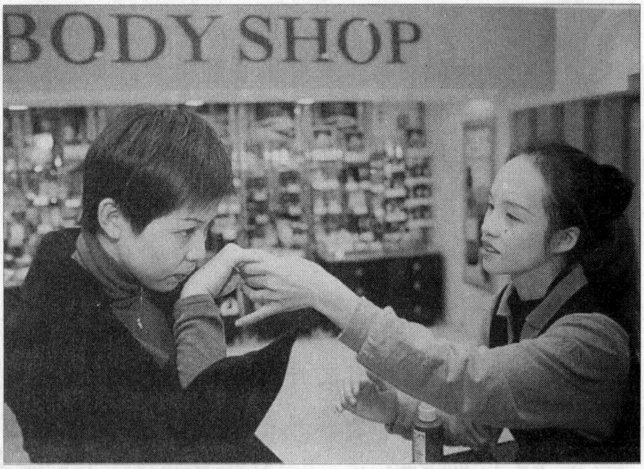

▲一些美容品牌专卖店利用各种环保的话题，想方设法迎合顾客，从而创造顾客忠诚度。

案例：中国电信“铁板脸”变成“笑脸”喜得人心

大家对中国电信都不陌生，几个月前，当你走到中国电信任一间营业厅，基本上是要面对一张张“铁板脸”，冷漠得让人感觉到人与人之间是何等遥远！各位，你今天再到中国电信任一间营业厅，基本上是要面对的是一张张笑脸。不信，你不妨跟我一起走一趟缴话费，透过玻璃大门，你老远就会看到门旁站着两个笑容可掬的小姐，刚走到门口，她们就忙拉开门，弯着腰问你好，这时，当班的班长立马就走到你的面前，也是满脸堆笑、有礼貌地问你有什么能帮到您。这一前一后 90 度的大转弯，我当时很是恍然，感觉似乎是走错了，相信你也会是有同感吧。

消费需求日新月异的情况下，新的消费群体必将不断出现，让企业不得不为之重视了。他们的需求无所不在，无所不包，我们如果仍然沉湎于以往的行销模式，还认为有好的“顾客服务”不一定赚钱，不注重“顾客服务”的公司也照样可以赚钱，甚至还怀疑顾客需求的重要与否的话，你就有可能成为那锅里冷水中的青蛙，当锅下升火加热时还不知不觉，等到察觉时，已是不能自拔，只好束手待毙了。读到这里，各位朋友，你是否想到，该行动的时候到了？

6. 用新科技应对品牌环境变化

用新科技来应对行销环境的变化，这是产业环境变革下的应对之道。有效地掌握它，可以让你的行销事半功倍。

有“现代营销鼻祖”、“科技产品营销之父”之称的里吉斯·麦肯纳(Regis Mckenna)认为：“行销人员必须一脚踏在市场领域观察商机，另一脚踏在科技领域，应用最适当的工具促进顾客接纳。”目前，我国许多行销人员至今仍维持不愿接触资讯科技的习惯，还不会运用这一便捷的“作战武器”，多数人都被科技的复杂性所吓倒。殊不知，科技这个互动的平台，已或多或少地改变了消费者的购买行为。

用新科技来应对行销环境的变化，这是产业环境变革下的应对之道，有效地掌握它，可以让你的行销事半功倍。

案例：李维（Levis）牛仔装用新科技应对变化

前几年，李维（Levis）牛仔装专卖店进行了一个破天荒的变革：为扩大销售市场份额，为你度身订造牛仔裤业务，你可以在门市，小姐会为你度身量好尺寸，然后，用 E-mail 的方式，将你的资料发送到生产部门下单立即制作。由于满足顾客所需，一年下来，顾客满意度增加了 80%，业务量也增加了 300%，存货率不断下降，解决了仓储存货的压力。

可以预见，我国当前的行销已无形中从网状架构，发展到以新科技、新消费者把控、新的市场开发等方面的万变环境之中，品牌新挑战在所难免。看来，想要有大品牌产生，你还真得要有一番小嬗变。

二十二、与人方便等于与己方便
品牌要学会给人便利

提示

在顾客眼中，品牌有一项方便系数。这个系数愈高，意味品牌在市场愈有优势，顾客也愈乐意和你打交道，这也是“货币消费情结”升华中的量化体现。便利，已是品牌行销中的一个老话题，但我国许多企业在经营中，往往忽视它的存在。正因为目前尚未被大众重视，其便利优势才成为新世纪品牌行销获胜的机会。

1. 便利意义重大

便利，不仅表现在交通方便上，它是一个综合体，它涵盖产品、服务、传递、效率等等要素，它越来越受到众多的消费者所认同。

随着消费的日益理性，顾客往往在购物之前便会计算方便系数值，诸如：“这家商场是否能买到我要的东西?”“这几种颜色不知是否都有货?”“购这种产品不知是否有免费送货呢?”面对这一番计算之后，顾客才会决定是否到你的商场，或是你竞争对手的商场购买，或者是再过一些日子，再不就是顾客是否满意你目前所规划的便利优势？一旦在某些方面不尽如人意，那么，顾客就会“另寻新欢”。

▲实际的等待时间与期望等待的时间是有差距的，业者应尽量避免让顾客有过长的等待，如此才能提升顾客对品牌的满意度。

显而易见，任何一个品牌在市场竞争中，如果忽视便利优势，便失去了应有的竞争力。中国有句古训说得好：“与人方便，等于与己方便！”消费者在选购产品时，首先是看是否方便，看企业为他们所营造的环境是否到位。例如，广州天河城就是一个便利优势发挥得最好的例证。该城在1999年以前每天的客流量几万人，商品也不如现今之多，自从广州地铁一号线在1999年顺利开通，沿线一站出口就在该城的负一楼，每日客流量便猛增至十几万人，高峰期可达二三十万人，天河城设置购物功能的同时，兼休息、饮食、送货、商务、娱乐等服务内容，从以人为本的理念出发，让顾客处处都有便利优势。

现今，超市便利店等连锁体系，所销售的商品基本上没有什么差异，似乎这些商品都是从同一个工厂制造出来的。此时，作为企业应让消费者充分体验，创造出整体感受，与消费者产生互动，在竞争中才能让自己的产品凸显。

便利，不仅表现在交通方便上，它是一个综合体，它涵盖产品、服务、传递、效率等等要素，它越来越受到众多的消费者所认同。当今的网上购物之所以能风行，最大的优势就是创造了便利优势，人们省下了到商场的时间、购物的繁琐，在鼠标的轻轻点击中完成了所有的程序，这就是便利所带来的商机。据一项权威调查显示，70%的消费者表示，一旦服务态度不好，就会由一个日常认同的品牌转换向另一个品牌，而绝非是价格和品质所能决定的。可见，便利的实质意义是何等的重要！

2. 品牌要学会给人便利

企业在创造便利优势时，要善于改变观念，必须站在以消费者为中心来进行衡量，可从产品的包装、设计、配送、服务，到购买、使用的全过程……

▲麦当劳墙上贴有度量表，免费为孩子们量身高。

当今，品牌竞争大行其道，那么，企业就更要学会将方便转化为竞争中的一种优势资源。企业要想在无情的市场竞争中抢占制高点，就必须牢牢把握克敌制胜的主动权，而最好的对策就是凭借着各项改进的措施，提供便利优势，这被企业忽略的策略，具有先入为主的契机，从而跟你的竞争者拉开距离。否则，消费者只能望而却步。

企业在创造便利优势时，要善于改变观念，必须站在以消费者为中心的角度来进行衡量，可从产品的包装、设计、配送、服务，到购买、使用的全过程，再到售后服务，都要扎实地对便利系数进行检视，在进行质化和量化研究中，拿出可行的措施和可以达到的效果方案。

读到此，也许某些企业家会认为，没错，提供便利措施就要大投入，要花很多钱。诚然，便利中是花了点钱，但是这种投入是有价值的，它所产生的利润是巨大的。

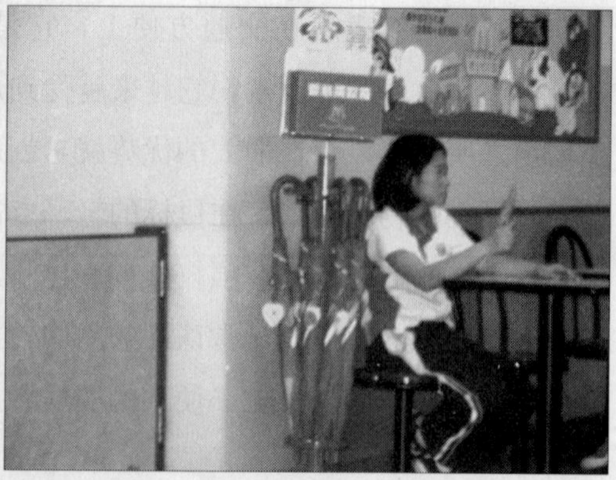

▲ 麦当劳置放爱心伞，为雨天滞留的顾客提供方便。

▲ 开车一族不下车同样可以享受到麦当劳的汉堡。

案例：便利让可口可乐成为中国人首选品牌

可口可乐，每年之所以能在大陆产销8.7万亿箱，这与有力的渠道规划有密切关系。该公司为提供消费者便利，购置了大批冰箱，遍及国内的零售终端，今天在中国市场，可以说只要有店，必有可口可乐的商品出现，尽管有几大可乐争食市场，可口可乐仍位居市场的榜首，成为中国人的首选品牌。

案例：中国邮政特快专递达到真正便利

中国邮政为争取更多的市场空间，对于“特快专递”进行提速，在原有的三天到达基础上，提前一天时间，并启动24小时投递业务，大大提高了效率和速度，受到了人们的普遍赞誉，该项业务量不断上升，普及率也随之扩大。

案例：便利服务让比萨畅销

“比萨外送到家”业务，广受消费者的欢迎，这项便利服务，让达美乐获得了丰厚的利润。在“我们送到府上”的配送方法中，消费者却不在意达美乐是否有漂亮的店面装潢，更不去要求是否在繁华路段，尽管达美乐的每家连锁店都在闹市的偏僻处，消费者仍是照样订餐无计较，实施便利服务，让比萨畅销，达美乐也省下了高昂的闹市店租。

案例：“傻瓜”相机和录像机靠便利获取高利润

日本的“傻瓜”相机和录像机，加上快速、便利的迷你冲印店刺激摄影人口的成本，加之提供隔夜送达邮件，包裹的便利，增加了这项需求的消费人群，因此，厂家及连锁店均纷纷获取超级利润。

以上例子说明了：便利，只是投入有限的预算和时间，却增加了产品的销售，满足了市场需求。

3. 展开便利优势的具体步骤

把方便留给顾客，理应时刻贯穿在品牌服务的全过程。对此，行销人员在推广品牌的过程当中，不妨抓住这个可乘之机，在做到、做好的同时，品牌的胜利也就留给了自己。

(1) 将权利交到顾客手中

作为消费者来说，对于通路现状永远不会满足。在消费的过程中，选择性较大，各方的刺激都会不断地影响他们的消费观，那么，企业就要站在他们的角度，从他们的观点出发，随时随地提供全方位的服务。顾客只有控制你的产品或服务的时间、地点和方式时，才会有满意可言，最便利的服务才会真正让他们把握在手中。企业唯有将权利下放给顾客，这种职权经过完全转交后，品牌才由此而成功。比如，10 年质量保证的承诺，就是 10 年内已把质量交到顾客手中，并由顾客来监控，以确保在这段时间品质无问题。

案例：统一“祁门红茶”瓶盖难拧开

分享一个我亲身经历的案例。早就听说统一属下的“祁门红茶”这个品牌，但是一直没见到市面上有销售的。2003 年 3 月 18 日傍晚，我终于在广州羊城晚报社门旁的一个书店里看到该商品。商品包装与别的红茶相比也没有什么特别之处，其价格也不贵。7 元买了两瓶，付完款出门后，我边走边拧瓶盖，尽管用尽了全身力气，结果还是怎么拧都是拧不开。我又掉头回到这个店，保安见我打不开就很热心地帮忙，见他的手臂肌肉很结实，我想他一定可以拧开瓶盖，当时，他的脸憋得红红的，用足了力气，瓶盖还是纹丝不动。最后，营业员拿出了一个大钳子，两个人一左一右用力，才将这两瓶红茶的瓶盖打开。营业员笑着对我说：“对不起，让你久等了。哈哈，证明这是真的货，不是假的。”我望了望她，心想大人都拧不开瓶盖，小孩就更不用提起了。假如店铺没有钳子，那又该怎么办？可想而知，下次我再买红茶，该品牌明显失去了首选的机会。

(2) 找一把尺子来衡量

许多企业一旦意识到便利的重要，往往会开始施展这一有力武器，但是实施考核指针也是不容忽视的，找一把尺子自我衡量在这时就显得尤为重要。

●企业不能定期训练岗位员工，这需要在培训中贯彻思想，不断提及顾客的便利，形成一种风气，而绝非是自己图个方便。

●积极主动地为顾客提供便利，这种主动是发自内心，并形成习惯。诸如广州西门口捷泰广场里的麦当劳连锁店，便利服务品质做到最主动，近日推出的“免费帮顾客点早餐”活动，让众多的广州公司要求内部的行销人员，亲临该店感受其积极主动的便利服务。

●要让员工与顾客的接触中能意识到，他们留给顾客的印象中是好是坏，不如意的要尽快予以改变。

●在接触顾客的过程中，无论采取何种方式，顾客是不是立马就找部门负责人。如确是这样，证明实施便利还存在严重问题。

●是否面对顾客提出的所有问题，员工都可以予以满意回答？

●商品是否距离顾客目光无法可及的地方呢？是不是尽量让顾客伸手可及。

●在接到顾客的投诉时，你的企业是否快速反应？在一定的时间内可否到达现场？

●当危机到来，你的便利服务还会继续执行吗？是否有应对的措施？

案例：电信便利服务做到家

2003年新春刚过，福建电信即将推出的一项新业务，这就是“固定电话跟我走”业务。该业务的便利性体现在，想打固定电话的用户不必为没有电话卡、钱、手机而烦恼。它实际上是一个指定电话付费业务，用户在省内任意一部中国电信的固定电话、小灵通、公用电话上拨打电话，主叫免费，话费记录在用户指定的固定电话账户上按月统一缴纳。

紧接着，有消息传来，中国电信推出的“FocusOne 一站通”国际国内一站购齐式服务，南京电信推出的无纸化服务，中国铁通郑州分公司推出的“统一号码”业务。这一列的业务，都显示出中国的电信便利真正做到了家。

(3) 给顾客一个好环境

企业与顾客之间需要一种购买互动的良好环境，在此过程中，企业不能忽视每一个环节。任何一个顾客，无论选购什么商品，都会在这个购买环境中完成，其构成不外乎以下几个方面。

●购买的时间简便：

随着时代的节奏的加快，人们购物的速度也在不断加快，顾客以往在选购一件产品时逗留的时间在逐渐减少，这与人们对产品认识上一个台阶有关，使得采购的时间相应缩短。

●结算过程简便：

越是昂贵的产品，付款期越延长，对销售越有利。因此，购房，购车均采取银行按揭，引得许多工薪族大胆消费。为此，企业必须找到一种两全齐美的结算方式，为便利创造条件。

●销售方式简便：

行销人员带着商品到顾客处，耐心讲解商品的优点，在展示中，让顾客完成购买的全过程，这才算达到便利的极致。美国安利公司在中国的销售就是采取一种特殊的营销方式——直销，让销售人员登门拜访，介绍商品，达成交易。该公司在中国自 1995 年成立以来，营业额一直呈直线上升状态。

●取货退货简便：

顾客购买方便，商品才会更具魅力。取货方便，退货简便，能吸引顾客，取悦顾客，这是品牌惯用的一招。这样可以克服顾客的抵抗、不安心理，让详尽的退货政策，诱引顾客在购买中感觉便利的优势所在。

●使用方法简便：

任何一件产品从设计到包装的各个环节，都必须考虑是否简便，产品才有可能得到消费者的青睐。如果产品不容易开与关、不易携带，产品就会在简便中失去应有的优势，作为使用者，更不会对这种产品有爱不释手的感觉。

●售后服务简便：

最简便的售后服务，是企业追求的最高境界。企业是否设有免费咨询热线，而不是产品出了问题顾客不知何处找，甚至企业内部互相推诿。服务简便，并不是服务简单了，而是服务要让顾客感到不繁琐。中国还有太多的企业把服务还仅局限于口头之上，在竞争中难免处于被动局面。

把方便留给顾客，理应时刻贯穿在品牌服务的全过程。对此，行销人员在推广品牌的过程当中，不妨抓住这个可乘之机，在做到、做好的同时，品牌的胜利也就留给了自己。

案例：美国清洁剂公司“便利牌”打出名堂

美国清洁剂公司为其创新，推出“杯装清洁剂”，这个小杯装的液态洗衣精，提供了人们的便利，使得该公司由原先的一家小型家用厂，跻身为洗衣剂市场的大赢家。

立佛兄弟（Lever Brothers）和宝洁（Procter and Gamble）等清洁剂公司，至少曾有三次尝试提供给美国消费者便利、好用、便宜的清洁剂产品，免得他们老是抱着一盒盒沉重的洗衣粉和衣物柔软精，到自助洗衣店、休闲度假区的洗衣间洗衣服。尽管近年来美国消费者在清洁用品的使用上偏好液态清洁剂，这些老牌美国清洁用品公司还是以老式的洗衣粉或洗衣锭，回应消费者要求方便的呼声。现在，新泽西州北布朗斯威（North Brunswick）的美国清洁剂用品公司（USA Detergents），以“洗衣身杯”（Wash Go Singles）品牌中的3.2盎司XtraTM洗衣精或“舒软”（Nice'n FluffyTM）衣物柔软精，提供另一选择，取代笨重的洗衣剂。这个创新的清洁产品不是粉状，而是采小杯装的液态洗衣精、柔软精，特别适合学生、公寓住户、旅客、全家出游时携带、使用。

▲小杯装的液态洗衣精，改写你对洗衣产品不变的印象。

美国清洁剂公司的行事风格一向有点不按牌理出牌，它是一家私人持股公司，以研发、销售富有创意的洗衣用品、家庭除垢剂、家用芳香剂、个人保养产品为主。在研发新产品之时，美国清洁剂公司进行消费者研究，并且评估市场趋势，结果显示，消费者一边倒地要求单次使用的液态洗衣产品。“他们对单次使用的洗衣粉和洗衣锭产品的效果愈来愈不满意，”该公司执行长尤里·伊凡（Uri Evan）在记者会上说，“消费者希望洗衣产品事先称调好一定的分量，用起来方便，不会弄得一团乱，而且要能携带容易、重量轻，避免使用过量和浪费。”

美国清洁剂公司“不按牌理思考”的研发模式，反而找到一种最便利、最受消费者欢迎的洗衣剂产品，而且它能解决洗衣锭制造商从一开始就得面对的问题，包括先行处理很脏的地方，必要时可以控制少用一些数量，而且能够完全溶解，以后把衣服从洗衣机取出，再也不会有未溶解的洗衣锭留在衣物的折叠处！

虽然，不是每个人都需要这种预先调量的杯装洗衣精提供的超级便利，但是对那些需要使用的人来说，这方面的市场潜力可是巨大无比！

二十三、 小感觉， 大销售

中国品牌必须创造感动经营

提示

品牌要想永续经营，不仅仅是创造顾客满意度，更重要的是能让光临的每一个顾客打心底里感动。因此，创造感动的经营，以顾客的角度出发，才是提升业绩和求得品牌发展的正确之路。

1. 感动经营是品牌的必需

让顾客感动，他们的回头率就会倍增，店铺每天就不必为没有顾客光顾而犯愁了，毕竟“人心都是肉长的”，他们感动了，就会无形中记住你的“好”。

我们身边有太多这样的案例，在一条繁华的商业地段，一家装潢精美的商铺，在一片喧闹声中大张旗鼓地开业了！按理说，该店的店面、店容都非常不错，所销售的产品也是顶呱呱的大品牌，毋庸置疑，产品质量上肯定也没问题。可是，三五个月开下来，门旁的开业彩旗及招贴海报还未褪色，这店就开不下去了。其原因不外乎是分销的产品虽然好，顾客却留不住，更不必去谈什么回头客了，一家店没有创造出顾客感动，一旦没了人气，哪还有钱财可言？这下子，店老板可就亏了血本了！老板所投资开店的钱不但没有赚回来，还要欲罢不能般地去忙一大堆关店事宜。

▲如果能创造顾客感动，就不必担心顾客不回头光顾。

感动经营说起来简单，但涉及到脚踏实地去做时，就不是那么简简单单了！许多老板对此总认为要顾客感动无非不就是降价嘛，降价了顾客就会说你好了！于是，邻旁的美容院做一次全套的基础保养收费60元，那就降到40元，再不就是30元，这就可行了吧。其实，你大错特错了，你将价格调低了，还真不是一件什么好事。有一个真实的案例，在广州天河区天河城附近就有一家美容院，他们找来三个小姐，印制了一大堆名片，每天让她们在美容院门口向路过的每一个女士派发，名片上赫然印上凭此卡免费护理一次。于是许多的女士都光顾该美容院，进店后一旦了解到第二次开始皮肤护理只收20元/次时，她们就不感兴趣了，尽管所用产品她们都很熟悉，可是价格上让许多女士望而却步，最终都放弃而去。当然也有一些贪图小便宜的，做完了首次免费护理后，可谓是“黄鹤一去不复返”，再也不光顾该院了。我们看到，美容院在几个月过后，这样做推动不出业绩呵，怎么办呢？老板急得直跺脚，对！掏男士的钱包吧！于是继续沿街向男士发名片，仍然用以上相同的手法，不过略有变动，仅收5块钱。结果，几周后，由于生意冷淡，老板坚持不下去了，这家美容院正式宣告歇业。

然而，同样在广州天河区天河城的另一家美容院，做法就与以上案例截然相反了。他们也玩降价，只是降一个小环节，以此抛出“诱饵”来引诱顾客上门，等到“鱼进网之后”，就加大力度去讨好她们，提供给许多顾客意想不到的超值服务。该院的经营宗旨就是想方设法去满足顾客需求，比如做一次美容后，免费送一次美甲服务。这一促销方式使得许多女士去光顾，从而建立了好口碑，业绩蒸蒸日上当然也就不是怪事了。

让顾客感动，他们的回头率就会倍增，店铺每天就不必为没有顾客光顾而犯愁了，毕竟“人心都是肉长的”，他们感动了，就会无形中记住你的“好”。在他们每每想购买商品时，首先在他们大脑中首先想到的就是你这家店了，你能达到这个品牌大家都离不开了，你的生意又怎能不火爆呢？还有一个真实的案例。福州的一位用户给青岛海尔总部打电话，希望海尔能在半月内派人来修好他家的冰箱。不料第二天维修人员就赶到他家，用户不敢相信，一问才知维修人员是连夜乘飞机赶到的。用户感动了，在维修单上写下了这样的话：“我要告诉所有的人，我买的是海尔冰箱。”可见，企业要求得发展和兴旺，走感动经营之路还是值得为之的，那么，感动经营理应被放在首要的位置上！

2. 如何创造顾客满意

构筑起深度满意度，从而创造出顾客最大化的满足度。可以说，这一流程是所有销售中必须为之努力奋斗的目标。

做好销售或开一家店铺确实不容易，但要想经营好、每天都有好业绩就更不容易了！你既然开了一家店，目的无非就是“赚钱”，要赚到稳当的钱，我们不仅仅是不能得罪了每一位顾客，把他们视为真正的“上帝”！除此之外，我们还要能让他们为我们的服务而深深满意到产生感动，这样，我们在同行业才有竞争力可言。前段时间，业界有专家提出要“玩耍你的顾客”，要将自己挂起来卖，我个人认为，你玩得起吗？如今的顾客已非同以往，他们已是理性得不能再理性了，你捧都来不及了，还敢于“玩”？何况，同质商品满街都是，他们去买任一家都行。作为一个消费者，在消费的过程中，决不会去“低声下气”，他们都希望得到尊重和追求心灵的满足感。既然顾客我们玩不起，那究竟又该怎样去创造他们的满意度，以让顾客跟着我们一起走呢？

(1) 满意度是这样形成的（如图 1 所示）

图 1　顾客满意度产生流程

潜在顾客 → 有意向顾客 → 现场人员产品介绍 → 鼓励试用 → 现场支援 → 理念灌输 → 满意度产生

(2) 最佳的经营是向深度满意进军

有了顾客满意之后，公司员工也会由此产生满意，甚至会得到顾客的感激反馈和表扬，同时也创造出管理的最佳满意度，这是店铺完成了最佳的经营模式，管理和经营也起到了良性循环阶段。如图 2 所示：

在图 2 的循环中我们可以看出，管理满意度不高，店铺的业绩就很难得以提升，相反，如果管理满意度高，顾客最佳满意也就会高。然而，它的强有力的支撑来自高度的顾客满意带来高度的员工满意度，而员工满意又会带来社会满意度，直至到经营满意度。这四个方面的基础在整个金字塔中处于最底端的位置，它也是店铺一切活动的核心所在，它在相辅相成中，构筑起深度满意度，从而创造出顾客最大化的满足度。可以说，这一流程，是所有销售中必须为之努力奋斗的目标。

我们还应清楚，上述的员工满意度的背后也包含了马斯洛提出的人类“五大需求”，其中“归属与爱的需求，社会尊荣的需求，自我实现的需求”的满足，并非是我们美容院老板拿高薪报酬给他们，他们就能拥有的。

在 21 世纪的今天，日本的角田识之认为“自我超越的需求”，可以算是新增的第六阶段需求。由此，我们想到，前段时间，广州就搞了一次别具一格的活动，到国外巡回几个月宣传广州这个窗口，许多人自愿报名、拿出私家车、自费参与活动，甚至还有 50 多岁的老人也来报名。路途的漫长和艰辛，阻止不了所有参加的人“自我超越的需求”欲望。这里还有

图 2　顾客满意经营图

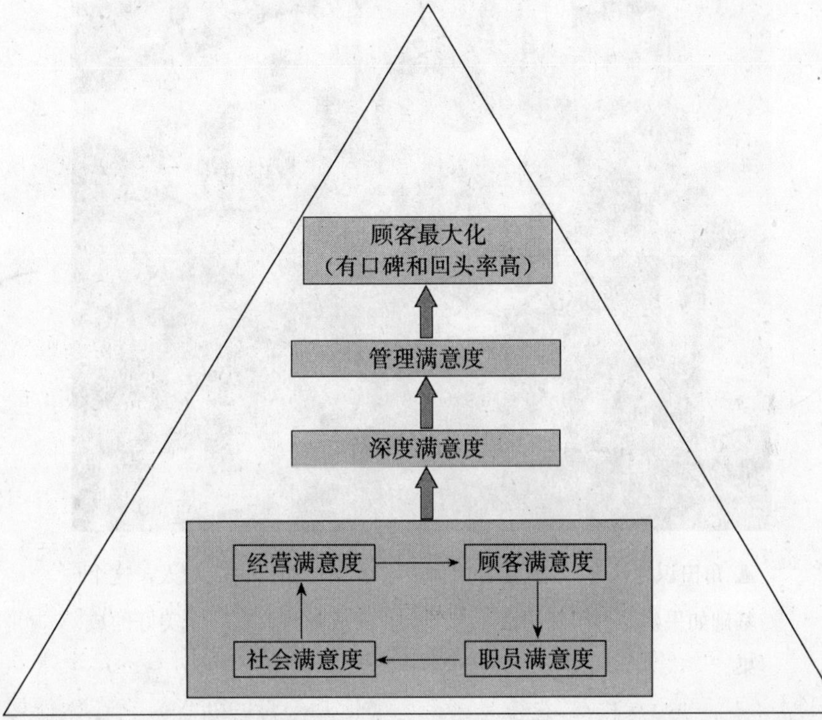

另一个典型的案例与大家分享。在伦敦有一个广告片是这样的："征求北极探险队员，极艰难的旅程，微薄的报酬，非常冷，漫漫的长夜，高度的危险，不能保证安全生还，成功的那一刻会得到至高的荣誉与肯定"。这条广告一登出，许多人都报名参加。因此，我们看出，自我超越的需求，可以说是"自我实现的需求"之后，人们的另一种更深层次的新需求。

作为公司，属下员工满意度能了如指掌，就有可能带给顾客更多的优质服务，以让顾客向最大化的满意度发展。

3. 满意度体现在服务之后

销售业绩一路遥遥领先，其成功无疑是"得人心者得天下"这句话的贯彻，正是有了感动经营，品牌才会获得一大批顾客的长期青睐。

▲ 角田识之认为："经营者如何去了解人，如何去应对人，这个基础如果建立得很好的话，未来企业的成长将会有一个美好的成果。"

我们稍微分析一下：大凡能走进店铺的人，不论年龄和身份，他们都有一个目的和意愿而选择产品的，往往头脑中在进入的刹那间，已成了他那完美的结果，幻想完它的"美"。这种"事前期待"有的人要走过很漫长的认知过程，有的人只需一秒或几秒，无论多久，但始终有一点是共通的，就是"事前评估"。如果一家店铺，在顾客的事前能做到位，就有希望让其成为满意顾客，由事中的付出，让顾客享受优质服务，他们就会在你的经营中呈现出两种表现，一种是事后的满意度大于事前的期待值，他们就会产生"满足、感谢"，二是如果远远地超乎预期则会产生"感动"，如能让他们的表现上升到后一种阶段，一家美容院的业绩就会表现出众（如图 3 所示），也就不会有因经营中无生意而倒闭的现象发生了。

目前，国内的品牌经营，往往有两种对顾客的满足、感动的类型，一

图 3 顾客满意度结果表现

事前期待 ＜ 事后评价 ＝ 满足、感动

事前期待 ＝ 事后评价 ＝ 满足

事前期待 ＞ 事后评价 ＝ 失望、抱怨、否定、不满意

种是以产品去让顾客满足，另一种是顾客深层期待被得以全部满足，甚至超乎原想象。前一种行为表现往往在经营中走不下去，而只有在先做好提供产品基本满足的前提下，走出“特色”服务，凭借着“第一”、“度身订造”、“唯一”等理念，去讨得他们的欢心，直至让他们感动，达到目的；而后一种就更为有效和明确，但做起来还是有一定的难度的，这就需要你开动脑筋想创意了。

广州有家佳美人美容院，他们的一些做法值得借鉴。该院首先在当地联谊数家与女士们有关的娱乐场所，比如保龄球馆、游泳馆、电影院等30多家场所，并与他们达成协议，凡是持有“佳美人美容院VIP卡”的女士，在这些场所消费，一律是七折结算，而后推出“会员（VIP）卡”。该院还建立了会员的一切档案资料，以多项分类，详细记录顾客的资料。后期的“讨好顾客”活动也就由此展示，比如顾客今天生日，美容院一定会在今天中午12点前，按通这位小姐的电话：“您好，我是佳美人美容院负责人，今天是您的生日，我们美容院全体员工，恭祝您生日快乐！今天您可以到我们佳美人美容院享受免费保养护理一次，其他消费都以五折对您优惠一天，欢迎您到佳美人来！”各位读者，这种远距离的事后问候，是不是很亲切？凭借这一招，该院讨得了众多女士们的欢心，每天美容院的顾客都络绎不绝，销售业绩一路遥遥领先，其成功无疑是“得人心者得天下”这句话的贯彻。正是有了感动经营，品牌才会获得一大批顾客的长期青睐。

4. 怎样达到顾客感动

企业还要有明确的经营理念、服务始终要定位在要让顾客感动，并且规划出服务的远景和方向，具体地执行与流程落在实处，同时，将这种感动养成习惯，一切都要以消费者为中心，而不是企业自身为中心。

(1) 效率和感动摆好位置

要带给顾客感动，才有可能赚到钱，你的效率如同“老牛拉车”，每次让上门的顾客等得心急，就很容易产生逆反心理了，就不可能有感动产生。反之，你的美容院只讲效率，而忽略了顾客感动，经营也会步入困境的。因此，效率和感动二者之间要摆好位置，而不能只顾一头，导致一头重或一头轻的现象发生。还是例举一个美容院案例来说明。广州北京路有一家美容院，在这方面就做得很出色，中午 12 点钟一般是美容院休息或是一天生意中最淡的时间，这家美容院的生意反而在这时火爆，其原因是把效率和感动完全结合在一起。该院考虑到白领一族女士的美容，免费提供中午便餐和饮料。此做法提高了许多白领一族的时间效率，中午的午休正好是美容的好时机，这样，省下了在本身公司就餐的时间，在美容院吃完饭就可以立马做美容护理，做完了护理休息一番，正好赶上上班时间，两者都不耽误。可见“感动”和“效率”的有机结合带给该美容院商机一片。

(2) 差异永远是第一步

我们还有许多企业，只知道去跟风，在“创造第一”，走“唯一”的境界上做得少之甚少，更不愿去大胆尝试，每天经营像“一潭死水”。如果企业能将差异放在第一步去做的话，在市场便永远不会被淹没掉。“差异化”，也就是“特别化”，它代表着创新，如果你能将“差异化”做到“正常化”，并且把这种做法视为“理所应当”的话，可想而知，美容院的经营又是何等境界？也有人会说，你这个“差异”，我们在服务上根本无法做到呀，即使去做了，也要花费太多的人力、物力、财力，太划不来了!

其实，我们根本用不着去硬拼市场，你还有创意嘛。广州有一家美容院就很讲求“差异化”，所有的服务员都是男士，一改我们许多的美容院都是女服务员这一服务方式，大胆采用男士来满足女性心理需求，使得该院从而在美容界得以立足，且发展迅猛，业绩更是喜人。归根结底，这都是“差异化”使然。

当然，要达到顾客感动，企业还要有明确的经营理念，服务始终要定位在要让顾客感动，并且规划出服务的远景和方向、具体地执行与流程落在实处，同时，将这种感动养成习惯，在实际的操作中不断根据顾客的需求，而进行方案的调整，最终的一切都要以消费者为中心，而不是企业自身为中心。这样，品牌经营才有可能出类拔萃，才有可能带来滚滚财源!

二十四、别让对手割了你的麦子
品牌要小心“偷袭行销”

提示

偷袭行销（ambush marketing），也叫做寄生行销，一个市场营销学中没有的概念，却是销售实践中一个让销售经理人头痛不已的问题。偷袭者或寄生者的行为，一方面将降低经营者想要传达讯息的效果，另一方面会降低经营者想要推广产品之品质与价值。

偷袭行销甚至无需什么投入，只是运用特殊的手法，将消费者的注意力引到自己的身上，有力地传达信息，借以获取超级利润。我们可以容许你在商战中打败仗，但决不能原谅和理解你惨遭对手疯狂的偷袭。因此，经理人需睁大眼睛盯紧对手的偷袭，否则，品牌的前途堪忧。

1. 偷袭，从这些地方着手

偷袭行销，已渗透到品牌运作的方方面面，它对一个品牌的成长带来的危害性极大。打一个比方，企业好不容易长出一片金黄的麦地，竞争对手悄然入境，刀光闪动挥舞之后，他们取走了粮食，留下一片荒凉大地。

据笔者对国内市场的长期观察和研究分析，总结竞争对手的偷袭行动方式，不外乎有以下的五大方面：

(1) 体育赞助上的偷袭

体育赞助是通向强劲品牌的一条捷径。通过赞助活动，企业可以克服语言及文化等障碍，有效传播品牌形象，提高品牌美誉度。如麦当劳与篮球、本田汽车与一级方程式赛车、康柏电脑与网球等，体育赞助这一行销的有力工具，一直广受企业欢迎。

体育赞助的内容包罗万象，一般来说，可以选择冠名，或购买类别（如指定饮料）、签名权利、使用特殊标志或商标权利、使用规定语言，打广告、进行推广活动或在活动会刊上刊登广告的权利等等。尽管这种赞助合约订得十分详细，也难逃偷袭行销的大举攻入。虽然偷袭者对现场造成一定的影响，但消费者的注意力已转移到自己的身上，这种无需付费，又能达到目的的手法，往往令人大跌眼镜，而正式赞助的企业又都需受到负面影响。如果你的赞助合同有一些漏洞，偷袭行销者就会因此而获得丰厚的利益，甚至有可有成为正式的赞助者。

据爱尔兰的都柏林大学商研所教授米纳根（Tony Meenaghan）的观察，所有的赞助者都害怕偷袭行销的威胁，因为你的合约不可能订得无懈可击，偷袭者始终都有可乘之机。分析体育赞助中偷袭者的手法，大致有以下几种：

●对宣传媒体进行赞助

企业正规赞助活动，而偷袭者却掉头赞助报道这些活动的媒体，从而得以搭便车。如 1984 年洛杉矶奥林匹克运动会，富士是正式赞助商，柯达就采取巧妙手段赞助转播奥运会的美国国家广播公司，成为该媒体转播美国径赛实况的赞助商。

●对次类别项目进行赞助

企业赞助的合约订得不完善，偷袭者就有可能找到漏洞，然后，以较少的投入赞助主类别下的次类别，从而达到宣传目的。如 1988 年的奥运会，柯达成为正式赞助商，富士便选择赞助美国游泳代表队，而以较少的投资得益。

●对优秀的运动员进行赞助

这是投入最小、效果最好的偷袭行销手法。优秀的运动员在赛事中，曝光次数较多，上镜时间较长，况且这种赞助现在又是合法的商业运作，所以许多偷袭者广为运用此策略。

●掌握广告时机

2002年的韩日足球世界杯，可口可乐和百事可乐及一些其他的小品牌，为不放过商机，2002年4月份便开始在美国国内重点城市借助这一话题而广为宣传搞活动，凡参加者均可有机会抽奖参加韩国的世界杯现场观看。众品牌之争，让人不知谁是真正的赞助商，谁又是偷袭者，这种“浑水摸鱼式”的广告宣传，同样可以达到传播目的。

(2) 销售终端上的偷袭

营销通路如何建设才能让你在市场上领先？如何不让终端成为“中断”？这些问题都是企业经理人大动脑筋的问题，企业纷纷想着去构建通路霸业，却忽视了通路渠道上的偷袭行销，往往企业在忽视中，艰难占据的一点优势便被悄无声息地吞噬了。

案例：康师傅绿茶遭遇偷袭

与大家分享一个真实的案例，虽然它只是通路渠道中的一个小环节，但足见其偷袭的程度，说不定你会与我一样，可以闻到火药味了。在我所住的楼下有间士多店，这天，我刚下楼，便见××乐品牌的两个业务员推着单车停在门口，其中一个小伙子来到士多店的门旁，伸手便撕康师傅绿茶崭新的海报。他这一撕，反而让我注意到这门旁是专门贴海报的，谁要来贴都可以，这块公共的地方也贴了不少海报画，只是谁后来谁就居上。穿着××乐统一服装的小伙子一转身，从单车的前篓中取出早已粘好胶带的海报，很麻利地贴上了墙。（各位，就算你的海报贴在终端多么醒目，“人走茶凉”，“后来者居上”，显然，你又被偷袭了。哪怕是你前脚刚走，竞争对手后脚也许就跟上来了。）其间，另一个小伙子取出笔记本子，看了一眼士多店摆在门前的公用电话，忙记录下来，记下后又复查一遍所记号码，这一切似乎已是一种模式。然后，小伙子走进店内，满脸笑容，态度极好地问老板："我们今天有特价，每瓶降低两毛钱，要不要，我们可以免费送货上门。"（瞧，价格上又展开了偷袭。还有宣传、公关、理货、收集信息，两个业务员全部搞定，说不定比你的企业更到位，那你的企业就等着让位吧！）

终端是企业的竞争焦点，偷袭行动无处不在，"得终端者得天下"这句话也许说得夸张了点，但也是不无道理的。

（3）产品研发上的偷袭

"产品研发是企业的命脉"。一个产品上市后，如果研发不能持续更新，这个产品很容易被市场所淘汰。成功的企业，都很重视研发，往往在产品上市后，一旦进入成长期，其第二代产品便会相继推出；从商品寿命的抛物线来看，产品研发始终是呈周而复始地循环往复状的。例如，我们起先用的手机是"大水壶"，也有人叫"砖头块"，现今手机讲究的都是轻、小、薄、精，有谁还会喜欢过去的那些笨拙的款式呢？可见，研发的不断加强和更新，可以唤起消费者风起云涌的购买欲望，引发出巨大的商潮。

利与弊，也许是形影相随的，研发可带来巨大商机中，偷袭行销也就大有可乘之机了。

案例：广东顺德卫生巾企业加大偷袭力度

有一个真实的案例，广东顺德一家生产卫生巾的企业，老板每一个月都会派人到广州各大超市购买各大品牌的卫生巾，回来后，研究市场价位、产品结构、包装变化等。问及老板为何如此频繁，回答说："不这样的话，我们随时都会有被驱逐出市场的可能。其实，你偷袭别人的同时，说不定别人也在偷袭你，毕竟都是在暗处，谁多一个心机，谁就坐第一把交椅。"

目前，国内出现了一大批聪明的商人，他们眼睛每天都在盯住市场，一旦有什么新产品面市，他们便适时展开“偷袭行动”，从而频频得手。由于新产品面市时间很短，消费者不太熟悉，认知还不够，加之，这些产品在技术上和设计上还不太成熟，很多缺陷也实属难免，也就给对手有了可乘之机。然而，聪明的商人决不会花时间去研发新产品，因为投资巨大，风险也相当地高，也许是投入了巨资和精力后，收获还遥遥无期，然而“偷袭”却让他们同样可以获得成功——顺手把市面上的新产品加以改进或仿制，而后加大力度强行进入市场，终获“胜利”。

案例：“微软”偷袭“苹果”捷足先登

微软公司的视窗操作系统就是偷袭苹果电脑公司的“麦金塔”系统而来，以及另一支柱产品Ms Office（tm）的设计，也是偷袭电子数据表Lotus 1—2—3（tm）和文字处理软件Word Perfect（tm）。这种偷袭，使得微软公司捷足先登成为该产品领域的“大赢家”，从而盖过“麦金塔”系统和Lotus 1—2—3（tm）和文字处理软件Word Perfect（tm），可悲的是，消费者最终记住了微软公司的功勋，却没有记住它真正的“发明人”。

（4）包装创意上的偷袭

包装是品牌的一张脸，也是商品的终身广告。因此，许多偷袭者乐此不疲：往往企业新包装刚推出几天，偷袭者的效仿之作便尾随出街。无论你的企业更换包装的速度有多么快，也无法甩掉疯狂的效仿。

案例：农夫山泉终端遭遇偷袭

分享一个真实的案例：这年天气似乎比往年都要热，自己喝水也很是卖力，用力拧开一瓶“农夫山泉”，一咕噜灌下大半瓶，在喘口气的间隙，口里感到“不对劲”，怎么这个水与我往日喝的味儿不一样？几个伙伴一起拿着喝剩一半的瓶子找士多店老板，老板笑笑指了指瓶子，仔细一看，哦，原来是“沥夫山泉”，难怪！克隆得与“农夫山泉”一模一样，唯独就是一字之差，只好叹气。

我们可以看到，不仅是上文提到的“农夫山泉”遭到两家的偷袭，可口可乐被偷袭后，市场上便有了“可得可乐”；青岛啤酒被偷袭后，市场上竟有了“青鸟”啤酒；乌江榨菜也由此变为“鸟江榨菜”，这类例子不胜枚举。一般都是，包装克隆得一模一样，唯独就是一字之差，如果你不仔细看去分辨，一时是很难发觉出来的，此现象目前显出有增无减之势。

▲这种手法，在中国市场比比皆是。

(5) 企业形象上的偷袭

企业形象（又称为 CI），近年来则更成为一股巨大的洪流，并随着经济的发展，日益显得重要。它是一个企业的制胜法宝，是有效的企业身份战略，如果运用得当，便可以赢得和保持竞争优势。

我们经常可以看到这样的事实：一家新企业成立，或是一家老企业面临形象再造时，首先想到找一家广告或设计公司，来完成 CI 中的视觉识别系统部分。几经谈判费尽周折后，广告、设计公司只需 2～3 小时便可以完成，因为整套 VI 体系，只需换一个 LOGO 便可以了，弄得各企业的面孔都是一个模样。这种不潜心创作的草率现象随处可见。

也难怪，许多企业设计好的 CI 手册到处乱丢，说不定某一天都有可能传到竞争对手的老板台面上，甚至是被人偷袭了自己还不知不觉。

可以给大家讲一个真实的现象。每年广州都要举办两次交易会，春秋两季的盛会吸引上万家企业。我们可以经常看到这样的现象：现场展位的设计一模一样，除企业名称和标志的异同，如果你不留意的话，很有可能认为都是一家公司的展位。当我们问及企业缘何一样时，当事人说是按照企业设计的 VI 要求执行的，你看看，许多家的形象都是一个模子里倒出来的，消费者无法识别不说，企业也失去了自我。

2. 打响围堵“偷袭”反击战

提醒经理人，小心你身边的偷袭行销，不要让它得逞，更要谨慎对待之，并且要采取一定的防范措施，予以严厉的打击。

(1) 事先就考虑对手的偷袭行动

企业在从事某一项重大活动或参与运作的每一个环节，尽量要事先考虑我们这样做，竞争对手会采取什么方式来偷袭，我们怎样杜绝或减少偷袭行为的发生等等相关问题，以防患于未然。

(2) 绝不要息事宁人

对手偷袭，企业忍气吞声，不到万不得已不敢声张的现象，在我国的中小企业中为数不少。息事宁人反而会助长偷袭者的嚣张气焰，这一处理方式是不利于企业未来发展的，更是不可取的。

(3) 补救措施少不了

事态一旦发展到一定程度时，相应的补救是当务之急，说不定还可达到失而复得的效果。补救是偷袭行销后挽回局面必不可少的手段之一，企业切莫掉以轻心。

(4) 反其道而行之

许多企业在遭遇竞争对手偷袭后，立即采取反击行动，在战略和战术上毫不示弱，其效果也很佳。如麦当劳和肯德基经常对峙，特别是在促销赠品上两家均是采取对抗方式，最为典型的是 2002 年肯德基推出“摇摇劲爆鸡米花”，麦当劳也相继推出此产品。可以看到，两家快餐业经常是大战不断，以牙还牙，互不相让。

（5）大声说出自己是合法的

世界上最好的防御，不是故步自封，而是攻击、攻击、再攻击！你要鼓起勇气，说出你是真正的“唐僧”，让“假唐僧”露出破绽。你可以调动媒体，进行报道宣传，让消费者看清和明辨事情真相，不给偷袭者有喘息的机会。

（6）拿起法律武器维权

对于偷袭行销中造成企业严重受损，对手又出现违法行为的，建议你拿起法律这把锋利的武器，维护自己的合法权益。

第二部分
焦点篇

一、大牌还未出手
中国厨房革命尚未成功

提示

厨房家电已成为中外家电品牌竞争的激烈焦点，一场大规模的角逐在著名家电品牌间已悄然拉开帷幕。海尔、华帝、帅康、小天鹅等国内品牌与伊莱克斯、西门子、美国厨用电器等洋品牌，展开抢夺市场龙头宝座之战。国产厨电品牌面临前所未有的新挑战，其品牌策略有待尽快调整。

1. 品牌营销急功近利

国产厨电品牌大请名人做广告，可能在短时间内让品牌知名度上来，销售量上升，但短时间的销售量并不意味着可以长期占领市场。

据最新统计资料显示，国内烟机、灶具品牌多达近300个，但市场排名第一品牌的市场份额还没有超过30%；而市场份额前10位品牌的销量总和仅占市场总量的70%。这说明，厨用电器市场潜力巨大，至今还没有一个品牌坐到龙头宝座。再看另一组数据显示，未来5年将有29%的城市居民家庭准备购买整体厨房家电，市场空间将达到580亿元。因此，国外品牌均虎视眈眈，争抢厨电这一品牌的领导地位。

▲ 具有现代化设施的厨房，谁不喜欢？

厨用电器品牌一直在本领域里很成熟，就拿伊莱克斯品牌来说，它拥有强大的品牌背景、成熟的产品架构和先进的营销理念，旗下的德国AEG、美国西屋电器、日本白色西屋、欧洲的伊莱克斯都是全球知名厨电品牌。从综合实力上，国产厨电能与洋品牌相抗衡的不多，国产品牌几乎把所有的商业运作、方案和营销计划都归到明星广告上，并不断地去玩概念，广告始终在名人的个人魅力方面转“圈子”。明星广告能让国产厨电品牌维持多久呢？

业内有专家对此认为，国产厨电品牌大请名人做广告，可能在短时间内让品牌知名度上来，销售量上升，但短时间的销售量并不意味着可以长期占领市场。因为，这一类的广告策略只是注重在提高品牌知名度和促销产品上，而忽视了品牌整体形象的塑造。现今，国内厨电品牌用于广告的费用，远比用于技术研发的费用要高，甚至超过了那些有实力的洋品牌。

2. 品牌发展危机四伏

国内厨电品牌不在技术研发、质量保证、售后服务、市场营销等方面拿出手段，不走全面的发展、诚信、实力竞争的道路，要想抢坐到市场龙头宝座是不可能的。

与洋品牌相比，现在市场上最成功的国内厨电品牌，在研发能力、成本控制、产品规模化、生产能力等方面，都还存在着太大的差距。国产品牌要通过正当的渠道与洋品牌争高低，就明显有些力不从心。加入WTO后，国内厂商感到如履薄冰，尽管政策仍然是影响厨电品牌市场的重要因素，但并非决定因素。毕竟，市场竞争归根到底还是技术的竞争、产品的竞争和综合实力的竞争，政策决非企业核心的竞争力。

显然，目前不少国内品牌在技术方面还不能与洋品牌相提并论，在技术方面的差距还有很多需要填补，比如伊莱克斯就标榜是全球最专业的厨电生产商，有超过75年为欧洲专业厨师提供服务的资历。同时，它还拥有强大的资金、人才资源、市场运作实力，这些都是“撒手锏”。洋品牌都是靠自己的实力在说话，国内品牌靠的是什么？从目前市场情况看，中国厨电品牌在市场活跃的大大小小品牌将近300个，其产品销售单价在100元到几千元不等，整个市场现在已呈现出“产品满街都是，但好产品却不多”的现象。

不少国内品牌企业还一味地依赖价格参与竞争，而价格竞争在市场已经被证明是手法最低下、最失败的策略。国内的厨电企业，还是乐此不疲地去动用这个策略。调查表明，当今大多厨房电器消费者具有很高的品牌意识，对产品的性能和高科技含量等方面都很在意，对于价格的选择并不放在首位。看来，国内厨电品牌不在技术研发、质量保证、售后服务、市场营销等方面拿出手段，不走全面的发展、诚信、实力竞争的道路，要想抢坐到市场龙头宝座是不可能的。因此，全方位打造厨电品牌的综合实力是当前国内厨电企业的当务之急。

3. 品牌策略亟待调整

国产厨电品牌与洋品牌的市场竞争，无疑给中国厨房带来了巨大的震撼。可以预见，国产品牌只有不断随着市场的变化而调整品牌战略，才有可能在公平的竞争环境里成为群龙之首。

一个品牌要成为强劲品牌，首先产品要赢得消费者的喜爱，这是一个最基础的条件。国产厨电品牌必须将产品定位在实用方面。据说，伊莱克斯厨电在进驻中国市场前就了解中国消费者的生活习惯，对在欧洲畅销的产品进行全面改进，以迎合中国消费者的喜好和需求。该品牌在外观上配置了一系列适合中国烹调习惯的“中国芯”；为满足中国人的“热锅爆炒”，独创无极变速电机，在烹调过程中自动监控油烟量，判断、调节工作风力风量，实现瞬间提速换挡位。反观中国品牌，就不能老是采取“拿来主义”，要想立足不去研究消费者是万万不行的。笔者在采访国内的方太、华帝、科龙等企业时获悉，厂商们已经意识到切实可行的产品技术研发，是中国品牌制胜的一大“秘密武器”。

拥有好的产品不一定就会称霸于市场，但是，你的商品如果有能力在卖场冒出头来，就不必为商品同质化而烦恼，更不必为销售犯愁了。终端是商品聚集销售的一个地方，在这个节骨眼上，离消费者最近，更是品牌经营或展示商品形象最佳的关键点。企业在这个短兵相接的战斗场合里，如果无法做活终端，就不可能稳坐宝椅。国内许多企业在终端运作中还认识不够，往往是将货铺上位置，就以为把终端也做到了。相信稍有一点行销概念的人都知道，行销讲究一个整体性、策略和推广的有效执行，至少要了解消费者的所想所需。小家电的销售终端错综复杂，用大家电的销售模式嫁接给小家电是不可行的。

国内的厨电品牌要把产品和服务视为企业的生命线，任何一个缺乏社会责任感的品牌都不会长盛不衰。品牌竞争大行其道，那么，企业就更要学会将“方便”转化为竞争中的一种优势资源。便利，已是品牌行销中的一个老话题，但许多企业在经营中，特别是中国企业往往忽视它的存在。正因为它不被大众所重视，便利优势在新世纪才成为品牌行销获胜的可乘之机。

国产厨电品牌与洋品牌的市场竞争，无疑给中国厨房带来了巨大的震撼。可以预见，国产品牌只有不断随着市场的变化而调整品牌战略，才有可能在公平的竞争环境里成为群龙之首。

二、 硝烟味此时正浓

珠宝业打响品牌存活战

提示

拥有 200 亿美元年销售额的中国珠宝市场潜力巨大。目前国内外珠宝品牌角逐日益激烈，国内知名品牌金房子、老凤祥、戴梦得、凯通、瑰宝、金兰、佛山同心等等在品牌运作上还很稚嫩，而世界珠宝巨头则大规模抢滩中国市场，造成国内品牌节节败退。因此，竞争力不足的企业终将会被淘汰，一场企业存活之战正悄悄拉开序幕。

1. 品牌大战已经打响

中国入世后，消费者的选择将更加趋向多样化，企业也必将面临着品牌经营较量的严峻挑战。加之，强大的参展阵容和各品牌的展位争夺战，促使一场没有硝烟的品牌大战拉开帷幕。

昔日我国一直被全球认为是珠宝单纯的加工制造地，而今却被全球珠宝界视为潜力很大的生产和消费市场。据最新统计，这个行业虽然起步晚，但是发展速度之快令人惊讶。自我国恢复珠宝首饰和玉石雕市场后，年销售额从上世纪 80 年代初的 2 亿元增长到 2001 年的 800 亿人民币。珠宝首饰从业人员从上世纪 80 年代初的 2 万人发展到目前的约 300 万人，生产企业多达 3000 余家，其中近 300 家企业年产销售额过亿元或接近亿元。目前，我国珠宝首饰市场越来越成为全球瞩目的焦点。中国黄金产销量去年名列世界第四，铂金消费量已连续三年位居世界第一，钻饰、珍珠的年销售额分别达到了 90 亿元和 60 亿元。据有关专家预测，预计 2010 年珠宝首饰销售额可达 1800 亿元，比 2010 年销售额完成 880 亿元，增长 1.05 倍。可见，我国珠宝首饰的生产已具有相当大的规模和实力。

面对中国巨大的珠宝生产和消费市场，国际珠宝巨头的目光纷纷瞄准中国，全球最大的钻石经销商戴比尔斯先后与山东省、辽宁省签订勘探钻石矿矿源合同，以求深度进入中国新兴打磨加工业和快速增长的珠宝饰品的制造行列。1990 年以来，戴比尔斯在营销上加大投入，在北京、上海、广州推出“钻石推广服务”和“钻石信息中心”，并通过各种会议、培训、比赛等手法抛头露面；其次，大溪地珍珠国际宣传协会 2001 年在香港、上海设立办事处，以举办珍珠小姐选拔活动，让中国老百姓了解大溪地珍珠；而香港知名珠宝品牌周大福则选择了以特许经营的方式展开内地市场的进攻。根据最新资料显示，截至 2002 年 7 月，周大福在内地大中城市已开设了 70 间专卖店铺，其网络还在呈现有增无减的辐射状态。另外，我们不能忽视香港恒丰集团。这个被称作香港最大的黄金与其他贵重金属制造公司，先后在北京、深圳设立子公司和行政总部，为开拓内地市场提供便捷。该集团在上海、北京、广州

▲ 国内珠宝品牌应该将品牌摆到主要位置上来，从过去的战国七雄时代走出来，挤进三国鼎立，甚至楚汉争霸的行列。

等重点城市拥有20多间专柜，一直以“银河明星”、“金至尊”两大品牌在业界引以为傲。

2002北京珠宝展在业界有较大的影响。通过采访后，笔者了解到本次展览筹备委员会在买家邀请上做足了功夫，准备工作的70%精力都在此方面。国内有1200多家具相当规模和实力的大型商场接到展会的邀请，而本次展览的目的，与往届的其他消费展览均不同，主要是想让国内品牌与国际大接轨。据有关人士分析，强大的参展阵容和各品牌的展位争夺战，加速了一场没有硝烟的品牌大战正式拉开帷幕。

随着上海钻石交易所、上海黄金交易所的相继建立，对外开放的政策不断松动，以及中国入世后，消费者的选择将更加趋向多样化，企业也必将面临着品牌经营较量的严峻挑战，一场中外珠宝品牌大战已经打响。

2. 打造品牌刻不容缓

21世纪是品牌的世纪，谁的品牌深入人心，谁就会占有市场的一席之地，反之就会停滞不前，甚至被淘汰出局。

面对无国界的竞争环境，国内外任向一家企业都无法将“品牌”这两个字置之度外。中国珠宝业只有充分利用本土化和经济地匣上的优势，以应对外在复杂的巨变，这是中国珠宝品牌布局全球的关键点。

其实我国珠宝品牌拥有得天独厚的塑造品牌资源，我们拥有全球最大的市场消费潜力，如果我们珠宝品牌能在中国建立起领导品牌的地位，就相当于已进入全球最强劲的品牌之列。遗憾的是，我们还有太多的珠宝企业，至今还辗转于品牌与非品牌之间，许多企业还死死地抱着塑造品牌要花许多钱、时间太漫长等错误观念。在产品与品牌的实际区别上认识不够，势必造成国内珠宝企业竞争力薄弱、不断倒闭的现象涌现。

德国前总理施密特说，“品牌”是中国在下一个“革命”中取得成功的唯一之道。它将征服世界，它将会是中国的一个销售机器。这场21世纪的革命，会对世界秩序产生极大的影响。可以看出，珠宝首饰毕竟是高档商品，这类商品的消费群体非常特别。一旦品牌建立，可以帮助消费者简化消费程序，强烈影响着消费者的消费行为。21 世纪是品牌的世纪，谁的品牌深入人心，谁就会占有市场的一席之地，反之就会停步不前，甚至被淘汰出局。显然，中国珠宝品牌要把推行品牌战略放到企业议事日程上来，并加快产品优化升级，这是国内珠宝企业亟待努力的奋斗目标。

▲ 只有以品牌的力量来支撑，才会真正让人感到珠宝很值钱，这是一个千真万确的事实。

3. 建设品牌遭遇障碍

中国珠宝要打响品牌存活战，企业必须尽快加强品牌建设，立足家门口，找出企业自身的优势，这才是制胜的关键。

中国珠宝业兴起时间较短，在品牌经营中还存在不少问题，让我们看看哪些因素阻碍了中国珠宝品牌的发展步伐。

(1) 品牌意识相当薄弱

值得欣慰的是，我国珠宝业近年发展迅猛，特别是短短的五六年时间里，国内的新品牌不断涌现，如北京的“戴梦得”钻饰，浙江日月集团的“明”牌首饰，上海“老凤祥”、“老庙”，深圳的“爱德康”、“爱塔”首饰等品牌。但是，还有大批的企业还是一味走加工的道路，不懂得利用品牌这个最具“杀伤力”的武器去参与市场竞争，有的企业即使已开始利用品牌战略在市场上赢得一定的份额，但在品牌的管理和经营手法上与洋品牌还相差甚远。

(2) 品牌竞争手段低下

以往中国钻石、黄金交易大多靠走私、地下交易等不规范、低层次的行为来竞争，现在大家的目光也多聚焦到广告、价格这些比较低层次的竞争手段上，还没有进入更高层次的服务与形象竞争的范畴。国内不少品牌通过价格行为来争取市场份额，是目前竞争中最常见的手段之一。诚然，价格行为在市场上是最有杀伤力的武器，最直接也最快见效，但价格竞争毕竟是有限的，企业在一定的阶段和时间内不可能一味地玩价格。我们不能忽视服务和形象才是竞争的主体，价格只有在好的服务和好的形象基础上才能发挥真正的作用。

(3) 品牌创新力度不够

我国珠宝品牌与发达国家相比，生产技术素质不高，生产设备普遍落后，在设计力量方面更是严重薄弱，加之市场的信息一直跟不上，产品款式始终“千人一面”。可以说，国内珠宝目前做得稍好的品牌，都还处在产品品牌推广的初级阶段，还没有真正进入用品牌推出产品的阶段，品牌效应低得“可怜”。

(4) 品牌形象十分匮乏

国内珠宝品牌的个性由于没有鲜明地塑造，因此给人的印象一直都是模糊的，品牌内涵是浅薄的，从而产品是缺乏魅力的。因此在与国际珠宝品牌的竞争中，我们的产品就很难培养出忠诚的消费群体。国内品牌多数还处在以产品卖产品的阶段，忽视了品牌应该具备的丰富内涵，忽视以文化形象塑造威力，市场地位更处于游移状态，极易被洋品牌占据上风。

中国珠宝要打响品牌存活战，企业必须尽快加强品牌建设，立足家门口，找出本身企业的优势所在，这才是制胜的关键。

三、 品牌路还很漫长

中国音响器材业亟待唱准调子

提示

无论是消费者还是业内人士，都认为中国音响业发展现状与国际巨头们仍然有相当的距离，主要表现在核心技术的缺省、品牌影响力不足、营销手法低下等方面。看来，中国的音响品牌要铸就我国音响行业之辉煌，“调子”得唱准了。

1. 音响器材业蛋糕到底有多大

音响产品在国内的需求将会有较大的发展空间，估计从2002年到2005年间将会有25.8%的增长率，音响品牌在以每年20%左右的速度递减，行业整合速度加快。

有数据显示，我国音响市场每年的销售额达300个亿，我国城市每百户家庭拥有的音响只有24台，农村就只有4%。另据业内人士称，国内音响行业的毛利率高达30%，甚至40%。

我们再看另一组数据，音响产品在发达国家的家庭拥有率达到75%，我国却不足20%，可供开发的市场还很大，音响市场每年有300亿元的市场空间。中国电子信息产业发展研究院的刘军国博士认为，音响作为一种非生活必需品，是一种价格弹性低而收入弹性高的产品，随着人们生活水平及对生活质量要求的提高，音响产品在国内的需求将会有较大的发展空间，估计从2002年到2005年间将会有25.8%的增长率，而目前在国内组合音响和家庭影院市场上，洋品牌分别占据着90%和70%的份额。

有消息说，消费者对音响器材业的不信任已达到前所未有的程度，2002年前三个季度音响的销售额下跌了22.8%。而年终DVD专利费将“转嫁”到音响（家庭影院）之上的消息，更令音响器材业出现巨大震动。电子音响工业协会有关负责人指出，音响品牌在以每年20%左右的速度递减，行业整合速度加快。

2.“跑调的噪音”令人担忧

我国音响器材业将进入一个大洗牌的时代，国产品牌在发展的道路中，还存在着众多缺陷，这也是该行业亟待突破的致命的弱点。

国内音响品牌存在着诸多致命弱点，归纳起来不外乎具有以下10点：

(1) 产品竞争秩序混乱

由于这个行业的技术门槛较低，就形成了我国音响市场品牌众多、鱼龙混杂的局面，除了一些知名的品牌占据市场一端之外，更多的是一些不成气候、投资规模小、产量少、技术水平低下的小厂家。根据统计数据显示，目前我国音响企业不下300家，但是能真正排得上名的也有100多家，这还不包括以假冒知名品牌而出名的厂家。

(2) 假冒伪劣产品众多

许多企业为了争得市场一杯羹，目前便只顾去假冒，通过部分进口的元器件进行组装后仓促推向市场，产品质量也就难以保证；由于现在国内绝大部分消费者在音响知识方面不是很专业，往往让这些假冒伪劣产品偷梁换柱而频频得手。这些现象，每每让一些消费者在购买到这些伪劣产品后对这个行业的不规范恨之入骨，甚至对行业产生负面的影响。

▲价高，往往易让许多消费者望而却步。

(3) 价格虚高吓跑消费者

各品牌的价格出入都很大，就拿家庭音响来说，从2000多元到3万多元一套不等。据调查，某品牌近期推出的六件一套音响其售价就在9880元，而爱浪推出的也是六件一套的音响则仅售3980元，两款音响所用材料和技术都相差不大，但是价格却相差甚远。难免让人感到音响业是漫天开价，“狮子开大口”，消费者始终是把钱包按得紧紧的。不久前，爱浪又推出一套1999元的家庭影院组合音响，吹响向低端产品市场进攻的号角。

(4) 品牌推广和形象展示缺欠力度

“酒虽香却不懂吆喝”的尴尬，在我国音响品牌中普遍存在，特别是广东企业忽视此方面的占据绝大多数。众多连锁店的店头展示还很不到位，比如在营造气氛与表现诉求方面；五官运用放的心思不够；海报宣传不能持续不断；店头广告无法活用，“收网捕鱼”就成问题；店头广告做得不够好；忽略用前卫商品打前锋；陈列窗展示马马虎虎；推出的活动没有融入店头文化氛围等等方面。诸多方面都存在有待突破的盲区。

(5) 品牌持续力极其薄弱，缺乏大牌意识

品牌还没走出国门，品牌可持续发展实力就明显看出不够，国内一些企业注册一个品牌最多做上三两年后就放弃，老板对现有品牌根本就不会长期做下去，细看一下，企业还是那么多家企业，而牌子却如雨后春笋般涌现。有识之士认为，“中国音响企业处于分散、重复、小批量发展状态，急需形成基地化发展的产业链和产业带，以优化结构、降低成本，以更强的产业优势与国际竞争，发展国际合作”。

(6) 低端不是发展方向

国内音响产品大多徘徊在中低端，而中高端市场都被国外占去了。索尼、雅马哈、Jamo、美国狮龙、君悦等等强劲品牌一直都是稳占中高端市场，抢尽上风，而我国品牌在战略选择和市场判断上力度不够，加之技术含量的严重不足，只能在中低端徘徊。

(7) 企业自律性很差，产品设计雷同现象严重

许多企业没有自己的“拳头”产品，它们在市场上哪里还会有竞争力可言？国家质量监督局法规司的负责人介绍，质量里程监督司去年对广东等地的20来种音响产品进行了抽样检测，其中合格的只有10多种，抽样合格率仅为64.7%。

(8) 行业不信任感正空前震撼着音响行业

由年初被曝光的“香武仕事件”所引发的行业不信任感正空前震撼着音响行业。特别是接近年终，国内各大媒体又纷纷披露，目前在国内市场上的大多数著名音响也多是“假洋鬼子”，引起了消费者一定程度上的恐慌。“香武仕事件”，使整个中国音响业遭遇信任危机。

(9) 核心技术的缺省

音响产业的许多尖端技术如AC3、Dobly、dts、SACD等，包括核心芯片等都掌握在国外大企业手中。我国不少音响企业以做OEM起家，科研开发能力不强。显然，音响业的鱼龙混杂，早已让业内人士深恶痛绝。

(10) 营销策略还停留在初萌期

世间的万事万物都会变化，同样，行销也要顺应时代的变化而嬗变，这才是行销立于不败的应对之道。许多企业的营销还处在自然销售阶段，还不会运用更多的销售武器来主动出击打赢品牌终端战。走出初萌期已经成为国内企业的当务之急。

3. 塑造音响品牌的三大军规

国内企业应牢牢抓住顾客需求，悉心传达品牌思想，以及加大核心技术的打造，并付诸实际不断研发，逼近核心技术。只有这样，品牌价值才会得以最大化地增强，中国音响品牌才有可能与国际强劲品牌看齐。

●军规一：牢牢抓住顾客的需求

若要在现今竞争激烈的市场占一席位，就必须满足客户的需求。品质与需求已成为扩展市场占有率的策略重点。“留住顾客的心，远比拥有生产要素更重要”，如果能认识到这一点，我们就可以从“总体”与“个体”两方面来同时努力了，满足顾客的新需求，企业才有可能大发展。在消费需求日新月异的情况下，新的消费群体必将不断出现，让企业不得不重视之。他们的需求无所不在，无所不包，我们如果仍然沉湎于以往的行销模式，还认为有好的“顾客服务”不一定赚钱，不注重“顾客服务”的公司也照样可以赚钱，甚至还怀疑顾客需求的重要与否的话，你就有可能成为锅里冷水中的青蛙，当锅下生火加热时还不知不觉，等到察觉时，已是不能自拔了，企业只好束手待毙。

许多消费者购买音响已经不单单是满足视听享受，CAV 音响品牌的销售经理邬灼辉先生说得好，音响消费者越来越聪明，注重音质的占 80%，款式占 10%，功能也占 10%，就说品质上消费者都有三方面的需求：摆在家里好不好听、好不好看、好不好用。现在国内众多品牌都在音响的款式上做文章，都只注重音响的外观设计，都把产品做得很花哨，而忽视了品质，这是很危险的做法。

●军规二：悉心传达品牌思想

音响品牌要想方设法让品牌富有内涵，而首要的一步就是要树立品牌意识。只有如此，中国音响摆脱低谷才有可能。在激活品牌的过程中，必须统一思想，达至共识，以保证品牌活力张扬。众所周知，人是有思想的，品牌也同样如此。建议企业不妨通过以下几方面来展开：

其一，借助连锁店形式拓展品牌空间。近年来“品牌连锁专卖”这一被称为符合中国国情的营销模式，一直以来被音响企业广泛运用。“掌握‘有效的终端’才是霸主，接近‘目标顾客’才是赢家”，显然，占尽终端的优势，才是行销最基本和最重要的。根据最新消息，国外的音响企业如美国狮龙、君悦等均大规模地投入终端，例如狮龙宣布要在今后的一两年内在中国推出500家特许专卖店，君悦则称要以国际连锁直销模式全方位进军中国市场，他们的品牌空间具有广阔的天地。可见，加强连锁店的建设是当今中国音响品牌的当务之急，国内品牌的连锁店必须开始重新审视所面临的市场环境，对商业渠道进行深入的了解和研究，修订以前的市场策略，充分利用连锁店形式拓展品牌空间，否则必将被市场抛弃。

其二，用培训统一品牌认识。公司员工和一线销售人员对公司品牌不了解或对品牌的概念模糊，他们不知道公司的品牌理念、核心定位以及最新的市场变化，就不可能做到对公司有信心和胸有成竹去销售。因此，提供系统的培训就成为重中之重了。

其三，品牌战略落在实处。笔者带着这个问题采访了数家广东音响企业的老板，得到的答案是，家家都有战略，但是都是一些空洞的战略口号，老板口口声声三年后、五年后要做多大，当问怎么做时结果就说不出来了。可见，不少国内音响企业的品牌战略还处在游移不定之中。音响业打造品牌离不开战略，尤其离不开好战略。没有战略的品牌之路，就像是没有方向的航船，触礁在所难免。中国音响品牌几乎所有的品牌都是弱势品牌，如何以小博大，以弱胜强，这就需要战略筹划。我们必须了解品牌竞争战略的基本规律，掌握品牌国际化竞争方面的战略要点，才有可能取得竞争的胜利。

其四，品牌意识融入文化之中。企业文化，是品牌发展的一大支撑力。有专家指出，音响企业在品牌战略中，面对消费者挑剔的心理，在服务方法、手段和策略上要不断注入科技、文化和情感含量，使服务的文化内涵和文化特色不断创新，并与消费者产生情感上的共鸣，这样就会大大增加品牌的附加值，增强品牌的竞争力。对企业来说，品牌本身就是一种文化，品牌创建的过程是一种文化创新过程，民族文化、地域文化都将对其发生影响。企业如果能够适时对一些有价值的文化因素加以利用，那对本身的发展必然会产生积极的影响。

●军规三：全力打造品牌核心技术

国内做音响产品的企业主要有三类，一是传统音响企业，二是由以前的音响产品经销商转过来做音响产品的企业，三是由家电向该领域拓展的企业。无论是哪一种类型的企业，都要有属于自己的拳头产品，都要具备自己的核心技术，才有可能拥有强大的竞争实力。加入 WTO 后，全球一体化的市场里，中国品牌与洋品牌的角逐更是“真刀真枪”地正面交锋。当今有太多的困难都需要企业来面对，而最大的障碍就是来自企业自身。

业界小有名气的国产品牌——惠威总经理姚洪波说：“现在国内音响界，提到惠威，都知道那几乎是发烧音箱的代名词。可以说惠威这么多年在技术上的苦心孤诣，达到了初步的效果。但是，市场在变，行业特点也在变，我们虽然确立了技术立本的原则，但也要随着市场的变化而随机应变。”

确实，企业还应加大核心技术的打造的决心，并付诸实际不断研发，逼近核心技术。只有这样，品牌价值才会得以最大化地增强，中国音响品牌才有可能与国际强劲品牌看齐。

相关链接：

“香武仕”事件

在 2002 年的“3·15”晚会上，中央电视台曝光了自称来自丹麦的香武仕品牌实际上是出自广东省东莞的卢村。香武仕品牌自称是“1932年始创于丹麦COPENHAGEN（哥本哈根）的A JO KEEFE创立的ASRC声学研究机构，品牌持有者为丹麦SUNWOODS国际音乐公司，已分别在中国香港和中国内地同时注册”，但是实际上是一个地地道道的“假洋鬼子”。在业内人士提供的一份CAV的画册上，赫然写着“法国原厂元器件，AUDAX全班人马”，背面还印着这家扬声器企业的生产基地图片。而事实上，这不过是一个美丽的擦边球，CAV只不过是用了人家的喇叭单元而已。CAV在给销售员的培训材料中，有这样的描述：“我们是NEC日本电气公司设在XX地方的数字音响专卖店……”事实上，CAV只是在成都大发电器市场注册的地地道道的国产品牌，而它不过是在产品中使用了一块NEC的芯片。此事使消费者对自称是进口的音响产品产生强烈的怀疑，在音响业界也引起了巨大的震动。香武仕从此身败名裂，成为“假洋鬼子”的代名词。

四、 常规打法不灵了
热水器品牌呼唤新鲜出炉

提示

我国现有生产热水器的企业众多，从 1979 年我国第一台燃气热水器诞生以来，迄今仅燃气热水器的企业就达 300 多家，保守估计产量超过 2000 万台，而生产太阳能热水器的就有 3000 多家，有一定规模的生产企业大约仅有 20 家。各企业竞相使出浑身解数扩大产品销量，一时间杀声四起，狼烟翻滚。总体来说，国产热水器品牌经营还一直处于低层次、低水平阶段，市场迫切呼唤品牌能新鲜出炉。

1. 品牌整合势在必行

“跟风作派”在热水器行业极为盛行，加之，这个行业太浮躁了，国产的热水器要参与和洋品牌这种不同重量级的比赛，唯一的办法就是走品牌整合之路。

调查显示，我国热水器消费市场主要集中在城镇。到目前，城镇热水器保有量为每百户 70 台，农村居民保有量每百户仅有 10 台。全国热水器保有量大约 1 亿台。2001 年市场销售量为 1700 万台，2002 年超过 2400

万台。我们再看另一组数据：中国燃气具行业前 15 家企业加起来虽然占整个燃气热水器市场 25 亿总销售额中 70%的份额，但即使这样，区区 17 个亿还不足跨国公司的一个零头。

▲ 国产热水器要尽快迈上品牌新台阶，低层次的竞争迟早要被市场淘汰。

现今电热水器的上升势头很猛，“跟风作派”在热水器行业极为盛行，加之，这个行业太浮躁了，国产的热水器要参与和洋品牌这种不同重量级的比赛，唯一的办法就是走品牌整合之路。政府应该鼓励知名企业利用自身优势，通过市场竞争，采取兼并、重组等多种途径进行扩张，迅速做大做强中国品牌企业，这已经成为当务之急。有业内人士指出，一旦杂牌燃气热水器出现安全事故，就会导致消费者对燃气热水器的安全性产生信任危机，影响的将是全体燃气热水器企业，所以必须把这些杂牌清除出行业，那么，走品牌大整合的道路也就势在必行。

2. 广告要打“安全牌”

我们看到众多的厂家，都还在广告上大把“烧钱”。然而，外资品牌也是当仁不让地将自己的品牌充分展示，向人们诉求“安全性能稳定”等卖点。

在广告宣传方面，许多厂家不惜花费重金，对消费者实行视觉、听觉上的狂轰滥炸。实际上越来越多的消费者对于企业发布的广告都报以理性和谨慎的态度。对于消费者来说，他们对价格的敏感度在降低，而对热水器的技术要求越来越高，安全、舒适成为首选。一个品牌只要产品质量好，服务跟得上，安全系数高，就有可能成为消费者选购产品的对象。那么，相对来说广告宣传策略就需要打“安全牌”了。

然而，我们许多厂家广告都在诉求“美女”是怎么洗澡的，家庭有了热水器之后是怎么温馨的，同行企业是如何获得“第一”的称号，再不就是没有热水器生活多苦恼，以及热水器带来的便利等等方面的诉求想来打动消费者，其结果适得其反。我们看到众多的厂家，都还在广告上大把“烧钱”。

笔者在广州华联超市看到，来自美国的专业品牌“赛德隆”、美国的热水器大王“艾欧·史密斯”、中美合资品牌“大拇指”、美国独资品牌“汉普”、意大利独资品牌“阿里斯顿”等纷纷占据有利位置，摆开架势，终端的广告宣传都在安全上着眼，准备与国产品牌一争高低。在“好又多”电器专柜，“史密斯”及来自德国的“比力奇”等外资品牌也是当仁不让地将自己的品牌充分展示，向人们诉求“安全性能稳定”等卖点，可谓卖点突出，亮点多多。

3. 个性化促销捉“大鱼”

促销要想取得最佳效果，就不能随大流，只有立足于创新，大走个性化道路才能捉到真正的“大鱼”!

众多厂家为了能够提高自己的市场占有率，2002年在促销方面都加大了力度，因此“打折、送礼、摸奖”的招数厂家是师出同门，百试不厌，除此方式，似乎别无他路可寻。更有甚者，某企业2002年的下半年在深圳大搞美眉当街沐浴促销活动，引起有关部门和一些媒体的关注，当天活动虽然被制止，后来的影响却是并不乐观。

我们可以看到2002年热水器营销似乎比往年都技高一筹，但在促销活动方面表现仍然是不太理想。虽然每次活动看上去都是厂家为消费者所想，价格优惠和好服务都在促销中得到了真实体现，家家都在想方设法让消费者受益，但事实却是，真正受益的恐怕仍然是厂家自己。显然，一些小品牌为了生存，促销活动的频繁当让不让，许多厂家由于实力不够，搞优惠活动的促销方式力度就不够大，消费者根本不买账，所以逼得厂家只能大动价格进行促销。

有专家指出，促销在目前的市场上广为运用，并取得良好的效益和作用，这促使广大商家关注产品与市场环境的关联性，热水器企业选择好自己的促销方式和手段。在此要提醒大家的是，无论采用何种方式，都不能不顾及客观现实。同时，也要有自己的特色。促销要想取得最佳效果，就不能随大流，只有立足于创新，大走个性化道路才能捉到真正的“大鱼”！

4. 销售渠道还要拓宽

厂家因根据市场特征设计渠道规划，有的放矢地根据当地消费群体的差异，采取渠道度身订造的策略，一旦找准市场缝隙，企业就有希望和可能提升现有市场占有率。

在2002年热水器市场中，燃气热水器厂家没有更多地去关注电热水器市场进军北方市场的举措。然而北方地区电热水器厂家都抓住天时地利的因素，不断地去加强巩固现有的阵地，渠道拓宽的面一直保持在北方市场，而忽略了开发除北方外的其他地区市场。当然也有一些企业为了能够将渠道拓宽，立足北方市场的同时，加大了市场面的开发，而将目光直接瞄准南方市场。这种盲目南进的行为，给企业造成了很大的损失。有专家指出，除了关注国家用电用气环境变化外，热水器厂家在各地经销应该跟踪当地的居民小区的改造与建设，这样开拓市场才会有效。

热水器厂家目光一直在高、中终端上游移，而忽略低端市场的企业还占绝大多数。其实，农村市场才是中国最最广阔的市场，人口众多潜力大。企业可以考虑加大农村市场的开拓，应把区域的重点放在东南沿海收入水平较高的富裕的农村地区，放在大城市市郊乡镇，而不仅仅只是投资以城市为中心的营销渠道。有鉴于此，有专家认为：无论有无条件的生产厂家，营销策略的重点都应该放在重要区域，应该将区域战略重点由南向北转移。但是，我们应该清楚地看到，海尔与万家乐都是电热式与燃气式生产厂家的龙头，产销量都很大，市场份额也最高，他们的许多渠道都做得非常完善，值得中国众多的热水器企业学习和借鉴。

综观我国热水器市场特征，主要体现在：其一，热水器普及率由南向北依次递减，呈现出“南高北低”的特点，广西、广东、重庆城镇保有量最高，吉林、黑龙江最低。其次，电热水器消费市场集中在北方地区，燃气热水器消费市场集中于南方地区。这主要是由于我国电热水器起步较晚，起步较早的燃气热水器厂家如万家乐、神州等都发源于南方，而北方的用电环境好过南方。热水器不同于其他家用电器设备，它需要安装销售，因此销售渠道的拓展与安装队伍的组建相辅相成，它们始终是一个渐进的过程。再者，无论是南方还是北方，热水器普及率的城乡差别都很明显，从大都市到农村保有量呈现出明显的递减之势。上海、北京、广州保有量均在80%，农村仅为8%，并且集中于广东、江苏、上海、浙江等东南沿海地区。另外，热水器品牌的区域性色彩比较浓厚，除了万家乐、海尔在全国市场推广并被多数消费者认可外，其他品牌的市场区域特征仍然比较明显，这表明了热水器市场竞争尚不够充分，品牌的区域性市场正在向全国性市场过渡。

中国热水器品牌要看到国外品牌的举措，他们正开始了对中国热水器市场的全面争夺。据了解，不久前，一向走高档路线的博世推出了价格

1000元左右的新系列燃气热水器，意图在于向中端市场渗透，进一步扩大其市场份额。另外，还有一些外资企业正开拓进军国内市场的渠道，如日本最大的燃气具公司日本林内株式会社与上海煤气销售集团合资成立上海林内有限公司，美国通用公司也正加快进军中国热水器市场的步伐等。因此，厂家应根据市场特征设计渠道规划，有的放矢地根据当地消费群体的差异，采取渠道度身订造的策略，一旦找准市场缝隙，企业就有希望和可能提升现有市场占有率。

5. 挑战高端，欲与洋品牌试比高

我们还有太多的企业还在低端上转圈圈，而国内企业已感受到洋品牌的步步紧逼，不在高端抢市场显然是没有出路的。

作为小家电产品的热水器虽具有较丰厚的利润，但多年来一直拥挤在低端市场断杀，总体利润越来越少，目前国产品牌利润还不如外资品牌的1/3。然而，洋品牌的市场份额却在逐步上升，有关数据表明，洋品牌在热水器高端市场上已由前两年的三成上升到六成左右。

当国内诸多的热水器企业还在低端产品上恶性竞争之时，国外洋品牌瞅准了这个大好时机，开始大举进入中国。来自美、德、意等国的外资品牌也瞅准了这个大好时机，开始大举进入我国。近日，生产出世界第一台燃气热水器的德国博世集团表示，将正式进军有“燃气热水器之都”称号的广东。他们都携着秘密武器进军高端市场。在防漏电方面，德国的“比力奇”最新推出的电磁热水器，则彻底解决了水电接触的可能，实现了真正的水电分离，被称为热水器行业发展史上的一个里程碑。

加强产品研发投入、增强产品科技含量已成为国内企业共识。值得欣慰的是，2002年10月，国内燃气热水器巨头广东万和集团在全国范围内发动了一场声势浩大的“十月革命”，将旗下最新面市的高端产品——超薄蓝屏系列燃气热水器，以低于洋品牌同类产品30％～50％的价格强势突击市场，与洋品牌在高端市场进行一场实质性的交锋。万和营销公司总经理卢楚隆称，上个世纪 80 年代，国内市场上销售的燃气热水器 85%以上为国产品牌，洋品牌还不到 15%的市场份额；进入 90 年代中后期以来，我国热水器步入高速发展期，短短几年，热水器普及率激增至 30%，有的城市高达 80%，促使热水器行业竞争开始加剧。“价格战”、“概念战”、“促销战”，此起彼伏。据了解，中山樱雪平衡数码强排热水器成为进入香港市场的第一家内地品牌，神州高技术含量的背置式数码平衡强排热水器在北京市场热销，国内企业的种种举措显示出国产品牌正从低端竞争转向技术创新，并开始向占据热水器高端市场的洋品牌发起挑战。

6. 消费者信不过降价行为

降价之路是一时之举，是低品牌、次产品的把戏，企业应该加大热水器的技术投入，打造过硬的品牌，向先进的技术要效益。

有关专家称，目前我国已经进入新的经济增长周期，城镇居民正处在热水器使用增长的高峰期，2000 年第一代直排式燃气热水器已明令禁产。预计 2002 年我国热水器市场销售量增长将接近 40%，其中电热水器将接近 50%的增幅。但由于竞争的加剧，价格战将在全国范围内出现。因此，热水器价格将会下降，销售额增幅大体保持在 30%左右。当今，热水器行业还缺乏真正有实力的大型企业集团，中小品牌林立，只有部分有实力的企业以现有的条件能够支持发动价格大战。据万和方面介绍，其涉及降价的产品在万家乐现有降价 40%的基础上再降价 30%，其中低端产品一款原价为 400 多元的烟道式热水器，现降为 276 元，高端产品——一款平衡式热水器原价是 1299 元，现降到 999 元。降价幅度之大为行业罕见。

热水器品牌机价格大幅度下降，部分产品降至 200 多元，与杂牌机的价格相差无几，冲击了杂牌机以低廉价格赖以生存的根基。据有关人士介绍，在中山有近 20 家、在顺德有近 10 家小厂已经被迫关门。广州一些商家认为，热水器即使打价格战也是隐性的，不会像彩电那样惨烈，更不会像微波炉那样封杀，即使降价也是小幅度的，带有优惠之类的形式。万家乐热水器营销总监陈永泉指出，杂牌军的零售价至少也要200元，万家乐现在的产品系列中有一款只要238元。企业大幅降价的主要目的，是在乡镇市场和城市中杂牌机泛滥的市场设置一个过滤网，相信消费者愿意多花几十元钱购买品牌机。根据笔者的调查，许多消费者对于降价的产品反而信不过。一位在暨南大学任教的王先生认为，企业一旦在产品上降价了，产品的质量上就难有安全的最佳保证，工艺马虎了，生命就会付出惨痛的代价，买生命攸关的产品不愿省这几个钱，低价的热水器信不过。

2003年，我们可以看到还有更多的企业认为，我价格低了，就可以赢得市场。结果，一年忙到年末才发现，市场销售并不是非常地乐观，毕竟质量和价格相比，在消费者的心目之中前者一定重过后者。我国热水器企业在竞争中应该意识到，降价之路是一时之举，是低品牌、次产品的把戏，企业应该加大热水器的技术投入，打造过硬的品牌，向先进的技术要效益。

有人说，在中国家电行业，恐怕还没有哪个行业像热水器行业一样，20年来，争得你死我活。国产热水器从四大家族、三足鼎立、二万争霸到群雄并起，因此，品牌林立、诸侯割据，中国热水器品牌要是不能新鲜出炉，淹没也就是理所当然的了。

五、 打造品牌不力

国产染发剂不该丢失大好河山

提示

全球越来越多的消费者把染发视为一种时尚，而且年轻一族的消费者数量在不断地增加。一位从事大型化妆品生意的人士说，亚洲一些国家尤其是日本社会在过去10年里发生了天翻地覆的变化，最显而易见的两个现象就是：移动电话普及和“染发”风潮。亚洲染发剂市场的需求潜力巨大。从国内市场来看，染发剂领域的竞争已越演越烈，但参加角逐并有机会胜出的品牌却寥寥可数，国产品牌就更加寥若晨星。

国内染发剂品牌与洋品牌之比，根本就不是在一个档次上，多数的国货仍还停留在低层次的运作手法。一位染发剂经销商比喻，人家（洋品牌）是用飞毛腿导弹，我们还在用小米加步枪，不在一个级别上。国产品牌染发剂无论在包装、传播、终端等诸多方面与洋品牌都有很大差距，品牌“卖气”不振，大片“江山”陆续丢失。

1. 洋品牌抢市场大刀阔斧

购并伊卡璐后，宝洁称将占据中国染发市场的主导地位。宝洁进军全

▲国产染发剂，你能否让消费者一往情深？

球染发剂市场的举动，欧莱雅染发剂领域走多渠道路线，此举预示着染发剂市场将有很大的发展空间。

据有关资料显示：过去5年全球染发剂市场年均增长4%～5%，速度比其他美发用品市场高出一倍。2000年度，美国染发产品的零售额达14亿美元，增长6.7%。2002年，全球零售额达70亿美元。预计在未来5年内，其需求量仍将以8%～10%的速度增长。目前染发剂已成为护发业中发展最为强劲的产品。有关资料证实，在全球染发剂市场急剧升温的背景下，宝洁公司斥资近5亿美元收购占全球染发剂市场13.4%份额的伊卡璐（CLAIROL）品牌，此举预示着染发剂市场将有很大的发展空间。

宝洁大中国区公司公共事务部副总监裴逸群告诉笔者，目前伊卡璐70%以上的销售集中在美国，而宝洁相类产品70%以上的销售在美国以外的地方。这就展现出一个市场嫁接的空间和优势。购并伊卡璐后，宝洁称将占据中国染发市场的主导地位。宝洁进军全球染发剂市场的举动，使我们不得不关注这个相对陌生的染发剂市场，尤其是中国市场。

世界上第一支染发剂诞生在法国，来自法国巴黎的著名化妆品品牌欧莱雅自然在染发领域占有优势。据欧莱雅中国有限公司对外交流与公共关系部沈琼介绍，目前，欧莱雅染发剂领域走的是多渠道路线，在家用染发产品如欧莱雅卓韵霜系列和纷莹护发染发乳系列上不断加大市场的推广力度。

2. 国货缘何不受青睐

国产品牌盲目跟风，见异思迁，老热衷于“跟着别人的后面跑”，企业被短期利益左右，这些都使国产品牌染发剂占据不了消费者的心。目前，国货所销售的产品多是消费者没听说过的，而且动辄冠上“法国货”或是“美国货”的桂冠，其结果却让消费者不知所云。

染发剂的制作工艺并不是非常复杂，国产染发剂企业目前缺的不是技术，而是品牌意识滞后，品牌管理失控，多数的企业还在以老板的意志来运作品牌，以致国内染发剂生产还停留在遮盖白发的概念上。其次，国产品牌盲目跟风，见异思迁，老热衷于“跟在别人的后面跑”，企业被短期利益左右，这些都使国产品牌染发剂占据不了消费者的心。

在宣传上，国外品牌也明显优于国产品牌。笔者在商场、超市的染发剂柜台发现，各种品牌的染发剂足有几十种之多。在广州天河城的屈臣氏连锁店，名气大的品牌如欧莱雅买下两个黄金位置作产品专柜，光明、伊卡璐等也占据“有利”的地形。但是，一些国产品牌如温雅、茜丽等就处于自然销售状态，让人感到品牌传播缺乏力度，在终端这个节骨眼上掉以轻心。

国产染发剂产品良莠不齐，在质量上也让人担忧万分。有的染发剂生产企业并没有严格的质量体系，简单配齐了原料就可开工生产。国家质监总局2002年第一季度对市场上国内的染发剂产品质量进行监督抽查，结果发现有1/4的染发剂产品不合格。抽查发现的主要质量问题是氧化剂超标和酸碱度偏差较大。所以，许多消费者对国货信不过。于是，一些国产染发剂为了让产品好销，就大多打着“合资”的招牌，或标榜有高科技含量。目前，国货所销售的产品多是消费者没听说过的，而且动辄冠上“法国货”或是“美国货”的桂冠，其结果却让消费者不知所云。

再有，消费者在发色、清洗、护理和定型上有了更多的选择，品牌对消费者了解不够。当今，染发的色彩层出不穷，染发可以非常显著地改变个人形象，如同使用唇膏一样。Clairol品牌销售主管称，夏季，金色永远是畅销色，而红色也非常受欢迎，目前，我们正看好更亮的红色、浅红色和金红色。然而，国内染发剂品牌还多数在染黑发，以及还局限于香型香波上着眼。可以说，品牌创新已成为国产染发品牌的一大薄弱环节。

3. 国产品牌反击战怎么打

品牌战中，国货还有待在品牌创新、销售渠道的有效规划、对竞争品牌的时时把控等方面，进行全方位的管理和运作。

树立品牌对当前中国染发剂企业来说，是十分必要的。我们的企业再不能仅仅靠产品来与洋品牌抗衡了。当今中国市场已经进入了一个以品牌为主的竞争时代，一场中外品牌大战现已是硝烟弥漫。因此，打赢品牌争夺战，是国货品牌的当务之急。要赢，其实也并非是一件难的事情，我们不妨从这些方面去入手：

(1) 国货品牌唯有开发适合不同渠道的染发产品，才能适应市场。

据欧莱雅中国有限公司对外交流与公共关系部沈琼介绍，当前专业美发产品的销售非常看好，这主要是因为此种染发剂与家用染发剂在技术上不同，它含有特殊成分，在染发的同时还能护发，而且在美发店有专业人员的服务，可以随意调出颜色，染出的头发也色彩均匀。沈说，未来在染发剂领域，产品将越来越细分，因为未来的消费者将追求高质量的生活，并不满足于在家中自己染发，而是需要专业的产品，专业的人员为其提供更加良好的服务。顾客也会对正规的、专业的染发剂产生信任感并长期保持对某一品牌的忠诚度。因此，染发剂的品牌经营必须注重销售渠道的有力执行。

(2) 国货染发剂有待通过产品细分化、多样化，来满足不同的消费者需求。

对于国产染发剂品牌如何打好反击战，广州助企品牌管理有限公司策略部总监吴浩先生认为，国货品牌只有通过产品细分化、多样化，来满足不同的需求，突破这些客观障碍，也是中国染发剂品牌急待要做好的。他说，市场是灵活的、变通的，它总会努力地引导消费者在特定的细分市场上享受由它带来的变化，而无须因为非意愿的需求而得不到满足，例如职业限制、生理限制、时间限制、空间限制、年龄限制等等。除此之外还要有足够的创意，才可以创造性引导品牌成长。

(3) 国货染发剂知名度还有待全面提高。

许多消费者对于染发剂品牌还不甚了解。笔者在广州天河城某商场，发现一位顾客正在挑选染发剂。这位姓李的先生告诉笔者，在数家化妆品商店看到好多没听说过名字的染发剂产品，转了好几家店都不敢买，也不知哪一种产品适合自己的头发使用。最终，还是没买到称心的染发产品，心里觉得挺别扭的。确实，染发剂的需求量不小，男女老少都有使用的可能。而且，如果一旦使用了一个合适的产品，消费者一般会形成习惯而成为这一产品的忠诚消费者。可见，讲究品牌的有效传播相当重要。我们看到，染发剂从出现到风行一直都没有离开过专业美发领域，它是染发剂的促销的广告柜台，企业偏重专业美发渠道的开拓和管理，从而忽略了其他销售层面的投入，因此，讲究品牌的有效传播，也是打响品牌战的关键。

(4) 国货染发剂要把产品质量放到首位。

质量是染发剂品牌的生命，国货品牌在质量上或高或低，给创建品牌带来很大的阻碍。最近一些新闻报道说，染发使人永久脱发，甚至影响怀孕妇女以及未出生婴儿的健康等等。染发品牌首先选择的仍然是产品的质量，品牌在引导时尚染发概念的同时，也更要提倡健康染发的概念。

(5) 国货染发剂有针对性地开发农村市场也已非常必要。

温州佳美佳日化有限公司销售经理刘家保对笔者说，由于农村在品牌意识和购买力等许多方面仍与城市存在着差异，农村的消费力较低，像染发剂等一些不是必需的生活用品，在广大农村仍然是一块空白。但随着人们生活水平的提高，农村将是一个非常庞大的染发剂使用市场。综观目前的洋品牌，它们相对高昂的价格不可能走进“乡下”。而农民市场普遍反映，30 元左右的染发剂他们一般能够接受，但价格如果超过 40 元一瓶，农民就难以接受了。可见，瞄准农村这一板块无疑有巨大的潜力可挖。

除此之外，品牌战中，国货还有待在品牌创新、销售渠道的有效规划、对竞争品牌的时时把控等方面，进行全方位的管理和运作。这样，中国染发剂品牌才能在大战中旗开得胜。

六、 差距很大

中国调味品要调出“世界味”

提示

市面上“李锦记”、“海天”、“致美斋”、“老蔡”、“珠江桥”等知名调味品品牌层出不穷，仅酱油生产企业就有2000多家，但真正的全国性品牌则凤毛麟角，世界性的品牌更是一个空白。纵观2003年中国调味品业市场，洋品牌与本土品牌之间的战役将更加激烈，这势必要求中国调味业品牌尽快调出“世界味”，从而实现从“产品”到“强势品牌”的大跃进。

最新的一项调查显示，消费者认为最好的调味品品牌中，只有一个品牌的提及率超过10%，其他业内知名的如珍极、豪吉、金狮、龙门、太太乐等虽然榜上有名，但都低于10%，其他各种地方区域品牌占59.3%。由此不难看出，国内调味品在整体上品牌集中度低，市场上还没有领导品牌，甚至强势品牌也没有。可见，国内调味品行业存在着一个巨大的品牌发展空间。

1. 跨国巨头：强势进入势头凶猛

外资巨头强势进入的势头日益凶猛，速度也越来越快，国内品牌也由开始的不屑一顾到现今变得非常紧张。只要达能、雀巢这些洋品牌有一丝举动，国内味业品牌都会提心吊胆紧张一番……

调味品行业快速的发展和巨大的发展空间，以及竞争的逐步规范，吸引越来越多的外资品牌加大在这一版块的投入。相对于啤酒、饮料等其他食品行业，调味品行业是外资进入较晚的行业。1994 年，法国达能与上海海鸥酿造有限公司合资组建了淘大食品有限公司，生产面向全国市场的“淘大牌”中高档酱油。随后，联合利华收购上海的“老蔡”酱油，联合利华食品（中国）有限公司宣布成立；雀巢在收购“太太乐”调味品品牌之后，在 2002 年初又收购四川的“豪吉”；近日亨氏收购广州“美味源”，并宣称要做中国酱料大王；以多元化经营著称的雀巢公司正马不停蹄四面出击……外资巨头强势进入的势头日益凶猛，速度也越来越快，国内品牌也由开始的不屑一顾到现今变得非常紧张。我们看到，只要达能、雀巢这些洋品牌有一丝举动，国内味业品牌都会提心吊胆紧张一番。

据载，2002 年 5 月 7 日，达能宣布将上海知名的“海鸥”牌酱油的生产权和销售权全部并入自己旗下的淘大食品公司。据称扩充后的上海淘大食品有限公司，纯天然酿造酱油年生产能力将达到 10 万吨以上，将一跃成为国内最大的纯酿造酱油生产企业，向觊觎已久的“龙头老大”位置冲刺。紧接着的 5 月 10 日，日本最大的调味

▲ 跃上调味品品牌的龙头宝座，海天还有待努力。

品企业亀甲万株式会社和台湾统一企业公司合资成立了昆山统万微生物科技有限公司，设计规模为年产15000吨，其中酿造酱油5000吨，品牌为“亀甲万”；生产配制酱油1万吨，品牌为“统一”。在营销方面，昆山统万将以上海市场为中心辐射华东市场，并逐步向全国市场拓展。通过市场细分和价格区分，“亀甲万”和“统一”两大品牌分别面向不同的目标市场，以“亀甲万”系列产品作为市场的高档产品，把“统一”品牌定位于大众化市场，用不同的档次和价位来开拓。在生产酱油的同时，昆山统万还将根据市场需求，推出其他调味料产品，并逐步扩大生产规模。

2002年11月，法国达能、瑞士雀巢、荷兰联合利华、美国味好美等一批著名外资品牌在中国调味品协会独家主办的“2002中国国际调味品专业博览会”上闪亮登场，与大批本土老调味品牌“打擂”。国内行业20强来了17家，各大中外超市家乐福、沃尔玛、麦德龙、联华、华联派出了百名买手。从中我们不难看出，国际食品巨头抢滩中国调味品市场真是一刻都不停歇。

2. 行业状况：依然存在诸多问题

有关人士认为，由于脱胎于历史久远的传统产业，中国的调味品一直给人以不起眼的低价值产品印象，包括生产设备落后、产品档次不高，这些都制约着中国的调味品进入国际大市场……

我国调味品业的增长每年都在20%以上，酱油市场增长则在10%以上。1975年我国酱油产量不足100万吨，上世纪70年代末达175万吨，80年代末为200万吨，90年代末猛增到450万吨，目前是500万吨。随着人民生活水平的提高，酱油的销量还会进一步增加。现在内地人年均消费量3.7公斤，仅为其他习惯吃酱油的东方国家和地区消费量的30%～50%。据有关权威部门预测，我国“十五”期间调味品市场总产值将达到300亿元。而我国目前调味品市场总值才100多亿元，还有较大的市场发展空间。

▲ 国产调味品必须尽快与世界级的品牌看齐，调出世界味是大势所趋。

面对如此大的市场，国内企业在实际的操作中难免出现诸多的问题。中国调味品协会会长卫祥云指出，我国调味品行业整体看来存在三大问题：一是企业规模小，没有形成规模效益；二是管理水平参差不齐，生产工艺落后；三是科技投入少，技术落后，原料利用率低，卫生合格率低，品种少，档次低，质量差。

3. 品牌战略：亟须打好“文化牌”

我们的最大优势便是不可替代的“中国味”，这种风味是上下五千年不断孕育而成的。我们的原材料来源于本土，做法也是祖传下来的，经营的不仅是一种食品，更是一种文化……

面对洋品牌的资金、人才、管理及品牌等优势，我国的调味品行业还有多少优势可发挥？调味品行家指出，中国的调味品是一个需要从老字号转向现代品牌的行业。在现在行业分散现象的背后，缺乏强有力的具有国际影响的品牌，而且通路网络也非常传统。做大调味品品牌至关重要的一点就是打“文化牌”。

品牌推广重在减少品牌与消费者之间的距离，争取在较短的时间内最大程度地获得好感和认同，文化的因素在品牌和消费者之间就可以起一个衔接的作用，用得好将对销售产生很强的推动力。

时称世界“蚝油王”的调味品著名品牌李锦记总裁李惠民先生说：“中国调味品与中国传统文化密切相关，中国有许多传统的老字号，国内企业要想守住江山，与洋品牌对抗，可以大打文化牌。”中国最大的调味品企业海天品牌有关人士也认为，我们的最大优势便是不可替代的“中国味”，这种风味是上下五千年不断孕育而成的。我们的原材料来源于本土，做法也是祖传下来的，经营的不仅是一种食品，更是一种文化。任何一个外国品牌都没有那么大的本事在一夜之间将中华上下五千年的文化吸透。这就是我们取胜的关键。

“品牌的一半是文化”，因此，调味品企业在品牌战略中，面对消费者挑剔的心理，在服务方法、手段和策略上要不断注入文化和情感含量，使服务的文化内涵和文化特色不断创新，并与消费者产生情感上的共鸣。这样，就会大大增加品牌的附加值，使品牌增强竞争力。然而，这并未引起国内调味业品牌的关注。

4. 包装方面：国货要狠下功夫

调味品不仅要有优良的品质，更要有中高档次的包装。富有特色的包装能迅速吸引消费者。包装是品牌的一张脸面……

中国传统调味品在包装方面也开始下功夫了。但是，品牌与品牌之间的模仿也在不断地加剧，一些小品牌为了生存，只顾眼前利益，将自己的品牌取一个与畅销品牌雷同的名字（品名），甚或进一步使用与之近似的商标，更有甚者则将外表克隆得不细心留意几乎看不出来。就拿广州番禺区石基镇一民营企业生产的某品牌生抽王来说，除了商标有一点差异之外，几乎一切都是致美斋品牌的翻版。我们也看到，一些企业在包装设计上缺乏创新，商品虽然有许多内在的差异性，但是包装的个性仍然无法凸显出来，以致商品失去应有的竞争力。

2002 年 2 月起，珍极集团开始对包装进行整合。这次的包装整合也是该集团成立以来的第一次整合传播工作的负责人王小林说："由于市场情况和消费者购买倾向的变化，公司资源的整合调整已成为一件迫切要做的事情，同时它是一项难度很大的工程，涉及面广，面对的问题多，需要现代传播学理论和手段、各项应用标准、公司的市场战略、用户需求的变化以及调味品自身包装发展趋势、终端的需求等因素支持。"他认为，包装作为产品的重要载体，势必要围绕公司总体目标和营销战略来调整。在谈到我国调味品包装发展的趋势时，他首先特别强调了调味品的大众消费特性，在包装策划和整合中，珍极品牌如何体现和传播，能否收到良好的货架效果，能否为广大消费者所接受，这是调味品包装整合重中之重的工作。

产品的包装设计要避免两极现象，即要么不重视包装，要么过度包装，这都不是科学的产品包装，真正合理的包装应达到成本合理，又能促进销售的作用。有专家认为，调味品不仅要有优良的品质，更要有中高档次的包装。富有特色的包装能迅速吸引消费者，厂家应力求形式多样，大小规格不同，既可家用，也可旅游携带的多种产品。包装是品牌的一张脸面，如果包装落后，档次不高，都将大大制约中国调味品进军国际市场的步伐。

5. 品牌竞争：唯有拉大差异化

从长远的发展来看，调味品业中高档的产品正逐步向品牌集中化的方向发展，企业通过资产重组、优胜劣汰形成几个产量数十万吨、生产中高档产品、产品行销全国的大企业，已经成为行业发展的必然趋势……

要真正做出国际化的调味品品牌，可以强调其差异化和与众不同的地方，只要有原创性，就要大胆去尝试。日前一些国内企业销售采取散装包装化，就是将饮水机用到桶装酱油、醋上，这在消费者看来还是件新鲜事，但生产厂家看来这只不过是一种趋势，是销售的一种革新举措，是适应市场需要的一个方面。

据介绍，在这种包装散装化产品投入市场近2个月来，产品销售超过万桶，在某些地区已经站稳了脚。石家庄珍级酿造集团有限责任公司的销售总监王新生认为，桶装酱油、醋是适应市场的需求。目前农村散装市场的空间很大，为了对散装市场进行良性引导，让农村、县城的老百姓吃到合格酱油，本着更加卫生、方便的原则，就出现了用17.5升桶装酱油、醋，这种规格的包装也可以放到饮水机上。据了解，石家庄珍极酿造集团还生产一种不需要饮水机的5升的桶装油、醋，主要是供应到各大酒店，这些都是适应多种市场需求的表现，这也是品牌竞争中大走差异化的收获。

我们从长远的发展来看，调味品业中高档的产品正逐步向品牌集中化的方向发展，企业通过资产重组、优胜劣汰形成几个产量数十万吨、生产中高档产品、产品行销全国的大企业，已经成为行业发展的必然趋势。品牌大走差异化，必将会加快企业的发展。

6. 技术创新：多功能是大势所趋

对于老产品要用新技术革新，用高质量说话，用规模化生产降低成本，为老产品注入新活力；对于新产品的自我研发和转化能力要强，才能不断培养后续产品……

中国调味品协会有关资料显示，在高档酱油方面，全国东西南北都有各自占据“地盘”的品牌。南方是以广东海天、致美斋、美味鲜、福金香、美味源、李锦记为代表的天然晒制工艺高档酱油，年产量约为30万吨左右，形成了较大的品牌生产群；北方是以河北珍极、北京和田宽为代表的采用日本工艺高盐稀态发酵工艺酿造酱油；东边以日本龟甲万和台湾统一在江苏昆山投资建设的江苏统万生物科技有限公司的产品为代表；西南地区则有千禾香调味食品有限公司（原恒星泰添加剂厂）等。尽管这些品牌在上述的宏观格局下都各有自己的特点，都各霸一方，但在技术创新上都普遍需要进行强化。

有专家呼吁，中国调味品企业在强化品牌形象包装和推广的同时，必须强化技术创新，尤其是复合调味品的开发。目前全球调味品市场中，复合调味料占市场份额的80%以上，我国只占到20%，发展潜力很大。

星湖生物科技股份有限公司总经理陈超菊认为：国际竞争是存在的，但对于我们来说，机遇大于挑战。对于老产品要用新技术革新，用高质量说话，以规模化生产降低成本，为老产品注入新活力；对于新产品的自我研发和转化能力要强，才能不断培养后续产品。一个公司的发展思路是产品链与产业链，即注重产品与生产之间的关联性，以利于作用延伸和产品增值，不断推陈出新。

调味品正向着品种功能多样化发展，这也是市场的大势所趋。花色品种增加的同时，多功能调味品逐渐走俏。例如多功能复合调料，各种酱、汁、粉形态的多用调料，用于拌菜、拌面、吃火锅的调料目前在市场都十分地抢手。其次，企业还可以针对不同的烹饪要求，开发各种专用调味品，像专门的蒸鱼豉油、寿司专用酱油等，以此提高产品附加值。综观中国调味品品牌，能迎合这种发展趋势的却是寥寥无几。

江南大学校长陶文沂教授说：中国调味品企业特别要加强技术的开发和人才的培养。日本有的酱油企业设有专门的、规模庞大的研究所，特别重视基础理论的研究和技术创新。而国内企业由于技术水平低，行业进入门槛低，导致产品竞争力弱。看来，这是我们亟待需要引起高度重视的。

7. 品牌行销：终端是重中之重

如今倡导经销商走出店面，改“坐商”为“行商”，将卖场建成流动的“超市”……

据统计，到终端购买调味品的用户指定品牌占70%。另外30%的人并没有明确的购买目的，这些人主要凭产品包装、POP等终端宣传品的刺激和营业员导购实现购买；而前者经营业员的极力推荐，会有25%的人改变原意，从而购买推荐品牌。可见，锁定终端是营销工作的重中之重。

由于传统营销模式弱化，新的销售终端不断出现，2003年，许多企业都意识到销售终端的重要性，但是多数企业的企业内部的改革和营销渠道的调整仍然还处在混乱之中。国内味业企业多采用金字塔型的分销模式，层层分销：大批发商→中批发商→小批发商→零售商→消费者。显然，这种模式已经受到新的销售模式的挑战。

我们可以拿广东酱醋市场上来说，几大品牌就占据了大半壁江山，一些地方的小品牌只能在夹缝中求生。据我们的了解，来自佛山的海天酱油2001年在全国销售额达到3亿元，而一个省销售较好的地方品牌一年的销售也过是5000万元。从中央电视台到地方电视台都有大量的广告宣传，重点城市的大手笔的促销是随处可见，送货车总是招摇过市。但是，在终端的运作中仍然存在着诸多的薄弱环节。

值得一提的是，国外调味品业品牌在经营上更加灵活多样，再不局限于一种销售方式，变简单的“销售”为“营销”。如今，他们正在倡导经销商走出店面，改“坐商”为“行商”，将卖场建成流动的“超市”，把产品带到乡镇、餐饮企业、居民小区等人群聚集的地区，集中宣传，展示企业及品牌形象并现场销售。从单一的面对批发商，到现在要面对不同层次的经销商和消费者，所要做的沟通和服务工作就比以往多得多，此举提高了产品的市场占有率。

面对当今大卖场不断涌现、餐饮企业持续兴旺、消费群体日益理性的情况，终端工作更需要有力执行。为此，李锦记的总经理王绳祖表示，他们今年最大的工作就是作营销渠道的调整，而且以后还会不断地深入下去。他同时指出，海天之所以发展得那么好，正是因为海天的渠道建设和生产管理都走在了行业的前面。

我国调味品品牌要想在国内外市场中占据应有的份额，就不能仅仅着眼于国内本地市场。品牌经营唯有放宽眼界，进行有效的系统操作，令其品牌真正具有“世界味”，才能真正将中国美食文化传播到世界各地。

七、 品牌之路难以一蹴而就

中国玩具要玩出自己的品牌

提示

“芭比娃娃”，“孩之宝”，“迪斯尼”，是伴随许多中国小孩长大的玩具。这些大家熟悉的品牌，大部分是在国内加工，国外包装，然后再返销国内市场的。目前，中国有 8000 多家生产玩具的企业，占世界产量 60%以上。遗憾的是，多数企业仍主要停留在来料加工和仿制阶段，缺乏叫得响的知名品牌。事实上，我国玩具企业并不是没有自己的一套过硬的生产技术。中国玩具企业要打造出叫得响、过硬的强劲品牌，才能适应时代发展的需要。

1. 玩具虽小市场大

仅深圳一市，平均每名儿童每年在玩具上的花费已达 1000 元以上。可见，中国玩具市场已成为海内外商家垂涎的一块巨大“奶酪”。

在许多国外玩具厂商看来，中国玩具市场的庞大是毋庸置疑的。有关部门预测，中国目前的玩具年消费额已将近 100 亿元。在广州、上海、北京等大城市里，孩子们获得玩具消费的机会就更多，日渐提高的消费能力使他们有可能主导自己的玩具时尚。预计到2010年，中国的玩具消费额将有望超过1000亿元。

▲ 伴随孩子们长大的玩具，会让他们永生难忘。

据外电报道，中国制造的玩具现已占到全世界玩具总量的60%左右。而在中国大陆近13亿人口中，14岁以下的少年儿童及婴幼儿有3.8亿，其中城市儿童有8000万，农村儿童有3亿。仅深圳一市，平均每名儿童每年在玩具上的花费已达1000元以上。可见，中国玩具市场已成为海内外商家垂涎的一块巨大“奶酪”。

2. 成人玩具被忽略

我国的成年人玩具市场中仅青年人阶层需求一项，一年可达500亿元人民币。另外，我国老年人口有1.2亿，这个“银发消费群体”也有庞大的经济实力和经济使用决定权。

中国玩具协会最新的调查显示，在中国城乡居民的消费支出中玩具消费平均约占年消费的5%，而随着玩具向高档化、智能化和系列化发展，其比例将呈加快提升的态势。仅拿成人玩具消费来说，中国成人玩具市场基本上是一片空白。据报道，美国“9·11”事件后，以救援人员为主题的玩具，特别是利用计算机程序控制的消防车及医疗玩具在美国大行其道；电影《哈利·波特》、《魔戒》等上映后，与电影情节相关的授权玩具更是风靡世界。

有专业人士指出，其实中国的老、中、青、少、幼各年龄段的人始终都在与玩具打交道，只是人们并未意识到，因为许多品种被中国人归入了文体用品。比如扑克牌、围棋、跳棋、象棋等各式各样棋类。据中国轻工业协会调查，在国内玩具市场99％为儿童玩具，成人几乎没有玩具。北京市场的3000多种玩具、上海的7000多种玩具，几乎都是为4～8岁儿童设计制造的。作为全国最大玩具生产基地的广东，玩具开发也基本锁定在儿童这个年龄阶层，而忽略了成人玩具方面的开发。

▲ 国内品牌玩具的消费层面还有待进一步拓宽。

中国玩具协会原理事长任兴邦估计，我国的成年人玩具市场中仅青年人阶层需求一项，一年可达500亿元人民币。原因是出生在上世纪六七十年代的人，童年时期因为经济原因，很少用玩具打发时间，现在可能产生“补偿”心态。另外，这些三四十岁的人工作和生活压力大，竞争激烈，成人玩具由于需要全神贯注的投入，因此从另一侧面可以舒缓各种压力。另外，我国老年人口有1.2亿，这个“银发消费群体”也有庞大的经济实力和经济使用决定权，适合老年人的智力玩具显然比打牌、搓麻将有益得多。

3. 国内玩具缺乏研发能力

缺乏自己的品牌和自主知识产权，把所有的希望都寄托在外来的订单上，企业容易陷入困境；品种不多，缺少设计新颖的高科技产品，创建品牌就成为一句空话。

中国实际上已成为全球的“玩具制造工厂”。中国玩具协会的统计数据显示，截至2002年11月，中国玩具出口额达80多亿美元，2001年同比总体增长27%。与此同时，我国玩具出口的贸易形式，主要以加工贸易为主，一般贸易为辅。显而易见，国内玩具企业仍然缺乏自行开发生产的能力。北京华联（广州）综合超市的张小姐认为，中国玩具的变化很快，跟风现象普遍存在，没有自己的个性和风格。比如前阵子电视里放映《忍者神龟》、《五行战士》，各厂家就一窝蜂地生产；最近皮卡丘日本动画片上演，于是皮卡丘宠物小精灵又成了厂家追逐的目标。

对此，中国玩具协会的马世平先生说，资金有限制约玩具业的矛盾更为突出。如开发一套塑料玩具的模具，多的要七八十万元，国内玩具厂家很难有这样的经济实力，因此，跟风现象才不断盛行。北京市玩具研究所高级工程师李厚华也认为，高档玩具需要机械、化工、电子等各方面的配套，而目前我国这方面的能力还很不够，加上人才力量的薄弱，国内企业都不愿去作长线的投入，“短视”就成为众多企业的“首选”手段，以致中国玩具在设计方面失去自我。

广州番禺祈福学校五（2）班学生张驰告诉笔者，学校里现在流传着这样的说法，“一、二年级学生玩的是数码宝贝和芭比娃娃，三、四年级学生玩的是四驱车和樱桃小丸子，五、六年级玩的是高达组装机器人和溜溜球”。我们看到，十色香味荧光笔流行的时候，国内商城里几乎每一家都出现脱销现象；当《火车侠》热播的时候，各大中型商场的玩具柜台天天卖出的火车侠玩具数字惊人……可见，这一股股“玩风”中，有哪一场是国内企业刮起来的？国内企业追随的都是孩子们自己的流行规则，却没有开出“先河”，倡导自己的品牌。遗憾的是，目前孩子们中间流传的时尚，从物品到观念，绝大多数都是越洋而来，而加工的大多都是中国人，冠上洋品牌之后，再回过头来卖给中国市场。

据载，广东省玩具出口位居全国首位，并占据欧美市场六成以上份额。广东省拥有五六千家玩具厂，九成以上的产品出口，玩具出口量占全国七成以上，今年玩具业产值将达375亿元人民币，出口额达40多亿美金。中国工艺美术品集团董事长石晓光指出，广东省的玩具生产加工所占比例太大，缺乏自己的品牌和自主知识产权，把所有的希望都寄托在外来的订单上，企业容易陷入困境；品种不多，缺少设计新颖的高科技产品，创建品牌就成为一句空话。同时，忽视了传统玩具经久不衰的魅力，精益求精方面做得还不够，国际安全标准做得也还远远不够。

4. 加工贴牌不是长久之计

增强品牌意识，实行走出去与请进来的双轨制，才能逐步改变玩具生产及出口产品结构。如今，中国品牌意识相当淡薄，许多国内企业还在陈旧的老观念上转圈圈。

中国玩具协会会长石晓光认为，入世意味着我国玩具业必须完全与国际市场接轨，彻底摒弃、改变长期以来忙着仿冒别人产品的落后经营策略，引进设计开发人才，使玩具反映时代科技的进步，同时增强品牌意识，实行走出去与请进来的双轨制，才能逐步改变玩具生产及出口产品结构。一位业内人士也认为，洋玩具的冲击不仅是商品而且是观念上的影响。随着中国开放，更多的居民走出国门，庞大的中国玩具市场势必要被更新、更好的玩具抢占。如今，中国品牌意识相当淡薄，许多国内企业还在陈旧的老观念上转圈圈。

据了解，在国际市场上，用于送礼的玩具主要是品牌产品。而中国产

▲贴牌永远贴不出中国品牌的未来，中国企业应尽快结束这种“被奴役”的日子。

玩具除了用于贴牌销售外，大部分是廉价的大批量的节日饰物。加入 WTO 后，中国玩具业必然面对着如何解决产品的升级换代的难题。有业内人士同时指出，目前大多数中国玩具企业规模尚小，生产的玩具技术含量较低，还需要依靠大量的手工劳动力。而且，这些企业的技术相对落后，生产的大多是毛绒玩具等廉价产品，智力玩具和电动玩具仅占 3%和 0.6%，还无法与西方和日本制造的高附加值玩具品牌开展正面的竞争。

在中国市场上，“洋玩具”正出尽风头：例如娃娃类玩具，数十种产品有着惊人的相似之处：黄头发、蓝眼睛，一副典型的洋囡囡面孔，中国娃则难觅踪影；我们也经常看到，出现排长龙购电子鸡的盛况；还有那些只要挂上卡通就好卖的各类产品，使用的也是清一色的国外卡通形象——日本的凯蒂猫、美国的米老鼠，以及欧美的著名玩具品牌芭比娃（Barbie）在 2002 年推出多款娃娃新品，其设计融合了各大时装发布会的新鲜元素，与潮流同步，新品的推出掀起新一轮的收藏狂潮；再有麦当劳促销活动相当红的史诺比……而本土的玩具却不见有什么大的举动产生。综观中国玩具，今天依然面临着从科研和产品设计上的创新，国内企业还有很漫长的路要走。

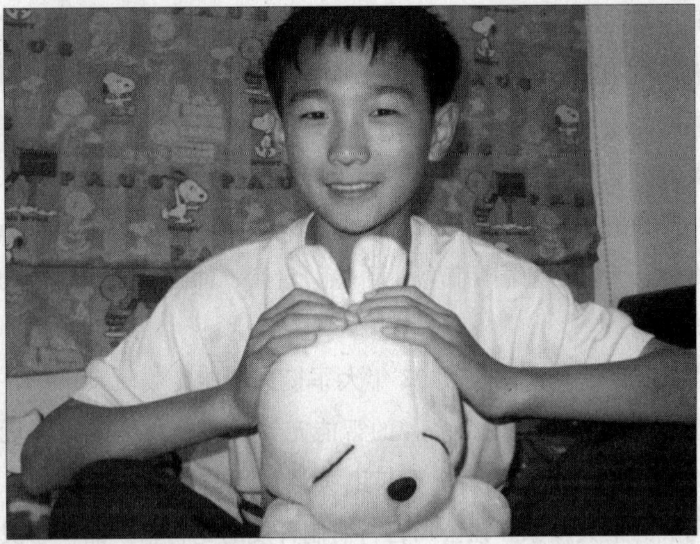

▲只要能让中国的孩子玩上高档玩具，中国玩具品牌就会大有希望。

5. 品牌优势紧锁“科技”

未来玩具市场的竞争将以科技含量较高的品牌产品为主。国内玩具生产厂家要尽快调整产业结构，改加工贸易为生产贸易，力争生产具有文化内涵的，保证质量始终如一，从而塑造出自己的品牌玩具，这才是国内玩具业唯一的出路所在。

西方成功的玩具品牌，不管是风行数十载的芭比娃娃，还是近年风生水起的哈利·波特，它们或依托着强势的西方文化为基础，或拥有缜密的市场策划，这些优势并非是中国玩具业所能够复制的，这正是品牌所散发出来的魅力所在。

以生产毛绒玩具闻名于世的香港侨雄国际控股有限公司董事局主席许奇锋先生认为，未来玩具市场的竞争将以科技含量较高的品牌产品为主，现代玩具应该是工业科技产品，这种产品在市场竞争中具有两大优势：一是含有较高的附加价值，利润高；二是科技水平高，难以仿冒。许认为，传统玩具的竞争力处于弱势，而港产玩具目前在世界市场上处于领先的地位，主要靠椰菜娃娃、忍者龟、狮子王等高科技产品为制造商带来了丰厚的利润。其他的传统产品如圣诞饰物、塑胶玩具等也在海外市场享有盛名。许奇锋认为，目前国际市场上香港、台湾、韩国和中国内地的玩具产品最具竞争力。

值得一提的是，海尔在 2002 年大军挺进智能宠物玩具市场，该公司一举推出了 3 大系列、18 个品种的智能宠物玩具产品，令中国玩具市场为之一振。在“2002 年中国玩具年度奖最佳玩具”评选活动中，海尔机器人公司成为最大赢家，该公司自行研制开发的宠物新产品“小灵童”及“小小灵童”产品以其独具特色的魅力分别荣获 2002 年度“最佳设计创新玩具”及“最佳教育类玩具”。据专家介绍，这两款产品无论从功能，还是结构设计上都有助于培养孩子动手、动脑能力，而产品中集成的高科技知识对儿童的早期智力开发及教育方式上是一次重大的突破。

据中国玩具协会的金晓晖说，深圳玩具业的出路在于改变加工厂地位，芭比、孩子堡、美泰、迪斯尼等许多世界著名玩具品牌产品都在广东生产，其中不少还在深圳。加入 WTO 后，如果还是继续满足于做加工者，未免可悲。本地玩具业要利用现有设备和技术，自主设计出低成本高质量的玩具品牌，别说占领国外市场，只要让中国孩子也能玩上高档玩具，深圳玩具业的前途就光明了。

加入 WTO 后，按国民待遇条款，外商投资企业的产品内、外销比例的规定将要在中国境内一律取消，扶持国内企业的政策必然也一个个被取消，而广东生产的玩具在出口较多的基础上却还要增加。诚然，中国玩具生产企业面临着国内外品牌的严峻挑战更会加剧。广东玩具文化发展研究负责人说：这有利于境外产品进入国内市场。关税下降使进口玩具销售成本降低，实施国民待遇又使进口产品自由驰骋在中国市场，进口玩具由于中国市场准入程度高而增强市场竞争力，从而使国内玩具市场竞争更为激烈。国产玩具产品，将受此激励奋起直追。为此，国内玩具生产厂家要尽快调整产业结构，改加工贸易为生产贸易，力争生产具有文化内涵的，保证质量始终如一，从而塑造出自己的品牌玩具，这才是国内玩具业唯一的出路。

6. “科技”引发人才危机

在优秀人才奇缺的情况下，中国玩具企业就要学会善于发掘、善于培养人才，尽可能地让一些有潜力、有梦想的人在岗成才。

品牌缺失带来的严重后果是产业发展前景的黯淡，随着更多的来自国内外的其他区域竞争对手的出现，中国玩具业原有的竞争优势逐渐减少，缺乏品牌资源的国内玩具业可能连“加工厂”的位置都无法保住。确实，现今的玩具日新月异，几乎每天都推出新的款式，玩具业的竞争相当激烈。至于中国可否成功地在世界玩具业上占一席位，就要看中国未来玩具业的发展。当前，中国玩具制造业明显缺乏自己的核心竞争力，这主要是无品牌策略所致。因此，中国玩具业就必须向现代品牌经营跨越，培育自己的品牌资源，打造品牌，已是中国玩具业的唯一选择。

作为国内玩具业当务之急是积极培养本土的优秀玩具设计师，毕竟这个领域是个很复杂的领域，所设计的产品涉及到电子、塑料等10多个专业，连IC芯片都用得上。因此，中国玩具品牌要赶超洋品牌，设计眼光不仅要有创新行为，而且还要根据不同市场的需求，适时生产具有新意的产品，并且根据市场的实际情况进行细分，以满足不同年龄层次的需求。

国内玩具企业现在都普遍存在着拥有精良的设备和熟练的工人，但缺乏高素质的设计人员。目前，玩具设计人员“奇货可居”，全国也只有广州番禺高等技术学院、天津轻工学院有玩具专业，深圳职业技术学院也正酝酿办一个玩具专业。近几年来，天津轻工学院玩具专业的1000多名毕业生大部分留在行业内，但基本上都在独资、合资企业为外商打工。北京、上海等老牌玩具基地，近年来人才也外流严重，更增加了这些企业重振旗鼓的难度。在优秀人才奇缺的情况下，中国玩具企业就要学会善于发掘、善于培养人才，尽可能地让一些有潜力、有梦想的人在岗成才。

7. 产品开发意识需超前

国内玩具品牌要时刻关注到市场动态，充分把握好品牌趋势发展，产品开发意识需超前，就有可能让品牌踏上一条捷径。

业内的权威人士认为，随着城市居民收入的提高，生活质量的改善，消费者对玩具的需求已经有了较大的改变，从传统的、中低档次的电动型、拼装型、装饰型玩具转向追求新颖的电子型、智能型玩具及高档的毛绒、布制类装饰型玩具。显然，消费趋势变化明显转变，中国玩具企业的品牌战略却不能不变。

当前智力玩具就大受市场的青睐，这类玩具大都集知识、趣味于一体，尽管价格大走高端，甚至一路上升，但却迎合了家长们寓教于乐、望子成龙的心理，一些家长将购买这类玩具视为一种智力投资。广州百货大楼玩具娱乐品专柜是广州云集购买玩具比较多的场地之一，每天客户总是不间断地光临，特别是节假日更是人山人海。该商场的负责人介绍说，目前市场上销售看好的主要是新颖的电子型、智能型玩具。尽管目前在全国各大中城市里消费者普遍可以接受的玩具价格大致在 100 元以下，然而，在广百高达 1000 元甚至 10000 元左右的新颖的、高档的玩具，同样不乏问津者。

国内玩具品牌要时刻关注到市场动态，充分把握好品牌趋势发展，产品开发意识需超前，就有可能让品牌踏上一条捷径。

8. 国外品牌玩具的“秘密武器”

国外的玩具生产企业在开发产品、塑造玩具形象时，大致有两个秘密武器：一是对大家熟悉的历史人物及民间故事中的传奇人物进行包装再现；二是利用电影电视等强大的宣传攻势来塑造新的人物。

▲ 国内玩具品牌没有超前意识，还谈何竞争力？

电影《哈利·波特》、《魔戒》等上映后，与电影情节相关的授权玩具风靡世界；美国迪斯尼电影公司前不久已将我国古代替父从军的女将花木兰搬上银幕，并推出以其形象为造型的玩具在世界各国进行销售。有专家预测，随着《花木兰》的放映，花木兰极有可能成为世界级的“玩具明星”。从以上的手法我们可以看出，国外的玩具生产企业在开发产品、塑造玩具形象时，大致有两个秘密武器：一是对大家熟悉的历史人物及民间故事中的传奇人物进行包装再现；二是利用电影电视等强大的宣传攻势来塑造新的人物。

销售网络渠道的打通，也是中国玩具企业有待加强的着重点。以日本卡通形象“皮卡丘”为主题的玩具，则是第一批进驻中国网上玩具超市的商品。国内企业普遍还没有借助互联网来拓展市场，推广产品，能将网络优势应用于直接零售及供应链管理中的玩具企业还寥寥无几。除了中国第一家在线玩具商店佳信网玩具超市开张以外，其他厂家还处在“隔岸观火”之中。然而，香港、美国、日本和西欧等地区和国家的玩具厂商早已不再局限于各大商场的货架和柜台，网上销售玩具的电子商务站点已经有了近十家。而事实上，我国不少 IT 界人士和普通市民对网上玩具超市表现出浓厚的兴趣。这种国际潮流趋势，中国玩具企业理当是当仁不让。

销售渠道不畅，就会影响消费者的购买，同时也阻碍了国内玩具品牌的建立。有关专家介绍说，一个产品最终要变成一个知名品牌，必须在商场有一定的销售面积，但玩具的利润无法与其他一些品牌相提并论，其在终端的销售必须占据很大面积陈列位置。如果面积小了根本无法把样品全部呈现出来，一旦做不到，又势必影响产品的销售。所以，厂家为了减少销售成本，也不敢设计、生产太多的玩具款式。

其次，一些国内玩具企业为了能有较高的收益，一味地降低生产成本，以求能靠低价来抢夺市场销售份额，在竞争中旗开得胜，结果却适得其反。多数厂家在产品还没有投向市场时就想到，作为非生活必需品的玩具，售价不可能定得太高，于是价格一路走低；有些玩具企业自身生产能力严重不足，为了抢下外销的订单，采取的方式是利用外包，然后收齐凑数的办法；有的采用低档、劣质的原辅材料投产，造成品牌失去应有的说服力和可信度。比如扬州玩具检测中心曾检测发现 200 批不合格出口玩具中，就有 180 批存在安全质量隐患问题，最终被堵在国门之内。因此，中国玩具企业要尽快拿出行动，学习和采用全球玩具的安全质量标准，适应品牌全球化的市场需要，彻底摆脱家庭作坊式的生产模式，这也是中国玩具业打造品牌的当务之急。

品牌的力量已经日益为国内厂家所重视，失去品牌必然比同类品牌“低人一等”。现阶段，国内玩具实力不济，还不能与洋巨头硬打品牌战，但要在强手如林的同行中杀出一条“血路”，设计和创造中国玩具品牌就要头脑灵活、另辟蹊径。这样，中国玩具真正的“中国制造”才能叫得响。

八、 创品牌指日可待

国产纸尿裤创牌大有可为

提示

中国每年有近 2000 万婴儿出生，0～2 岁使用着尿裤的婴儿达 4000 多万人。据观察，我国目前婴儿用品市场仅为少数几个品牌特别是洋品牌所统领，目前尚未出现百家争鸣的现象。但种种迹象却表明，国产纸尿裤创品牌仍然有其得天独厚的优势，要占据本来属于自己的市场，闯出一条品牌之路并非梦想。

1. 来自市场的一组数据

中国纸尿裤年消耗量近 10 亿片，且年消耗量将保持至少 15%的增长速度。这从侧面反映了越来越多的中国妈妈对纸尿裤品牌的接受程度。

据 1999 年的统计数据，国内有 24 家婴儿纸尿裤生产厂，共 31 条生产线，当年纸尿裤的消费量为 7.5 亿片。随着健康理念的逐步提升，消费潮流步伐的加快，这一市场潜力巨大。市场预测 2010 年的消费量将达到 36.7 亿片。目前日本婴儿纸尿裤市场渗透率达 95%，北美地区达 96%，世界平均水平为 44.1%。

中国婴儿纸尿裤的生产始于 90 年代初，目前市场还处于发展初期，市场渗透力仅为1.6%。据估测，中国纸尿裤年消耗量近10亿片（从2000年7月到2001年6月），且年消耗量将保持至少15%的增长速度。这从侧面反映了越来越多的中国妈妈对纸尿裤品牌的接受程度。

2. 国内企业当仁不让抢市场

我国各大型卫生巾生产厂家近年来纷纷进入纸尿裤生产领域，凭借着各自的生产设备、人员与技术、市场网络等方面的优势，掀起了纸尿裤市场激烈的搏击风浪。

随着经济快速发展，生活水平的日益提高，使婴儿纸尿裤（含纸尿片）愈来愈受到年轻父母的喜爱，它不但减轻了繁忙的家务劳动，并且使家庭环境更加整洁清爽，市场潜力非常大。我国各大型卫生巾生产厂家近年来纷纷进入纸尿裤生产领域，凭借着各自的生产设备、人员、技术、市场网络等优势，掀起了纸尿裤市场激烈的搏击风浪。一些原在卫生巾生产领域业绩不俗的企业，如恒安集团等，在婴儿纸尿裤生产领域也占据领先的市场优势。香港瑞麒制品厂执行董事李国明说，1992年他们将工厂搬到东莞，是第一间以中外合资形式在内地生产纸尿裤的同类工厂，目前每月可生产婴儿及成人纸尿裤1200万条，一年的产量是1.5亿条。

虽然目前内地纸尿裤市场竞争十分激烈，但中、高档产品越来越受欢迎，消费者亦越来越注重品牌。因此，不断提高产品质素，售价相宜，是拓展这个庞大市场的“法宝”。此外，随着人口老化，成人纸尿裤也是一个值得看好的市场。李国明说，瑞麒很早便建立自己的品牌，主要有“金装哈砮宝贝”、“哈砮宝贝”、“BB熊”、“哈砮天使”、“心儿”及“爱美”等，同时亦生产“RelyOn惠安”成人纸尿裤，分高、中、低级，各有不同的特点，适合各类型消费者。经过10多年的耕耘，目前在香港及内地均销量不俗。在香港，瑞麒品牌是所有政府医院的指定供应商。

据中国造纸协会的调查，目前生产纸尿裤的前5位厂商在全国市场的

▲ 我国每年有近 2000 万婴儿出生，可见市场之大。

占有率为 71.5%。值得推荐的产品分别是帮宝适纸尿裤，出品：宝洁（中国）有限公司；安儿乐纸尿裤，出品：福建恒安集团有限公司；菲比纸尿裤，出品：中山瑞德卫生纸品有限公司；嘘嘘乐纸尿裤，出品：全日美实业（上海）有限公司；小淘气纸尿裤，出品：全日美实业（上海）有限公司；好孩子纸尿裤，出品：好孩子百瑞康卫生用品有限公司；好奇纸尿裤，出品：金佰利（中国）投资有限公司。其中，本土企业就有 3 家与洋品牌平起平坐。

3. 国内企业市场敏锐度高

国外儿童纸尿裤品牌非常集中，国内品牌纷纷及时跟进，对其产品设计、促销、激励代理商政策上不断调整，紧盯外商品牌，势头也很迅猛。

近些年，国内消费市场时兴向“洋”看齐，新生儿纸尿裤消费量不断上升。这种商品当然有优劣之分，进口品牌价格高、质量好是不争的事实。据好又多超市销售部王洪经理介绍，国外儿童纸尿裤品牌非常集中，国内品牌纷纷及时跟进，对其产品设计、促销、激励代理商政策上不断调整，紧盯外商品牌，势头也很迅猛。香港消费者委员会去年的一项试验结果显示，售价较便宜的纸尿裤，其效果未必较贵价的差，故消费者在选择纸尿裤时，并不一定要买贵价货。

另根据香港消费者委员会《选择》月刊去年的一份关于婴儿纸尿片的试验结果比较，在20多个牌子中，只有一个牌子获得了5点的最高分数，而瑞麒出品的“金装哈智宝贝”则得到了4.5分数，表现十分好。瑞麒产品平均每条的价格仅为1.21港元，而参加试验的其他产品有的平均价格每条达3元，由2元至2.5元的最多。该月刊的文章指出，从婴儿出生至两岁半，假设一天平均使用8条纸尿裤，则两年半要用7000条。在18个普通样本中，最贵的比最便宜的每条平均高1.49元，使用最便宜的样本，两年来可节省10877元。

4. 广州纸尿裤品牌调研

国内企业目前仍然占有着市场较大的优势点，对于品牌的创建可以说“正是春暖花开之时”。

2003年2月，广州助企品牌管理有限公司对广州市范围内纸尿裤品牌进行了一次历时19天的市场调查显示：

1. 消费者一致认为，纸尿裤带来的好处：方便占82.72%，卫生占38.54%，防止尿疹占28.90%，爱护宝宝占8.31%，爱护自己占6.64%，其他好处占1.33%。

2. 品牌使用率及忠诚度分析：菲比占22.13%，帮宝适占21.04%，花王占19.95%，PETPET占10.93%，嘘嘘乐占6.01%，帝儿宝占

5.46％，安儿乐占3.55％，其他占10.38％。

3. 购买过的品牌：帮宝适占46.18％，花王占38.21％，菲比占37.54％，PETPET占21.28％，嘘嘘乐占14.29％，美适占4.98％，帝儿宝占4.32％，心儿占2.33％。

4. 购买所使用品牌的原因：质量好占75.08％，经济实惠占29.90％，别人推荐占9.30％，包装漂亮占6.98％，其他原因占5.655，售货员推荐占4.32％。

5. 纸尿裤使用的季节性：春天购买占13％，夏天占11％，秋天占7％，冬天占69％。

6. 纸尿裤来源特征分析：大多自己购买总比重占88.04％，大多他人赠送占9.63％。两者各占一半占2.33％。分析结果是，100％自己购买的占大多数，为60.47％；大多自己购买的占88.63％。

7. 了解纸尿裤途径分析：医生推荐介绍占26.25％，产前培训时得知占9.97％，他人推荐占30.90％，广告占41.53％，自己获悉占29.57％，其他途径占3.65％。

8. 价格接受程度分析：价格在1～1.5元/片，比例是46.84％；1.5～2.5元/片，比例是41.53％；2.5～3.5元/片，比例是10.30％；3.5～5.5元/片，比例是1.33％。

从以上的数据显示，消费者购买纸尿裤使用率高，市场容量大；纸尿裤大多自己购买；冬季为重度使用季节；中高档产品销售状况较好；品牌知名度、价格是影响消费者选择纸尿裤的主要因素；广告、他人推荐、医生推荐是了解纸尿裤的重要途径；无论是认知度，还是购买方式上，消费者的理性都大于感性。从市场整体来看，国内部分品牌状态也还存在着一些不足点。

国内的纸尿裤品牌众多，但是大部分知名度都还很低，主要是因为品牌营销传播不力，难以挤得货架空间，使用率很低，但因价格较实惠，吸引了部分低收入的忠诚消费者。其中，能占据消费者记忆的只有安儿乐、帝儿宝、嘘嘘乐，但比起国外品牌，在消费者心中的记忆度差距较大。当然，国内企业目前仍然占有着市场较大的优势点，对于品牌的创建可以说“正是春暖花开之时”。

5. 完全可以控制好通路

国内品牌有待发展的道路很宽广，正所谓是“得通路者得天下”，国内企业应牢牢抓住市场的机会点，以求快速建立品牌。

据观察，当前广州市场菲比、花王、帝儿宝、PETPET、帮宝适等几大品牌销售量一直是遥遥领先。销量较好的经销商在销售旺季可达 2000 多箱/月，淡季可达 500 多箱/月，而销售差的经销商 50 箱/月都不到。由于广州的季节气候的特殊性，销售好的代理商，无很明显的销售旺、淡季节之分，其网络大，分销渠道广。特别值得一提的是，花王今年大玩价格，其销售量也是十分惊人。

激励措施方面各品牌也都是各师其法。广州佳得乐超市的销售部李佳经理说，菲比品牌每年有一个推销期，每月销售完成达到 300 箱，奖空调一台；安儿乐品牌则采取销售一定量的产品，奖若干现金的方式来激励经销商；HELLO 品牌送旅游活动。部分品牌均采取达到一定销售量的产品业绩，就送一定数量的产品的激励措施。通过了解，代理商纷纷一致认为，奖现金最受大家欢迎。

关于价格方面，笔者走访了家乐福、好又多、华联超市等数十家大卖场销售部了解，他们一致认为，国内纸尿裤品牌走高品质、高档次的高档路线较好，价格影响并不是很大，目前中高档商品竞争品牌不多，主要是菲比和花王，市场空隙较大。价格、质量比较高的品牌，较受消费者的欢迎，比如帝儿宝、花王等。大多数的消费者认为价格是最大的影响因素，质量没很明显的差别，尤其是中低档的产品，大家都能够接受。

在促销活动方面，笔者也了解到，各大国内外品牌都是各显神通。帝儿宝品牌送玩具，并与部分妇婴医院达成协议，在院内必须购买。好又多超市纸尿裤理货的李源小姐说，趣致宝品牌实行优惠装，这个方式很受广州市民的欢迎；好奇品牌赠舒洁盒纸与小包装；金贝贝品牌赠尿片罩，这种赠品与商品有相关性，就如同红花与绿叶，搭配起来相辅相成，让人有很强的记忆点，吸引消费者舍弃竞争品牌换取长远的销售业绩。

国内品牌发展的道路很宽广，所谓“得通路者得天下”，国内纸尿裤品牌应牢牢抓住市场的机会点，以求快速建立品牌。

6. 品牌行销的几点建议

国内纸尿裤品牌，在公关策略的运用上，也可以考虑与婴儿、准妈妈集中的防疫站、医院、产前培训班达成协议，全面接触目标消费群，让品牌知名度和忠诚度全面建立起来。

从市场通路的态势来看，国内品牌加大力度就可能让品牌崭露头角。新品牌要进行强有力的促销，并采取部分试用装激励消费者购买，以扩大品牌影响。

其次，国内企业在广告的宣传上要像国外品牌一样，不惜加大终端推广的力度。强生品牌就是依靠其强大的实力而独占鳌头的，笔者在皇家宝贝、爱得利等婴儿用品专卖店都能看到强生品牌的身影。销售商说不少顾客点名要强生，因此店家要进这些货来撑门面。在销售兴旺的背后，能看到强生的广告投入费用是巨大的，甚至是无人可及。仅在2000年6月，强生婴儿用品在全国投入的广告费近600万元，而销售排名第三的“大眼睛”儿童系列用品投入的广告费用大约是20多万，仅相当于强生的零头。强大的广告支撑，使强生理所当然成为各经销、零售点的抢手货。

再就是在品牌分销策略的运用上，要迅速铺开分销网络，占据有利的货架空间。这就要把便捷服务给予经销商，可以将商品送货上门，方便各地区经销商；在结算方式上，可以采取分单结算的方式；在价格上，围绕销售的旺、淡季节进行适当的局部调整；还可以进行销售竞赛，采取奖现金或送产品的促销措施；在打市场期间，采取进货优惠政策等。

当然，在促销工具的选择上，也要采取免费试用、赠品、优惠、代理商销售竞赛等方式全面展开。比如"帮宝适"与沃尔玛强强联手，共同关心婴幼儿成长，在"关爱宝宝"活动期间，双方将陆续举办"宝宝舞林大会"、"宝宝爬行比赛"、"聪明宝宝合家欢"、"沃尔玛可爱宝宝照片评选"等活动。家长将宝宝的照片交到任何一家沃尔玛购物广场，由沃尔玛中国总部进行评选，获奖照片将发表在《妈咪宝贝》杂志上。据悉，沃尔玛和帮宝适品牌是希望通过这样的活动，向婴幼儿父母提供更多和更有益的帮助，同时也为顾客创造更具娱乐性的购物体验。目前，此活动已经举行了三届，且每一届都获得人们的称赞。

国内纸尿裤品牌在公关策略的运用上，也可以考虑与婴儿、准妈妈集中的防疫站、医院、产前培训班达成协议，全面接触目标消费群，让品牌知名度和忠诚度全面建立起来。

链接：广州市销售的纸尿裤主要品牌一览

帮宝适	嘘嘘乐	安儿乐	奇妙鸭
哈啰宝贝	安儿	惠儿宝	庄宝
妙奇	心怡	贝贝洁安	乐一乐
乐肤爽	花王	SNOOPY	HUGGIES
HANDY	好孩子	美适	美素乐
高适安巧	幼青舒爽	BB熊	倍思
威乐宝宝	好奇	趣致宝	菲比
帝儿宝	超爽	雅爽	爱儿乐
BB宝	百佳	小皇帝	猪仔
心儿	安婴宝	小淘气	新宠儿
安儿健	金贝贝	荷庄	乐芙爽
维达	健力宝王牌	妈咪两用巾	妇婴两用巾

九、 酣战日浓
中国卫生巾品牌的未来

提示

可别小看这薄薄一片所创造出的经济效益，迄今为止，我国有500多家卫生巾生产企业，其中直条型卫生巾产品生产线约800条，护翼型卫生巾产品生产线1000多条，卫生护垫生产线近300条。卫生巾年生产能力约800亿片，护垫年生产能力约为150亿片。产品的档次也由早期的低档直条型发展为如今多种品种、多种类型的中高档型。当前中国市场，国内外竞争品牌众多，每个品牌亟待从中分一杯羹，战况很是激烈。

1. 国内卫生巾踏上"快车道"

国内一些发展壮大起来的企业从意大利、日本、德国、美国的公司引进数十条具有国际先进水平的生产线，大大提升了国内卫生巾生产设备的技术水平及卫生巾的质量水平和产品的档次。

卫生巾在我国的生产始于20世纪80年代初期。我国于1982年从日本瑞光株式会社引进第一条卫生巾生产线，生产的是直条卫生巾，这在国内妇女经期用品的生产方面是一个突破。随后引进的是意大利等国的卫生巾生产设备，陆陆续续也有国产设备投入生产。1988 年，《卫生巾》国家标准（GB8939－88）正式出台，对当时的卫生巾生产起到了正确的引导作用。到 20 世纪 90 年代之前，国内已有 1000 余条生产线，但设备的性能较差，生产能力低，产品均为直条型。1991 年，广州宝洁公司率先在中国生产护翼型卫生巾。1995～1998 年期间，国内一些发展壮大起来的企业从意大利、日本、德国、美国的公司引进数十条具有国际先进水平的生产线，大大提升了国内卫生巾生产设备的技术水平及卫生巾的质量水平和产品的档次。1997 年后，卫生巾生产设备国产化程度逐渐提高，技术改造和设备更新的步伐加快，企业之间的竞争加剧。《卫生巾》国家标准也于 1999 年进行了修订。卫生巾产品的卫生指标于 1995 年由国家强制性标准 GB15979－1995《一次性使用卫生用品卫生标准》加以规范（该标准于 2002 年进行了修订）。

▲ 国内卫生巾品牌发展后劲十足，与洋品牌之间距离逐渐缩短。

2. 国内企业开始“长大成人”

卫生巾的生产经过十几年的快速发展，迄今为止，全国妇女卫生巾总产量约330亿片，市场渗透率由1985年的约2%上升到当今的52.7%，与世界平均水平49.5%相当。

国家质检总局最新公布的一份质检报告显示：2002年第4季度国家质检总局对京、津、沪、浙、穗、闽、苏、鲁8省市主要生产企业的70种卫生巾（含卫生护垫）产品质量进行了国家监督抽查，抽样合格率为97.1%，而所有卫生巾、卫生护垫产品的pH值均已达标。抽查结果还表明，产品质量整体水平较好，产品结构趋于高档。大中型企业产品质量抽样合格率为100%，其产品类型多样，质量稳定可靠。这说明卫生巾市场已进入成熟期，降低成本、提高产品质量成为市场竞争的焦点。

据国家纸张质量监督检验中心高级工程师马忻介绍，卫生护垫自1992年开始在中国生产，随后消费量迅速增长，生产也随之迅速发展，消费者主要集中在个人卫生意识较强的城镇。卫生巾的生产经过十几年的快速发展，迄今为止，全国妇女卫生巾总产量约330亿片，市场渗透率由1985年的约2%上升到当今的52.7%，与世界平均水平49.5%相当，而发达国家已达到90%左右。

3. 市场特点日益凸显

在国内卫生巾领域，地方性品牌越来越多，但企业规模小，产品为中低档，知名度和竞争力差。提高品质、技术创新、降低成本成为竞争的焦点。

卫生巾在中国市场现已经进入成熟期，生产能力也在迅速地增长，市场需求相对不足，价格竞争趋向白热化阶段。据观察，产品结构设计更新颖、合理，新材料不断被应用，如添加抗菌药物、使用透气性底膜等。中高档产品市场份额扩大，护翼型逐渐取代直条型卫生巾。

目前，卫生护垫处于成长期和成熟期之间，产量迅速增长，利润率下降，消费者有更大的选择余地，获得更大的实惠。据广东中山市海灵保健制品有限公司董事长介绍，在国内卫生巾领域，地方性品牌越来越多，但企业规模小，产品为中低档，知名度和竞争力差。提高品质、技术创新、降低成本成为竞争的焦点。在香港上市的恒安国际有限公司、花王、尤妮佳、P&G等跨国公司和香港独资的丝宝集团卫生用品有限公司的产品相对垄断全国高档卫生巾市场。国内市场卫生巾大部分由安尔乐、护舒宝、娇爽、舒而美、苏菲、高洁丝、唯尔福、好舒爽等几个品牌占领，市场特点也日益凸显而出。

4. 国内产品优势不再

国内卫生巾品牌以前所占优势逐渐不复存在，眼看着国外竞争品牌纷纷推出功能产品。然而，多数国外品牌与国内品牌经营上恰好相反。

因为产品区隔小，国内一些品牌便失去了以往所拥有的竞争优势，最近在市场占有率方面似乎表现稍微逊色。

据中国营销学会营销专家陈怡静分析，国内卫生巾面临的最大问题就在于“品牌老化”，主要是源于卫生棉市场一直不断有新加入市场的使用者。如果不设法吸引新一代使用者的加入，随着时间一年又一年的消逝，旧的消费者自然流失，新的年轻族群无法适时加入，市场占有率必然呈现出萎缩的现象。面对这样的一大隐患，国内卫生巾品牌以前所占优势逐渐不复存在，眼看国外竞争品牌纷纷推出功能产品，比如有凹凸型的卫生巾、在卫生巾尺寸上进行改进等。然而，多数国外品牌与国内品牌经营上恰好相反，国外的卫生巾品牌都在不断推出新品牌，改变诉求方式，大走情感诉求路线，试图在基本需求满足后，找出另外一种卖点，打开一条生路。

国内卫生巾企业为应战国外品牌，不断以低产品售价策略来提升市场占有率。陈怡静认为，价格竞争不得不承认杀伤力相当强，特别在消费者的忠诚度日渐下降，以及产品的差异性变小的情况下，而国货以15%的价格差异走，必然会陷入苦战。诸如，前段时间，在广州挤入北京路与广百、新大新竞争的"丽的百货"也推出2元一包10片卫生巾，价格战引来众多市民质疑。据权威人士透露，广州零售业这种超低价竞争，已引起了中央领导人的重视，并就有关问题作了批示，要求政府有关部门专门研究此类事情。国家计委日前立马派出调查组南下广东，对这一现象作专项调查。从一个品牌的长期构建来说，这明显对于品牌发展会带来阻碍和不良影响。

5. 国货行销策略缺乏大转变

过去的卫生巾广告千篇一律，总是在吸水量、侧漏或是扭曲变形上大做文章。但是，一些国外的品牌就跳出了传统的做法，不找名人代言，由此省下了大量的广告费用。

卫生巾不同于一般产品，产品力的优良不是光靠视觉即可呈现的，它属于私密性高、广告不宜用大白话的表现方式，所以行销手法的掌握很重要，尤其是广告操作更是一大挑战。

近几年来，随着卫生巾市场的成熟，卫生巾广告表现也日趋活跃，在诉求中，一些品牌勇敢地打破了卫生巾广告的羞涩的局面：护舒宝品牌承诺"更干、更爽、更安心"；高洁丝品牌告诉你"量多的第二天，全靠高洁丝"；安尔乐品牌一改原先的"一枝独秀"，换成群芳共舞，且边跳边唱，"用了安尔乐……健康卫生每一天"……年老的观众看了直摇头，年轻的家长更怕陷入被孩子问"娇爽"怎么爽的尴尬之中。但尴尬归尴尬，女性对卫生巾消费态度的变化已经是不争的事实。

目前，从中国卫生巾品牌的广告整体来看，还需要温柔些、娴静些、含蓄些。2003年1月19日和20日，国际展览中心和北太平庄美廉美超市门前相继竖起了高达15米的巨型某卫生巾品牌的实物广告，生产厂家欲以此推销自己的新产品。据悉，这块卫生巾与真品材料一样，并已申报了吉尼斯世界纪录。没想到，这庞然大物在市民中引起了轩然大波，甚至有人给城管部门打电话，要求拆除这一“有碍观瞻”的广告。结果，两块广告只立了半天工夫便被拆除。他们在运作过程中，忽略了人们对卫生巾的传统观念，这是公司急于将产品推向市场出现的一种偏差。对此，中国广告协会信息咨询部主任李方午认为，过去的卫生巾广告千篇一律，总是在吸水量、侧漏或是扭曲变形上大做文章。而这家公司将产品的抗菌功能放在首位，不能不说是一种进步。但是，他们运用的广告形式却值得商榷。

国内卫生巾品牌在广告运作上一般的做法是经由代言人来建立形象和推荐产品，相继推出以名人代言的就有张艾嘉、张清芳、李玟、陶君薇、张柏芝、天心、徐若瑄、朱茵等。不难看出，名人代言的确能带动不小的广告效益。但是，一些国外的品牌就跳出了传统的做法，不找名人代言，由此省下了大量的广告费用，而是利用年轻人接受的MTV动画方式，把消费者的购买考虑因素中“不侧漏”、“有气味”等核心问题，一个个在广告中表现出来，从解决消费者问题出发，企图以此得到认同与共鸣。也不再强调功能，而是强调了解她们的需求，品牌已成为解决问题的最佳途径。

除了上述因素之外，广州助企品牌管理公司每月所做的调查发现，消费者的忠诚度下降，甚至多数女性会针对流量多寡与使用时机，同时会使用多种品牌；也就是说，在经期量多时会使用一些防护好的品牌，到第三、四天量开始减少，则改用其他价位较低的品牌，最后一天换成卫生护垫。针对这种现象，国外一些品牌已适时抓住这一变化，解决之道是从包装上下手，推出全系列方便装，就是因应消费者的习性所设计，满足每一次的需求。此外，有些国外品牌还设计一款外出一天专用个性包。可别小看这些贴心的设计，据陈怡静透露，包装的变化必将是中国卫生巾品牌下一个行销重点。

6. 国内品牌要走出弊端和危机

国内卫生巾品牌必须更细心观察市场新的商机，一改过去认为只要是女性就是目标消费者的想法，从解决消费者的问题、满足女性生理需求着手，才能维持原有的优势。

品牌经营已是中国企业经营的趋势，经常与消费者接触的卫生巾业更应朝着建立品牌的方向努力。不过，放眼中国卫生巾品牌，其运作还显得十分稚嫩，毕竟随着新的销售渠道的不断涌现，卫生巾品牌在竞争中难免会显示出种种弊端和危机，将国内品牌置于一个进退两难的抉择当中。其主要来自以下这些方面：

2003年全国卫生巾品牌竞争的焦点，将在广告大规模的投入和促销活动的不断加强上。由于市场涌现出一些新的品牌，包装和产品设计上都有绝对优势，一杯羹很明显就要分开来吃，各品牌销售收入就会减少或不增长，但销售与管理的费用持续增加，促使不少卫生巾生产厂家利润下降，同时又会引发新一轮的广告、促销大战。据佳期品牌卫生巾市场总监俞茵介绍，知名品牌对全国市场的覆盖（尤其是北京、上海等特级市场），国内杂牌对一、二级市场的竞争，导致卫生巾使用量的增长速度远远低于供应的速度，市场空间也大大萎缩。

值得庆幸的是，市场营销战略的理论，被越来越多的国内企业所接受，国内品牌对零售网点的把握意识，远远超过了初萌期的原始简单的经营手段对渠道单一销售的理解。市场的激烈程度，营销战略呈现的多样化，已经不能用是与非简而概括之。

但是，我们也看到，国内一些品牌在初期阶段的原始积累后，在向品牌发展转换的过程中，所用的时间过于漫长。国内卫生巾企业对市场整体策略认识太模糊，造成品牌定位不明确，使得实际运作不得要领。综观国内卫生巾品牌，有一半以上的品牌在市场的整体运作中始终在品牌经营和利润经营中间游离不定，或者利润达不到最大化，或者品牌知名度达不到最大化。在客观上也使各经销商和终端零售单位把握不住品牌的经营要求，见利忘义的大有人在，品牌经营意识淡薄的人还大有人在。

我们可以很清楚地看出，国内卫生巾品牌没有一个贯穿始终的整体策略，产品老化、价格反应迟钝、渠道建设缓慢、促销手段陈旧，以及策略调整不能适应市场的变化，处于被动和受牵制的地位。再有，市场建设参差不齐，价格体系各有不同，营销理解千差万别，产品配比各显神通。各地市场发展也极为不均衡，市场处置严重脱节，局部利益观念浓厚，源于企业没有一个可以在全国实施的统一战略。这也包括中、长期的目标缺乏，短期投入计划又极易受到市场冲击，导致投入产出比不能适应市场投资的需要。还有，整体市场的萎缩，单位销售量增加或不便，风险系数增加等，使得中国卫生巾品牌都较难适应市场的发展和自身发展的需要，从而使得国内品牌已经不能仅仅依靠抓住某一局部渠道就能够满足全国市场发展的需要。从某种意义上说，国内诸多卫生巾品牌所面临的弊病和危机，已经不是一些国际连锁销售终端就能挽救的。

分析检讨后，我们发现市场机会依然存在，但是，这一切需要有一个能够贯彻始终的品牌思想为前提保证。可以说，我国卫生巾品牌，需要一个具有全国市场的长期利益回收，需要一个目标明确的方向指引，并需要能贯彻始终的全国市场品牌战略来保证这一利益的达成。一个全国市场品牌大整顿、全国市场大战略的建立和有效执行，已经成为中国卫生巾品牌的必然。

有专家也指出，国内卫生巾品牌必须更细心观察市场新的商机，一改过去认为只要是女性就是目标消费者的想法，从解决消费者的问题、满足女性生理需求着手，才能维持原有的优势。并且不断在市场上推出创新产品，维持一贯创新者的领导地位，品牌成为全球性的大品牌才不是梦想。

诚然，中国卫生巾品牌建设才刚刚起步，但面对经济全球化的挑战，国内卫生巾企业只有迅速融入世界的潮流，克服种种弊端，朝着市场化和国际化的方向勇往直前，才是唯一的出路所在。

链接："放心"卫生巾（2003）品牌战略调整方案

前言

随着市场竞争的日益激烈，"放心"卫生巾在市场上越来越感到举步维艰。为了能摆脱当前的困境，公司决定在 2003 年委托广州一家著名的品牌管理公司对其进行品牌战略和重新部署方面的调整。

战略意图

"放心"卫生巾战略调整和重新部署的目的，是为了建立一个覆盖不同渠道、覆盖不同层次的消费者、覆盖不同年龄需要的产品线，并在重新明确的市场定位的基础上，建立适合各阶段、各阶层利益需求的价格体系。通过大区域营销中心以点带面，确立以经销商为经营主体、以分支机构为市场管理的营销主体，充分提供实施战略的舞台，并辅之以诉求明确的促销手段，准确地向不同层次的消费群传达不同系列产品的不同特征，在市场的推进过程之中，获得市场最大化的认同。

基础决策

维持现有的产品基础，调整现有产品的配销结构，统一产品在全国市场的结构层次，加快高端产品的开发，使高、中、低线产品能够尽快进入一个新品导入、旧品自我淘汰的良性循环中，从而使放心品牌进入市场逐步过渡到井然有序的全国大市场。

产品决策

建立不同产品系列，针对不同市场结构，以产品差异化战略为主导思想，满足细分市场的不同消费需要。

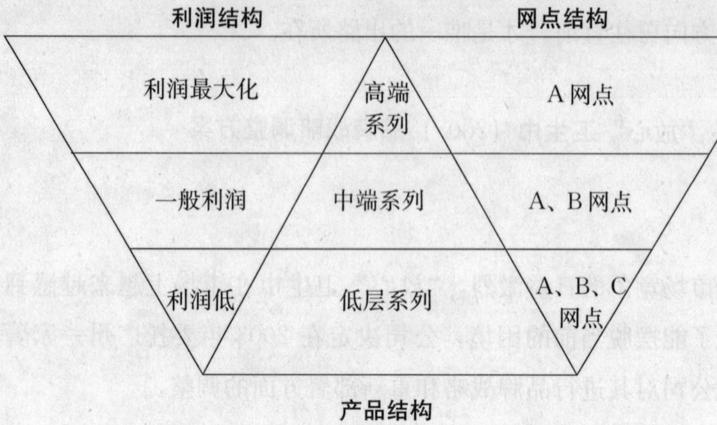

（消费结构、市场份额同层）

高端系列：按年龄段对消费者进行细分，避开大品牌，在高层次市场中占一席之地。目前，要以差异化战略全面体现，多以研发最新、产品差别最为显著的产品系列为主，领导市场潮流。此系列多在市场的前期通过差别诉求，扮演赚钱机器，目前可以确定的是柔肤系列，“呵护”系列在战略调整结束，作为产品循环介入市场（青春装为系列辅助品种出现，导入时间在：2003 年 2 月 1 日）。

中端系列：巩固现有的市场网络，对本公司品牌具有加强作用，两个系列具有互补性。公司本着由高端系列在发展期形成市场主力产品。此系列演变标志为高端产品差异化的钝化，通过公司市场策略人为降低产品级别。目前，可以确定为“三片式”品种。

低端系列：万一高档系列推广不利，低档系列就要做好外围支持。当中端系列在成熟期下降时，低端消费作补充。此系列基本进入产品成长期，目的只为保留足够的市场份额；在“桥式”下降时，便可以确定为“凹凸式”品种推出。这种分布基本上可以做到攻守平衡，并可延长产品的生命周期，必须予以重视。

市场决策

通过差异化产品建立一个产品支点，逐步演变，联合现有产品组成一个产品线，全程覆盖不同的市场、渠道和消费，使产品的淘汰和更新掌握在企业的手中。

高端产品要求建立起差别显著、功能实用的产品特点，形成市场的领导，在无竞争对象形成的阶段中，通过差别诉求和价格调节，分隔出高层消费群，并从中获得相对的最大化利益（20%的销售生产，80%的效益）。“呵护”系列目前依然作为一种储备，现阶段必须对产品层次做调整，全国市场摆正目前的高、中端产品位置（低端产品如果用桥式等，同柔肤系列在视觉上没有显著差异，极易直接影响柔肤在目前的高端地位），时机一旦成熟，储备产品即可导入市场。

每一个高端储备产品的市场介入，基本上视市场竞争力为调节标志。当原高端产品遭到追随者的竞争，或者来自其他品牌另一个可以以其他卖点替代的差异化产品时，高端产品自然降等为中端产品，向更多的消费群进行诉求，并逐步满足市场份额的增加。高端储备产品进入流通，从新占领高端市场，产品线进入良性循环。

价格决策

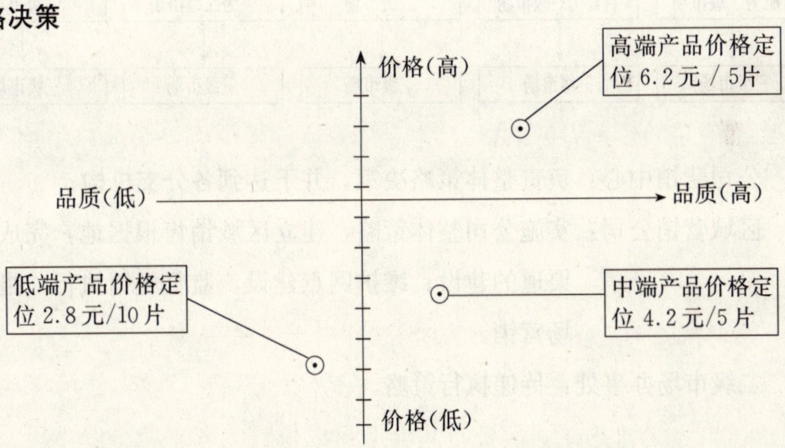

品质系数随市场竞争的变化而变化，市场中一旦产品品质趋于同质，意味着该品质的降低，价格线将自动向右移动，品质系数以市场整体品质为背景成为负值。

通路决策

如果以放弃佳乐福通路为代价，提示“放心”卫生巾全国市场通路建设的必要，获取全国市场的利益，“放心”卫生巾的产品策略和价格策略实施将以营销通路为舞台，需要在1～2年的时间，迅速建立并直接控制全国特级、一级、二级和三级市场，同时对四级市场进行自然渗透。

1. 大区域通路可以这样构筑：

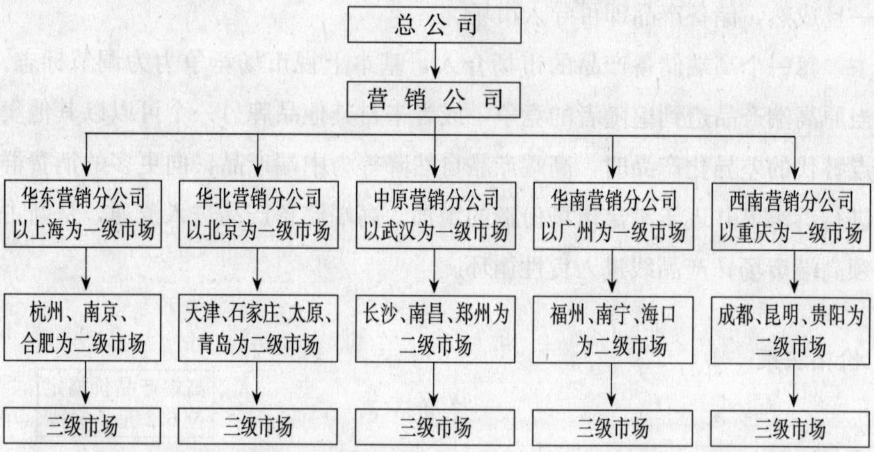

公司营销中心：负责整体策略决策，并下达到各分支机构；

区域营销公司：实施公司整体策略，建立区域销售根据地，完成分支渠道的建设；维护网点建设，监督经销执行，指导市场营销。

二级市场办事处：传递执行策略。

2. 小区域通路构筑：

促销决策

产品差异化的特征传播，是市场认可的桥梁，也是是否能构筑产品线

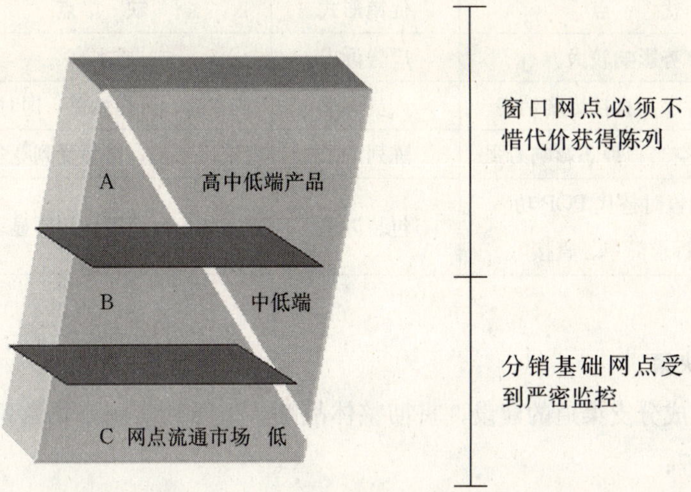

的一个关键。因此不仅需要通过价格区隔消费群，还需要以诉求来明确产品责任。

诉求需要集中的通俗地体现产品差异特征，诉求方式突出采用以下 4 种：

广告诉求：产品导入和发展时期使用，配合战略意图的体现。市场调整初期可以通过分市场的诉求达到树立品牌功能知名度的目的，前期可以通过营销总部以地方媒体为主，后期待品牌做大以后转向中央媒体的投入为主，无论是前期，还是后期在广告诉求方面都必须统一，尽量做整体诉求；

人员诉求：在于网点阵地竞争的同时，完成差异特征的一对一诉求；

陈列诉求：品牌陈列，突出产品品势和公司形象诉求，包括 POP（销售系统中使用的招贴、宣传资料、海报、柜台展示等）和陈列购买；

包装诉求：静态销售时的无声诉求：可以在外包装上做文章，通过外包装与竞争对手拉开距离。

优　　点	促销形式	缺　　点
声势影响较大	广告诉求	成本高
一对一诉求，直接影响销售	人员诉求	成本高，可控性差，即时效应
弥补诉求空当，静态影响力强	陈列诉求	直接反映差，极易受到竞争影响
静态销售时替代 POP 功能，诉求简单、直接	包装诉求	竞争环境下作用不显著

管理决策

1. 完成分支渠道的建设，贯彻整体战略，指导和实施市场营销，监督经销过程；

2. 要求分支机构最高职位的负责人，适应公司整体战略需要，而非战略随人改变；

3. 财务实施远程电脑化管理，行政实施地区级别差异管理。

人力资源决策

1. 在公司内部加强人才的“造血功能”，将有一定能力的人才重点培训，推向市场作为开拓和销售一线的人力。在公司迅速组成核心的营销中心班子，有计划、有步骤地培训销售队伍。

2. 协调公司内部人员配备，充分发挥员工作业优势，减少人力资源的浪费。

3. 人力资源由原先的被动之中，逐步引导参与市场运作体系，让人才最终与公司的发展成一致步调。

十、小荷已露尖尖角
中国洗衣粉品牌蓄势腾飞

提示

洗衣粉行业是中国市场外资品牌进入最早的行业之一。上世纪 90 年代初，美国宝洁、英国联合利华、德国汉高、日本花王四大品牌的外国公司陆续进入我国市场。他们倚仗手中的资金和技术优势以及品牌光环，让国产洗衣粉纷纷退避三舍，还吞并了国内一大半主要的洗衣粉厂家。上海的“白猫”、广东的“高富力”和“中意”、天津的“加酶”，合资后均被外方控制。他们利用我国名牌厂家的生产能力和销售渠道，推出“碧浪”、“汰渍”、“威白”，“新”产品在国内市场占领了半壁江山。

但是，国内洗衣粉品牌经过多年磨练，在同质化日趋严重的洗衣粉领域里，今天的国货也“小荷已露尖尖角”，正蓄势待发，等着扬眉吐气的一天。

1. 洗衣粉市场空间庞大

1980 年，全国洗衣粉的产量仅为 36 万吨，人均消耗不足 0.3 公斤；迄今洗涤用品年产量已达 3000 多万吨，人均消耗明显增加。

▲ 国产洗衣粉越来越被消费者所看中。

我国合成洗涤工业的起步和发展始于1959年，其标志是目前的上海白猫（集团）有限公司的前身——上海永星制皂厂，于当年生产出我国第一包合成洗衣粉。从那时起到上世纪90年代初，以“白猫”为代表的我国一批洗衣粉优秀生产企业，致力于洗涤剂生产技术的提高和产品的更新换代，陆续推出了加酶洗衣粉、浓缩洗衣粉等新产品。

自1993年以来，洗衣粉行业的结构发生了较大变化，其中合资企业、独资企业洗衣粉年产量约占全国总产量的30%，洗衣粉出口量较长时间内保持在4万吨左右。近10年，我国洗涤用品工业发展很快。1980年，全国洗衣粉的产量仅为36万吨，人均不足0.3公斤；迄今洗涤用品年产量已达3000多万吨，人均消耗明显增加。我国洗衣粉的产量也在不断上升，发展幅度维持在4%左右。据了解，中国的定点洗衣粉多达30家，其中已形成规模的有10家。

与此同时，国产品牌迅速崛起，“奇强”、“立白”等国产洗衣粉品牌进入全国市场的前10名。2001年“雕牌”销量89万吨，“奇强”29万吨，而“纳爱斯”以超出对手60万吨的销量在国内品牌中遥遥领先。这是在中国洗衣粉历史上谁也无法想象的数字。

2. 中外品牌“开战”激烈

竞争明显体现在国际品牌之间，以及国际品牌与本土品牌上，双方都对洗衣粉老大的位置虎视眈眈。

以美国、英国、德国等为首的跨国公司，在上世纪90年代初纷纷抢滩我国洗涤市场，国内许多知名洗衣粉品牌在跨国公司的强大围攻下，“浪奇”、“熊猫”、“海鸥”、“桂林”等纷纷选择合资之路。开创国内洗衣粉广告先河的湖北沙市“活力28”，也在这一时期将自己的品牌作价7000万元交给德国邦特公司使用50年。而现在的活力28公司却被一家小公司收购。毫无疑问，外资对中国民族工业的蚕食，从上世纪90年代中期开始，就已取得了前所未有的“成效”，无论是从规模还是程度上看，中国民族工业正在遭受史无前例的冲击。

值得欣慰的是，1994年，北京日化二厂与美国宝洁公司合资，共同使用“熊猫”商标。2000年9月，“熊猫”娘家北京日化二厂。为避免这一民族品牌从此消失，决定不惜代价，要求提前和美国宝洁公司终止合作关系，坚决收回被使用长达6年的这一民族知名商标。

近10年来，一场如火如荼的市场争夺战一直在我国洗衣粉各生产企业之间展开。这些跨国公司以丰富的促销手段和高密度的广告宣传打出自有品牌，“奥妙”、“碧浪”、“汰渍”、“威白”等洗衣粉品牌开始被众多国内消费者认识和接受，并占据国内高档洗衣粉市场，且份额不断扩大。进入新世纪后，这种竞争更明显体现在国际品牌之间，以及国际品牌与本土品牌上，双方都对洗衣粉老大的位置虎视眈眈，一场厮杀已进入白热化阶段。

3. 品牌就是“命根子”

我们看到，联合利华收起价格战的刀枪，极力塑造主流品牌形象，广告的主体思想已从对产品功能的单一介绍，转变到对品牌形象的再塑造和维护。

毋庸置疑，在当今时代，品牌是企业最大的资产。据资料显示，到2020年，中国城镇人口将首次超过农村人口，达到50%以上。也就是说，农村人口将从现在的70%下降到不足50%，这意味着近20年内将有两成的农村人口农转非，这部分人将逐渐模仿、跟进城镇人的日常消费模式，他们的品牌意识将更容易被培养。为此，我们看到，联合利华收起价格战的刀枪，极力塑造主流品牌形象。比如广告的变化就从开始时的“污渍油渍，不留痕迹”，变到“越洗越鲜艳”，目前则正在热播一套“有它不怕脏，孩子快成长”的广告，联合利华广告的主体思想，已从对产品功能的单一介绍，转变到对品牌形象的再塑造和维护。

有业内人士称，农村消费者在选择产品时，仅有不足三成会考虑产品的品牌知名度，与城市消费者相比，这一比例无疑是偏低的。然而，他们经历了品牌意识从无到有、从淡漠到投入的飞跃。我们有理由相信，未来20年，随着农村人口城镇化的转变，将有更广泛的人群加入到“品牌关注者”行列。

“我们的策略就是用品牌和规模优势，挤掉其他品牌，垒起高槛，让新入行者退出，使我们的规模再次扩大，最终实现年销售100万吨洗衣粉的市场占有量。”在2000年底，“雕牌”的老总庄启传就发出了摊牌式的宣言。

其次，纳爱斯自己也承认，他们的洗衣粉利润微薄，他们对“薄利”并不忌讳，反而认为这是一种优势。庄启传先生对低价策略的疑问是这样回答的：“有人把这种成果归结为纳爱斯是低价位策略取胜，那么国际公司在去年不也推出了'××'、'××'洗衣粉吗？而且价格更低，可他们得到了什么？不也无可奈何花落去！如果这样看问题，未免太简单了，低价绝非万能，低价位的背后必须有龙头品牌作前导，必须有优质作保证，必须有低成本作后盾，否则，便是割肉自戕。"

就洗涤用品而言，没有什么高超技术要求，没有多大的差别，中国现在最缺乏的是品牌。可以说，没有强大的品牌，相对优势就难以发挥。面对中国如此大的市场，外资洗衣粉在中国直接设立生产厂并控股，产品均打上他们自己的品牌，在广告的操作上，投入越来越大，越来越注重品牌的综合意义，力求通过品牌的意义影响并改变中国人的消费观念。因此，中国洗衣粉品牌唯有提升品牌的文化品位，销售量才会扶摇直上，保持稳定，这样，品牌才能发挥真正的魅力。

▲ 品牌已成消费主题，国内市场的洗衣粉品牌让消费者拥有多种选择。

4. 做广告不必“凑热闹”

肤浅、直白、搞笑的广告，往往只能热闹一时，而对于品牌的长期构建，显然会带来诸多不利因素。

国产品牌要赢利，就必须赢之有道。国外强势品牌凭借丰富的市场经验、雄厚的资金实力、科学的品牌管理，催化了市场的成熟，使洗衣粉市场已不再是“乱世出英雄”的年代。显然，国货在日后的品牌构建和科学管理上，还要将眼光放远，还得学会再飞高一点。

我国的广告偏重于“教育式”，为广而告之而做广告的现象比比皆是。多数企业还习惯于用复杂的思维手段来表达一个本来很浅的思维，以至于老百姓看了广告就想按遥控器。众所周知，陈佩斯代言的立白洗衣粉，每天都以“大光头”出台对撼其他品牌，一时是“不伤手的立白”这个独特的销售主张广为流传，一时是“机场追踪”，滑稽的表演及过分的渲染，给人的感觉是来逗乐的。要知道，肤浅、直白、搞笑的广告，只能是热闹一时，而对于品牌的长期构建，显然会带来诸多不利因素。

与此相反，宝洁“汰渍”品牌推出《跳舞的女孩》广告，因为表现风格与宝洁公司一贯的广告作风反差很大，一时受到外界的强烈反对，甚至有人撰文批评。但该公司在做了广告测试后，发现测试数值在标准之上，经过这个量化系统，证明该广告对销售有较好的促进作用。在数字面前，宝洁决定投放这个广告。最终，《跳舞的女孩》为“汰渍”品牌赢得了大量的忠实消费者。

再看国内品牌“雕牌”的宣传广告也有很好的效果。“雕牌”的亲情广告——“妈妈，我能帮您干活了”，在1.5亿元广告费的支撑下“狂轰滥炸”。这则广告抓住时下社会关注的下岗工人话题，突破洗衣粉功能性宣传的常规，通过直面现实，表现心理微妙的转变，体现出中国文化“以心交心”，体现“关心底层”的隐性模式，情义无价中，让大众感受到巨大的共鸣。可以说，“雕牌”用眼泪将品牌打进众多消费者的心。再有，“奇强”采取了针对农村市场的独特方法，也是值得推荐的。如利用赶集的聚积效应，采用现场产品演示，让消费者亲眼所见产品的功效；该品牌大搞模特表演、文化演出，还有免费电影，为当地人文化生活枯燥增添情调，让产品和人民“心连心”；利用小广告、小传单，加之每年刷60万平方米墙体、烟囱广告的速度让洗衣粉广告遍布农村的土墙雨棚，直接走进群众的生活中，让大众感受到巨大的共鸣，品牌的身影随处可见。

5. 值得在二、三级市场扛大旗

品牌要获胜，就必须从竞争者力量最薄弱的地方入手。因此，企业要解决产品流通在中间渠道的截留和停滞，仅需用很小的成本就能把销售渠道建立起来，在终端牢牢地抓住消费者。

市场竞争告诉我们，品牌要获胜，就必须从竞争力量最薄弱的地方入手。诚然，农村是一个充满机会的市场，农村人的消费观念正在发生着一系列的变化。据零点调查公司的一项调查显示，越来越多的农村消费者开始关注品牌。目前，有57.5%的农村消费者日常消费的洗衣粉是“雕牌”，还有相当部分的人用的是“奇强”等本地品牌。据悉，一些二、三级市场的消费能力已经接近或超过大城市，二、三类市场的前景显得更是广阔，以至众多的本地品牌在洗涤用品市场上的占有率却是很高，各个地方的本地品牌“独霸一方”，几乎占有着垄断性的地位。

值得指出的是，山西南风集团的奇强洗衣粉，还有“雕牌”和“立白”品牌，定位战略便是首先选择上海奥妙、美国宝洁和英国联合利华等大企业忽视的农村市场，采取“农村包围城市”的战略而发展成全国第一的。据悉，350个“奇强”办事处迅速启动，几乎所有通火车的地方都相继被“奇强”的二、三级经销商占领，3000余名销售人员急赴全国城乡，1000多辆送货车涂上“奇强”的宣传广告开始奔跑在希望的田野。在绕开经销商批发的正常渠道的情况下，利用送货车把产品直接销售到底端，减少了销售层递的费用，将便利营销充分利用起来，价格的优势也就凸显出来了。

因此，企业要解决产品流通在中间渠道的截留和停滞，仅需用很小的成本就能把销售渠道建立起来，在终端牢牢地抓住消费者。但是，这种做法至今还没有引起中国洗衣粉品牌的广泛关注。

6. 追求合理的利润

消费者最需要的是价廉物美、物有所值的产品。只要价格足够低，消费者也喜欢用那些广告打得多的“名牌”，价格显然是关键。

国内洗衣粉市场是一个竞争十分激烈的市场，基本上国内每个省都有一个当地的品牌。而且，洗衣粉的技术已经很成熟，价格成为消费者选择时考虑的一个重要的因素。而目前合资企业产品价格普遍偏高，然而消费者最需要的是价廉物美、物有所值的产品。当洋品牌在国内一些大城市呼风唤雨时，2 元一袋的奇强洗衣粉却“剑走偏锋”，成为农村市场上的“高档品牌”，并且一天天扎稳了根。

上海迈迪咨询公司的一份分析报告显示，只要价格足够低，农村消费者肯定更愿意接受品牌，因为奥妙洗衣粉的每一次降价，销售量都会有大幅的上升——农村消费者也喜欢用那些广告打得多的“名牌”，价格显然是关键。

7. 产品生存必须技术革新

在行业吸引力不断下降的情况下，融资困难是产业单一的洗衣粉制造业面前的一只“拦路虎”，企图不通过产品革新就能获得金融投资已经很难。

针对国内洗衣粉厂家对技术革新不太重视的现状，外国洗衣粉纷纷向消费者诉求其技术上的革新。如“领袖超洁配方”、“LIPO速洁配方”、“洗衣粉、衣领净二合一配方”等，此举让国内消费者着实感到有新意。据了解，宝洁公司的碧浪洗衣粉价格虽贵，但在北京一上市，短时间内就被抢购一空，造成销售盛况空前的好局面。

被认定为“中国驰名商标”的浙江传化公司日化部营销经理俞顺红认为：“中国的品牌有农村的渠道，但没有好的产品；国外的品牌有好的技术，但没有农村市场。我们正在找一个结合点。”而产品革新不仅是生存的需要，同时也是企业扩张的必由之路。在行业吸引力不断下降的情况下，融资困难是产业单一的洗衣粉制造业面前的一只“拦路虎”，企图不通过产品革新就能获得金融投资已经很难。

8. 致力打造家庭亲和力

品牌以其强烈的亲和力渗透到每一个家庭中，企业所获社会效益是无法估量的。谁能够在千家万户中赢得好感，让人对它产生认同和依赖，谁就能最终赢得市场。

洗衣粉是一个以家庭为主的消费产品，家家户户都或缺不了的产品，而当今市场上可选择的余地很大。品牌以其强烈的亲和力渗透到每一个家庭中，企业所获社会效益是无法估量的。谁能够在千家万户中赢得好感，让人对它产生认同和依赖，谁就能最终赢得市场。

联合利华有关负责人表示，从2000年开始，每年将投资100万元在上海、江苏和浙江两省一市举办“奥妙成长一日”主题活动。2000年和2001年，奥妙投资成功举办了“寻找新生活的奥妙”和“发现成长的奥妙”两项活动，通过评选“奥妙贤内助”和“奥妙新妈妈”，使“奥妙”品牌在苏浙沪等华东市场一带家喻户晓。此次年度计划中投入百万元推出

“中国现代家庭教育计划”，旨在为孩子们提供一个自由成长空间，让他们通过学习和实践触摸梦想。据悉，由全国妇联儿童部、苏浙沪妇联和联合利华股份有限公司共同主办的“2002 奥妙成长一日”主题体验活动，除“做一天现代艺术家”活动外，还将在今后的几个月内让孩子们体验 8 个不同的岗位，包括当一天空中乘务员、当一回运动员、做一次农艺师等。

9. 促销活动还得“悠着点”

为“卖”而疯狂，中国洗衣粉品牌现已到了违背长远行销利益的地步。如今，国内洗衣粉企业促销手法“奇招迭出”，不讲策略的行销活动现象比比皆是。

平淡无奇的促销活动，已经不能让消费者接受。中国洗衣粉商家为了卖产品，几乎殚精竭虑来突出品牌特性。只是，为“卖”而疯狂，中国洗衣粉品牌现已到了违背长远行销利益的地步。如今，国内洗衣粉企业促销手法“奇招迭出”，不讲策略的行销活动现象比比皆是。因此，中国洗衣粉企业品牌行销讲究策略势在必行。

成都明天高科技实业股份有限公司为洗衣粉里“错放”的“三颗钻石”悬赏 10 万元，轰动全国。这则“十万重金寻钻石”的“紧急启事”一经出笼，便在广大消费者中引起轩然大波。据成都市工商局公平交易处有关人士透露，1 万袋洗衣粉的价值不过两三万元，以 10 万元“悬赏”来促销未免有些离谱。

与此同时，一些消费者也对这个广告产生怀疑，他们认为洗衣粉里放钻石的可能性不大。有关人士也表示，“明天”公司的这个促销手段广告虚假成分太多。按照《广告法》规定，广告必须真实合法，把没确定的事作为事实宣传，应视为虚假宣传。

俗话说“买的没有卖的精”，看来有些时候也未必如此。仔细分析研究商家推出的这些“新玩法”，不难看出，这种促销手段是短暂的，虽然在一段时间聚了人气，带动了商品的销量，但这并不是树品牌的长久之计。

10. 品牌形象首当其冲

中国洗衣粉品牌形象的冲击力和辐射力一旦出现，品牌就会鲜活地呈现在人们的眼前，消费者才会在众多的信息之中时刻感觉到品牌的存在，中国洗衣粉品牌基石才会更加坚不可摧。

品牌形象是反映客体所产生的一种心理图式，它早已成为消费者购物时最重要的指标了。据观察，中国洗衣粉在品牌形象的整体塑造上，贫乏之处随处可见，主要表现在产品特色不跟消费者关注的特性一致，在产品外观、时髦、高雅、多样等方面还十分薄弱，其次品牌的命名、图案、广告传播等力度不够，均存在着一些弱点。

立白市场总监邹峰认为，“雕牌”的广告一看就是低档的，我们不走低档路线，广告也相当成功。当然反思一下，用陈佩斯的形象还是土了一点。我们以后会着力于提升与我们在国产品中高档相配的品牌形象。为迎接“雕牌”的挑战，奇强洗衣粉在今年也开始耗资2000万做起了广告，“干干净净做人，中国人，奇强”的广告词力图在消费者心中树立起自己的品牌形象。

广州助企品牌管理有限公司策略部总监杨晓姿说，中国洗衣粉品牌形象的冲击力和辐射力一旦出现，品牌就会鲜活地呈现在人们的眼前，消费者才会在众多的信息之中时刻感觉到品牌的存在，中国洗衣粉品牌基石才会更加坚不可摧。

11. 渠道建设不容忽视

营销的精髓在于推拉的巧妙结合，国产洗衣粉的“短板”在终端。生产企业是经销商的辅助力量，把经销商牢牢控制在手中，就是把终端给控制了。

一个好的品牌，如果没有强而有力的分销渠道，或分销渠道过于松散，消费者在进行购买或重复购买时很不方便，这对于销售量的提升来讲，明显就是一个致命的弱点。在终端建设上，“雕牌”与“立白”双方都承认了自己的不足。尽管“雕牌”也已将其工作的重点放在终端上。与“雕牌”不同的是，“立白”将其改进重点放在强化市场部的功能上面，将市场部从原来的销售部中解放出来并与销售部平行，使之能更多地进行市场调研，摸清消费者的消费习惯并快速将信息返回到公司，以消费者为核心进行企业流程的改造。

据立白公司介绍，在市场操作上，“立白”不强调终端，他们认为终端是经销商做的，企业没有时间和精力去完成这么浩大的工程。而让经销商们融入企业的经营中，充分地了解来自企业的行销计划、产品的发展、新产品上市的动态，以及市场的趋势与流行。我们要学会利用这条信息的纽带，牢牢地拴住经销商的心。

而在现实中，中国洗衣粉的销售渠道却存在明显隐患。据悉，以350克普通洗衣粉为例，目前市场上各种牌子的均价为每箱26元。每箱28元～30元的雕牌洗衣粉，由于没有持续10箱送1箱的促销政策，经销商卖出去的价格往往是每箱28.5元，不但利润低，也成了市场上的高价洗衣粉；再如市场上卖得最好的650克洗衣粉，“雕牌”洗衣粉的经销商进价是每箱30.8元，卖出去一般只加0.5～1元，有的甚至平价卖出去，只赚返利。经销商的利润无法保证，以致曾经拥有不少用户的“雕牌”在部分三级市场竟销声匿迹。与此对应的是，去年仍然低迷的“奇强”今年已卷土重来，抢占了“雕牌”的部分市场。

营销的精髓就在于推拉的巧妙结合，国产洗衣粉的“短板”在终端。中小企业耗费巨大的资金搞终端工程，不仅费钱费力，往往还要承担很大的风险。生产企业是经销商的辅助力量，把经销商牢牢控制在手中，就是把终端给控制了。事实上，抓住经销商就是抓住渠道和终端。中国洗衣粉品牌要想从根本上独霸天下，很大一个手法是要重视渠道的建设。

12. 重视市场有效细分

面对洋品牌的步步紧逼，中国洗衣粉品牌显然不能与之正面对抗，比拼内力，但可以借助将市场进行有效细分而取胜。

在这个个性张扬的时代，顾客需求不断变化并日趋差异化，跨国公司实力虽强，也不可能遮盖整个天空。中小企业通过“细分”的策略，仍然可以获得足够的阳光，实现差异化，赢取丰厚的利润。宝洁公司的做法是，为满足不同的细分市场的特定需求，设计了9个不同的品牌，将洗衣粉细分成9个市场：“汰渍”标榜洗涤能力强，去污彻底；“奇尔”称具有“杰出的洗涤能力和护色能力，能使家庭服装显得更干净、更明亮、更鲜艳”；“奥克多”说自己含有漂白剂；“格尼”是宝洁公司最早的加酶洗衣粉，后来重新定位为“令衣服干净、清新”；“波德”加入了织物柔软剂；“象牙雪”说“统一计划纯度达99.44%，肥皂碱性温和”；“卓夫特”用于洗涤婴儿尿布和衣服，含有“天然清洁剂”硼石；“达诗”据说有效去除污垢，但价格相当低；“时代”更标榜为“天生的去污剂”。

中国营销学会副秘书长李吉认为，我国加入WTO之后，面对洋品牌的步步紧逼，中国洗衣粉品牌显然不能与之正面对抗，比拼内力，但可以借助将市场有效细分的策略而取胜。

十一、 创牌呼唤全面升级

中国饼干要赢在“细节”上

提示

从1985年以来，大陆饼干业的市场压力越来越大，尽管大陆已引进数十条先进的饼干生产线，但是法国的达能、美国的纳贝斯克、英国的奇宝和台湾的康师傅等知名品牌正大规模抢滩大陆市场。同时，市场上酥性饼干、韧性饼干、苏打饼干、夹心饼干、曲奇饼干及薄脆饼干等各类饼干产品琳琅满目，洋品牌提及率处在突出的、压倒性的优势地位。

国产饼干业品牌处在稳健增长期，虽然中国饼干市场出现局部的繁荣，但从当前的市场竞争态势来看，世界著名的饼干品牌进入国内市场，这对本已处境艰难的国有饼干企业无疑是雪上加霜。很明显，大陆饼干品牌在目前竞争中显得力不从心，创牌还有待全面升级。

1. 市场潜力：高中档饼干统领市场

外国和台湾地区的饼干品牌已经垄断了大陆的中高档饼干市场，大陆品牌主要在低档饼干市场抢滩。

▲吸引消费者的往往是进口的饼干品牌。

中国饼干市场是一个稳定发展的传统市场。截至2000年，中国县级以上的饼干厂约有4000余家，饼干类产品生产线约5000余条。饼干产品的年产量以每年10％至15％的速度递增，预计2005年生产规模将达到170万吨。再加上中国大量引进外国的先进饼干生产线，以及合资企业的蓬勃涌现，大大提高了中国饼干产品的生产能力。在所有的方便食品中，饼干市场规模排名“老大”。

有资料显示，外国和台湾地区的饼干品牌已经垄断了大陆的中高档饼干市场，大陆品牌主要在低档饼干市场抢滩。从1985年以来，由于大量引进外国的先进饼干生产线，再加上合资企业的蓬勃涌现，大大提高了中国大陆饼干产品的生产能力。另外，从中国人均饼干年消耗量仅为1公斤左右的数字可见，与发达国家饼干的人均年消耗量25公斤至35公斤、中等发达国家的12公斤至18公斤相比，大陆饼干市场仍具有极大的发展潜力。

2. 品牌竞争：国货素质有待突破

竞争激烈程度上升，形势不容乐观。尤其在大中城市，其饼干市场往往被少数几个品牌占去大半份额，在这种情况下，竞争必须讲求策略。

我国的饼干业近年发展突飞猛进，在方便食品领域现已成为人们瞩目的焦点，但与国外品牌相比，竞争力就明显低了一个层次。国内品牌为了应对洋品牌的大规模的冲击与竞争，也对市场进行研究，但多数的企业还不是很深入，对饼干业的发展趋势看得还不够仔细；它们还普遍忽视品牌发展战略，这些对于中国饼干品牌是优势，也是要突破的盲区。

据一份调查显示，目前国产饼干的主要消费对象是广大中低收入者，而高收入者购买饼干时大多数认牌购买，这一群人均受到商品的品种、质量、造型、包装等方面的影响，国内品牌在这些方面还无法与国外品牌“相提并论”。国内企业也看到了这个差距，也纷纷引进一些好的生产设备，但是有竞争力的洋品牌在生产工艺上都很成熟，国内饼干品牌并不是有了好的设备就有竞争力，要赶超还有很大一截距离；再说，洋品牌进入中国市场凭借着先进的营销理念和得力的品牌策划，在竞争中占有绝对优势，国内品牌无法与之正面迎战，在竞争中明显是力不从心，以致国内饼干品牌从高档市场的位置上让位，继而转战中低档市场。

上海饼干业专家认为，我国饼干业近年市场竞争相当激烈，尤其入世以后，饼干关税将大幅度下调，除了已经进入我国的国外品牌外，还继续会有世界著名的饼干品牌进入到中国市场，这对本已处境艰难的国有饼干企业无疑是雪上加霜。国外饼干档次较高，因此首先受到洋货挑战的将是国有大型企业和沿海地区的中高档产品市场。但中小企业的情况也不容乐观，大型企业在高档市场竞争乏力，将被迫加入到内陆和农村市场的争夺，给中小企业带来压力。因此，入世给大部分饼干制造企业带来冲击。中国企业势必从现在开始就应该着手准备，增强竞争能力。

上海东亚食品工业有限公司副总经理龚礼明表示，康元集团目前在国内已建立了4家合资企业，除了最早的蛇口厂之外，还有上海东亚、天津康美林和成都新成，郑州还有一部分厂尚未投产，这说明康元在国外的发展速度相当快，也体现了市场对这个牌子的认可程度。康元的特点是花色品种丰富，达100多个品种，但也有缺点，就是消费者在太多的品种中不知如何选择，因此就要选择几个主流品种做重点推广。也必须看到，全国的饼干厂数量陡增，竞争激烈程度上升，形势不容乐观。尤其在大中城市，其饼干市场往往被少数几个品牌占去大半份额，在这种情况下，竞争必须讲求策略，扬长避短。

品牌竞争，说到底还是在内在品质、内在质量、内在潜能的竞争，国内饼干企业应尽可能地把蛋糕做好、做大，创出真正有影响力的价值品牌。据观察，当前的市场中大陆饼干品牌还处在被动局面，外国和台湾地区的饼干品牌在大陆市场动作日益加大，特别是在2003年第一季度，它们在商品开发上也不仅仅往高端走，中低档类也开始全面投入，而且在销售渠道上进行有效细分，终端管理有方，一场抢滩大陆饼干市场的大战即将打响。

3. 推广手段：要赢必须关注“细节”

若做不到这一份细节，消费者就无法感受来自品牌的那一份亲和力，缺乏有效的接触和交流，品牌黯然失色也就不足为奇。

达能、纳贝斯克、奇宝等国外品牌，凭借着强大的品牌效应和有力的市场推广，占据了饼干市场的主要份额。它们在中国市场赢得消费者青睐，其推广手段各有千秋，但都有一个共同点：赢在细节。

达能品牌靠着它强大的市场推广力度，使产品深入中国市场的每一个角落，理货员每天都穿梭在大街小巷，甚至连街边的小杂货店也不放过，做到大规模的铺货。可以说，达能的推广是环环相扣的，从蓝天下的麦田、“分享健康每一天”的标语到已有的两个系列产品，并成功建立“分享健康每一天”的品牌价值，达能已稳健地逐步走向成熟，走向高速发展的轨道。再看纳贝斯克的奥利奥巧克力饼干，它凭借“蘸一蘸、扭一扭、舔一舔”这种新奇而有趣的食用方式，改变孩子们日常吃饼干的习惯，增加了食用的乐趣，品牌由此深受爱戴；再看奇宝通过它独有的可爱卡通小矮人品牌形象，提高了产品的亲和力，拉近了与消费者彼此间的距离。

▲国内饼干品牌在与洋品牌抢市场时，更要讲究品牌策略的持续性操作，这样品牌才有累积增值的可能。

值得一提的是，上海冠生园引进压缩饼干生产线，在开发市场时摆脱常规的市场推广思路，推荐其作为学生课间加餐食品和旅游食品，受到市场的认可，去年销售量达到 2000 多吨。

据业内专家分析，“得细节者得天下”，也许这话有些过分，但细想一下，若做不到这一份细节，消费者就无法感受来自品牌的那一份亲和力，缺乏有效的接触和交流，品牌黯然失色也就不足为奇。

4. 产品质量：口味和品质都要一致

口味和品质是通向强劲品牌的第一个关口，它也是经济竞争的焦点，品质过关了，它比任何促销手段都能使消费者信服。

饼干是一种低价格的产品，普及性较高，传播面也很广，在质量上稍有一点问题，市场立即就会反映出来。“质量是品牌的生命”，这句话在饼干行业让人体会最深。无可否认，随着合资企业大量涌现，我国饼干的工艺水平和产品质量也有了很大提高。有些饼干做得也相当不错，但是输就输在质量或高或低，缺乏一个质量标准。

饼干是以小麦粉为主要原料，按其加工工艺的不同可分为酥性饼干、薄脆饼干、曲奇饼干、夹心饼干、威化饼干、蛋卷等种类。消费者在购买饼干产品时可根据自己喜爱的口味进行选择。而对于生产企业来说，控制好各类别产品的口味就必须下一番功夫，标准作业是一个重要的环节。青岛食品股份有限公司董事张绍林说：“合资产品好在哪儿，并不是它能达到理化指标，这个我们也能做到，关键还是合资品牌能做到口味和品质的一致性；尤其做到批次不同产品质量的一致性。国内企业应有意识地加强对后者的追求，研究如何从工艺上保证每一块饼干都达到相同的质量，这样才能保证消费者对产品的喜爱。”可见，口味和品质是通向强劲品牌的第一个关口，它也是经济竞争的焦点，品质过关了，它比任何促销手段都能使消费者信服。

据观察，国外饼干品牌，在口味、品种、包装、规格等方面质量都很过硬。由于外国人长期对商品的选择要求较高，具有严格的挑剔性，国外企业进驻中国市场后，仍然实现管理一体化，质量上就有所保证，这也是国内饼干品牌在短期内很难做到的。

目前，饼干业的无序竞争已成为制约饼干业发展的主要障碍，造成饼干质量倒退，低档产品质量回缩到上世纪五六十年代的水平。上海梅林正广和公司专家委员会委员李培圩认为，我们可以学习发达国家的行业管理模式，同技监部门和卫生部门通力合作，对加入行业组织的饼干厂授予资格证书，在产品包装上印上协会会员资格标志，有标志的产品方能在零售店以上的卖场出售，否则只能走批发途径，以达到对产品质量的监控，制止无序的竞争。

5. 技术创新：走天然营养保健之路

企业要想在激烈的竞争中不被淘汰，就必须寻找新的增长点，总的来说，是在朝着天然、营养、保健、安全、风味独特、口感酥松、造型创新的方向发展，如在花色品种上下功夫，研究开发功能性饼干……

品牌没有终身制。技术创新的立足点和落脚点，都是围绕市场、面向市场搞创新，国外饼干品牌的成功足以证明这一点。传统食品仍然需要创新，目前通过对年轻消费者群的调查，他们更愿意去选择新的口味、新的产品，因此，传统零食如果一味驻足不前、不创新工艺、改善口味的话，其将来的市场实在堪忧。

广东华威饼业股份有限公司副总经理杨德望说，饼干的消费在大多数国家的食品消费中均位居榜首。据统计，欧洲的饼干人均年消费量为9.22千克，世界平均消费量为9.8千克，荷兰、比利时和英国消费最高，超过14千克。饼干的类别多种多样，然而总的来说，是在朝着天然、营养、保健、安全、风味独特、口感酥松、造型创新的方向发展。为了适应市场的变化，华威今后将以中高档产品为主，同时发展高档产品，加大酥性饼干、硬性饼干和超薄等天然营养产品的投入。

据观察，著名的饼干品牌，皆以敏锐的战略眼光，运用新工艺、新成果，开发新型的产品。比如康师傅推出的“3＋2苏打夹心饼”就是成功一例，它率先对产品创新，三层饼干两层奶油，从而掀起国内销售新热点，使得康师傅品牌之路越走越宽，给企业带来庞大的市场空间。

青岛食品股份有限公司董事张绍林表示，公司今年拟投资600多万元，再上2至3条生产线，扩大钙奶饼干的产量。从近几年国内饼干业发展趋势来看，企业要想在激烈的竞争中不被淘汰，就必须寻找新的增长点，如在花色品种上下功夫，研究开发功能性饼干等。目前公司正在和上海儿童食品专业协会合作搞项目，尝试把氨基酸钙添加到饼干产品中，给产品赋予补钙的功能。

6. 产品包装：有必要向洋品牌看齐

杰出的饼干包装是构成产品区别于同类竞争者的特性，为一个产品在市场是否畅销奠定坚实的基础。

有业界人士指出，饼干包装的好与坏，直接对销售量产生影响，往往消费者的购买决定首先是对包装的认同，有了好的产品包装可避免流通过程中引起的二次污染。时下的年轻人越来越要求产品的完美化，不仅要求零食口感好、质量好、价格适度，还要求包装也要更加精美细致。据一些顾客反映，国产零食多数包装比较差，看到产品外观就会怀疑产品质量。而反观外来的零食品牌，无论是内在质量还是外包装，都让人觉得满意，虽然价格稍微贵了一点，但吃得放心、开心。据了解，今年春节的上海市场上，一种两公斤装的饼干礼箱卖得特别红火，东亚、日清、统泰等著名饼干生产厂家都推出了这种礼箱，好产品加上精美的包装，使饼干从单纯的食品转为更具吸引力的礼品，无形中提高了产品的附加值。

广东华威饼业的杨德望介绍说，现在世界上最流行的饼干有印刷饼干和夹心饼干。前者是采用机械冲印、滚印技术，使饼干表面有各种明显图文，其内容灵活多样，给人们一种新颖感。由于必须采用专用设备，该产品目前生产企业少，极具竞争力。馅心饼干则是突破夹层饼的概念，其特点是外形立体状，内含各种酱料，口味极为独特，这也是饼干发展中的一种新产品。

另外，杰出的饼干包装是构成产品区别于同类竞争者的特性，为一个产品在市场是否畅销奠定坚实的基础。我们看到国外的达能、纳贝斯克、奇宝等，特别是纳贝斯克的奥利奥巧克力饼干包装就很有个性，虽然它们精美的包装不能给消费者提供使用价值，但是我们不能忽略的是，它们均考虑到消费者心理、卖场效果、生活文化及竞争状态，它们都极具视觉冲击力，能直接传导品牌思想。在当前饼干生产中，产品包装设计已经成为中国企业创品牌、提高经济效益的主导环节，应该尽快向洋品牌看齐。

中国焙烤食品糖制品工业协会理事长朱念琳指出，饼干的发展不能局限于传统，而应该向休闲类发展，这符合社会发展趋势。人们生活水平提高了，除了一日三餐外，还经常加餐、吃零食等，饼干与面包、糕点相比有自身优势，耐储藏、易携带、口味多样，可以作为零食、小点心、电视食品、旅游食品等等，中国饼干企业抓住这些特点，饼干业搞开发就有了许多新方向。

▲ 国内饼干市场品种繁多，如果不做品牌，就很容易被淹没。

7. 关键是创造品牌自身特质

国产饼干如何往上做，关键是找准自身特色，不能和合资品牌硬拼。唯有改变当前单纯的点心功能局面，并走出同质化的产品结构，从而创造出自己的品牌特质，迎合广大消费者的价值需求，产品附加值才会得到上升。

随着全球化经济的浪潮，中国饼干企业要在国际市场上占有一席之位，关键要找准自身的特色。综观国内饼干品牌，还有许多的品牌没有塑造出自身独具魅力的特质，因此，造成消费者在选择产品时，喜好度决定了购买行为。其实，品牌创造出自身的特质，消费者便会对品牌产生强烈的信赖感，才会让消费者愿意化高价钱购买你的品牌。

上海冠生园集团总公司副总经理周荣智认为，国产饼干如何往上做，关键是找准自身特色，不能和合资品牌硬拼。以冠生园来说，我们并不以饼干生产见长，但有一个例外，那就是压缩饼干。上海冠生园是全国最大的压缩饼干生产企业，作为军转民项目，生产面对普通消费者的产品已经有两年了，去年在民用市场销售量达到 2000 多吨。压缩饼干具有充饥、易携带等特点，因此我们在开发市场时强力推荐其作为学生课间加餐食品和旅游食品，虽然目前还不能确定其需求量到底有多大，但我们认为这个项目大有文章可做。

据了解，精细型休闲饼干，将是目前的品种发展方向。因此，国内饼干品牌要加大开发休闲类的饼干，与休闲食品争夺市场领地，唯有改变当前单纯的点心功能局面，并走出同质化的产品结构，从而创造出自己的品牌特质，迎合广大消费者的价值需求，产品附加值才会得到上升，品牌才能永葆青春活力。

8. 发展方向：向国际市场迈进

走出国门不仅是缘于市场的逼迫，更应是出于中国饼干业主动的意愿。我们应该看到，树立征战国际市场的战略思维，这是我国饼干品牌发展的大势所趋，是达到新的经营境界的必然选择。

自改革开放以来，国内饼干行业经过引进技术和设备进行技术改造，以及合资企业大量出现，使其生产水平和产品质量已有很大的提高。因此可以说，国内饼干产品中的中高档产品，在国际市场上也属中等偏上水平，品牌完全可以走出国门与洋品牌进行角逐。

上海梅林正广和公司李培圩认为，应该着力拓展国际市场，实行“人进我出”。随着合资企业大量涌现，我国饼干的工艺水平和产品质量也有了很大的提高，完全有能力扩大出口份额。但是，我国饼干中残硫量较高，这是出口的主要障碍，应该加紧这方面的科研工作，开发高效低毒的改良剂，以适应国际市场的要求。

21世纪品牌全球化已是不可逆转的趋势，各国品牌都将面临着一个更加国际化和商业化的市场。从目前市场态势来看，走出国门不仅是缘于市场的逼迫，更应是出于中国饼干业主动的意愿。我们应该看到，树立征战国际市场的战略思维，这是我国饼干品牌发展的大势所趋，是达到新的经营境界的必然选择。

十二、欠缺主动出击
国产牙膏品牌渐失宠

提示

自1806年高露洁、棕榄在美国成立，之后高露洁生产出全球第一支管状牙膏，全球牙膏市场便开始了激烈的竞争。特别是近几年来，外资品牌大规模进驻中国市场，如高露洁、佳洁士、洁诺等，它们凭借雄厚的资金做后盾，通过铺天盖地的广告宣传攻势作为铺垫，靠科技含量较高的产品和精美外包装，逐渐拉近了与国内消费者的距离。而以往被人们广泛认可的、具有相当大市场的著名国有品牌，如“中华”、“洁银”、“黑妹”、“美加净”、“蓝天六必治”、“两面针”等产品，其销售额相比洋品牌，呈下降态势；“留兰香”、“白玉”、“洗必太”、“康齿灵”等品牌逐渐失宠，市场上难以见到。这些曾经响亮的品牌，似乎已成为老一代人的回忆。

市场竞争告诉我们，品牌的创建也同样讲究“先入为主”的方程式，谁主动出击谁就先占领市场先机。从目前国内牙膏市场的竞争态势来看，国产牙膏品牌离洋品牌的距离相差甚远，中国牙膏品牌只能跟着它们身后，模仿其市场策略。可以说，国产牙膏数年来一直处于被动局面，在主动出击方面非常欠缺。

▲ 国内市场的牙膏品牌确实有多种选择。

1. 打造品牌迫在眉睫

目前国内许多牙膏企业还没有完全将品牌放到企业议事的日程上来，从国内市场的竞争来看，国货有待全面导入品牌意识，积极创造品牌对国内牙膏企业来说迫在眉睫。

有调查显示，牙膏已成为品牌消费集中程度极高的一种日常消费品，是近些年来在电视中最频繁亮相的产品之一，广告和促销活动铺天盖地。如果你经常看电视、参加厂商的促销活动，稍留意就会发现各厂家在广告宣传、推广手法上无论多么高明，然而，有一点始终要传达的信息仍然是共同的，那就是品牌。

好又多广州天河分店牙膏专柜区销售员李小姐说："每一个来购买牙

膏的顾客，大多数都是指定认牌购买，对一些新产品很少尝试购买，品牌一直左右着他们的消费。品牌是消费者最为看中的关键点。”数年来，我国牙膏市场长期以来曾被国有品牌所垄断，以“中华”、“黑妹”、“两面针”三大品牌长久分食的中国庞大的牙膏市场，终于被“高露洁”、“佳洁士”、“洁诺”、“黑人”等先后闯入中国市场的国外品牌所取代，中国牙膏市场原有的三足鼎立的局面很快被打破。据悉，1996 年牙膏十大主导品牌中前 3 名都是国产品牌，而 1997 年，原位居第五的“高露洁”一下跃居榜首，“中华”、“两面针”则分别退居第二、第三。此后，十大品牌中已有 4 个是国外品牌，国产品牌牙膏的市场份额在逐日减少。

北京营销专家认为，我们长期以来形成的物美价廉就是优势的理念，已不适应市场细分的时代要求。国货牙膏简略粗糙的包装、低廉的价格，使本来优质的产品只能被划到低档产品的市场范围里。这使品牌的内涵、品牌的形象受到极大损害，国产牙膏只能定位于农村市场或低消费层次，品牌观念落后令人心痛。

美国一家大的牙膏企业在进入中国市场之前，曾对中国牙膏企业做了 3 年质量跟踪调查，结论是：中国牙膏是世界上最好的，价格却是最便宜的，尤其在药物和生物牙膏上，国货更具优势。那么差距到底在哪儿？就是两个字：品牌。业界人士指出，有效的品牌管理能创造产品的差异性，建立消费者的偏好与忠诚，让企业抢下市场大饼。随着产业变化快速、竞争加剧，中国牙膏品牌实施系统化的管理也愈显重要。

据北方经济咨询有限公司近期在国内重点城市进行牙膏市场消费研究，结果表明：小小牙膏已进入到品牌消费阶段，消费者越来越趋向于向知名的大品牌靠拢，强势品牌已成为多数城市消费者的首选。该调查共随机抽样访问了北京、上海、武汉、沈阳、西安等重点城市的 1750 位女性消费者，得出大量丰富翔实的消费者现状及牙膏市场未来消费走势的第一手资料。据调查显示，从最常使用品牌情况来看，“高露洁”位居各品牌榜首，近三成的消费者最常使用“高露洁”，使用率高达 29.2%；“中华”位居第二位，使用率为 18.1%；“佳洁士”位居第三，使用率为 17.2%；

“洁诺”为9.4%，位居第四；“两面针”和“黑妹”分别为5.8%和3.5%，分列第五、六位；其他品牌使用率均在3.0%以下。在访问中，消费者在没有任何提示的情况下回答首先想到牙膏品牌时，首选“高露洁”、“佳洁士”和“中华”者依次为30.1%、21.5%和15.5%；其次想起的品牌依次为“高露洁”19.9%、“佳洁士”17.6%、“中华”15.3%；说明三大品牌的确已经在消费者头脑中打下了深深的烙印，以至于可以达到脱口而出的境界。

据悉，我国牙膏产量世界第一，占国内市场的2/3，这么一个产销比例无不让人惊讶。然而，我国能数到名次的品牌却寥寥无几，国货还没有步入品牌时代。事实表明，品牌在牙膏市场反映最为突出，而我国众多的牙膏企业对“品牌”二字还并没有达到最大化的认识和投入。诚然，国内牙膏品牌与洋品牌还不能同上一个档次，主要不是在产品质量上，而是在品牌经营的差距上。我们看到，黑人牙膏在旧上海就深受市民的喜爱，直到今天它仍是国内两大进口牙膏品牌之一（另一品牌为高露洁）。据中央电视台一项调查表明，黑人牙膏与永久自行车、长虹电器等并列50年代居民最信赖的消费品牌之一。这些都是品牌在消费者心里的使然。据观察，目前国内许多牙膏企业还没有完全将品牌放到企业议事的日程上来，从国内市场的竞争来看，国货有待全面导入品牌意识，积极创造品牌对国内牙膏企业来说迫在眉睫。要知道，高露洁品牌当年进入中国市场时是“一鸣不名”，仅用了不到10年的时间发展，至今可谓是“尽人皆知”，可以说，这与他们的品牌意识和有效品牌战略的实施息息相关。

2. 广告焦点转向终端

中国牙膏品牌要获胜，不能只将眼光总瞄准在电视广告上，“千军万马挤独木桥”最后终究是实力的较量，更何况国内品牌在某种程度上明显比不过洋品牌。中国牙膏品牌应加大终端广告的投入，在这“临门一脚”上最关键，它可以让消费者立即产生购买的决定。

国内目前有大大小小牙膏厂家近1000家。中国牙膏工业面临着洋品牌、土品牌和假冒品牌的三重夹击，消费者对牙膏的认知全凭广告。国外品牌在国内投入大量资金做电视广告，多以宣传科普的形式对儿童牙防展开攻势，想借对孩子的诉求，影响父母对品牌的印象。据悉，高露洁、洁诺、佳洁士牙膏厂在一年中用于广告宣传的费用都超过1亿人民币。上海牙膏厂有限公司总经理侯少雄对此感慨地说："我们对自己产品和企业的宣传的确是太不够了。高露洁、洁诺、佳洁士等牙膏每年用于广告宣传的费用都超过一亿人民币，而上海牙膏厂还不到2000万元。"侯少雄认为，外商更注重无形资产的经营，注重长期战略决策，他们在进入中国市场前期，着力推销产品形象，让消费者潜移默化地接受产品，而国内企业则注重有形资产经营，注重近期效益的实现，缺乏长远战略目标。

很明显，国内品牌肯定无法与国外这些强劲品牌产生正面的竞争，当今牙膏的广告战已经趋于白热化；企业通过各种传媒向人们宣传，而且着重点也很突出。目前，外资品牌占据牙膏市场电视广告投放的主导地位。佳洁士和高露洁两大品牌的投放量均居高不下，显示出雄厚的实力。据了解，中老年消费者对此青睐占绝大多数。企业界人士认为，国外企业更注重无形资产的经营，注重长期战略发展，他们进入中国市场前期，着力推销形象，让消费者从了解产品开始进而到熟知，信任品牌。

综观投放的牙膏广告，高露洁牙膏品牌立于不败之地的法宝之一，就是品牌创意与笑容、美女或者可爱的儿童联系在一起的，"高露洁，永恒的保护"，广告语暗示，如果你今生今世都一直在用高露洁品牌，它会保护你的牙齿到老。其次，该品牌为孩子们示范产品，并且引导孩子正确的护齿广告，很有煽动性，广告播出后对产品销售带来直接的帮助。再有，佳洁士品牌，有意规避一般牙膏广告功能宣传，选择"不磨损"牙齿为独特卖点，并且辅以直观的演示，看了很有说服力。

然而，国内牙膏广告就很少看重对青少年儿童的宣传（儿童专用牙膏除外），没有能从保护牙齿对于一生健康的重要性着手，没有考虑到这一部分潜在购买群，没有考虑到他们对父母的购买决策的影响，这与洋品牌的广告运作截然相反。例如广州美晨股份有限公司旗下的黑妹牙膏，在华南地区占有较大的地方优势。迄今为止，该品牌进行有地域针对性的户外广告投放，其重点一直瞄准着大的城市，传播的面一直是很狭窄，对于品牌的发展产生不利因素。无独有偶，冷酸灵品牌广告也存在着诸多的失控点。该品牌推出的“立起篇”广告主题不清晰，不明确，显得比较晦涩；“大象篇”广告将冷酸灵的战车拉入沼泽；“相声篇”广告没有注意广告对象的感受，数条广告在主题宣传上的偏差让人摸不着头脑，广告定位上的游移不定，其表现手法也极为低档，广告投入惊人，产品销售却得不到提升。

“掌握终端就是霸主，接近顾客就是赢家”，营销人都会说这句话，但从当今终端竞争异常激烈的情况看，这句话看来有必要进行修正——“掌握‘有效的终端’才是霸主，接近‘目标顾客’才是赢家”。显然，占尽终端的优势，这才是中国牙膏品牌行销最基本且最重要的。因此，中国牙膏品牌应该将广告的焦点转移到终端上，这样的广告投入才最有效、最能让销售立竿见影。

中国营销学会副秘书长李敏接受笔者采访时表示，中国牙膏品牌要获胜，不能只将眼光总瞄准在电视广告上，“千军万马挤独木桥”最后终究是实力的较量，更何况国内品牌在某种程度上明显比不过洋品牌。中国牙膏品牌应加大终端广告的投入，在这“临门一脚”上最关键，它可以让消费者立马产生购买的决定。

显然，牙膏生产销售企业应在广告宣传上，应注意迎合消费者需求的特点，把消费者普遍关注的功效作为开发和宣传的主要重点，在洋品牌较忽略的终端上着手，以达到有效激发和引导消费者购买的目的。

3. 通吃高中低档市场

在消费层次多元化，消费观念国际化的今天，会有越来越多的人接受价高质优的观念，国内品牌在以优质价廉稳住广大实惠消费群体的同时，也不要把高消费群体市场消极放弃。

当今中国生产牙膏的企业现有1000余家，其中不乏实力雄厚的企业，在国内已经占有着较大份额的市场，可谓“战国纷争”，而且国外的一些强劲品牌也纷纷看中中国这一巨大“奶酪”，将自己的产品大举推向中国。

当前，国内牙膏品牌基本都集中在低价位上，各牙膏生产厂家的竞争热点就在于此。从北京勺海市场调查公司近期的一项国货与洋货比较的调查中发现，消费者对国货牙膏形象的描述大致是“大众化”、“方便”、“耐用”等，这表明国货基本放弃针对中高消费阶层的定位，从而放弃了高利润。综观国内市场，中国牙膏几乎清一色都是徘徊在中低档上，没有明显的区分度，这也表明中国牙膏还处在品牌初萌期。因此，摆脱低价位，是国产牙膏品牌亟待为之的。据洁银牙膏广州区域经销商刘亮表示，牙膏工业在中国虽然有了几十年的历程，但由于经济体制的多方原因，导致它举步不前，很长一段时间里都是处于举步维艰的阶段，真正的发展也是近些年的事，走出中低档是参与品牌竞争的必然之路。

报载，目前中国60%～70%的牙膏消费集中在1元～3元的低档产品，15%～25%集中在中档产品。面临激烈竞争的宝洁不得不在产品定位和价格问题上多做文章，不久前“宝洁”已经推出了3.9元一支的牙膏，这些动作表明“宝洁”对中低端市场重视程度日益升高。这种“回马枪”有可能让中国牙膏企业日子更加不好过。

据一家合资企业的技术人员透露，不同品牌的牙膏，就其膏体质量本身来说，价格相差绝对不应超过10元。国际品牌卖价高，关键是品牌的含金量高。当然，这种高档牙膏的膏体细滑、湿润、口感好，在包装方面，更是讲求质量，产品在消费者中形成了良好的口碑。中国传统的牙膏产品，多是在继承了具有悠久历史的中医药理论基础上研制的，功能独特，追求天然。在价格方面，“两面针”、“洁银”、“蓝天六必治”等品牌牙膏的大盒装（净含量140～150克）的价格在3～4元之间；而“高露洁”、“佳洁士”、“洁诺”三个品牌的大盒装（净含量在 120～135 克）的价格在 9～12 元之间，价格约是国内牙膏的 2～3 倍。即然国产牙膏在价格上有如此大的优势，并且质量、功能并不逊色，多年的销售渠道也仍然畅通，却为何落败得连前三名都未能进入呢？其实只要用心研究一下，我们就不难发现，这与对高中低档市场全部通吃有很大关系。

宝洁公司大中华区市场总监熊青云在接受采访时表示，价格的准确定位非常困难，目前的价格已经非常接近成本，但希望通过扩大市场来取得规模化效益。我们可以很清楚地看出，宝洁是想以低价位抢先垄断中低档产品的市场份额。这种“疏而不漏”的市场运作摸式，理应引起国产牙膏品牌的注意。

有关人士指出，在消费层次多元化，消费观念国际化的今天，会有越来越多的人接受价高质优的观念，国内品牌在以优质价廉稳住广大实惠消费群体的同时，也不要把高消费群体市场消极放弃。

4.“换脸”是温和的竞争手段

目前国内牙膏品牌必须强化、美化品牌的外观设计意识，在牙膏外包装盒的设计上，要考虑到色彩的视觉冲击力，必须下一番功夫从单一追求华而不实的包装误区走出来，从而让包装成为商品“终身的广告”……

笔者发现，对牙膏产品有 50%～60%的消费者是受到包装的影响而产生购买兴趣的。在国际化的市场竞争面前，产品由里到外的革新是一种必然，它对于推广品牌十分有利。在采访中笔者知道，牙膏产品的品质基本接近，一些厂家便纷纷“换脸”以求稳住老顾客，争取新顾客。因此更换包装成为眼下众多厂家竞相推出的一种竞争手段。

联合利华与中华牙膏合作之时，正是国外品牌大举进攻中国之时，中华牙膏真正感到了压力，才使革新成为一种必然。合资后的中华牙膏相继推出了中华氟钙牙膏、中华中草药牙膏、中华草本抗菌牙膏等一系列新产品，并将所有的产品全面推出新包装，将铝管升级为复合管包装，且在不改变原有的零售价的情况下，三个月内两次改头换面。在新包装设计上，他们用了近50年、已深入人心的天安门及华表等标志图案保留下来，同时通过包装材质的变化、白底红字的标志色彩搭配，组合成鲜明的个性特征，使其外观产生强烈的视觉冲击力。

联合利华中国有限公司对外联络总监曾锡文认为，随着社会的进步和生活环境的改善，消费者对产品的评判标准已不仅仅局限于产品质量，而对产品外在包装、品牌形象等提出了全方位的要求。目前国内牙膏市场主流牙膏产品品质基本接近，要想稳住老顾客，吸引新顾客，“换脸”无疑是比价格战“温和”的一种竞争手段，并且迎合消费者对牙膏这种日用品求新、求美的特殊消费心理。这种“讨巧而温柔”的促销方式更能打动消费者的心，但也要看到，消费心理每一天都在发生着细微的变化，一成不变的包装同样容易让顾客“腻味”，同样会造成顾客的“流失”。

“换脸”，可以为中国牙膏品牌注入新的活力和内涵，但仅此还远远不能达到目的，还必须扩大产品的外延，才能提升产品的全方位竞争力。有国内营销人士指出，中国牙膏品牌目前在包装结构及制作上、形象规划及塑造上、消费者喜好程度研究等方面，与国外一些品牌相比还有不小差距。拿“洁诺”牙膏来说，它的整个外包装盒主色调是冷色，色彩以蓝、青色主导，配以少量的红色作对比；亮青色的牙膏状图案，在白色阴影的烘托下给人以自然、清新、舒服的感觉，让人无形中就会联想到使用这样的牙膏是多么的清爽和惬意；加之，盒子底边的灰色条，正是“万能”的中性灰色，使得对比强烈的红色和整个图案更加协调、完美，凸显出品牌的高档次形象。

任公司设计部总监多年的姜溶指出，国内牙膏品牌必须强化、美化品牌的外观设计意识，在牙膏外包装盒的设计上要考虑到色彩的视觉冲击力，下功夫从单一追求华而不实的包装误区走出来，就可以让包装成为商品“终身的广告”，从而为“主动出击”提供更多实力。

十三、 快马还要加鞭
北京奥运呼唤中国运动品牌

提示

北京申办 2008 年奥运会成功，从根本上激活了中国运动市场的活力，极大地激发了中国人的运动意识。中国体育用品市场正处于前所未有的良好发展阶段，而国内体育用品企业在品牌之路还处于“老牛拉车”阶段，有待“快马加鞭”提速前进。

1. 洋品牌在中国市场很疯狂

国外品牌现在将“矛头”指向低端市场，大规模地去运作，必将给长期在低端市场营运的中国运动品牌产生强大冲击，看来以后国内许多企业的日子并不太好过……

随着申奥成功以及中国足球与世界杯的“一面之缘”，给中国体育运动产品市场注入了活力。近一段时间，跨国巨头纷纷加大对中国市场的投入，几乎达到疯狂的地步。

国际著名品牌耐克和阿迪达斯，一改以往在中国市场的做法，放弃高端走势姿态，降下身段从渠道上着眼，加大了强势媒体、销售网点的建设和终端形象的推广宣传。阿迪达斯自 2000 年以来，一直在国内的重点城市大力推广“街头篮球赛活动”，锁定18～25岁的年轻一族，每一场篮球赛都十分火爆，让品牌活力四射。近来，该品牌推广又继续加大力度，将赛场扩大到西部一些主要的城市，如成都、西安等地的街头经常可以看到阿迪达斯品牌的身影。

▲ 国产运动品牌还有很漫长的路要走，“快马加鞭”是当务之急。

我们熟悉的国际著名运动休闲品牌康威，近期也对中国市场频频招手，除了花重金请明星孙燕姿、苏有朋、徐静蕾做品牌代言人外，战略体系上已经不仅仅是抢占中国重点城市，还将目光瞄准中国的一些边远中小城镇，超前开发和培养消费市场。

有专家预言，国外品牌现在将“矛头”指向低端市场，大规模地去运作，必将给长期在低端市场营运的中国运动品牌产生强大冲击，看来以后国内许多企业的日子并不太好过，国产运动品牌必将出现大面积“塌方”现象发生。

2. 国货走出低端是当务之急

中国运动品牌要尽快走出低端市场，迈向高端是大势所趋。我们国内品牌有必要在产品研发、品牌推广和营运、品牌保护，以及渠道建设的管理上加大投入，我们缺少的就是脚踏实地做品牌。

中国体育用品在低端市场的占有份额很大，而高端的体育科技产品则多数还是依赖从国外进口。广州利康体育用品有限公司曹克成说，到国外去看一些体育用品公司的生产设备，其实与我们的设备基本上没有什么两样，但他们在技术开发上却比我们有优势，开发出来的产品往往出乎人们意料。其实他们的技术几乎都是公开的，因此与其说国外企业在卖产品，不如说在卖品牌、卖内涵。目前，我国许多企业只好走加工道路。从长远来看，中国运动品牌在开发力度上还有很长的路要走。

中国体育科学学会副秘书长江斌波分析，体育用品多数是高科技产品，对技术的要求都比较高。因此，这类产品的价格也非常高，使用对象比较少，目标市场小，这是制约国内体育运动产品的科技发展的主要因素。

▲ 中国运动品牌要尽快走出低端市场，迈向高端。

国内企业对于低端市场都很无奈，毕竟在研发能力上跟不上，为了生存只好模仿国外品牌匆匆上马生产产品。企业没有属于自己的拳头产品，产品没有可比性，没有附加价值，难免就会失去自我。目前，国内体育品牌玩“低价”牌的企业还占大多数，在低端市场参与竞争的还一味靠其价格，与国外品牌的价格差距很大。比如国内的体育器械价格就有1～2倍，健身器械更是差距1～10倍。再如在中国体育用品行业的龙头老大位置的“李宁”，推出的运动鞋和服装，市场价格都在

300 元以内，与耐克、康威、阿迪达斯这些一直走高端的国际品牌相比，就显得有很大距离。

广州爱贝拓运动用品有限公司总经理叶志坚认为，中国运动品牌要尽快走出低端市场，迈向高端是大势所趋。我们国内品牌有必要在产品研发、品牌推广和营运、品牌保护，以及渠道建设的管理上加大投入，我们缺少的就是脚踏实地做品牌。

3. 品牌战略要玩得高明

国内运动品牌还处于多品牌的混战之中，有些体育用品企业一家就持有 10 多个商标，但具有一致性的品质等级的却不多。多品牌的成功离不开品质这个因素，它也是决定品牌成功的关键。

在市场上，一个产品推出获得消费者的认同，逐步建立一定的品牌地位，少不了对一个品牌的处心积虑．目前，国内众多的运动品牌，即后续推出的产品便较多地使用相同的品牌，它往往可以让消费者产生品牌联想，直至产生喜好感和信赖度，这是企业利用家族品牌的先决条件。如果缺乏了这个基础条件，则是“无基之厦”。

目前，国内运动品牌还处于多品牌的混战之中，有些体育用品企业一家就持有 10 多个商标，但具有一致性的品质等级的却不多。多品牌的成功离不开品质这个因素，它也是决定品牌成功的关键。我们经常看到这样的事实，一些公司新产品的品质无法保持一致，售后服务也很难做到完美，消费者对其中一个产品不满足就会殃及其他成功的产品，更伤及企业的口碑和形象。作为运动品牌的塑造，其个性难度较大，相对来说，非常之难，毕竟有整体性成分控制。

广州稍有名气的“奥途”品牌的总经理游志雄认为，如果两个品牌或多个品牌除了商标不同，其他方面都是一样的，总让人感觉很不专业，这样做还会花很长时间树品牌，品牌线拉长对中小企业没有什么好处，一些企业还没有等到收获的那一天就有可能支持不住，品牌也不会走得很远，毕竟那是个没有血和肉的“空壳”，只等于是一个“符号”而已。值得一提的是，在采访的过程中，笔者了解到该公司以“新奥运，新奥途”为口号展示公司新形象，凭借奥运东风，发展“奥途”品牌。尽管产品涉及网球系列服装、羽毛球系列服装、户外运动系列服装、足球、篮球系列服装、休闲系列服装和鞋、帽以及旅行袋等系列产品，走的是单一品牌线路，但品牌命名有内涵，让人感觉到品牌充满活力。

据悉，国家已经规定了“李宁”牌等 6 个品牌做为国内名牌体育用品。上海体育局局长的一位负责人说，为了加快中国体育用品的“品牌进程”，一方面，我们要认真学习阿迪达斯、耐克等产品的先进技术和销售经验，另一方面，也要努力打造自己的“国际名牌”，将这 6 大国内体育用品名牌联合起来，与国外知名品牌展开竞争，提高中国体育用品影响力，不失为一种途径。但是，这种品牌的强强联合或合纵连横难度很大，“合纵连横”，如果以区域性来连横不失是个好策略，只有找到品牌互补性的、没有冲突、顾客和市场细分都是一致的，而且能相互补充的品牌连横才会真正发挥效应。何况，中国人的团队精神很差，团队文化是“宁为鸡头，不做凤尾”的还比比皆是。

4. 代言人选择慎之又慎

我们许多企业在代言人的选择上，还仅仅停留在模特的含义上，把体育明星只当成是模特，忽略了其自身的“运动”内含。只要是明星，就舍得去投钱。

据调查数据显示，国外体育明星为运动产品做广告的收入已经占其总收入的 55%。大名鼎鼎的阿迪达斯和耐克，几乎在所有的广告中，都充分运用创意策略将品牌与最激动人心的赛事和体育明星的出色表现联系起来，广告已经潜移默化、深入人心。就拿耐克来说，最让人心动的莫过于

“飞人”乔丹的广告，乔丹在空中飞行，配上广告语“谁说男人不意味飞翔”；再有乔丹玩篮球的广告，让人感觉到他身上凝聚了活力，高超的球技和拍摄的角度，无不流露出令人振奋的体育精神。加之，耐克在商店设立乔丹专柜，大屏幕上播放着他在 NBA 的经典比赛，店里悬挂着乔丹在空中飞跃的巨幅海报，品牌给人留下极其深刻的印象。因为代言人的选择正确，“飞人”乔丹代言的耐克产品上市第一年即创下 1 亿美元的销售佳绩，并很快成了篮球类商品的领导品牌，耐克品牌在全球市场声名大振。

然而，国内体育品牌的代言人选择上，还存在许多问题。三兴集团的“特步”运动鞋选择谢霆锋为代言人，代价是一年的广告费用达到2000万元。该公司的负责人黄海清说：“我们从没有这样大手笔地投入过，但既然要请，就请最好的！”但是，这就是最好的吗？再如福建的安踏集团，虽然很多人知道“安踏”这一品牌，但不少人还是认为“安踏”未真正进入高端产品，找来世界冠军孔令辉来作“形象支撑”，对提高其品牌的档次是否真有帮助？还有“格威特”请出陆毅为其广告代言，凸显青春、时尚的品牌个性，其成效又有多大？不能否认，有些明星代言的体育品牌做得不错，但有位营销专家说得好，“代言人一旦选错了，就如骑在老虎的背上，很危险！”

▲ 找来国内顶尖的运动员作形象支撑，商品的档次是否就提高了？

有资料显示，娱乐明星近期忙于代言体育品牌：谢霆锋代言特步，吴奇隆代言德尔惠，刘德华代言贵人鸟，陈小春代言鸿星尔克，瞿颖代言李宁，陆毅代言格威特，古天乐代言威伦堡，郑伊健代言名乐等。我们许多企业在代言人的选择上，还仅仅停留在模特的含义上，把体育明星只当成是模特，忽略了其自身的“运动”内涵。只要是明星，就舍得去投钱。因此，中国体育品牌在广告上就难以与跨国巨头们的广告相媲美了。

5. 用品牌与消费者“拉感情”

国产运动品牌要与国际巨头相抗衡，除了要用心经营品牌的价值外，还应透过商品的商机与消费者“拉感情”。产品投向市场后，就应该和消费者广泛接触，建立长远的关系。

我国体育用品行业发展起步较晚，但速度还是很快的，有些国内产品在市场上已经处于遥遥领先的位置。据调查，在家庭健身器械上，不少学校使用的产品都是国产的，家用的国产货也占到80%以上。但是，我们在品牌这条大道上，总体来看，迟早会被国外品牌慢慢瓜分，理由很简单，人家有品牌，我们只有产品。加之，国外强劲品牌运作娴熟，现今我们还有许多企业不知搭上品牌这列“快车”。

消费者能为耐克、阿迪达斯等商品付出高价总有他们的道理，当我们的企业用低价去反击的时候，就应该反思了。当耐克紧紧抓住品牌和技术，并把它们视为公司最高的竞争的核心，从而放弃生产和营销的时候，我们的国有运动品牌在抓什么？我们为何学不到耐克的手法？我们的许多老牌的企业为何败在他们手下？福建安踏集团总经理丁志忠认为，首先要做的就是在国内体育用品行业内部进行整合，形成明晰的分工，并打造出真正的世界品牌和跨国巨头竞争。品牌对市场的拉动力是巨大的，关键是要塑造一个能打动消费者的优秀品牌。

国产运动品牌在以后的发展过程中，不能没有品牌观，这也是笔者采访的数十家企业老板的一致看法。但我们的品牌进程速度太慢。诚然，国产运动品牌要与国际巨头相抗衡，除了要用心经营品牌的价值外，还应透过商品的商机与消费者“拉感情”。当产品投向市场，就应该和消费者广泛接触，建立长远的关系。作为体育用品，通路的服务是无形的，产品却是有形的，企业只有找出具体的着眼点，找出一个突破口，就像耐克找到了篮球，中国运动品牌才有可能让品牌力量经由产品持续不断地“放电”。要知道，消费者不论是理性购买或者是感性购买，最后都会因与产品天天面对而直至产生喜欢情绪，产生忠诚的情感。

目前，中国运动品牌应善用各种有效的营销方式，提供产品更多的抛头露脸的机会，再透过持续稳定地营造品牌的方式，品牌形象就会更加容易建立起来，在市场终端赢得优势，消费者也会更加善待我们的品牌。

第三部分 透视篇

洋品牌在华经营很善变

特许经营在国内开花结果

为中国评“名牌”泼冷水

保健品，炒作概念树品牌?

可采化妆品品牌异军突起

中国电信换标志值不值?

由自然美品牌上市谈起

农夫果园品牌到底摇出什么

七喜饮料:“换装”魅力无法挡

一、洋品牌凭什么“牛”

洋品牌在华经营很善变

提示

大型跨国公司纷纷在中国抢滩登陆，其经营活动也出现一些新的态势。它们已把中国纳入全球战略最优先发展地区，通过改变以往的策略，挟其全新的机智竞争方式，进行大规模系统化投资，企图抢占中国广阔的消费市场。

1. 加大投资力度

15年来，联合利华在华的发展采取步步渗透策略，摩托罗拉、西门子、可口可乐、阿尔卡特、宝洁等300多个强势公司，也均看好中国入世商机，继续增加在华的投资力度。

作为美国商会的领导者，温安洛说：“美国商会除有3000家企业组织参与外，还代表着全美300万家企业，其中绝大多数是中小型企业。目前，中国的投资环境非常好，而且在入世后将会更好。我曾访问了五六十家美国当地的商会组织，他们都在积极行动，准备到中国投资或发展贸易。”

为实现公司在中国长期发展的承诺，联合利华再次增加投资1.66亿人民币，在上海成立了全球第6个研发中心，更加坚定了联合利华在中国的发展信心。从1986年迄今，联合利华在华的投资累计超过8亿美元，建立了14家合资企业，引进了100多项先进的专利技术，生产13种人们日常生活需求的各方面产品。该公司从1999年开始，不断在华注入大量资金，从技术、生产、营销、宣传等各个方面扶持“中华”牌牙膏、“老蔡”酱油和“京华”牌茶叶三个本地品牌，使得“中华”品牌保持中国牙膏市场第一品牌的地位；“京华”牌茶叶也具有冲击中国北方第一茶叶品牌的实力。联合利华早在20世纪30年代，就在上海黄浦江畔创建了中国肥皂有限公司，生产“力士”香皂、“日光”牌和“伞”牌肥皂，建立中国发展利基。15年来，联合利华在华的发展采取步步渗透策略，一直在不同场合以不同方式对中国加入WTO表示大力支持，并以实际的投资行动推动中国经济的繁荣。

无独有偶，摩托罗拉在华的投资已达34亿美元，其中在天津的投资达30亿美元，包括去年投资19亿美元在天津建成的中国最大的半导体芯片基地。目前，天津已经成为摩托罗拉的一个制造中心，在这里制造的产品几乎达到了65%。摩托罗拉在中国已完成289亿多元人民币的利润。该公司高级执行副总裁、亚太地区总裁谭宗定说，摩托罗拉下一步打算建立一个半导体及软件基地，强调发明性和技术、信息的提供和转变，同时筹建亚洲事务中心，保证摩托罗拉手机在中国投资的领先地位。

西门子也看好中国入世商机，雄心勃勃开始实施“坐三望二”计划。近两年中，西门子市场份额由4%增加到14%，其首席执行官贝殷思先生表示，他们将继续扩大技术优势。他们希望把大陆西门子公司建成西门子的第二大分公司。

进驻中国市场的巨头们纷纷看好市场的潜力。据介绍，安万特医药年销售额高达120亿欧元，在全球每年拿出23亿欧元支持新药研发。该公司在华分别与华北制药集团、中国医药工业公司合资，在河北和北京建立了制药厂。其中北京的合资厂投资达4000万美元，是目前中国制药业最大的合资企业之一。目前，可口可乐、阿尔卡特、宝洁等300多个强势公司，均继续增加在华的投资力度。

2. 设立地区总部

外商企业搬迁热潮开始掀起，目光均聚集中国市场。这一动向，意在更好对中国市场做出更快速敏捷的反应，以真正扎根中国市场。

中国现今具有跨国公司地区总部性质的投资性公司已达110多家，这些投资性公司正逐步成为跨国公司管理在中国及周边国家和地区投资、开拓等方面的营运中心。进驻中国市场的外商企业，为了能将生产制造、研发中心和管理运营控制得当，纷纷将总部设在中国的沿海城市和一些经济环境较好的城市，以解决交通、通讯风险等问题。诸如，世界最大的沃尔玛商业零售企业，近日终于把全球采购总部搬到深圳。沃尔玛去年在华就采购100亿美元商品，仅广东一年的采购商品总额就高达80%，并且这个采购量还将以每年20%的速度递增。日前沃尔玛中国有限公司副总裁李成杰透露："目前，有关采购总部搬迁的筹备工作正在进行，预计明年2月份将正式挂牌运营。"

外商企业搬迁热潮开始掀起，目光均聚集中国市场。诸如，摩托罗拉在华成立了摩拉罗拉北亚中心总部；雪佛龙公司是世界上十大石油巨头之一，其亚洲总部原在美国加州，现已迁入北京；施乐公司的中国地区总部迁至北京；美国安利的中国总部设在广州；友邦保险公司将其中国地区总部设在上海。这一动向，意在更好对中国市场做出更快速敏捷的反应。

据统计，在北京，具有跨国公司地区总部性质的投资性公司已达110多家，现在上海的外企办事处已有1500多家，中国加入WTO后，这些办事处即将会升级为地区总部，以真正扎根中国市场。

3. 抢滩西部地区

西部地区的市场经济体制正在逐步建立和完善，为外资的进入创造了有利的市场环境。外商参与中国西部开发的机会将越来越多，自身的发展空间也越来越大，西部的经济潜力将得到更大的释放。

西部地区的资源优势和经济优势将得到充分发挥，经济增长的质量和水平还会进一步提高。1999年以来，国家为鼓励外商投资西部地区，在对外开放领域、投资方式、外商投资领域、税收和金融支持等方面制定了一系列鼓励外商向中西部地区投资的优惠政策。西部地区的市场经济体制正在逐步建立和完善，为外资的进入创造了有利的市场环境。孙振宇表示，加入世贸组织后，外商参与中国西部开发的机会将越来越多，自身的发展空间也越来越大，西部的经济潜力将得到更大的释放。

随着中国西部大开发战略的逐步实施，外商企业进军西部的步伐明显加快：法国“家乐福”、马来西亚“百盛”、台湾“太平洋百货”和“好又多”等知名零售企业纷至沓来；日本三星株式会社社长樱田英治和日本电子、计算机产业集团率领一帮来自东洋计算机产业界的“大腕”，组成考察团，开发西部科教产业；摩托罗拉也不甘示弱，投资3亿多美元，在成都高新区建立国际标准的软件工程中心；葡萄牙总理亲率葡政府代表团访问西部，签订了嘉陵江大桥复线桥、王家沱长江大桥以及永川自来水和污水处理等合作协议；梅塞尔集团在西部投资4000万美元；美国IBM公司投资2000万美元与西安软件产业园合作搭建了全球最大的网上软件发行站……

据统计，2000年4至6月，就有10多家电子信息行业的跨国巨头，在西安建立新产品研究开发基地。目前，世界500强企业中，已有60多家在成都、重庆落户，有30多家在西安落户，其中大多数驻足高科技领域。

4. 融入百姓生活

强势品牌皆是一如既往，这些品牌在华针对目标人群，不断塑造形象，与当地人拉近距离，因此，在中国人们都视它们为中国本土的品牌，无形中已把这些品牌融入生活的一部分。

一个品牌只有与进入国的当地文化结合起来，它才会焕发永远的活力。可口可乐为迎合中国的生活，于2001年推出的新春广告片，可谓“中国味”十足。泥娃娃、春联、红灯笼、鞭炮、四合院……在广告中将可口可乐融入其中，真正做到了追求本土行销，杜绝了文化隔阂。可口可乐中国业务总经理鲁大卫先生认为，国际品牌必须走本土化道路，因地制宜，但这并不意味着放弃国际品牌的个性，而是要在特殊的时候采取特殊的行动，该洋则洋，该土则土。该公司进入中国以来，投资了24家装瓶厂，按每厂每天产10万箱，年产量为87600万箱。可口可乐在中国的产品推广总是迎合消费者的喜好、个性和需求出发，除了可口可乐、健怡可口可乐、芬达、雪碧这几个核心品牌外，还有醒目、阳光、岚风、津美乐、天与地水、茶和果汁；2001年10月又推出运动饮料“保锐得”，特为广州九运会而设计。2001年1月，可口可乐的触角伸向体育，全面赞助中国所有级别的国家足球队，3月“醒目”促销，4月推出全球广告策略“活出真精彩”。紧接着的夏季，可口可乐与中国消费者的距离更拉近了，通过与方正计算机联手发起“动感互联你我他”的大型促销活动，这是迄今为止中国最大规模的市场推广，5月有大搞申奥金罐活动。该公司就是这样不断与中国的消费者产生互动，融入当地生活。

不仅可口可乐如此，百事可乐、雀巢等等强势品牌皆是一如既往。这些品牌在华针对目标人群，不断塑造形象，与当地人拉近距离，因此，在中国，人们都视它们为中国本土的品牌，无形中已把这些品牌融入生活中。

5. 不遗余力抢人

跨国公司在中国的发展，首先将开发人才纳入企业发展战略之中，建立健全培训、使用、选拔等相配套的人才开发体系，真正做到科学育人，又合理择人及用人。

外商企业进驻中国市场，均大力吸纳本地优秀人才，使得人才资源争夺战进一步升级。据《华声报》讯，中国加入 WTO 在即，上海从高层政府官员到基层，纷纷致力于经济发展，对于人才的需求，更是不遗余力地抢人。据了解，目前已有逾 4 万香港人才进驻上海工作。东亚银行上海分行行长关达昌和聚英国际高级副总裁吴梃华是上海 4 万多港人中的其中二位，两人在当地工作逾 5 年时间。

IBM（美国国际商用机器公司）中国总裁周伟认为，IBM 的目标是成为“中国的 IBM”。他说：“中国拥有全球最好的数量多质量好的工程师。中国市场是全球发展最快的市场。我的目标是把 IBM 中国公司变成 IBM 公司全球 10 大基地之一。”

从资料显示可以看出这种趋势。诺基亚在中国已拥有员工 3500 人，其中本地员工占 90％以上，摩托罗拉（天津）公司拥有 8000 名中国员工；2001 年，摩托罗拉打算将研发中心由原有的 18 个增加到 21 个，科研人员也由原先的 800 名增加到 1000 名；松下中国电器研究开发公司，2001 年引进 100 名研究人员，5 年后将建成 1500 名人员的体制；朗讯公司的中国贝尔实验室共有科研人员 500 多人；IBM 中国研究中心拥有研究人员 70 名，全部具有硕士以上学位；微软中国有限公司人力资源部负责人表示，微软已在中国聘用了 500 多名各类人才，其中 40 名副研究员大部分是我国著名学校毕业博士生；GE 在中国 30 家企业的雇员总数达到 8000 人……

跨国公司在中国的发展，首先将开发人才纳入企业发展战略之中，建立健全培训、使用、选拔等相配套的人才开发体系，真正做到科学育人，又合理择人及用人。为“用好人、引进人、激励人”，品牌纷纷走入高等院校，以多种方式来吸引人才。著名的 IBM、西门子、摩托罗拉、奔驰、宝洁、飞利浦、三星等品牌，无一不在中国高等院校设立奖学金，设立“管理学院”、“培训中心”，以加快人力本土化的进程。爱立信在华建立中国爱立信管理，开设工商管理、通讯技术等相关课程，每年都从学院中选拔优秀学员，输送到爱立信在中国的各个子公司工作。

二、品牌扩张的捷径

特许经营在国内开花结果

提示

中国特许经营的发展在2002年获得丰收。被喻为第三次商业革命的特许经营，带动一连串的创业热潮，这种先进的连锁经营方式在中国已经是硕果累累。可以说，特许经营模式开始在中国落地生根并快速成长，2003年，更是喜人的收获期，这种模式成为许多中国人的创业选择。

1. 中国吹起特许经营风

2000年企业通过特许经营的营业额约190亿人民币，可见，特许经营在我国现已进入蓬勃发展期。目前，特许经营相关的行业类别达到41种……

我国拥有13亿人口，购买力相当强且较分散，特许经营模式可以满足市场购买的特性。经过几年的快速发展，这样的经营模式已由初萌期转向现今的发展期。

据我国贸易局营销改革司连锁处处长、中国连锁经营协会副秘书长裴亮介绍，目前特许经营发展很快，已经渗透到各行各业。餐饮业就不用说了，这是特许经营企业最蓬勃的行业。其他如教育、房地产、服装、加油站、饭店旅馆、清洗业、快速冲印、环保、建材、装潢、美容理发等行业都开始导入特许经营，单汽车行业中的汽车销售、汽车租赁、汽车美容、汽车零配件销售、汽车救援等业务就分别有不同的特许经营体系在做。由此可见，无论是新兴行业还是传统行业，企业都能通过导入特许经营，让加盟店快速扩张，使企业实力得到加强。有些行业处于无序竞争状态，但由于企业引入特许经营，它的品牌、通路就能迅速得到市场认同。

▲ 特许经营在国内是一种安全、迅速的市场拓展策略。

据统计，我国社会商品零售额的5%是特许经营加盟店创造的。中国连锁经营协会最近公布的统计数据显示，到2000年底，我国已经拥有近600家特许经营盟主（FRANCHISOR），11000个特许经营网点（FRANCHISEE）。2000年企业通过特许经营的营业额约190亿人民币，其中有48%的企业是在2000年以后发展的。显然，特许经营在我国现已进入蓬勃发展期。目前，特许经营相关的行业类别达到41种，在这些特许品牌中，国内品牌占到70%，海外品牌（包括港澳台资以及海外品牌国内代理）占30%，加盟者以私营企业和个体工商户为主，国有企业在加盟者中的比例只有8%。令人欣慰的是，特许经营已渗透到我们生活的各个方面。

2. 连锁店开始与老通路“联姻”

北京、南京等地的一些大商场均开始联手，统一采购。这些大商场在国内实施专业的连锁经营方式，开始有了大幅的转变。

传统的百货业与连锁店之间是水火不容的，但近年来我国的连锁发展开始与老通路“联姻”，这表明了老的百货公司与新的连锁店的关系正在发生变化。传统的老百货生意现时已成“鸡肋”，只得千方百计寻求改变现状的方法。

▲清楚的定位和物超所值的价格，是连锁加盟店成功的不二法则。

诸如青岛市的北方国贸百货商场，将3000多平方米的面积让给了新登陆的国美，成为国美的第三个连锁店，国美也第一次在竞争对手的店中开起了店中店。国美与北方国贸的合作，为中国的老百货提供了一个成功的转型范例。紧接着，北京、南京等地的一些大商场均开始联手，统一采购。这些大商场在国内实施专业的连锁经营方式，开始有了大幅的转变。

3. 外商企业积极抢攻市场

外商企业也纷纷意识到抢占我国市场的紧迫性，意欲“横扫”中国市场，从单店到连锁，从中方控股到外方控股，从沿海到内地，外商企业的地盘在逐渐扩大。

据悉，我国从事特许经营企业的行业分布日趋广泛，但餐饮业、零售业占主导地位。目前，餐饮业占特许经营企业总数的35%以上，超过200家。来自环球资源的一项调查表明，由于餐饮业操作简单，市场广阔，因而深受投资者欢迎，也是特许经营领域中最受欢迎的行业。值得一提的是，进入2001年以来，麦当劳首先表示将开始在我国发展特许加盟店，这是麦当劳进入我国70年之后首次表示将吸收中国人加盟；肯德基也加快我国特许经营的力度。两家速食企业发展方式的调整，说明我国特许经营方式已日益成熟。其次，外商企业也纷纷意识到抢占我国市场的紧迫性。诸如，零售巨头沃尔玛不断开店，不到一个月时间在厦门连开两家，其在中国市场开店总数已达18家，意欲“横扫”中国市场。

国外特许品牌进入我国的行业除了餐饮业外，印度最大的计算机培训机构APTECH与北大青鸟合作组建北大青鸟APTECH后，在国内通过加盟授权的方式，在一年的时间里发展连锁店56家，使1万余人接受了计算机培训。其次，还有房地产中介业，如21世纪不动产，ERA、COLDWELL；商业服务行业有洲际旗标、宝信快；教育培训方面有FUTHERKIDS、EF、NEW HORIZON、APTECH；旅馆业有DAYS INN、RAMADA；汽车租赁业有欧洲汽车、AVIS；家居用品零售企业有OBI；便利店有7－Eleven等。这些海外特许品牌的导入和成功运作，其力度越来越猛。据统计，从1992年至今，实际进入我国市场的外资零售企业已达300多家，引进资金约20亿美元。从单店到连锁，从中方控股到外方控股，从沿海到内地，外商企业的地盘在逐渐扩大。

据悉，世界50家最大的零售企业，已经有70%在我国“抢滩登陆”。观察全球前三位零售巨头的举动，就不难发现这股强烈旋风刮得迅猛（参见附表）。

世界三大零售商在中国的发展概况

商家	排　名	业　绩	中国市场的分布
沃尔玛	世界第一大零售业集团 全球500强排名第三位	目前已在世界10个国家和地区建立了近4000家分店，2000年销售额超过1900亿美元	于1996年进入中国市场，拥有12家购物广场和3家山姆会员店，分布在深圳、东莞、汕头、福州、大连、沈阳、昆明等地，在中国的员工已达9400人
家乐福	世界第二大零售业集团，世界上最大的食品零售商 全球500强排名第三十七位	截至2001年8月，已在世界31个国家和地区建立了9118家分店，2000年销售额598.87亿美元	1995年进入中国市场，在15个城市拥有27家分店，分布在北京、上海、天津、南京、重庆、武汉等15个城市，在中国员工已达15000多人
麦德龙	世界第三大零售业集团，世界上最大的“现付知运制”的商业连锁公司 全球500强排名第七十五位	在世界21个国家和地区建立了近2000家分店，年销售额433.71亿美元	目前已在中国组建了12家商场，分布在上海、天津、福州、成都等地

4. 中国企业不再“一味模仿”

我国不少企业这几年中确实出现过一味模仿现象，后来许多企业发觉并不如想象中的那么完美，于是，部分企业开始忙着创新。

连锁经营的发展已经有百年历史，自1865年美国胜家缝纫机公司首创特许经营式分销网络从而雄霸美国市场至今，连锁业已走过了许多波

▲家乐福自进驻广州市场以来，每天都是以市场最低点的价位，给消费者带来实惠，同时也给本地的零售业带来无形压力。

折。事实证明，与传统经营手段比较，特许经营是一种安全、迅速的市场拓展策略。

我国采用连锁经营的方式，不过10年多时间，但连锁经营真正进入中国还是近几年的事。有些人对此饥不择食，便采取“拿来主义”，把西方人的理论和实战经验拿过来共享其荣。正如一位美国专家所说：“中国不必从头再来，可以把国外先进的经验拿过来，再根据中国的实际情况进行本地化，可以预见，中国的特许经营发展会非常迅速。”事实上，我国不少企业这几年中确实出现有一味模仿现象，后来许多企业发觉并不如想象中的那么完美，于是，部分企业开始忙着创新。诸如，中国的马兰拉面在特许经营遇到一系列问题之后，又接连推出的第二代的加盟版本，也收到了良好的成效。无独有偶，东北的小土豆、昆明的大滇园等都凭借着创新走出了自己的一条生路。

当今，中国越来越多的企业在特许经营模式上大胆创新，不断摸索，再也不是一味模仿行事了。伴随着市场的成熟，我国商家也开始趋向成熟。

三、鹅鹅鹅，曲项向谁歌

为中国评“名牌”泼冷水

提示

中国已经加入WTO，全球诸多知名大企业纷纷挥戈跃马进军中国市场。多年经营经验的积淀已经为他们披上了坚盔重甲，中国“名牌”的盔甲在哪里？难道准备通身披上“名牌”证书做成的“盔甲”，挥动堂吉诃德的长矛冲锋陷阵，与国际强势品牌一决高下吗？中国“名牌”们，别沉溺在“名牌”酒池肉林中孤芳自赏兼顾影自怜了。还是务实一点吧，脱下这些“名牌”外衣，回到现实的世界。

1.“名牌”谁说了算？

“名牌”必须是广大消费者公认的品牌，必须是在市场经济的大浪淘沙中脱颖而出的品牌，不是哪一级政府部门说了算，也不是哪一个机构说了算得了的。

2002年中国名牌产品评选拉开战幕后，由国家质检总局授权中国名牌战略推进委员会审议评选工作如期举行。这是我国第二批中国名牌产品的评选，又评出123个产品为中国“名牌”。据悉，2002年中国名牌产品评价是在电冰箱，电热水器、葡萄酒、牙膏、皮鞋、电话机、服务器、卷烟等21类产品中进行的。

本次评选采取的评选方式由各省市各企业自愿申请、推荐，国家质检总局授权中国名牌战略推进委员会向社会公示，征求各方面对这些企业的意见后，经该委员会审议确定。

针对此种名牌评选，笔者认为，这种评选名牌的手法对于中国品牌的发展根本起不到推动作用，这种不讲科学的滥评行为也必将被市场唾弃!“名牌”之所以成为“名牌”，是因为通过市场的成熟运作，与消费者的喜好吻合，不断地赢得他们的口碑，直至对品牌产生忠诚度之后的产物。也就是说，“名牌”必须是广大消费者公认的品牌，必须是在市场经济的大浪淘沙中脱颖而出的品牌，不是哪一级政府部门说了算，也不是哪一个机构说了算得了的。世界500强分布最多的欧美各发达国家，至今还没有发现有哪一个强势品牌是依靠国家和政府评选出来的，别的不说，就连评选世界“财富500强”和最有价值品牌的如《福布斯》杂志等机构都必须是世界各国民意公认的权威机构才行。

中国名牌推进委员会这样的评选，必将对中国品牌的发展产生制约和阻碍，使中国企业对品牌观产生严重的偏离，致使他们把踏踏实实做品牌的金钱、精力和时间放在了评选所谓的“名牌”之上；把提高品牌价值，获得顾客的青睐，赢得竞争胜利的希望寄托在所谓的评选“名牌”之上。我国现有的大型企业和知名品牌，在与全球经济接轨的大势中，都不过是区域性的品牌而已。可以说，这样的评选对于有些知名度的我国品牌来说是“捧杀”；对于品牌价值尚不高的品牌来说就是“扼杀”！这种“小孩穿大人衣服”的局面，应当立即停止。

2. 披着“虎皮”吓不倒人

几乎每个企业都有一个“荣誉室”里面挂满了各种各样的锦旗，动辄搬出一大堆的证书，让人看得眼花缭乱，中国企业披的“虎皮”已经太多，又有多少是消费者真正认可的呢?

中国现在的许多企业动辄搬出所谓的“中国名牌”的招牌招摇过市。这样的“虎皮”能吓得了谁呢，请记住，中国消费者不是被“吓”大的。产品是否能切实地给消费者带来其他品牌没有的利益，才是他们所关心的，这才是衡量一个品牌是否能够称得上“名牌”的唯一标准。

中国加入WTO以后，全球许多大型跨国公司和知名品牌纷纷登陆中国。据统计，截至今年，世界500强公司在中国设立总部的企业已经达到163家，这些企业无论是在他们的本土市场，还是在许多国家的市场都能够叱咤风云。譬如可口可乐红底反白字的商标就是世界语，放之四海而皆准，这才是“虎皮”；英特尔的芯片独霸全球电脑市场，“买电脑请认准英特尔——优质电脑的标志”，这才是“虎皮”；通用公司纵横产业界十几个领域，游刃有余，这才是“虎皮”。

看到这里，中国名牌们是否觉得汗颜?我国这些年来评选成风，只要交够了名目繁多的各种费用，就能够堂而皇之的成为“最优”、“最佳”、“第一品牌”等等听起来很舒坦的名号。一时间，中国仿佛成了盛产“名牌”的大国。就说这次的评选吧，竟然评选出了120家“名牌”，足足占到了世界500强的1/3。

就此现象，笔者到过很多企业，几乎每个企业都有一个“荣誉室”，里面挂满了各种各样的锦旗，动辄搬出一大堆的证书，让人看得眼花缭乱，中国企业披的“虎皮”已经太多，又有多少是消费者真正认可的呢?

3. 出炉“名牌”，好多没听过

竟然有一些“名牌”听都没有听说过，更何况广大消费者对这些“名牌”更是知之甚少。譬如像樱雪、邦杰、德大、寒思等等众多“名牌”根本就藉藉无名。

本期评选公布的123个名牌产品，再加上去年公布的第一期的57个中国名牌产品，共有180种产品获得“中国名牌产品认定书”。纵观两次评选出的“名牌”，作为在国内品牌界研究多年的我们，随时关注着产业界的讯息和动态，竟然有一些“名牌”听都没有听说过，广大消费者对这些“名牌”更是知之甚少。

请问，评定这些“名牌”的依据是什么？是消费者喜欢还是你们喜欢？出炉的这些“名牌”敢向大众公布它们的销售数据和盈利率数据吗？在全球100家大品牌排行榜的评选过程中，明确规定：第一，是该品牌商品来自国外的销售额必须占20%以上；第二，是必须有公开的营销和财务数据。这些条件甚至把BBC等世界知名品牌也拒之门外。美国管理协会评选全美十大最受消费者欢迎和忠诚度最高的品牌，除了看你的营销和财务数据之外，你公司在股市上的业绩表现也是最重要的依据之一。请问我国的“名牌”评选评什么？是评名字好听还是评有什么背景？

据说，中国名牌评选明年又要举行第三届，而且规模和范围会更大。又要评选出几十上百个“名牌”，我们不敢想象又会有多少根本就名不见经传的品牌又“青云直上”成为了“中国名牌”！

评委专家们，请问，当中国遍地都是“名牌”的时候，你们还要评什么？

4. 孤芳自赏，还要坚持多久

有哪个品牌是每天昭告天下：请记住，我是“名牌”！别忘了，消费者是有逆反心理的。没听过那句带有贬义的谚语“王婆卖瓜自卖自夸”吗？“名牌”们别再孤芳自赏了，醒醒吧！

“名牌”评完了，评委们钱收够了，企业把名牌的帽子也戴上了，真可谓是各得其所，皆大欢喜。而后呢，当然就是不惜血本的鼓吹和宣传了。这钱不能白花啊！于是便壮观得空前了，一时间，电视、报纸、电台、户外各种宣传工具一起上阵，“挥十八般兵器，打遍东西南北”。可是，消费者却并不买“名牌”的账，实实在在的消费者依然我行我素，买自己喜欢的产品。

“名牌”之所以叫“名牌”是因为它出名，那么有名就真的好吗？安达信有名，安然也有名，它们的名气是因为众所周知的事件才更大的。那么秦桧也可以叫“名牌”吧？

综观全球大品牌，有哪个品牌是每天在抱着告示昭告天下：请记住，我是“名牌”！别忘了，消费者是有逆反心理的，你自己越说“自己好”，消费者就越觉得你不可信，在中国更是如此。没听过那句带有贬义的谚语“王婆卖瓜自卖自夸”吗？“名牌”们别在孤芳自赏了，醒醒吧！

中国已经加入 WTO，全球诸多知名大企业纷纷挥戈跃马进军中国市场，多年的经营经验的积淀已经为它们披上了坚盔重甲，中国“名牌”们的盔甲在哪里？难道就准备通身披上“名牌”证书做成的“盔甲”挥动堂吉诃德的长矛冲锋陷阵，与国际强势品牌一决高下吗？中国“名牌”们，别沉溺在“名牌”酒池肉林中孤芳自赏兼顾影自怜了。还是务实一点吧，脱下这些“名牌”外衣，回到现实的世界。

中国“名牌”评选请你就地刹车，至于第三届，别再来了！

四、玩“空手道”不长久

保健品，炒作概念树品牌？

提示

这个每年承载500多亿元的中国保健品市场，自1985年以来，就一直以炒作概念来生存，三株枯萎、飞龙落地到太阳神的黯然易主，这个行业带给人们的是许多神话和悲情。3000多家品牌面临着考验。显然，保健品市场的行业标准已制约企业再玩概念炒作了！

1. 炒概念不会长久

为了追求高知名度而大玩概念宣传，犹如建立在“空中楼阁”之上，虚弱得不堪一击，而且一锤子买卖不可能长久。

近日传媒有消息传来，一家保健品集团拟在河南开封包公祠举行一次保健品行业的高峰会，在刚正不阿的包拯墓前誓师，向不良信誉的保健品开战，以重振行业雄风。从中我们不难看出这个行业存在的问题。大家都知道，保健品要想玩得好，一步重要的棋一定要走，那就是非要动用广告不可。当今媒体上已经呈现出保健品广告如决堤的洪水一样泛滥成灾的现象，各种各样的虚假广告比药品有过之而无不及。

各种各样的人物和产品都在打消费者的主意，你方唱罢我登场。小牌的厂家敌不过一些大牌，只好依赖广告轰炸或玩概念。企业明知这样不会长久，但是也无奈，玩了可以多存活几天，因而都在拼命一搏。于是，整个行业内“虚话、套话、鬼话”一片，大家都在比着谁说的好，市场的信息混乱，可谓“其兴也勃，其亡也忽”，也就有了“保健品五年一道坎”之说。

▲保健品炒概念终究不是科学的创牌之道。

在缺乏明确的技术和质量标准的情况下，保健品由于事后的效用无法量化，许多人认为，概念炒得再过火也不怕。于是，当今市场保健品概念炒作之风仍然盛行，只要赚到钞票，大不了就接些消费者的投诉而已。这种为了追求高知名度而大玩概念宣传，犹如建立在“空中楼阁”之上，虚弱得不堪一击，而且一锤子买卖不可能长久。如果长此以往，就会造成产品滞销，造成整个行业大面积“塌方”。

2. 炒来炒去“炒”回现实

加入WTO后，市场已不同从前，国内品牌应将着眼点放到强化商品的概念上，以满足消费者特定的心理需求，而不能把商品定位为“全能”。

强化概念，给消费者始终如一的感觉，对于品牌的构建将会起到推波助澜的决定性的作用。国内保健品品牌很少能将一个主题、一个概念传播到位的，多数的品牌常常缺乏一个完整的传播策略，处在低层面的还较多，众多品牌总是根据市场而不断改变诉求，甚至让人不知所以然。因此，重视品牌的科学运作、重视市场是中国品牌亟待要补的一课。

当今老百姓都知道保健品这“玩意”的特性了，“吃了总比不吃强些，多吃总比少吃好些”。但是，究竟又有多大的疗效？谁也说不清楚。保健品就是保健品，不是什么神丹妙药，你炒那么多概念干吗？比如我前段时间了解到一种叫“第六要素”的保健产品，了解完之后就觉得很了不得，那可是什么都可以治呀，甚至连癌症也不例外！给人感觉似乎成了“仙药”了，哪还岂止是保健品呢？消费者的眼睛是雪亮的，所谓的一个疗程吃下来，没辙！当然，这类例子比比皆是，消费者不但不认同你的概念，还会大呼“上当受骗”。

保健品不同于药品，它最大的作用就在于预防。我国自开始出现保健品以来，许多人一直以来都把保健品当作是药品，更有许多企业想追求一夜间的暴利，概念便始终往药品上去靠。久而久之，人们的期望难免就变成了失望。

根据统计资料表明，近 5 年来国外保健品在中国市场上销售量每年均以 12%的速度增长，欧美企业在中国销售的保健品已达 500 多种产品，但是他们的处方也就是维生素、卵磷脂、微量元素等等，而我们有 3000 年的历史，方子很多，可缺少的就是潜心去做市场。当今时代已非同以往，消费者都在“明明白白”地选择产品，一旦吃了亏，就会维权，也就是一个良性的消费时代已经到来，作为保健品还是一味大玩概念，显然已不符合时代发展的需求。

在业界，大凡做得好点的保健品，都是只卖一个概念，以免得人们会认为又“包治百病”。加入 WTO 后，市场已不同从前，国内品牌应将着眼点放到强化商品的概念上，以满足消费者特定的心理需求，而不能把商品定位为“全能”。殊不知，一个品牌让人感觉“无所不能”的时候，其实也就是“什么都不是”的时候，毕竟所有的强势品牌都有一个强而有力的特点，就是始终如一地强化概念，这也是他们取胜的关键所在。

3. 务实就是“急不来”

玩概念是想走上“快车道”。然而做企业是不能急的，做保健品更是如此，走大跃进式的经营之路行不行？答案是肯定不行。

玩概念终不是市场对保健品企业真正的发展所需，真正缘由还是许多企业的急功近利使然。这是一个竞争透明化的市场，市场越是激烈，企业与企业之间对比的就是实力，就是一种“对板”的承诺，比如“好心情”就请打假名人王海来做质量总监，让他代表消费者来监督工作，真正把质量落到实处。这也是市场真正成熟的表现，而决非是“概念”玩到了“火”的表现！

毋庸置疑，玩概念是想走上“快车道”，做企业是不能急的，做保健品更是如此，走大跃进式的经营之路行不行？答案肯定是不行的，我们还没有哪一家企业是靠急速发展，缺乏技术、人才等综合实力就可以成熟的。

显然，保健品企业也曾有过做大的时候，但我们所看到的都是辉煌几年后就销声匿迹，品牌起起伏伏，概念也是忽东忽西，让人抓不着头和脑。当然，说不定未来还会涌现出国产的强劲品牌，那一定是满足了生产、质量、管理、销售等方面，都讲究一个标准，都摆正了位置，稳扎稳打地去创建品牌的，被取而代之的是我们如今仅仅依赖概念炒作的单一手法。

五、 小虾米照样打败大鲸鱼
可采化妆品品牌异军突起

提示

化妆品市场竞争异常激烈，小品牌想占有一席之地十分困难。可采品牌改变传统的销售渠道，不与强势品牌正面竞争，绕开商场高昂的进场费，大举进军药店终端，一举成为行业的领跑者。可采化妆品在低迷的市场旗开得胜，说明小虾米照样可以打败大鲸鱼。

1. 常规打法不灵了

走药房终端，无疑是一种创新手法，铺货成本颇低，减少了前期投入，更重要的是，避开了竞争风险，不会淹没在商场琳琅满目的化妆品里。

化妆品市场云集 3000 多个厂家，有上万个品牌，加之，国际品牌横霸天下的局面产生，行销环境便呈现出前所未有的紧张氛围。众多的厂商挖空心思，靠着奇招迭出的活动、巨额的广告投入等等手法均是难以凑效。“常规打法不灵了”，尽管商家们明白个中缘由，但究竟如何进行细分、新的营销怎样来突破等等问题，都在困扰着大家。

在美容这个行业，商家始终是在走中低档路线。大型的商场、超市的

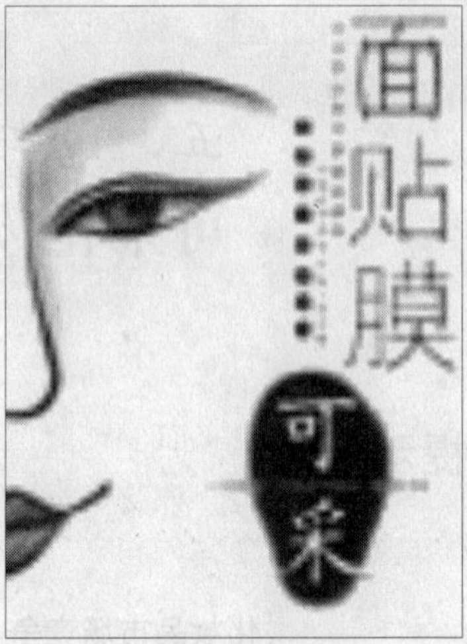

美容品专柜，几乎是被外国品牌所占领，无论是从质量上还是从包装上，中国品牌都无法与之抗衡。众多中国品牌纷纷受挫。在这种情况下，可采化妆品积极寻求突围，改变思路，充分把握药房优势，采取迂回战术，避开商场，减少了化妆品的进场费、专柜费用等高额投入。走药房终端，无疑是一种创新手法，铺货成本颇低，减少了前期投入，更重要的是，避开了竞争风险，不会淹没在商场琳琅满目的化妆品里。可采品牌在这个被外商企业割据的美容市场中异军突起，以跑马圈地的势头，高举健康大旗，从而赢得了消费者的认同和赞誉，其手法不能不令人为之信服。

2. 行销策略的翻新

行销策略的翻新，才能将竞争对手制服，品牌才有可能迎来属于自己的一片天空。

(1) 概念策略

可采眼贴膜来自四川省，命名有四川的文化色彩，即“可以让你光彩”。可采是护理眼部肌肤的护肤品，它从中药调理入手，独创汉方“养眼法”概念，完全从保健角度诉求，切入市场，区别于各种眼霜、爽肤水、睫毛膏，无疑让护眼市场更加热闹。几乎所有的眼部护理品，都在诉求保湿、爽肤、补充维生素的概念，解决了现代大都市爱美女士的黑眼圈、眼疲劳、眼袋与鱼尾纹的烦恼。

在崇尚自然、环保的今天，中医理念更易让中国人接受，加上可采抓住女性爱美的特点，加大感性诉求，牢牢把握了女性的感觉心理。她们相信化妆品可以带来青春，中药可以调理滋润，点装是治标，而调理则是治本，极具说服力。

(2) 专业的健康形象

可采化妆品的定位是在中高档，目标消费者是那些理性的、更加容易接受新生事物的、注重品牌带来健康的同时，又不太在意价格的女性。这与药店的专业形象不谋而合。事实上，这样一来，药店给人的形象反而是很专业的健康形象，这种建立起来的印象是无数的广告宣传一时难以达到的效果。诚然，可采最终选择进入药店，其专业的健康形象自然嫁接于品牌上，就凭这一点就已与化妆品有所区隔，清新健康的形象给人有可信度。

(3) 注重通路各环节

可采在通路上采取逐步递进策略，上市初期，可采首先抢占市、郊各大药房，后又逐步渗透到华联、农工商、屈臣氏、好又多、易买得等超市及百盛、东方商厦、虹桥等商场超市。国庆期间，可采开始大举进军家乐福大卖场，在洗化用品区域，设立了自己的特色专柜，以更醒目的姿态，走进上海女性的视线。可采的通路策略一直追求稳中求胜，步步为营，废点、盲点几乎没有，这是该公司资源合理配置的可取之处。

(4) 产品展示抢焦点

可采更善于把握终端，坚决不让自己的潜在顾客流失。可采一进入市场，就在药店门前设立了自己的展示台，色彩与包装浑然一体，“蓝色风暴”席卷都市，视觉冲击力相当强，很能吸引过往行人的注意，明显区别于其他产品。加之，可采促销员身着淡淡的蓝装，热情为顾客介绍讲解，成为药店门前一道亮丽的风景。

(5) 强劲炒作

美文炒作，是短期内打响品牌知名度的一大捷径，一旦运作得成功，可以令品牌迅速脱颖而出。可采一上市，便以新闻炒作结合产品特点来展

开。在宣传上，利用《新闻报》、《申江服务导报》、《新民晚报》等媒体频频发布，并不时刊出《紧急通知》，渲染可采断货的消息，全力造势。如4月报上刊出的《四种眼部问题，全效解决方案》，5月的《汉方养眼法揭密》，6月的《上海女人的护眼运动》、《上海女人的养眼风潮》等；又接连推出系列功效文章，如6月的《26岁的姑娘，长着35岁眼睛的尴尬》，7月的《炎炎夏日，易老容颜》、《每天只用15分钟，时间老人没法在眼上刻痕》。这掀起了第二轮冲击波，更树立了可采的时尚特色与功效可信度，加深品牌印象。待市场进入成熟期，可采成为都市女性话题时，乘胜追击，出炉时尚美文，如8月的《美眼闪亮上海》、《美眼闪亮人生》，9月的《日韩明星选择可采的十大理由》，成功地引领了养眼时尚新潮。可采以美文启动市场，系列性代表性更强，借用“药功能”概念，利用报纸、小册子与POP，配合终端营销，强力拉动市场，迅速抓住女性的心。

(6) 与消费者互动

可采不断举办“汉方养眼法”演示活动，吸引了6000余名中青年女性踊跃参与。可采小姐身着蓝白装，现场热心为观众演示产品。还借“爱眼日”大做文章，举办有奖征文活动，与消费者面对面沟通，收到了极佳的品牌传播效果，并培养了中国女性的养眼法保健习惯。

3. 来自品牌的透视

可采的成功离不开扎实的市场调查、不断强化产品的独特性、精致完善的销售管理、成功的CI导入等。这些使品牌在新的销售渠道闪亮登台。

(1) 小投入做大事

可采进入上海不到一年，以投入产出比1∶3的骄人业绩，迅速在大上海的护眼市场上，确立了自己的品牌，成为了中国养眼品市场的一朵奇葩。目前，可采的女性群体正在迅速扩大，回头率也在迅速提升，仅淮海路百盛购物中心地下超市，一盒售价为75元的眼贴膜，一个星期销售额就达10万元。

(2) 包装别有洞天

包装是品牌的一张脸，好的包装可以促进产品的销售。可采的成功首先是在包装策略的运用上的成功，它对于产品走向畅销起到了决定性的作用。可采的包装主色调以蓝色为主，清新、典雅，以纯名贵中药植物为表现画面，集人参、黄芪、当归、珍珠等26种植物于一体，给人以纯粹的保健品印象。而且在包装上强化其产品独特的“汉方养眼法”，使产品独具特色，增加了文化的味道。

(3) 传播达到最优化

真正富有创意的广告一定是极具销售力。可采的宣传省下了大量的影视广告费，动用新闻媒体，频率加大，产品上市的短时间内不断“轰炸”。广告凭借创意不同寻常的手法，杜绝“四平八稳”的做法，追求口语化的风格，气势如虹，抢眼的标题起到了强大的促销作用，给中国化妆品行业吹来一股清新的风，人们似乎感到一匹黑马杀了出来。

当然，可采的成功还离不开实实在在的市场调查、不断强化产品的独特性、精致完善的销售管理、成功的CI导入等各方面的配合。这些使得品牌在新的销售渠道中闪亮登台，成为中国化妆品界的骄傲！

六、是丢西瓜，还是捡芝麻

中国电信换标志值不值

提示

中国电信的“中”字标志从 1995 年使用至今，7 年中直接和间接花在该标志的广告、推广费用已逾上百亿元，品牌无形资产不断上升。后来，中国电信却不满原标志设计，以版权转让纠纷为由，放弃旧有标志，这个使用长达 7 年之久的“中”字标志退出了市场。从而，引发了人们对中国电信更换标志的争议。针对此，笔者对于中国电信“换脸”现象予以剖析，并呼吁中国企业要珍惜品牌资产，以此为鉴。

1. “换脸”，品牌会大伤元气

已逾上百亿元的广告投入带来的无形资产就这样轻而易举地流失。启用新标志，仅此中国电信集团公司每年重新投入的新标志广告宣传恐怕就要超过 1 个亿。

标志，是企业身份的重要组成部分，是品牌最耀眼、最光荣的象征，令人在一望即知中产生识别、记忆、感受、联想、喜爱，达至品牌有效沟通。我们可以用一句最直白、最形象的比喻来说明：标志就是品牌的一张

▲ 此举“换脸”，让消费者失去品牌指引。

“脸”。试问，一个人将一张脸在一夜之间换了，你还能认出这个人吗？答案一定是“NO”！同样，品牌标志陡然彻底变换也是一样的道理。

让笔者扼腕的是，已逾上百亿元的广告投入带来的无形资产就这样轻而易举地流失。启用新标志，中国电信数以万计的员工名片要重印，电话单据要重印，无数的电话亭、业务厅、广告牌要重新拆换，仅此中国电信集团公司每年重新投入的新标志广告宣传恐怕就要超过1个亿。其做法，实属让人不可思议。这是笔者10年来研究中外上百年品牌史从未见过的“大手笔”。可以说，这种滥用品牌的举止已达到了“疯狂”的地步，品牌由此也必将会大伤元气。

2. “弃旧换新”孰好孰坏

中国电信换标，笔者认为，无论是出于何种动机，也无论是新标志设计得多么“美观”，从品牌管理的范畴来看，中国电信半途“换脸”，都是不适宜的，根本不符合品牌的科学运作规律。

据广东电信介绍，新标志由一家公司设计，它以中国电信的首个英文字母C的趋势线进行变化组合，标志以代表高科技、创新、进步的蓝色为主色调，文字采用书法体，与国际化的标志相衬，具有强烈的时代感和视觉冲击力。

然而，电信众多员工对这个标志“印象不好”，而对旧标志流露出留恋之情。笔者也有同感，旧标志比起新标志更胜一筹。尽管设计公司阐释新标志内涵有多么之好，但我看来也不过如此。可以看出，旧的中国电信标志“中”字给人感觉生生不息、循环往复、四通八达的网络世界，其构成既传统又现代，“中”字在中国的商标设计中更是众多企业可遇而不可求的。中国电信新标志的推出，消费者对此的接受度也是未知数。近日，笔者特意到中国电信广州几大营业厅门前调查，多数用户对于中国电信换标都是摇头说不好，很多人对于新标志的设计理念不理解，有的说像“牛头”，有的说是“四不像”。笔者分析，这也许是人们对于老标志已经看习惯的缘故所致，标志更换了，人们心里一时还没有适应过来，心理还觉得很“别扭”，更觉得有种疙疙瘩瘩不舒服的感觉。

其实，好的标志和差的标志，并没有一定标准。标志是一种记号、象征，是机能状态，不必去判断其是记号或象征，因标志确是一种记号，而记号后面的东西才是真正的标志目的。

品牌标志要为消费者带来熟悉和信任感，它的长期使用和宣传，可以说已经潜移默化地在消费者心目中占有重要位置，它在生活中可以为我们省却许多不必要的时间。因此，标志在人们追求某些事情时才能显示出它的功效，尤其是今天的标志设计已与以前大不相同了，追求简单明了。就像中国电信旧的“中”字标志，虽然有数根线条组成似乎复杂了点，但有整体性，具有丰富的内涵，因此，当发现影响你 7 年之久的标志不见时，就会感觉不安心，甚至会感到失去它的指示，似乎失去了方向。

中国电信换标，笔者认为，无论是出于何种动机，也无论是新标志设计得多么“美观”，从品牌管理的范畴来看，中国电信半途“换脸”，都是不适宜的，根本不符合品牌的科学运作规律。

3. 换标应有“尺度”

日本花王公司的月亮标志，始终是“万变不离其宗”；美国西屋公司的品牌标志也经历了7次重大演变，仍没有脱离“W”重要设计元素……

企业为了适应市场环境变化的需求，为了能与时代的发展合拍，针对旧有的标志采取局部更改，也是未尝不可的，但决非像中国电信一样彻底“换脸”！

众所周知，日本花王公司的月亮标志，随着时代的不断发展和演进，自1890年创业迄今，共有7次重大的标志演变，但“万变不离其宗”，没有脱离原标志的基本设计原素——老人头“月亮”；再如，美国西屋公司的品牌标志也经历了7次重大演变，仍没有脱离“W”重要设计元素。这也是品牌学中被称作为标志“稳定适时原则”，其稳定性犹如万丈大厦的基石，无论怎么迎合时代的变化，“根基”是不能动摇的，否则后果不堪设想。

4. 由电信“换脸”引发的思考

中国电信更换标志，将在中国品牌史上留下痕迹，光彩与否自有历史会给出答案。无论怎样，中国电信的那一个“中”字标志会给许多人留下深深的印象……

据报载，中国电信一位副总裁对该公司换标志理由的解释是：就是想借分拆时，更换标志以重塑形象，没有别的意思。笔者认为，愚蠢至极！电信的这次“大手术”，让人思考：

(1) 标志的版权归属要明确

中国电信的换标将焦点聚在北京某设计公司，称该公司版权转让附加条件过于苛刻，无法达成共识而启用新标。据报道，该设计公司为此一肚子委屈。公说公有理，婆说婆有理，而最终人们只能看到的是旧标志被新标志所替代。

忠告：中国企业，无论是刚开始启动的标志，还是正在委托设计的标

志，请你将标志的版权归属问题在合约中明确，以保障你的利益，免得类似中国电信这一事件在日后再发生。

（2）拉响品牌管理的警报

“人有多大胆，地有多大产”的年代已经过去，做品牌，不需要像中国电信这样如此“大胆”，而必须讲究科学经营品牌。中国电信，刮骨疗伤一般的“换脸”勇气不知从何而来？其实，你换掉的不是一个普通的标志，而是一块闪亮亮的金字招牌！

忠告：中国企业在品牌创建上不能仅停留在口头上，也要有实质的举措，请尊重品牌，尊重专业，尊重科学，尽快在公司中设立“品牌经理”一职，以妥善管理品牌，不让无形资产流失。更要尽快走出拍脑袋、拍胸脯、拍屁股的“三拍决策”阶段。只有拒绝浮躁，才能做强品牌。

（3）巧度品牌危机，而非逃避

品牌资产是经年累月堆积而成，一旦有危机发生，很多企业往往惊慌失措，大多采取逃避策略来面对。从中国电信更换标志案由来看，就算是原标志设计公司在版权问题上不作让步，中国电信也不该采取“弃旧换新”策略，从整个案件来看，中国电信根本没有采取危机管理。作为中国电信，在危机面前，应找出问题最脆弱的地方，找出危机发生原因，予以快速制止，并迅速与企业重要关系者沟通，获取他们的看法与意见回馈，妥善处理方是制胜策略，而不应采取放弃手法来面对。

忠告：当品牌危机到来时，应全盘考虑，免得失之交臂，给品牌带来负面影响。

中国电信更换标志，将在中国品牌史上留下痕迹，光彩与否自有历史会给出答案。无论怎样，中国电信的那一个“中”字标志，会永远在我们的记忆里留下鲜明印象，不管你信与不信。

七、让品牌影响无远弗届

由自然美品牌上市谈起

提示

品牌真正的发展目标是获得超级利润，为此企业均把成功上市设为一个目标。那么，该怎样面对投资策略，让自己尽快“长大成人”？从目前来看，我国还有很多企业，对于上市融资还一知半解，不懂运用这一有力的策略，来加速品牌的快速发展。

1. 自然美，“长大成人”反响好

透过自然美化妆品公司上市，我们也看到了中国化妆品的品牌迈上了一个崭新的台阶，这意味着企业的成熟。

近期，上海自然美化妆品公司成功上市，且一进入股市就一路看好，轰动了整个美容界，引起众人一片哗然。据最新报道，自然美股价急升逾15%！交易员表示，市场憧憬自然美（157）在内地的美容院业务取得增长，为该股带来踊跃投机买盘，该股在周四早市尾段急升。自然美上周起在本港主板上市，招股价为0.55港元。该股在周四早上升0.13元，报0.96元，升幅一度达至15.66%。收市报0.92元，成交15344股，全日升10.84%。自然美主要从事美容、护肤及香熏治疗产品的研发、生产和销售业务。该集团2000年的纯利为7010万港元，较1999年的6800万稍高。而营业额则由1999年的1.995亿微升至前年的2.055亿元。

▲ 对于企业来说，上市是“长大成人”的标志。

一名国际证券行的分析员指出，本地炒家看好自然美在内地美容业市场的增长前景，持续炒高该股。她又指出，相信部分本地炒家正在炒作该股，而在幕后参与的机构数目也不少。尽管自然美2000年的纯利仅稍高于1999年的水平，不过该公司的现金状况非常良好，加上该公司在内地经营美容院业务，随着内地中产阶级人数持续增长，该公司未来应可受惠。自然美上市前派息相当可观，这亦可能是该股备受青睐的另一原因。不过，该公司的雇员成本似乎不高，这说明该公司可能借助派发高息来补偿行政人员的偏低薪酬。

笔者认为，上海自然美化妆品公司的成功挂牌上市，给中国美容业吹起一股清新的风，这也是中国加入世贸组织后，美容业引起全国轰动的一个案例。透过自然美化妆品公司上市，我们也看到了中国化妆品的品牌迈上了一个崭新的台阶，这意味着企业的成熟。自然美化妆品公司也由此上了“快车道”，企业在管理中也将更加规范，产权也更加清晰，信息也更加透明。这种成熟，也是中国所有的化妆品品牌通过奋斗所要达到的。

2. 上市诱因牵人肠

相信数年之后，私营企业占内地上市公司的比例，将由现在的不足5%上升至50%。这是一个令中国所有民营企业高兴的信息，至于能否将50%付诸现实，大家也是可以预见的。

▲在国内发展较具规模的NB自然美，成功挂牌上市，给中国美容业吹来一股清新的风。

据统计，我国共有私营企业150万家，个体工商户3100多万户，从业人员1.3亿，民营经济的投资比重只占全社会投资总额的35%，但对GDP的增长的贡献率却占60%以上。2000年，民营经济（包含外资经济）占中国GDP的比重已过一半，而在一些民营经济发展较快的省、市，如广东、浙江、福建等，则已超过60%。在经济形势比较严峻的情况下，恰恰是民营经济比重较高的这些省份经济增长贡献率越高。过去几年，私企提供的职位占总量的50%。民营企业在不断发展壮大，对资金的需求扩张也呈现出前所未有的局面。目前，沪深两市上市公司中，只有3%是民营企业，而且大部分是以民营企业为发起人通过争取上市额度上市的，大部分是通过收购上市公司的股权，“借壳上市”。这主要表现在资金倒错的现象十分严重，致使许多民企望而却步。

企业为了能上市，可以说是想尽了一切办法。不少人提出开办二板市场，不过，在2001年11月，高层已经彻底否定了在可预见的将来推出二板的可能性。随着加入WTO，政府的态度也对此有了改变。中国证监会官员在2001年9月曾表示，相信数年之后，私营企业占内地上市公司的比例，将由现在的不足5%上升至50%。这是一个令中国所有民营企业高兴的信息，至于能否将50%付诸现实，大家也是可以预见的。我认为，无论是发展中国股市，还是健全中国股市，都离不开民营企业的参与，只要你的企业运行很正常，股市的指标终有一天会调低，让大家都能迈上这个门槛，也就是说，大家都有希望实现上市目标。

3. 八种企业不适宜上市

不妨比较一下自己的企业是属于哪一类，如果“对号入座”了，建议你暂时还是放弃上市这个念头吧。毕竟，你还没有“长大成人”，还不具备这个起码的条件……

(1) 缺乏长远的发展战略的企业

发展战略是一项若干环节整体性策划的工作，它涉及产品质量、市场营销、国际竞争、知识产权等重大问题，取得突破性进展所进行的综合性、总体性的思考结果。任何一个企业都离不开发展战略的制定，上市企业更离不开发展战略的指引，否则，上市公司大量的资金除了挥霍就是积压。可以说，失去战略指导的企业，就像是一艘不辨方向的航船，无法远行。

(2) 稳坐行业老大位置的企业

众所周知，企业一旦能做到一个行业的“龙头老大”，就根本不必担心手中没有资金，更不必担心自己没有较高的市场占有率。这时，在你“应有尽有”的前提下，你还要上市融资，便失去了意义，也大可不必，仿佛给人以多此一举之嫌。如果你搞得不好，反而会影响你的品牌形象，影响你既有的优势地位。诸如红塔山不上市，就是一个例证。

(3) 精神萎靡不振的企业

企业就像人一样，是有精神的，正是因为有了精神，企业才显得有活力。反之，没有精神，你就会疲惫不堪、身心困惑，总是提不起劲来。企业的精神萎靡不振主要表现在：没有经营理念，没有竞争意识，没有大局观，没有向心力，没有主人翁的责任感，这样的公司怎能上市？精神没有了，就剩下一个空架子，这怎能参与竞争？

(4) 造血功能衰竭的企业

我们身边还有众多的企业，所生产的产品市场不认同，企业只是站在自己的角度去制造产品。这种只知投入不考虑产出的旧有观念，让我们的企业大走弯路。我们知道，人一旦造血功能衰竭，是撑不了多久的，企业在盲目中的结果不用我说，你也会知道他们的下场。作为一家上市公司，更要求你要做对的事情，市场不需要“苟延残喘”，而要的是充满活力。

(5) 占有大量稀缺资源的企业

大量的稀缺资源本身就是一种财富。企业如果执意上市，就有可能带来股权的分散，会使其所拥有的独特资源稀释，从而给企业带来不必要的损失，最终只能是“捡了芝麻丢了西瓜”。

(6) 利润率相当高的企业

你的企业如果在业界的利润已经很高了，我劝你还是不要上市，否则，只会对你现在的利润产生直接的影响，因为你的上市不可能给你的产品带来更高的利润。既然是出力不讨好的事，你做了，便没有任何益处了。

(7) 创意疲软的企业

我们看到，有很多企业老叫着效益不好，市场不景气，并不是他们缺资金、技术、设备、人力等，而是缺乏创新意识。产品在市场流通了数年后，永远都是一个“面孔”，产品失去了活力，给人苍老感。企业家因循守旧、故步自封，这样的公司在人们的心中早已形成了一个落后的形象，即使是你上市了，你的股市也不可能有什么起色。

(8) 资金充足的企业

上市必将会融来大量的资金，这是肯定的。如果你的企业有足够多的资金，在未来的3年内都不担心缺少资金，比如不上市的远大、华为，从不缺钱，远大的账户上长期都有3亿～5亿元资金，那么，上市融资与其闲置，造成打乱现在的企业战略，还不如不要涉及股市。我们看到瞎扩张的例子已为数不少，相信下一个不会是你的企业，因为资金的一时膨胀，很容易冲昏你的头脑，想想看，钱多了进市还是弊多利少的。

4. 品牌上市的正常战略方向

有位专家说得好："做品牌是为了走更远的路，因此，企业上市是这条路上一个很重要的关口，如果你的方向错了，不管你多么努力，也是白搭。"

(1) 为明天的发展寻找更多的资金

企业在发展的过程中，当产品线达到发展时期的要求时，就要着手研制推出第二代产品，这样才能在第一代产品进入下滑期的时候，保证新产品适时进入发展期。显然，企业在经营的过程，会有许多新的项目和大的发展，需要企业投入大量的资金，那么，上市便提供了融资支持发展的最佳途径。

(2) 利用上市，让品牌的影响力无远弗届

品牌的影响力，随着人们的重视，也越来越深远。据报载，25年前，新产品失败率是65%，今天却高达95%，为此，许多公司竭尽全力来凸显品牌，让自己成功地上市，让消费者看到长期依赖的这个名字代表一种价值，使品牌的影响力无远弗届。

(3) 借上市机会，整改公司的管理体系，使之更加完美

这也是所有上市的公司持有的战略方向，任何一家公司的管理都不可能规范，产权的透明度也不可能完美，大量的战略漏洞都有待进行全面调整和弥补，上市其实就是一次整改的最好的时机。

5. 品牌上市要规避12种风险

综观我国企业，在风险管理上普遍不足，往往在成长的过程中，每一个风险的把控得当与否，都将波及到公司上市的成功与否。

据德国一家大研究所调查表明，中国上市品牌主要问题是对企业内部风险不能及时发现，待到发现时，往往来不及采取应变措施。综观我国企业，在风险管理上普遍不足，往往在成长的过程中，每一个风险的把控得当与否，都将波及到公司上市的成功与否。因此，提醒企业必须规避以下这些风险：

(1) 生产风险。生产过程本身包含着任何企业都无法回避的不确定性，它是企业生存和发展的一项根本的活动，同时也是企业一切经营活动的基础。企业上市后，由于资金的充足，往往在采购、库存、质量、劳动生产率等方面失去有效的管理，难以确保企业顺利发展，因此，只有有效地控制隐患，达到最优化，才不会对上市产生冲击。

(2) 资金风险。资金是企业的血液，是一个企业持续经营的基础。它的风险管理主要内容包括严格遵守筹资风险管理的原则，认真选择投资机会、投资规模和资金组合，加强资金的风险管理，并重视债权风险的管理。企业上市，需要一个漫长的过程，有的甚至需要10来年，这都是很正常的事。这期间，说不定有大量的资金都不知是怎么花掉的。这种“成本投入”，你必须要有所计划和思想准备。

(3) 授权风险。上市后，许多的企业老板往往会觉得一下子登高了许多，似乎“天下老子最大”，把一切权力全部抓住不放；还有一种是整天是歌舞升平地过日子，把该保留的权力全部下放，企业发生一切事情均不要来找他。无论是哪一种授权方式，对于上市公司都是没有好处的，一种是过于武断，枉自为大，难免会出现决策失控；另一种是只要“美女”，而不要“江山”式的领导。两种方式难以让企业健康成长。授权风险一旦出现，就像一条没有船长的航船，前方的路很危险。

（4）领导风险。我国许多民营企业的领导人，素质差不说，而且没有目标，工作方式极差，工作也缺少戒律，也不愿意接受管理培训，危机来临时更是不该如何是好，更不愿花时间与下属进行沟通，显然，这样的领导人在企业上市后，就更难适应企业的快速发展了。领导风险，可以说是企业上市中最致命的风险之一。

（5）财务风险。企业的财务风险管理是最重要的基础管理工作，管理水平的高与低，必将决定着企业寿命的长与短。上市后，企业财务预警机制的缺乏，必将导致企业对业务增长的控制力的减弱，最终企业要惨遭厄运。

（6）营销风险。企业的营销管理必须以市场为中心，充分运用市场细分策略，超前防范来自市场的变化；运用全方位的策略，分散目标市场的单一风险，做到综合防范。可以说，营销风险将直接威胁着现有企业的正常的运作。企业最好根据自身优势与劣势，结合内外环境的特点，从而制定科学的品牌经营战略，以化解和有力防范。

（7）新产品开发风险。新产品开发，是企业不断创新的标志，它的开发速度将直接决定产品在市场的地位，它也是企业立于不败之地的重要手段之一。正因为新产品开发是一项高风险的活动，致使许多企业在此方面不敢大胆去尝试，半途而废的比比皆是。企业在进行新产品开发时，一定要对市场进行深入研究，对消费者、竞争对手有一个全面了解，以减少风险系数，避免企业开发中陷入逆境。

（8）信誉风险。企业不上市则罢，可以老老实实地去赚钱，“阳光下的黄金——一清二楚”。然而，一旦上市后，难免会受到来自外界的不良影响，难保你不会“越轨”管理，做出自己都无法原谅的事情来，给企业造成负面影响，让广大的股民们心里动摇，对企业失去信心。你可要知道，作为民营企业，声誉一旦受损，便无形中陷入了举步维艰的地步。

（9）项目投资风险。没有钱时，到处都有好的投资项目，只是苦于没有资金，上了市以后，有了钱了，而又苦于找不到好项目，这是众多的上市公司所遇到的现象。我们也看到，许多上了市的公司有了钱后，瞎投资的现象比比皆是。当然，从投资到取得业绩要经过很长的一段时间，因此，投资的风险就必然相伴于企业左右。企业如能在项目的选择上多一些理性，坚持项目投资决策的科学程序，认真做好项目的可行性分析报告至关重要。此风险把控的好与坏，对于企业的快速发展有着重要的影响。

(10) 政策风险。加强对国家宏观经济政策的分析与预测，并积极与国家有关部门做好沟通工作，用足用活政策，加大力度获得国家对本行业的支持，提高抵御风险的能力。作为民营企业上市，人们起先的歧视慢慢地消失了，但从法律角度上，这种歧视仍然存在。比如国有企业可以用各种手段来圈钱，不担心有朝一日会“露马脚”，大不了就是企业倒闭；而民营企业就不是这样了，上市圈钱是隐瞒不了的，终有一天会水落石出的，那时，可就惨了。

(11) 经营风险。企业一上市，将面临着资金一夜之间的膨胀，这时，许多企业都想象不到的天文数字出现了，对资本运营便产生了前所未有的偏好。我们看到，很多公司便开始盲目地开始乱投资、乱兼并，甚至连自己的主业都丢掉，一头扎入自己不太熟悉的领域，最终只能是碰得头破血流，得不偿失。

(12) 接班风险。家族式管理在民营企业中最为常见。由于是家族成员来行使权力，很难做到职责分明、规范运作。时间长了，难免会有矛盾产生，碍于情面又不好说，影响企业正常的运行。上市后，企业会求更大的发展，企业也必须建立在两权分离的基础上才有可能做大、做强。我个人认为，作为上市公司，要杜绝接班风险的话，在家族式管理的时候，当然应维持家族式管理；如果家族式管理出现问题时，不如有预见地、适时过渡为两权分离的管理。

由上看出，我们在风险管理及防范对策方面还十分缺乏，致使许多上市公司在温柔的陷阱中抱颈而死。有句话说得好，“防患于未然”，在不景气的环境中，企业必须考虑技术及资金，学会分散风险，凭借整合或发展来创造更多的利润，并避免受人掣肘，以杜绝“瓶颈现象”出现。

6. 上市要纠正错误想法

“上市不就是为了圈钱吗?”企业热衷于增资扩股的圈钱。这种短视圈钱的行为游戏是玩不长久的，很明显，这会给品牌带来致命的要害，同时也会对资本市场的每一个投资者带来严重的伤害。

上市，是企业长期发展目标中的阶段性的目标。目前，我们还有许多企业家对上市，存有众多错误想法，最为典型的就是“上市不就是为了圈钱吗?”把上市视为取之不尽的“大金矿”，热衷于增资扩股地圈钱。企业上市一旦套到钱，便让会计师铤而走险做假账，而不把股民的钱当作是自己的钱。这种短视圈钱的游戏行为是玩不长久的，让许多企业家而失去方向，也忘记了永续经营的理念。另外，“旧有的管理模式和经营机制照样可以用”，“我的管理混乱不影响上市”等等一些错误的想法也是比比皆是。这些错误对于上市来说，都会给品牌带来致命的要害，同时也会对资本市场的每一个投资者带来严重的伤害。

八、农夫的秋天还会远吗

农夫果园品牌到底摇出什么

提示

当前全国生产果汁的厂家大大小小约有4000家，果汁市场竞争非常激烈。2003年，群雄逐鹿所引发的果汁饮料大战在所难免。国内外企业争夺市场份额如火如荼，大家一哄而上的悲壮局面让人捏一把汗，毕竟产品与产品之间同质现象严重。在这样的背景下，以喝前“摇一摇”定位的农夫果园品牌，让人眼前为之一亮。但是该品牌“摇一摇”，到底摇出了什么？是概念、差异，还是纯属炒作？一个个问号的后面，牵动着许多来自业内异样“关注”的目光。

1. 2003年果汁劲燃品牌大战

“酷儿”、“统一的鲜橙多”、“汇源真鲜橙”、“鲜的每日C”，此外娃哈哈也进入果汁饮料市场，屈臣氏今年将主推果汁先生，另一水企“日之泉”还没有确定最后的果汁浓度，如此之多的果汁饮料争斗在所难免，大家都看好果汁饮料这块“奶酪”。

2003年，对于果汁品牌是非同寻常的一年。尽管果汁市场有4000家

▲许多人都说农夫果园品牌摇得有新意。

在角逐，但竞争的主要焦点也就锁定在几个大的品牌上。最为引人注目的酷儿。作为可口可乐主攻果汁饮料市场的一张“王牌”，“酷儿”果汁饮料把目标对象定在5岁～16岁的少儿市场，用卡通形象吸引他们，市场反响很好。“酷儿”品牌一直成为少男少女一族追求“酷”的象征。酷儿的火爆程度令可口可乐都始料不及，几乎卖断货，像西安等城市，“一年的目标不到两个月就完成了”。2003年，可口可乐在这个品牌上仍然是加大推广力度，并把它列为重点的推广品牌之一。

再有，“统一的鲜橙多”在2002年凭借其实力，以包装的改变、浓度的降低、整合的传播赢得了很大的市场份额，因此摘走国内果汁饮料销售的桂冠。2003年，该品牌在二、三级市场加大推广力度，以“多C多漂亮”的定位盖过群雄，其广告上很明确地告诉你“补充每日所需维他命C”，以大幅金黄色的广告贴满所有小店的显要位置，果汁饮料逐渐在年轻消费者尤其是女性消费者中打开市场。尽管如此，还是避免不了众多品牌的竞争压力。

另外，“汇源真鲜橙”以“无菌冷灌装”在销售终端大走差异化之路，以排山倒海般的阵势抢占黄金位置。但是，美中不足的是，灌出的“真苹果”品牌，看起来像食油，又像汽油，可谓是差异化做到了极点。不过，还得承认“真苹果”品牌的POP展架做得很有差异，一改大家常用的思路，在终端十分抢眼球。

紧接着，康师傅在推出的“鲜的每日C”前提下，又推出甜蜜家族果汁饮品，将细分做到细致，主打“连果子都爱喝的”广告语，其来势凶猛；娃哈哈品牌也进入果汁饮料市场，凭借着成熟的销售渠道得以立足；屈臣氏2003年将主推果汁先生，另一水企“日之泉”虽然还没有确定最后的果汁浓度，但是其欲寻找市场空当产品的目标非常明确……

▲ 这样一摇，还真需要胆量和勇气。

看来，如此之多的果汁饮料血雨腥风的争斗在所难免，大家都看好果汁饮料这块“奶酪”，将头号卖点锁定时尚、营养、小康生活上。这恰恰让养生堂又有了新动作，其新广告片让人眼前一亮——

两个身着沙滩装的胖父子在一家饮料店前购买饮料；

看见农夫果园的宣传画上写着一句“农夫果园，喝前摇一摇”；

于是父子举起双手滑稽地扭动着身体，美丽的售货小姐满脸狐疑地看着他俩；

（镜头一摇）配音：农夫果园由三种水果调制而成，喝前摇一摇；

（远景）两个继续扭动屁股的父子远去。

分析农夫果园的“摇一摇”，可以说，从产品的设计到后期的推广都走的是一条差异化之路，在果汁饮料众品牌中，很是另类，有人士认为农夫山泉将成为“新堂·吉诃德”。不管业界对农夫果园品牌如何看法，但必须承认的是他们的确用了全新的手法来打造品牌。也有人士对农夫果园品牌的运作发出责问：是概念、差异、炒作，还是像农夫C打饮料“只打雷不下雨”，最后以令人啼笑皆非的结局无奈收场？一连串的问号，让众多的目光聚焦到农夫果园这个新品牌的身上。

2. 摇一摇，摇出“另类思路”

只要看看这个品牌差异化上的一番努力，我们就会对这个品牌有一番信心，因为农夫果园能够“别具一格”、“鹤立鸡群”，以其较为独特的风格在众多产品中凸显出来。

“在这个行业里我们所做的不仅仅是增加一个新品牌，而是一个新的产品，一个不为现有‘行规’束缚的产品，它的出现一定会改变这个行业的游戏规则。”这是农夫果园的产品手册上最为经典的一句话。由于技术、人员，信息的公开性、及时性，使得当今市场上产品同质化现象愈发严重，显然，没有差异就没有立足之地，产品或品牌在市场就必遭到淹没，因为卖场上同质化太严重了。从农夫果园这个品牌发展至今来看，无论厂家是以产品竞争，还是以品牌竞争，能找到“三种水果在里边，喝前摇一摇”这个卖点，从产品的浓度设计到口感上，从产品的理念到后期的推广上，我们都不能不说这是这个品牌对果汁饮料的一次革命，农夫创新的勇气由此可见一斑。当然，农夫果园未来的市场前景我们还不好给予过早的结论，但只要看看这个品牌差异化上的一番努力，我们就会对这个品牌有一番信心，因为农夫果园能够“别具一格”、“鹤立鸡群”，以其较为独特的风格在众多竞品中凸显出来。结合农夫果园的上市推广，让我们一起来观察一下它摇出来的“另类思路”。

差异一：“农夫果园”命名有内涵，省下大量广告费。

在果汁饮料市场中，自统一鲜橙多面市以来，常规的品牌命名模仿思路无非就是以多鲜橙、鲜橙多、真鲜橙、鲜橙蜜、鲜橙汁等方式来命名。这类名称让人一时很难辨别，试想，产品本身就很类似，再加上名称类似，产品流入市场后不遭淹没那才是怪事！而在 2003 年春季，农夫果园品牌的面市给业界刮起一股自然清新的风，它摆脱了当前果汁饮料命名的缺陷，另辟蹊径，大胆借势，更具独创性。中国营销学会理事李敏认为，农夫果园的命名，可以为企业省下大量的广告费用，许多从事果汁生产的企业即使花数倍的广告费也抵不上有这样一个好名字。

差异二：价格上的反差，其野心暴露无余。

在广州的零售小店，农夫果园的零售价一般在 3.5 元一瓶，与其他的 PET 瓶的果汁饮品相比就显得稍贵一点，但是农夫果园的 30%的浓度及 600ml 的包装，与其他品牌相比，浓度是其他果汁含量的 3 倍，包装多 20%容量。因此，农夫果园就故意将价格与对手拉开距离，零售价比别的品牌一瓶多 5 角钱，这也是在这个品牌设计之时早已考虑到的，继而利用趋同偏高的定价原则发动一起降价风潮。毕竟消费者最会比较，评来评去，还是会评估出农夫果园新品的性价比。可以预见，这种利用包装、浓度的革新，给品牌发展预留位置，奠定该品牌未来的竞争力，其像当年农夫山泉抢占市场时，那一股咄咄逼人的争先夺大野心同样暴露无余。

差异三：品质上的另类，“歪打正着”了。

农夫果园在包装上的另类就让人惊讶，目前市面上的果汁容量普遍流行 500ml 的包装，而农夫果园的包装容量为 600ml，使得产品在终端的陈列及终端口碑的传播上具备先天优势；另外，在浓度上做文章。2003 年前的果汁市场由统一鲜橙多所带来的浓度10%似乎又在成为这个行业的一种标杆。此次，农夫果园将市面流行的10%果汁含量，首次调整为果汁饮料三种水果混合的概念和30%的果汁浓度。它不但保留了清爽不粘口的优势，而且又从营养成分及性价比方面预留“管线”，为后期的发展奠定扎实基础。再者，农夫果园在业界首推其混合型果汁饮料，如此的品质组合给人感觉更多成分是一种“创新”。

农夫果园的差异化并不是一帆风顺的，还带有一些戏剧化的色彩。众所周知，三种水果混合后且浓度保持在30%，很明显果汁就会出现沉淀现象，这也是农夫人当时最为头痛的问题。在果汁生产领域，所有的厂家都会担心消费者发现瓶底的沉淀物，都会在产品的底端很醒目地标注出“如有沉淀，为果肉（有效成分）沉淀，摇匀后请放心饮用”。农夫果园最初似乎也最为担心被消费者发觉有此严重缺陷，想来想去，在实在没有任何办法挽救之时，他们终于想到了不妨采取“逆向思维”的方法，与其提心吊胆地将问题隐瞒起来，不如将事实真相大度地告诉消费者，并且想到用一句大实话来直接传达这个信息——“喝前摇一摇”。正是这一朴实的诉求点，将农夫果园品牌的差异性表现得淋漓尽致，因此，该品牌果汁的浓度和混合的特点成为最好的一个卖点，反而倡导了一种新的喝法。正所谓天无绝人之路，黑暗里的光明来临，让农夫人自己都感到惊讶，真有点歪打正着的味道。种种差异化，无形中激发了许多消费者的好奇心，让他们都产生了想品尝一下新产品的欲望。可想而知，农夫人这一步走得很漂亮。

差异四：推广手法上的出新，达到最大化的传播。

农夫果园并没有按以往众品牌传统的推广方式进行，而是有针对性地从宣传、定价和营销三个方面入手进行全面整合。在营销运作的推广模式上，农夫果园依然沿用了农夫山泉的销售渠道，省去了开拓市场的麻烦和巨额费用。农夫负责人表示，农夫果园上市前邀请全国700多个经销商到养生堂所在地千岛湖参观果汁饮料新上的生产线，并借此召开新品上市发布会。据悉，农夫果园邀请经销商参观生产线是数年来养生堂从未有过的

▲ 消费者最喜欢的就是敢于创新的品牌，他们总会拿出货币为你投上一票。

做法，虽然他们因为上市投入不少“巨资”，但市场销售的红火给该品牌带来的回报也十分惊人。近期，仅在广州市场，农夫果园品牌就大搞产品的推广活动，利用现场的演出来聚人气。每到周末，该品牌便在中华广场租下一大片场地，造势、宣传、销售同时进行，现场热闹非凡。

分析农夫果园品牌的差异化，确实让人感觉到，养生堂能成功运作好这个品牌，与品牌准确的定位、传播有特点等方面的娴熟品牌运作有关，在当今中国的本土公司中目前的确无人能望其项背。据农夫果园有关负责人表示，农夫果园在产品上首先打破市场现有饮料单一口味的局面，避开与先入为主的几大厂家的正面冲突，走混合果汁的路线。虽然牵手也是以混合果汁闻名，但他们并没有提出混合果汁的概念，而事实上牵手果蔬汁是两种100％纯果汁产品的混合，其1L利乐包和350ml的罐装不利于即饮渠道的推广，而农夫果园的推出正是抓住了别人没有看到的机会。事实证明农夫的选择是正确的。据内部人士透露，农夫果园在上市前对100个消费者作了两组口味测试，其中橙、胡萝卜、苹果混合果汁的测试结果是比较喜欢人数占到79%，而另一组菠萝、芒果和番石榴比较喜欢的人数比例为78%。农夫果园自上市以来销量已突破1个亿。

3. 摇一摇，付出代价不算小

农夫果园投放的广告将很快转入全国20多个地方电台播出，而车体广告、路牌广告和网站广告也将陆续跟上，全年广告投入费用大约在1个亿左右。

其实，农夫果园品牌自上市以来，品牌营销整合并没有预先想象和计划的那么轻松惬意。该品牌在前期规划中选择走差异化道路，很明显，在品牌的运作中就离不开一定的投入和付出，唯一目的就是让你感觉到品牌的力量与众不同。从了解中得出，消费者确实感觉到了这个品牌的特别之处，其投入的费用也绝非是一般的小数字。否则，你想摇动这个市场是不可能的。

首先，我们从农夫果园的广告宣传上来观察，农夫果园的CF片很轻松、诙谐，人的神情特写占了很大的篇幅，关于产品品质的广告语只是点缀。作为新产品的广告要传达的几个要素，均考虑到了，在短短两句话中两次提及农夫果园这个产品名称，听觉上的重复加强了观众记忆力；售货员拿出两瓶农夫果园，小店的背景板上的产品及广告语，介绍产品特点的三维片断，最后的产品标板都是突出农夫果园品牌，而放弃养生堂或是农夫山泉；广告中主要诉求“浓度”，用人体来“摇一摇”很形象，不但让人记住品牌名称，也让人记住产品带来的利益点。有了这样优秀的广告，投放的策略上，农夫人也抓住了一个契机。3月20日伊拉克战争打响，中央电视台因为准备充分，吸引了很多观众。据央视索福瑞介绍，3月20日这天，与19日相比，中央一套节目收视率的平均增幅为100%，12套节目收视率的平均增幅则达到了500%，战争后的前几天里，中央一套、

12套、九套节目的人均收视时间达到58分钟，比平时提高了45分钟。其中，央视12套直播的“关注伊拉克战争”节目的最高收视率和收视份额提高了近28倍。其实对央视而言，面对突发事件进行广告推介也没有什么经验，只是到了3月24日才拿出一个全新的配套广告方案，广告价格与平日广告价格中最贵的相比也要高出12倍。一个“28倍”，一个“12倍”，这也许就是一种市场机会，农夫果园抓住了，它借伊拉克战争一夜成名。不与同类产品拼抢电视的黄金时段，而选择人们最为关注的伊拉克战争进行广告轰炸，这种贴附在事件上的行销，取得了立竿见影的效果。但是令农夫遗憾的是，伊拉克战争提前结束了，所以后期5000万的投入也就没有跟上。据农夫果园品牌经理胡滨讲，农夫果园投放的广告将很快转入全国20多个地方电台播出，而车体广告、路牌广告和网站广告也将陆续跟上，全年广告投入费用在1个亿左右。

在产品价位上，农夫果园定价似乎有点高，目前500mlPET包装的果汁饮料市场零售价一般在2.5～3元之间，进货价几乎低于2元，然而农夫果园的市场零售价在3.4～4元，远远高于其他的果汁饮料，这种定价策略让多数人都会认为消费者一定接受不了。但是农夫也不是盲目地去定位，他们也能找出这样定价的理由：首先，目前果汁饮料虽然呈现出你争我夺的局面，但是无论市场怎么争夺，终究是“酷儿”、“汇源”、“鲜橙多”等几大品牌之间的角逐最为典型，也基本上是这些品牌的斗争主宰着整个市场的走势；再者，竞争的加剧使得高于2元/瓶的果汁市场出现价格上的空当。因此，农夫果园的价位很显然是有挂起来卖的势头，高姿态进入市场，当然从目前的市场状况来看，竞争已经全面升级。

这种大规模的付出，是否可以得到市场长期的回报，是否可以让农夫的市场宝座坐稳？广州统一副总经理李文杰认为，对于一个行业来说，不管是固有品牌，还是品牌后来者，欲在市场占有强势地位，必须不断创新——老品牌借此保全其原有的市场份额，而新品牌则通过创新、寻求市场空白点，夺得属于自己的市场。李认为，果汁行业的发展有三大方向。其一是多品类的横向发展，即多口味的争斗。其二是以年龄层细分消费市场，推出定位于不同年龄层的产品。其三是一场浓度的战争。随着消费水平的提高，对高浓度甚至纯浓度果汁的消费力必将提高，因此各家企业也必然通过提高果汁原汁含量，提升果汁的品质。而靠价格上的差异化策略基本上没有多大的优势，毕竟你升我也可以升，你降我也可以降，没有什么做不到的。看来，捷足先登的农夫也未必就能在果汁市场上的龙头宝座上坐稳，原因是后来者的效仿和跟进速度会明显加快。

4. 摇一摇，无奈和担忧同时存在

农夫果园的品牌定位和切入点都非常好，但生产如果跟不上，必将给品牌的发展和营销产生瓶颈，如果这个问题处理不妥当，难免就会造成市场的严重脱节，甚至还有可能造成农夫果园品牌出现“塌方现象”。

综观以上的分析，我们可以看出农夫果园这个品牌挥戈果汁市场，正如养生堂总裁所言，“农夫果园卖的就是差异，就是去钻别人留下的空当”，其发展势头对于果汁市场形成了巨大的冲击。当然，农夫人在高兴之余，也产生了一分担忧和一分无奈。据农夫果园的负责人介绍，农夫果园上市以来，由于农夫山泉几年来的成功运作，其已经拥有了一支对市场熟悉、渠道规范经营的营销团队。农夫果园一入市，广告一出，终端就有产品销售，上柜等一些较为困难的问题也迎刃而解，因此销售一路看好，并且呈现出产品供不应求的局面。据了解，农夫果园仅仅在温州上市第一个月的销量就达到2万箱，且呈明显的上升趋势。即使现在工厂超负荷生产也不能满足市场的需求，更何况现在并不是销售旺季。

据悉，农夫果园现有两条生产线均是从德国引进的，如果一年365天连续生产，产量也只能达到1800万箱，供全国销售显然是不可能的，而农夫总裁钟睒睒在向经销商谈起生产问题时也表示无奈。其无法形成大规模生产的最主要原因是，市场普通瓶型多为500ml，瓶口直径在28mm，而农夫为了突出差异化，瓶体容量为600ml，瓶颈为38mm，正是这个差异决定了农夫果园的瓶子只能由自己的模具来加工，而不能委托协作加工。

有权威专家分析，农夫果园的品牌定位和切入点都非常好，但生产如果跟不上，必将给品牌的发展和营销产生瓶颈，如果这个问题处理不妥当，难免就会造成市场的严重脱节，甚至还有可能造成农夫果园品牌出现“塌方现象”。

农夫果园在果汁市场一路行来，着实是“风光”了一把，但是目前却忽略了支撑个性发挥的硬件条件。看来，品牌光考虑到发展，缺乏完善的配套支撑仍然是不够的。可以预见，该品牌要笑傲果汁市场，这个关口就必须突破。鉴于此，农夫人离秋天的收获才不会很遥远。

相关链接：

链接一：果汁市场四股力量抢市场

专业洋品牌	日本三得利、澳大利亚金环、丹麦 Sunquick、香港果汁先生
传统果汁品牌	汇源、露露、都乐、茹梦、大湖、椰树、新奇士等
新生代品牌	鲜橙多、酷儿、每日 C、娃哈哈、健力宝等
中小品牌	数量众多，多以克隆和模仿大品牌为主

链接二：果汁市场的背景资料

据专家介绍，口味方面，几家品牌影响较大的果汁生产厂家生产的均为天然果汁（肉）型饮料或鲜榨汁果汁（肉）型饮料，口味包括橙汁、西柚汁、苹果汁、相思果、蓝莓、柠檬汁、葡萄汁、芒果汁、梨汁、桃汁、杏汁、猕猴桃汁、山楂汁、草莓汁、菠萝汁、番石榴汁、西番莲汁、番茄汁、石榴汁等。目前果汁饮料的销售额 70％来自大众口味的果汁消费，如橙、西柚、猕猴桃、苹果、草莓、山楂、杏仁等。

产品包装规格主要有 255ml、260ml、330ml、600ml、750ml、1L、

1.5L、1.8L、2L、2.5L、5L等。如某品牌，其255ml玻璃瓶与1L PET瓶专做超市、商场渠道，330ml的利乐包是专为批发市场及旅游市场量身订做的。600ml玻璃瓶非常适宜餐饮渠道，2L及2.5L的PET瓶是专为家庭日常消费所用。1L的果汁目前占果汁市场总销售额的65%。

链接三：养生堂10年创出5个品牌

现在大多数企业都很重视品牌的建设，但是重视品牌与理解品牌是两回事。正是因为养生堂对品牌的理解到位，在短短的10年时间内，创立了5个响当当的品牌——养生堂龟鳖丸、朵而胶囊、农夫山泉、清嘴含片，以及去年上市的成长快乐维生素复合片。这几个品牌的上市，令其对手羡慕不已。

九、换一张脸再登场

七喜饮料："换装"魅力无法挡

提示

这两年曾火爆的碳酸汽水饮料以及芬达、七喜、美年达等饮料的市场份额均呈现出萎缩之势。一直以"非可乐"定位的七喜饮料，曾在中国市场销售沉寂了数年，该品牌个性在人们的脑海中也十分模糊。2003 年，广州百事可乐饮料有限公司针对七喜饮料的现状，决定改变品牌策略，重新塑造品牌新形象。据了解，七喜品牌换装再出发，销售量与日俱增，品牌呈现出一派欣欣向荣的景象，其魅力真的无法挡。

1. 给消费者一个"记忆点"

七喜饮料最终让人记住的是这个卡通人物造型，这个记忆点给人的联想空间是庞大的，它也是一个成功品牌给消费者必不可少的诉求讯息，很单一，足以让人永生难忘。

七喜凭借着数年前的"非可乐"成功定位，开始让中国的消费者认识，但是品牌一直缺乏一个鲜明的记忆点，人们一提到七喜，品牌联想便十分模糊。这种缺乏品牌联想的运作，便无法让消费者产生忠诚度，对于

▲七喜饮料一夜之间品牌“换装”，让我们对这个品牌重新审视，甚至“刮目相看”。

这个品牌的销售带来很大的影响。

七喜品牌本次推出的形象，采取统一完整的设计理念，为了让消费者记住品牌，因此在设计元素的诉求上追求极其简单的诉求手法，广告画面诉求直达主题，让人一目了然。加之，它挖掘出的这个卡通人物形象，很幽默，很可爱，也很顽皮，十分讨人喜爱，给人留下的记忆十分深刻。

七喜饮料这次推出的讯息反映了商品的特色，并保持一致性的单一传达，避免了消费者产生混淆的可能。本次整改的设计，可以看出是花了很多的功夫，仅仅这个卡通人物就有无数个姿态各异的造型，无论是什么造型或是在任何场面，广告画面始终围绕着三个元素来诉求——“绿色的底”、“卡通人物”、“七喜产品”，形成统一体。七喜饮料最终让人记住的是这个卡通人物造型，这个记忆点给人的联想空间是庞大的，它也是一个成功品牌给消费者必不可少的诉求讯息，很单一，足以让人永生难忘。

2. 广告疯狂抢眼球

七喜对于终端的焦点位置更是当仁不让，这次在广东的推广确实是花了“大钱”，下足了功夫，其用心良苦足可以见七喜打造品牌的决心。

(1) 广州北京路抢占广告焦点

▲ 七喜对于广州北京路这样的焦点位置更是当仁不让。

七喜饮料的广告近期的投入以“铺天盖地”来形容一点也不过分，像广州北京路步行街每天都是人头攒动，节假日的高峰期可达到上百万人的客流量，显然广告的到达率也相当高，在这条街上的广告可谓是真正的“寸土寸金”。但是，这次七喜在广东的推广确实是花了“大钱”，下足了功夫，其用心良苦足可以一眼看出七喜打造品牌的决心。因为像上图这样的广告位置不是一般企业就可以做到的，其广告投入惊人。据北京路步行街的城管员说，这个位置的广告最有效果，好就好在广告位前面有一个广场，巨幅广告让人一目了然，可以说，来北京路的每一个人一定会看到它。

(2) 蓝色快线购物城被全部“霸占”

蓝色快线是广州地铁二号线出口处最大的购物城，客流量固然很大，七喜本次推广也没有放过这个“咽喉口”。其广告从购物城入口处开始，疏而不漏地将蓝色快线到地铁口所有的位置全部“霸占”，整个购物城里见不到第二家广告，唯有七喜出尽“风头”，广告声势浩大，令消费者应接不暇。在蓝色快线里，无论你的视线落在何处，都会看到这个形态各异的卡通人物壁画，你似乎是走进的是七喜饮料大世界（见附录）。广州宏大集团公司的王丽小姐每天都要坐二号线地铁上班。她在接受笔者采访说，她第一天见到蓝色快线里的这些广告，真的很惊讶，好像是一股夏日凉风扑面而来，让人感到眼前一亮，清新、风趣、前卫中能感到七喜这个品牌的内涵，它带给我们实实在在的美。

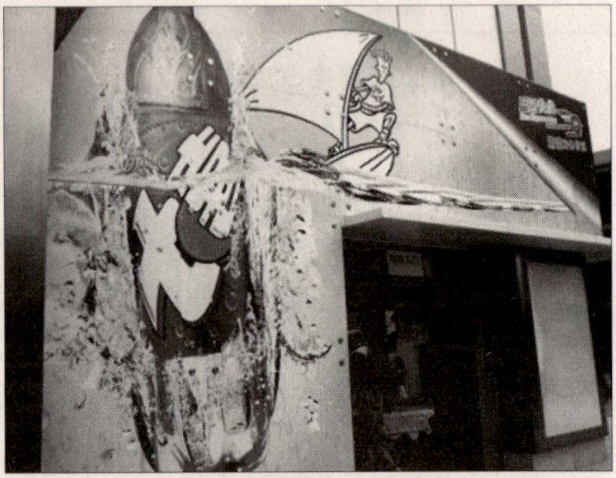

▲ 这样的广告投放，你的眼睛一定有七喜的存在。

▲ 流动的广告加速七喜品牌的风行。

(3) 广告“围攻”高档公交车

公交车是一个城市里最美的一道风景，我的朋友告诉我说，看一个城市发达与否就看公交车广告就可以知道。看来，七喜饮料又为广州城“增色”了。从火车站往黄埔方向、火车站往番禺方向等热线路段上的公交车身广告，也是大规模的投放。有些乘客说，“以前坐522次公交车总觉得不舒服，自七喜的广告做上去后就感觉自己像坐在春天里，也正是这好看的车身广告，才让我重新购买七喜饮料，没想到七喜饮料原来是如此之好”。可见，这一流动的广告宣传，让七喜饮料品牌的知名度迅速打响，销量自然而然也会上升。

3. 终端促销“劲爽赢”

七喜饮料在终端的投入上来势迅猛，终端追求“全面开花”，让品牌创造了抛头露面的机会。正所谓是“广东谁人不识它”，知名度在一夜之间提高。

(1) 百分百的中奖有吸引力

七喜为了此次推广能够获得成功，于是将目光焦点放在了终端促销上，特设立“七喜，FIDO劲爽赢”活动，在广州市场所有的商业网点都张贴海报进行宣传。其活动的具体细节是这样的：

广告语：买七喜有惊喜！百分百中奖！

活动细则是这样的：

●2003年4月1日至5月25日，逢周六、日及“五一”假期，凡集齐3个百事系列产品的拉环/胶瓶盖（其中有2个是七喜产品），或在指定商场购买百事/七喜/美年达系列产品满5元（其中必须包括七喜产品），凭当天有效小票，即可参加刮卡抽奖，赢取相应奖品。每人每天限换5张刮卡。

●消费者凡收集四个百事公司产品环盖，其中至少两个七喜，即可到指定兑奖点换领徽章一个。

提示：

本次活动设立的相应奖品及分布：T恤1250份、太阳伞1250份、毛巾4250份、磨砂玻璃杯90000份、徽章152500份；奖品总价值377000元。

本次活动中奖率：刮卡中奖率100%。

本次活动由广东省公证处公证，奖品每份价值不超过人民币5000元。

百事可乐公司在本次活动中，以七喜为主角，其他的百事系列产品做配角，同时让属下的几个品牌有崭露头角的机会。这次活动在广东省内影响较大。从七喜的海报上显示，活动兑奖点覆盖广州、番禺、东莞、海南、顺德、中山、珠海、佛山等94个地区，由此可见百事可乐公司坚决推出七喜饮料的信心和决心。

七喜的终端促销活动在产品形象整改的同时推出，加速了产品的销售进度。据了解，“七喜，FIDO劲爽赢”活动盛况空前，活动中广东省内的所有销售网点的销量均有很明显的增长。据广州番禺富华西路的天天士多店店主赖小姐介绍，在七喜形象没有改变及活动没有推出以前，七喜饮料在店里的销售并不好卖，一个月也难得卖上一瓶，从4月份开始，特别是活动期间，许多顾客都是上门指定要买七喜饮料，2003年5月份小店就卖出七喜饮料300多支。可见，七喜饮料的终端推动是见了成效。

(2) 在好又多量贩投下“重磅炸弹”

“品牌行销不是品牌的战争，而是通路的战争”，在这个“立竿见影”见销量的地方，所有的商家都不会轻易放弃。七喜饮料已经清楚地认识到，品牌行销必须具有广泛的通路，即使该产品具有很高的产品价值，也具有很强的竞争优势，它与同类产品相比也让人感到有品质领先成分，以

▲ 在终端你能像七喜一样将消费者的目光牢牢钩住吗?

及具有得天独厚的品牌声望，七喜饮料仍然没有放弃常规通路的投入。按常规来讲，七喜只要利用媒体来进行拉动，诉诸消费者，就可以使品牌卖气上升。但是，七喜饮料本次推广却是“双管齐下”，为了巩固品牌的强势地位，该品牌不仅仅利用媒体，也不放松通路的推力。诸如，在广州的好又多量贩，广告方面就投下“重磅炸弹”。如果你有空不妨到好又多量贩去看一看，你会发现七喜在终端的表现是多么“优秀”：天花板上挂满了这个可爱的卡通小人物；长长的扶手电梯中间也摆放了醒目的买七喜饮料百分百中奖的 POP，这个卡通人物将一瓶七喜饮料一直是送到你的身边，嘿，你难以抗拒它的“顽皮”；我们再看“好又多”的货架上，摆满了形形色色的饮料，琳琅满目，你会发现七喜的一排卡通小人物，站在高高的货架上，从货架一头到另一头，它们都伸出钓鱼竿，钓钩上一瓶七喜饮料被牢牢地钩住，你还不得不为这个品牌的策划叫好。此举不但增加了人们的购物情趣，同时也无形地提醒你视线，美化了好又多量贩。有消费者接受笔者采访时表示，七喜饮料今年的品牌改变，让好又多量贩充满一片朝气，也让人重新认识七喜饮料这个品牌，从此开始购买它。据好又多超市的负责人说，七喜的销售量自品牌改变以后，终端表现非同小可，销售量有种“青云直上”的感觉，这也是其他饮料无法比拟的。

(3) 笑傲 7—ELEVEN 最佳位置

在 7—ELEVEN 这样的 24 小时营业的便利店，我们看到七喜饮料表现不凡。广州所有的 7—ELEVEN 最佳位置都有七喜饮料的广告，而且广告的张贴位置都是一样的，从店头的天花板、冰箱的拉门、玻璃大门，甚至店内销售人员的帽子，都有七喜饮料广告的身影。为了能将最佳位置占领，又不影响 7—ELEVEN 的店面，七喜饮料特制作出不干胶来张贴玻璃门和冰柜上，很明显，广告制作上确实是花了一番心思。据 7—ELEVEN 商店广州天河分店的负责人介绍，店里每天都有企业来张贴广告，一般都是聚焦在门旁的广告位置，今天就有 4 家企业的海报贴在同一个地方，最上面的康师傅 POP 刚贴上 10 分钟，说不定等一会儿，又有理货员来贴 POP，又将会把这张康师傅海报给盖住了。但是，七喜饮料这次在我们店

▲这样的广告位置并不是每一个品牌都有福气占据的，此次七喜饮料广告对 7—ELEVEN 来说可是开了先河。

▲七喜广告抢占终端焦点位置，成为今夏各冰柜的主题。

内的广告就另辟新径，选择大家都忽视的地方，这些地方也是终端最佳的位置。人们一到店门口就见七喜的广告、POP 挂满店内，走进店里要买饮料时就可见冰柜上的 POP，它无形中就在提醒你买七喜饮料。像七喜饮料这种广告在终端应该是最有效、最具杀伤力的，毕竟传播达到了最优化。

可以肯定，七喜饮料本次对品牌的方向进行调整是成功的，其运作带给消费者一种全新的感受，也让品牌具有新鲜度和个性化。有力的推广和宣传，在短时间内重新焕发七喜品牌的卖气，这不能不说是一种品牌战略的胜利。看来，2003 年夏季，七喜饮料在广东市场交出一份满意的答卷，稳操胜券显然不成问题。七喜饮料“换装”成功，国产的饮料品牌，应该有了学习的样板。

附录：七喜饮料塑造的卡通人物形态各异

蓝色快线
Blue Express Line
往前走!

蓝色快线
Blue Express Line
快到啦!

蓝色快线
往前走!

附录

宝典篇

你做对广告了吗

中小企业广告该怎么做

不让遥控器捏死广告

一、每一步都不该错

你做对广告了吗?

提示

市场竞争激烈，消费者的观念也变得一日千里。对广告这个促销的手段，不变是不可能的了！别以为广告的重要性就在投入上，尽管投入惊人，胆子大过天，说不定也是“白搭”。要知道，烧钱的事人人都会，况且你的企业也没那么多的钱来烧！今天，许多产品已达到高度同质化，消费者的口味也在不断转变，企业的广告宣传也必须不断地推陈出新，把广告做对！

1. 没必要死抱“功能点”

我们要是仍然还抱着以产品为主导，尽管想尽一切办法去凸显产品优点，刺激消费的手法来做广告的话，那就根本不用去论证，你的广告是无效的。

现今我们的广告，还是以产品功能、产品特色为广告诉求较多，显然是大错特错的。现在的消费者已经非同以往，我们要是仍然还抱着以产品为主导，尽管想尽一切办法去凸显产品优点，刺激消费的手法来做广告的话，那就根本不用去论证，你的广告是无效的。

当然，我们还会经常在荧屏上看到这样的广告：一群少男少女手拿着产品，个个都说好，这种“王婆卖瓜”式的广告比比皆是，显然这种广告不但是在“烧钱”，而且对于品牌的构建与发展必将带来负面影响。

推陈出新进行广告创意，我们从事广告的人都会说，甚至每天我们都把创意挂在嘴边，但真正在做广告的时候，往往不是坚持自己的主张，而是跟着广告主的意愿去改创意，改来改去，最后改得“四不像”，简直就是广告主在指挥我们，我们广告人似乎都成了他们的“助手”，没办法，只好忍痛割爱地去改方案。这种事情发生在中小广告公司较多，毕竟要生存，一切为了利润，只好忍气吞声了。我们那些常以情境式的手法、象征性的方式，或是以情感上的诉求来发展产品的广告，到后来变得一无所有、面目全非，仅剩下“干瘪”的诉求，大家都围绕着产品去叫卖，可想而知，这类广告难以到达理想的境界也就不足为奇了。

也许在此方面，有一点是我们无法否认的事实，当我们在电视上看到一些“看不懂”、“看得朦朦胧胧的”的广告时，我们很少去按遥控器；或者是那些表现内容和产品无关的一些广告，它们可以深深地打动我们的心，销售业绩也由此创造，我们对这类广告反而乐此不疲地去看。这样的广告想必才会更有效。各位朋友，你做过这样的广告吗？就像“祁门红茶”的广告，广告开篇的旁白：

“一八七五年远渡英伦，现已回来，
祁门红茶
十九世纪的伦敦，一个接一个的下午茶会
来自中国的祁门红茶，总是扮演着优雅自在的主角
在英国人眼里，这种下午茶文化足以与莎翁比肩”

广告中有情境和感人的故事情节，透过黑白画面的表现，让人回味无穷，看着广告你会感觉到自己埋藏在心底里的那一份记忆，又被重新“晾晒”，那一份久远的记忆，伴随着祁门红茶的香味袅袅盘绕，意犹未尽地

勾勒出那已遥远的情感生活就在眼前。就拿我来说吧，我第一次看这条广告片子，是在广州天河电影院。电影放映前，灯光一熄灭，我置身于一个完全接受的状态之中，根本没有想到这是一条广告片，当看到“祁门红茶”字样在荧幕上出现时，我才和大家一样哄堂大笑，都认为电影正式开始的，结果无意间欣赏了一条广告。正是这条广告的精彩，作为一个广告人或者顾客，都会为这条片子的成功投上一票，而不至于反感。想想看，这种广告会不比那种单以产品功能为诉求的广告更胜一筹？答案一定是肯定的。这里，我又想起一些广告，我们都较为熟悉的司迪麦口香糖广告、开喜乌乌龙茶广告，提出“新新人类”口号，普遍受到消费者的熟悉和认同，并且成为风靡港台的流行语。这些都是摆脱了产品功能为主诉求的成功广告典范。我不由又想起另一则广告——福特 LIATA 汽车广告，广告片中呈现的是一场婚礼的过程，产品的功能完全没有被提起过。事实证明，消费者都被广告深深地吸引，致使福特 LIATA 汽车一度畅销，造成抢购场面不断发生。

可见，一般能打动消费者的广告，多数都是跟着消费者所关心的事物行走，以博得他们的一份认同感。有这么一条广告片，它让我记忆深刻。这条广告片是说，一个年纪已经半百的妇女，在她女儿长大后，想到自己已经苍老了，大半辈子受苦受罪，也应该到了好好疼惜自己的时候了，尽管自己老了一点，但是年轻时的“花容月貌”还是依然犹在，爱美之心仍然是丢不掉的。这个广告不但是打动了众多妇女的心，更是博取了广泛的认同，因此，广告也轻而易举刺激了消费需求的产生。

近些日子，你要是身处广州的街头，你就会看到有这样一则灯箱广告：画面十分醒目，以黑色的底来映衬广告主题，细看原来是“××口服液”广告。广告画面上一个女人在痛苦地扭动身躯，旁边有一行广告语，让人看了难忘：“女人的疼痛要人疼”。这个广告引起了众多人的共鸣，毕竟女人的生理因素，往往都被老公给淡忘了或是忽视了，广告得到了应有的认同，无形之中这种认同转移到了推出的代表产品上去。这样的广告推动下的产品，你说它能不畅销吗？

2. 不能淡忘品牌行销

如果你忽视了将企业正面的形象与广告有效嫁接的话，那么，你的广告便失去它应有的力量和魅力。

近年来，特别是国外品牌的广告，都在拼命地大打企业形象广告这张王牌，然而，我们本土品牌却忽视这一招数。要知道，广告基本上是一个持续提醒消费者和品牌存在的动作，所有的广告都是为了巩固品牌的存在价值而存在的。如果你忽视了将企业正面的形象与广告有效嫁接的话，那么，你的广告便失去它应有的力量和魅力。

大家对麦当劳的那个婴儿坐摇篮车的广告都不会陌生吧，那个车中坐着的婴儿的表情，无形之中传递出品牌的形象魅力，广告用最直接、最简洁的手法，传递出品牌形象应该传递的内容（企业形象、理念和企业的文化）。我看完广告之后，令我每次只要一看到麦当劳那个“M”标志，我的头脑中立马就会浮想到坐在摇篮中那个可爱的孩子，你看这个广告留给我记忆是十分清晰的。宝马汽车的广告与麦当劳摇篮篇的广告有着异曲同工之妙，似乎是同出一辙。一个十分可爱的婴儿坐在摇篮车里大哭，于是有人推着摇篮车在充满秋意的林阴道上飞跑。孩子在飞驰的摇篮车中开怀大笑，当摇篮车一停，婴儿又大哭不止，当摇篮车再次推动飞跑后，婴儿又开怀大笑，这个时候，画面突然消失，屏幕上飞出 BMW（宝马汽车）的标志和短短的五个字——“驾驶的欢乐”。这则广告，你要是乍一看根本不知是什么广告，而看到 BMW 处时，你就会被套住：你会开始对“驾驶的欢乐”这一联想，虽然只有短短的五个字，却有力地传播出品牌的形象，将社会文化、人们的向往，透过孩子对喜与乐的切身感受，直接来传达，广告作用显然达到预期效果。

“白兰氏”鸡精这个品牌，由于长期的广告影响，大凡人们只要一提到鸡精，就会立马与“白兰氏”画上等号。很明显，这与食益补公司重视品牌经营，不断提出“健康事交给白兰氏”等广告口号有很大关系。该品牌建立消费者对企业产生信任之后，不断利用有效的广告提醒消费者“我还在”，进而让产品在消费者心中产生不可动摇的地位。你可以看出，该公司对于品牌经营的重视是十分加强的，从过去和现在的广告明显呈现出两种态度、两种不同的表现手法上就可以看得出来，因此广告达到如此有效，品牌知名度也由此打响。

目前，我国许多广告主都已经清楚地认识到，要创造许多潜在的准消费者，就要做好企业形象的广告，才能使消费者对品牌产生亲切感和认同感，透过品牌的有力行销，会产生相当大的附加价值。“黄振龙”品牌近期在广州地铁站做了一系列的凉茶广告，以古色古香的图案为广告底色，来强化“历史悠久”的形象，使消费者产生熟悉和亲切，系列广告一连串挂了数张，十分醒目，因此跟随顺从的消费者大增。这种整体品牌形象的广告操作，可以达到事半功倍的效果。

3. 售点广告玩出新花样

作为售点广告，单兵种作战是敌不过多兵种、立体化作战的，如果你能根据自身产品的优点和生命周期，采取针对性的广告策略，对于产品的销售必将带来新的局面。

我们众多公司在媒体操作过程中，仍然还是以“电视广告为主，平面为辅”的原则来操作。甚至更有可笑者，企业只要做广告，首先想到的就是要在中央电视台打广告，认为最有效，其实这是一大误区。众所周知，央视的广告费用昂贵得让许多企业望而却步，我们细分析，央视的广告也未必会完全到达受众，比如广东人大多数都不爱看中央电视台，如果你的产品想在广州市场做出名堂来，这个策略便行不通了。

随着有线频道的不断开放，国际网络的日益普及，媒体的发展日趋多元化，传播业者认为，广泛的广告宣传手法就必须采取全方位的方式，在电视、网络、DM、POP、报纸广告、户外媒体等宣传上，形成立体化才会让广告有效到达。例如，海报位置可以多元化的利用，凡是消费者举目所及地方均可以考虑，我们惯于贴在天花板上的或墙上的，而现在则可以利用货架、收银台甚至手推车、灯箱、购物篮或地板的空间来作宣传。好比要建立品牌知名度，欲在通路展现长期的广告效果，就可以制作灯箱；要鼓励试用，就可在手推车、购物篮中来传递信息；在地板上制作广告，可推介新产品，以此凸显新鲜感；如果进行品牌转换，就可以在货架上招贴；如果想加速消费者购买或加速品牌销售量，则可以使用优待券发送；至于要获得消费者意见，收银台上POP或用陈列调查表是很好的选择。

(1) 死角广告更要用创意去赢

有这么一家企业，进入卖场比起同行业产品要晚得多，可以说，好位置都给人家占了，但商品又不能不进入卖场销售，在没办法的前提下，就是死角的位置也好，硬着头皮也要了。一个月下来，商品在大卖场走不动货，该企业的销售经理急得团团转，数次到现场考察后，终于想出一个好办法。他立马与卖场协商，看是否可以在陈列区一头放置一个落地卡通POP，卖场最终同意了。于是幽默的卡通POP就立在了陈列区一头，上有一行醒目的工笔字："往前走12米，必有收获!"许多消费者见此，就信以为真，果真往前走12米，到达他们的货品陈列区。促销小姐见有顾客到来就赠送小礼品、介绍产品，结果每月的卖场销售量在同质产品之首。

(2) 广告让品牌跳跃

我们在每一个卖场都可以看到许多厂商都不放弃对现场营业人员的投人。在广州每一个好又多分店，你都会看到这一群营业人员头上都扎着一块头巾，上面印有三洋、方太厨具、金羚、高科等品牌的标志。这一群小伙子、小姑娘头上扎着这块蓝色头巾，给人一种充满活力的感觉，这不失为品牌有效传播的最好方式之一。营业人员走到卖场的任何一个角落，你的宣传就跟随到那里，这一流动的广告宣传现已成为卖场的一道风景，试想，这个传播假如是你独家的信息，你的标志或是一句有力量的广告语印在他们头上，时刻晃在消费者的眼前，你的品牌显然会冒出头来。这种锁定在终端的广告，其到达率相当高，对于消费者提示性的购买必将产生有力效果。毕竟这种广告宣传更有视觉冲击力，当营业人员与消费者接触时，消费者目光所及处一般都在营业人员的头部，广告无形中起到了作用。然而，我们还有众多商家对这一广告投放还没有引起高度重视。

(3) 应该比“护舒宝”还要牛!

我们仍然将着笔墨放在广州天河另一家好又多卖场。这是一个女性保健用品的专卖区，还未走近，目光就会被20米长的货架顶端的巨幅广告所吸引。广告从开花板上一直坠到货架上，货架有多长，POP广告的长度就多长，形成完美和谐的统一。广告画面及其简单，一个女子背倚一棵大树，眼睛微闭，在呼吸清新的空气，广告画面的色彩很浪漫也很简单，广告头三个大字“护舒宝”相当抢眼。很明显，这个手法就是为了在成堆的商品中冒出来，一幅大广告把卫生巾专区全部压了下去，抢了消费者的眼球，直截了当地告知女性，护舒宝是个大品牌，是最优秀的。从广告行为可以看出，这种收网捕鱼式的广告投入相当有价值，也十分有效。

根据美国的一项调查，顾客在店内巡逛时，脑中有40%被购物以外的事情占据，因此若不费点心思布置，很容易就会被顾客遗漏掉。可见，护舒宝的巨幅广告的这种提示是十分有效的，牢牢地吸引消费者的同时，品牌形象跃然眼前。不过，我国企业在终端的广告投入上缺少新创意，不愿去想方设法跳跃而出，只是一味地去死做和硬做。就一般规律来说，广告能冒出头，商品也就会在卖场随之呼出。

也许你会说，护舒宝是个大品牌，有的是钞票，我们中小企业没有那么大的投入。其实，许多小企业在广告上也花了不少费用。为此，我认为中国企业不缺广告，但是在策略上是严重缺乏，我们往往在行销策略前犹豫、犹豫还是犹豫，我们太缺少大广告的思维和创意了！换句话来说，终端货架上的显要位置也花不了多少钱，这样做，可以换来品牌一举成名，比起你在卖场“老牛拉车”式地慢做要来得更快！这种巨型广告，显然离目标消费者越近才越有效，你不出新花样，哪里还有你在卖场的存在位置？

(4) 店长推荐式广告，还挺管用

在卖场的一些主要地方，你可以考虑放置一些POP，也可以张贴上墙，设一个店长推荐式广告，告知本店内的商店值得消费者为之购买。消费者出于对该店的忠诚和对店长强力推荐的可信，关注率也会相对提高，因此，产品便更有说服力，这样的销售效果事半功倍。广州的一些繁华商圈的卖场，就有两家都用此广告策略，一家是推荐“雀巢成长奶粉1000g，49.8元/罐”，另一家是店长推荐“芬腾吊带女睡裙（多色多款）13.5元/条”，两家推荐的当日都相继出现卖断货的现象。因此，此广告策略的推出，对于你的商品出头也算一个良策吧。

当然，作为售点广告，单兵种作战是敌不过多兵种、立体化作战的，如果你能根据自身产品的优点和生命周期，采取针对性的广告策略，对于产品的销售必将带来新的局面。

4. 时代变了，广告就要变

我们不能再停留在仅诉求商品阶段了，充分掌握这一波的趋势，建立未来竞争力，现在就必须为之。

任何一则成功的广告，从头至尾一定有一根主线穿连起来，特别是系列广告更是明显，纵然广告内容有所改变，但让人感到主力讯息始终是不变的。这也就是业界常提起的“广告的一致性”。比如房地产广告，无论是哪一则广告都会在“产品、地段、价位”三大要素上转圈子，而不去诉求房子怎样怎样。我们再来看，麦当劳始终强调“家庭价值”为主，在广告上主讯息展现温馨的、欢聚的画面；大家熟悉的万宝路，引出“西部牛仔”这一根主线，广告画面不断地变换，牛仔的基本讯息始终是不变的，每一幅画面只作简单的修饰和完善；男性洗面乳，少不了要强调豪迈、活力、粗犷。当然，商业信息传达的同时，族群或社会上的主流价值也在传

▲ 这样的招牌常常影响和指引消费者的购买行为。

播。如今，如果你还要固守这个手法的话，可以说，你已落伍了。

随着广告信息量的不断加大，广告还是以保守的手法来做的话，广告还不能反其道而行之的话，就很容易会遭到淹没，可能你要备上大笔的广告费来进行传播。当然，我们也不要学广州的许多地产广告，还处在“瞎拼凑画面”阶段，地产商不断轮换广告公司，致使广告没有持续输出价值，广告难免缺少主力讯息，以致产生凌乱现象，消费者记忆又怎能不模糊？

当今，消费者行为改变，怪怪广告便大行其道，特别是在港台更加风行。比如爱立信 T20 手机，强调是“20 岁以下专用”，整个广告所呈现的，是学生眼中的理想课堂，而不是大人们或社会一般所见的课堂。再如，近期在台北正在热播的摩托罗拉 2188 的广告，广告是这样的：只要中年父亲觉得不错的商品，店员统统拿回去，直到拿出一台手机，老爸说：“这个好怪。”小女生马上说：“那就是这个了。”然后摆出一副很老到

▲消费者的想法改变了，广告如不随之变化，产品销量肯定成问题。

的说教表情："记住！你越看不顺眼的，你儿子就越喜欢。"这个广告播出后，引起了强烈反响，因为广告鼓励"反叛"，反映出许多年轻人的心声，同时也教育中老年人重新思考怎样与下一代相处之道。

有专家指出，广告现在的发展绝非仅局限于强调迎合某种特定的主流价值，而是表达消费者心中的某种欲望或潜意识，或提供消费者遭遇类似情境时的行动方法，以拉近与消费者关系，从而产生共鸣。看来，我们不能再停留在仅诉求商品阶段了，充分掌握这一波的趋势，建立未来竞争力，现在就必须为之。

其实，把广告做对了，对于每一个企业都受用，可以让你的品牌引领时代潮流的同时，你的竞争对手也会开始紧张，甚至还有可能令他们看着你的广告而咬牙切齿，那你就在一边偷着乐吧！

二、广告做不好就是“烧钱”
中小企业广告该怎么做？

提示

随着成千上万的产品不断涌向市场，大企业广告也在电视屏幕中接二连三地变换，小企业不可能用巨额的广告投入来竞争，但要获得优势，有效的传播策略显然是重之又重。那么，中小企业的广告究竟该怎么做？

1. 求异，而不是求同

我国大部分广告仍然达不到消费者的需求，只是一味地求同，而不是求异，以致大量的广告都只好淹没在“广告的海洋”之中。广告不能让消费者产生强烈记忆，缺乏一个最佳的说辞，其广告效果又怎能达到？

在这个日新月异的时代，消费者不断追逐求新求异，以获得自身价值的肯定，然而，我国大部分广告仍然达不到消费者的需求，只是一味地求同，而不是求异，以致大量的广告都只好淹没在“广告的海洋”之中。广告不能让消费者产生强烈记忆，缺乏一个最佳的说辞，其广告效果又怎能达到？以美容产品广告为例，大部分的化妆品广告都是以一位或数位美女开镜，诉说使用其产品是如何地亮丽动人，似乎广告都是从一个模子里脱出来一般。但是当消费者跑到商场一看，发觉差不多成千上万种的化妆品基本上都相同，没有什么特别的记忆所在，最终而不知如何去选择这类产品。

当然，成功的差异广告行销也不乏其例。宝洁推出的洗发水“润妍”品牌，在这个拥挤的市场，大胆地用一片绿叶为设计元素，从产品包装到POP展示，以及影视广告，皆以一片绿叶来与同类产品求异。这使得该品牌一上市，便在差异化的行销中旗开得胜。

2. 心神相通，不仅是认知

广告与观众一旦心神相通，便会牢牢地将观众的视线抓住，令人在数秒广告的引领下完成“二度创作”，叫人难以忘记，其广告信息不至于被淹没。

一个品牌在推广告的过程中，必须与消费者心神相通，品牌才会更具魅力，而不单是求得消费者的认知。提到心神相通，我常在讲学中提到麦当劳的一个广告。广告中拍摄了一个不到1周岁的婴儿，躺在摇篮里，面对着高高的窗户，当摇篮一摇到上面的时候他就咧开小嘴巴而欢笑，而当摇篮摇下来时，他就显得愁眉苦脸地哭闹，让所有看广告的观众都大惑不解，片尾的答案出现，原来是在摇篮上摇时婴儿看到麦当劳金黄色的“M”标志，而摇下来时，“M”便在他的视线里消失，婴儿也就随着摇摆而情绪上下波动。虽然这个广告创意手法极为单纯，但让人心神相通，令人回味无穷。显然，它已超越了不仅仅是认知这个局限，观众都会在会心一笑中而完全接受，形成强烈的记忆。

可见，广告与观众一旦心神相通，便会牢牢地将观众的视线抓住，令人在数秒广告的引领下完成“二度创作”，叫人难以忘记，其广告信息不至于被淹没。反之，那些仅能让观众认知的广告，很难在记忆中留存，原因是这个信息时代有大量的资讯每天充斥人们的大脑，其次是广告本身观众就有抵触心理，因此，认知广告很难达到像奥格威大师所说“广告目的就是要达到销售”的境界。

3. 强烈卖点，要取代喃喃自语

产品广告要想达到预计效果，在卖点这一环节上，不妨来点创造力，相信创意比起自说自话式的“大白话广告”，会更能卖动产品！

在追求超现实的创造中，卖点也是最迷人、最头痛的整合之一。卖点提炼到位，广告效果就会事半功倍。我们至今还有众多的广告人对于产品卖点忽视，甚至在一个广告中什么都想卖，产品有10个卖点，广告中就会罗列10个，一个都不能少，令广告在喃喃自语中失去超现实的创造力，由此，产品销量受到严重影响。

广告创作中必须要找出独特的、最具说服力的闪光点作为卖点，然后用一种最贴切的手法来充分展示这个卖点，直至让人普遍接受。而不是为了能让人接受，找一个代言人手持产品，自吹自擂地喃喃自语，忽视观众的感受。产品广告要想达到预计效果，在卖点这一环节上，不妨来点创造力，相信创意比起自说自话式的“大白话广告”，更能卖动产品！

4. 凸显品牌，不单是卖产品

当今市场已进入一个品牌时代，无论采取的是功能性的广告，还是告知性的广告等形式，切莫忘记突出品牌。

广告如果是单一地凸现产品而忽略品牌形象，那么广告对于超现实行销就会产生阻碍。比如奥美的一个案例，爱立信手机曾在台湾市场一度失去应有的竞争力，人们一提到爱立信，头脑立即会联想到“低档”。后来，经过奥美广告公司的整合，以青春偶像金城武为品牌代言人，大力推出一个鲜明的品牌形象，广告在当地电视台播出后，产品销量大增，一举成为手机业引领时尚的品牌机。

众所周知，用产品去竞争已失去优势，而用品牌去参与竞争一定有其优势，因为当今市场已进入一个品牌时代。同样，广告的创作上，也应顺应这个时代的发展，创作中，无论采取的是功能性的广告，还是告知性的广告等形式，切莫忘记突出品牌，以此提升消费者的喜好度、认知度，直至满意度的产生。

5. 风格，有待走出模式

广告风格应使之独具一格，令人心动，历久不衰。要达到此，寻找品牌个性的象征物十分重要，往往在核心图案或主题文案、旁白等方面来表现广告的特定风格，形成自己独有的要素。

风格，其实就是广告的基调，凡是有个性的广告，一定是最具鲜明风格的作品，绝非是紧抱传统形式的泛泛之作。当今房地产广告普遍都走入了同一个“风格”的模式，可以说，无论是平面的，还是影视的房地产广告，似乎都是“换汤不换药”，模仿港台风格的大有人在，特别是广州现有的专做地产广告的几家公司，现今的创作“水平”难分伯仲。可笑的是，效区楼盘与市区的楼盘，都是一样的广告诉求和表现风格，消费者更难分清孰好孰坏。

广告风格应使之独具一格，令人心动，历久不衰。要达到此，寻找品牌个性的象征物十分重要，往往在核心图案或主题文案、旁白等方面来表现广告的特定风格，形成自己独有的要素。我本人觉得，现今广告不只是“说利益”、“说形象”，而更为重要的应是“说风格”。诸如，某花旗参茶品牌以“鹰”为象征物，万宝路香烟以“牛仔”为象征物。这鲜活的风格有了，广告才会冲出一种传统的模式，才有可能达到超现实行销的境界。

6. 定位，切莫模棱两可

模棱两可的定位，只能让消费者看了丈二和尚摸不着头脑，抓不到广告的重点……

提到定位，可以说是广告界一个老生常谈的话题，相信所有的广告人对于20世纪70年代的莱斯和屈特提出的定位论都不会陌生。但是，我们广告人，往往在定位上，特别是“第一说法、第一事件、第一位置”上无法创造出属于品牌或产品独有的位置，模棱两可的定位随处可见。

广告创意人员一般都会以主观创意的头脑去套定位，因而必然会让一群消费者看完广告后袖手旁观，笑而不买。我很赞成前段时间有位业界人士提出的一种“让消费者来定位”之观点，这样可以把潜意识消费者的地位提升为直接、有效的目标消费群。通过诸多的定位手法的运用，无疑可以提高产品的竞争能力，有助于扩大市场的销售份额。然而，模棱两可的定位，只能让消费者看了丈二和尚摸不着头脑，抓不到广告的重点，如某饮料产品罗列了10多种优点，令消费者有找不着北的感觉，难以产生相当的认同感。没有定位就没有市场，广告定位“所占的位置”不能模糊不清。广告如果在行销时代中独树一帜，又怎能达不到“先入为主”呢?

三、“开闸放水耗不起”

不让遥控器捏死广告

提示

在我们周围每天都有许多广告让观众的遥控器捏死，以至许多企业认为是自己的广告创意不够好，有的便又重新设计广告试图来吸引人，不然，高收视率的节目怎么会没有广告效果呢？甚至有的企业经过半年的广告密集轰炸，外界反应还是平平，不但观众印象不深，连诚征经销商也因为电视广告不够普及而无法落实。在电视广告泛滥的今天，只靠在电视剧前或一些精彩的节目前投放广告，不一定能收到好的效果，其原因是在遥控器的按键下，广告费不知不觉地流失。

许多人每次看电视都是将遥控器放在身边，在电视剧插播广告时，他就换台，估计广告结束，他又换回来。很明显，所投放的广告就是这样白白地流失的。观众是方便了，但却苦了广告主。即使广告做得十分有观赏性，观众跳台不看也是白费，以至企业的广告到达率低，广告费投入如石子投海，泡都不冒，由此企业销售严重受困。究竟有没有办法不让遥控器捏死广告？

1. 对电视媒体的再认识

由于广告播出后未定因素太多，在调查方法上仍然有许多难以克服的问题，因此至少到目前还没有完整的资料可以使用。可以推测出，广告收视率只是代表一般电视用户的广告收视率，而实际的广告收视率一定低于统计的数字。

现如今，广告主应该对电视媒体的运作要抱以警觉，进而进行全面认识，以下的几大问题值得予以关注：

(1) 收视率与广告传达效果

对于电视广告的传达效果，众多的电视台都通过多种调查法（包括实地访问、节目监测、电话查询、随机抽样日记式观众收视调查等），获得大量的有关观众收看资料。对这些资料分析表明，仅广州的观众群收视习惯已经基本相对稳定，精彩的节目带出广告的关注度。其广告的收视率明显低于电视剧的收视率。

据了解，作为覆盖亚太地区的卫星电视媒体，高素质的节目吸引着有消费能力的观众，而相宜的广告价格，优良的服务又给予客户满意的报答。越来越多的企业、广告主已经将广东卫视作为在卫星电视上投放广告的首选。

据统计，仅2000年在广东卫视频道投放广告的品牌就有160多个，其中绝大部分为化妆品、洗涤用品。这些广告的投放量占据卫视频道黄金时间总量的53%。黄金时段播放精彩的电视剧，获得了好的收视率，于是广告商们不失时机地投放广告，如好迪、立白、拉芳、雅倩、纳爱斯、蒂花之秀、飘影、采诗、艾儿等广告极具代表性，在投放大量广告的同时，难免遭到观众遥控器的“侵袭”。

以电视收视率调查为专业的CSM——央视索福瑞市场调查单位，研究分析广州地区主要频道剧集平均电视收视率、占有率比较，其结果如表1所示。

表 1 广州地区主要电视频道剧集平均收视率、占有率比较

(时间：2001 年 4 月 15 日至 4 月 21 日)

频 道	播出时段	剧集名称	收视率(%)	占有率(%)
广东珠江频道	19：06～19：59	外来媳妇本地郎	16.34	37.19
广州翡翠	19：34～20：32	倚天屠龙记	12.84	26.05
广州翡翠	21：20～22：18	勇往直前	11.19	25.99
广州本港	19：05～19：59	阿信的故事	7.98	17.31
广州本港	20：35～21：31	武状元苏乞儿	7.80	16.63
广州翡翠	22：21～22：47	南龙北风	7.36	23.09
广东珠江频道	20：03～20：55	风云变	6.77	13.91
广州翡翠	17：57～18：25	杨贵妃	5.06	21.05
广州本港	20：34～21：31	庶务二课	4.18	9.46
广州有线一套（广州台）	21：36～22：22	天地情缘宝莲灯	3.51	8.78
广州有线一套（广州台）	21：40～22：25	鹰战长空	3.45	7.63
广州有线一套（广州台）	19：08～19：57	花洒大少一品妻	3.34	7.21
广东有线二套（省影视）	21：03～22：38	铁齿铜牙纪晓岚	3.19	8.05
中央一套	20：05～21：11	大宅门	2.42	5.12
广东有线二套（省影视）	19：27～20：22	男人不难嫁	1.59	3.46
广东有线二套（省影视）	22：28～23：14	这里没有冬季	1.36	6.39
广东有线二套（省影视）	21：24～22：27	城市双雄	1.17	3.00
广东有线二套（省影视）	21：25～22：26	重拳出击	0.86	2.00
广东有线二套（省影视）	17：37～18：41	神厨	0.76	3.50
广州有线二套（广州影视）	21：34～22：24	千娇百媚	0.71	1.99
广东有线二套（省影视）	18：26～19：23	秘密特工	0.58	1.68
广州有线二套（广州影视）	19：27～20：16	无花的夹竹桃	0.13	0.26
广州有线二套（广州影视）	22：52～23：21	笑治百病	0.11	0.46
广州有线二套（广州影视）	22：00～22：54	百日追踪	0.07	0.20
广州有线二套（广州影视）	20：08～21：15	南方有嘉木	0.05	0.11

数据来源：CSM——央视索福瑞

从上表可以看出，它仅仅是某些特定的节目插播广告的收视率，还很难全面列出所有广告的收视率，更何况上表还缺少一个广告收视率占节目收视率之比率数据。由于广告播出后未定因素太多，比如广告量的密集程度、其他品牌广告的优劣、广告播出档次的先后、其他台是否在同一时间段播出广告、观众观看广告的情绪变化指数等，在调查方法上仍然有许多难以克服的问题，因此至少到目前还没有完整的资料可以使用。所以目前电视节目更难依据惯性率来推测下一周的同一时间段在同一节目所播出的该广告的收视率是怎样的。可以推测而出，以上所述的广告收视率只是代表一般电视用户的广告收视率，而实际的广告收视率一定低于统计的数字。

(2) 要看到一台电视机配一个遥控器

现今很少有电视机不带遥控器的，可以说，任何新的电视机都有遥控器配备，也就是说，遥控器的使用越来越频繁，对广告收视率的影响也就会越来越大。加之，遥控器的普及状况，就连 3 岁的孩子都会按，致使电视广告面临着随时都会被捏死的可能。

(3) 广告档次要求随之提高

让人欢喜又让人忧的遥控器，它的出现让我们对广告更多了一份挑剔性、对广告播出档次的选择依据、广告效果与广告成本计算等增添了许多不定性，因为直到现在许多企业投放电视广告，还是依据电视节目收视率的高低为主要的参考标准，并假定在同等的广告收视率。可要知道，它们彼此间的关联性在日益降低，在高收视率的节目中播出广告并非就能收到原先的预定广告效果，以及最优化的销售回报。看来，当前投放电视广告企业还需要费尽思量。

2. 广告主应对遥控器的具体对策

电视遥控器为广大的电视观众提供了许多的便利，但是对广告主却造成了很大的伤害，但遥控器的日益普及已经成为电视机必不可少的配件，所以广告主目前只能设法自求多福，做最妥善的媒体运作，将电视遥控器的不利因素减少到最小。

(1) 进行全方位的空降投放策略

现在电视频道众多，拿广州来说就有近40多个频道可选择，你不可能采取铺天盖地式的全方位的广告投放策略，毕竟几十个台在同一时间播放广告，其费用惊人，特别对于中小企业来说是不现实的做法。这个策略的运用，比较适合一些新的商品上市，为强行进入一个城市，而加大“轰炸”力度，抢时间以不让竞争品牌有喘息的机会，达到在短时间内尽人皆知，让品牌有最大化的传播。

(2) 采取分散、多元化的投放策略

不要将广告费用集中在一个电视频道上，假如你的目标观众不看这个频道，你的广告又是“白做”了。因此，多选择几个有代表性的电视频道投广告，你的目标观众在同一个时段，不看这个台也许会看另一个频道，正所谓“东方不亮西方亮”，都可以涵盖到。分散化的广告策略，还会让顾客觉得广告似乎是铺天盖地似的，觉得品牌的手笔很大，有一定的实力。这种放长线钓大鱼的策略，最适合一些新上市的新产品。诚然，广告的线拉得长，为自己的广告就多留了几个“备胎”，增加电视广告以外其他的各种媒体运用，让广告做到时时提醒观众“我还在”，以减少某些产品过分偏重于电视媒体的弊病，只要能做到不间断地提醒消费者，无论用何种形式都一样。

3. 切莫与高收视率的热门节目去挤

国内许多的企业投放广告都喜欢凑热闹，一部电视连续剧有上百家企业都去挤，其实并非是什么好事。没错，高收视率会吸引许多的观众来观看，企业都看到这些节目的优势，认为在这些片上投放广告，肯定会有效果，于是大家都来了，造成广告量的密集程度十分高。有时让人感觉到，似乎是千军万马浩浩荡荡地涌来，让观众应接不暇，于是观众在实在忍不住的情况下，不禁就会按动遥控器。提醒广告主，高收视率的节目之所以能吸引观众，主要还是以观赏节目为出发点，而并非是想看你的广告，广告的被收视随时都有被观众转到其他台而落空的可能。另外，与众多的广告排在一起，你就很难控制好播出的时段，真要指定时间还要加指定费用，或万一与一些垃圾式的广告排放在一起，那可就吃大亏了。再者，你所投放的广告在密集区中，本地的电视台就会插播当地的广告，比如在广州看本港台和翡翠台，基本上当地的电视台每天都在这两台密集广告区域时间里插播当地的广告，如果你在这两台热门的节目前投放广告，岂不是在做“无用功”？建议广告主，多留意一下一些广告不是太密集的时间段，去投放广告，说不定广告收视率还会有出现“柳暗花明又一村”境界。

4. 争夺广告时段的前两位或后两位

我们看到，雕牌集团的广告选择在中央一台的《新闻联播》开始前的15秒前和新闻结束后的第一秒播出，观众都会看的，毕竟当时还顾不上调遥控器，等到他们想调台时，你的广告已经播完了。这种第一、二位的广告策略相当有效，广告主可以很明显地看到，排在第一、二位的广告与排在其他位置的广告就是“不一样”！然而，广告主所投在这个时段的广告指定费或人情交际费，立马就会在广告带来的销售利润中得到了相应的回报。这种现象充分说明了观众遇到广告的第一时间就会转台的行为十分普遍，再有也说明了即使观众不会转台，排在第一、二位的广告也具有“先声夺人”之势，就像报纸上头版广告一样最早跳入眼睛，在消费者的视觉中，总是会先给他们“先入为主”的印象，就凭借这个印象，第一、二位的广告比起其他广告也要留给对方记忆深刻。很明显，这个时段一定会拥有较好的收视率，对品牌的有效传播必将起到最佳的影响力。据有关电视广告监测资料来看，我们可以发现目前已经有不少广告主作出此种安排，其中以洗发水广告、减肥瘦身广告尤为突出。至于最后的一、二位，则由于观众为了看节目而急于衔接，一般多会提早将台转回来等待，这时你的广告正好播出，就可能有较好的收视率。那么，之后的一些广告往往是如同流水一样地浪费。就拿我太太来说，她每天看电视时，都是紧握着遥控器，看到一有广告就换台，我观察她最多只看到一个时段的第一个广告；估计广告要播完、电视剧又要开始时，她才会又换回原先的频道，这时也最多看到的是这个时段里的最后一个广告。那么，可想而知，这中间的广告都花了钱，但是广告到达率就十分地低，广告费都似乎在“打水漂”。

5. 将眼光放到短暂的广告期

广告在仅安排 1 分钟或几十秒，等到观众反应过来准备使用遥控器时，广告就中止了。比如吉事多品牌与凤凰电视台达成协议，在每天晚上 10：30 这个时段，独家播出提醒式的广告：“吉事多提醒您：是时候洗澡了。”这种广告播出，不但起到了传播效果，广告到达率也高得惊人，也讨得了人心，品牌的美誉度得到充分提高。

跳出广告做广告，遥控器想按已经晚了

我们看到，汇丰信用卡的广告，就是跳出广告做广告的最好范例。该广告利用“新闻联播”的片头形式，播出广告让人觉得似乎在播《新闻联播》，当播音员播完广告，人们才觉得是广告。这个手法，一般的观众都会聚精会神看新闻，更无抵触、排斥心理，广告效果也会比一般的广告要好，但是，这种手法的广告投放线要拉长，否则，会让观众产生厌烦。即使遥控器来不及按，被戏耍的感觉就会削弱品牌的美好形象，搞得不好还会带来不可挽回的损失。

6.“央视春节晚会”，大家都不乱按遥控器

相信大家都知道，中央电视台的春节晚会，至今收视率都是高得惊

人，这个节目也一直是人们所关注的焦点话题。在合家团聚的时候，晚会带给人们更多的欢笑和快乐，又有谁不爱看呢？在这几个小时的黄金时段里，遥控器常常派不上用场，为此广告费用也就昂贵得要命，这令一些中小企业望而却步。不容置疑，一些稍微大一点的企业目光纷纷瞄准这个时段，就像国内的健力宝、海尔、李宁等。很明显，广告能在春节晚会上播出，老百姓肯定会“全盘照收”。

7. 五秒标板广告，效果要好一点

你不妨可以尝试一下，在电视剧起先的字幕上打出五秒标版广告，效果要比 30 秒、60 秒的广告招人看，毕竟 5 秒的标板时间短、信息量大、跳跃性大，对视力有刺激，较能抓住人的注意力。据了解多数人都喜欢这种方式的广告。例如，在 2003 年春节期间播放的电视连续剧《刘老根》，在剧末的字幕上，就有“中国移动通信”、“康佳”、“三全食品”等品牌打出 5 秒标板广告，遥控器根本就无插孔之地，因为制作者特意在后面做了下集的预告，更妙的是杭州的“娃哈哈”品牌特约字幕更是抢尽风头。

8. 滚动广告，遥控器奈何不了

近期，颈痛安康片选择在中央台的《曲苑杂坛》专栏，推出滚动字幕广告。这个栏目播出的都是一些大家爱看的小品、相声等节目，收视率高，广告效果也不错。滚动字幕广告，观众都会在观看片的闲瑕时间里，去接受你的产品。

在广州白云区就有这么一家生产日用品的小企业，在资金紧张做不起影视广告的前提下，把有限的经费选择在广州人普遍喜欢看的几大电视频道上，就在每晚播出的电视剧中做滚动字幕广告，结果产品迅速在珠江三角洲扩散，省下了大量的广告费用，使得企业迅速摆脱困境。

9. 电视剧全程冠名，不看也要看

扬帆新肤螨灵霜在南方一台赞助电视剧《孝庄秘史》，全程冠命特约播放，荧幕的右上角打出品牌名，一下子让人记住了这个新的品牌；汇仁肾宝也独家赞助电视连续剧《倚天屠龙记》，收视率极高，品牌传播到达率高；百消丹品牌在珠江台设立“百消丹剧场”，全程赞助电视连续剧《乌龙闯情关》，全程冠命影响很大。

电视剧赞助，观众排斥少

电续连续剧《北京人在纽约》，赞助商有宝洁公司的飘柔、海飞丝、玉兰油、舒肤佳，可口可乐，三九胃泰等，剧中显示出产品或广告，不但遥控器奈何不了，而且观众会潜移默化地全面接受，其效果比硬做广告要好的多。

10. 广告做得幽默、风趣，遥控器也青睐

赵本山代言的“泻痢停”广告，大家说怎样？没错，很搞笑！其广告的幽默、风趣，确实让人看了很开心。就拿我来说，我是每次看到这一个广告都要快乐、一笑之余接受广告，真是达到百看不厌的境界。

美罗胃痛宁广告大胆创意，运用人所皆知的“老鼠怕猫”这一规律，大胆创意“老鼠不怕猫”，引起许许多多孩子传播：“老猫胃痛，有啥可怕，老鼠怕猫，那是谣传。”

美年达饮料的广告，也跳出常规思维，用一群野人和猴子来争抢饮料，情节比较有吸引力。观众看这个广告，就好像在看故事片，杜绝了看广告的逆反心理。

千万不要像白象方便面广告那样看了让人不知所以然：画面上只见一个男人边吃方便面边唠叨个不停，看到他那一副“德性”让人心烦，他的解说词更是像打“机关枪”一样不停，我们也不知他在说什么，让人看了

有种喘不过气来的感觉。再如，斯达舒胶囊的那种广告："喂（胃），你好吗?"让人大倒胃口！你说说，消费者的遥控器能不把你的广告给捏死吗?

以上提出的各大方法一般来说都是切实可行的，当然，我们也不能排除有一些其他因素干扰，但多数都是八九不离十。如果你能将这些方法充分运用，那个小小的遥控器也就遇到"克星"了。